稽古文存

卢兆荫汉唐考古文集

卢兆荫 著

中国社会科学出版社

图书在版编目（CIP）数据

稽古文存：卢兆荫汉唐考古文集／卢兆荫著．—北京：中国社会科学出版社，2018.6
ISBN 978 - 7 - 5203 - 1840 - 2

Ⅰ.①稽… Ⅱ.①卢… Ⅲ.①古玉器—考古—中国—汉代—文集②金银器（考古）—中国—唐代—文集 Ⅳ.①K876.84 - 53②K876.434 - 53

中国版本图书馆 CIP 数据核字（2018）第 000228 号

出 版 人	赵剑英	
责任编辑	郑　彤	
责任校对	李　莉	
责任印制	戴　宽	

出　　版	中国社会科学出版社	
社　　址	北京鼓楼西大街甲 158 号	
邮　　编	100720	
网　　址	http://www.csspw.cn	
发 行 部	010 - 84083685	
门 市 部	010 - 84029450	
经　　销	新华书店及其他书店	

印刷装订	北京君升印刷有限公司	
版　　次	2018 年 6 月第 1 版	
印　　次	2018 年 6 月第 1 次印刷	

开　　本	710×1000　1/16	
印　　张	35	
字　　数	409 千字	
定　　价	128.00 元	

凡购买中国社会科学出版社图书，如有质量问题请与本社营销中心联系调换
电话：010 - 84083683
版权所有　侵权必究

目　录

秦汉玉器与玉器加工工艺 …………………………………… 1

秦、西汉玉器概述 …………………………………………… 33

略论两汉魏晋的帷帐 ………………………………………… 54

承前启后的东汉魏晋南北朝玉器 …………………………… 81

略论汉代礼仪用玉的继承与发展 …………………………… 98

汉代贵族妇女喜爱的佩玉——玉舞人 ……………………… 111

略论汉代的玉璧 ……………………………………………… 122

玉觽与韘形玉佩 ……………………………………………… 141

试论两汉的玉衣 ……………………………………………… 151

再论两汉的玉衣 ……………………………………………… 171

略论汉代丧葬用玉的发展与演变 …………………………… 190

简论西汉楚国玉器 …………………………………………… 204

关于徐州狮子山楚王墓玉器的若干问题 …………………… 215

弥足珍贵的西汉楚王陵墓玉器 ……………………………… 224

略论西汉梁国玉器 …………………………………………… 243

满城汉墓农器刍议 …………………………………………… 251

略论满城汉墓玉器与岫岩玉 ………………………………… 263

徐州狮子山楚王墓玉器与广州南越王墓玉器比较研究 …… 272
南越王墓玉器与满城汉墓玉器比较研究 …………… 282
满城汉墓玉器与大葆台汉墓玉器比较研究 ………… 295
玉德·玉符·汉玉风格 ……………………………… 306
玉德学说初探 ……………………………………… 322
论儒家与中国玉文化 ……………………………… 331
中国玉文化多元一体架构刍议 …………………… 342
论玉文化在汉代的延续和发展 …………………… 350
略论汉代玉文化的传承与创新 …………………… 373
关于闽越历史的若干问题 ………………………… 387
从考古发现看唐代的金银"进奉"之风 …………… 397
试论唐代的金花银盘 ……………………………… 414
关于金银器的几个问题 …………………………… 439
法门寺地宫金银器与文思院 ……………………… 455
关于法门寺地宫金银器的若干问题 ……………… 467
略谈洛阳地区出土的唐代金银器 ………………… 480
略论唐代仿金银器的玉石器皿 …………………… 488
何文哲墓志考释
　　——兼谈隋唐时期在中国的中亚何国人 ……… 507
唐代洛阳与西域昭武诸国 ………………………… 526
唐宋时期台湾与祖国大陆关系的探索 …………… 537
"梅妃"其人辨 ……………………………………… 548

后　记 ……………………………………………… 557

秦汉玉器与玉器加工工艺

一 秦汉玉器的发现与研究简述

东周时期的秦国，地处西部边陲，与戎狄杂居。在迁都咸阳之前，与关东诸国处于相对隔绝状态，因而逐步发展为地域性较强的秦文化；玉器的造型、纹饰以及雕琢工艺也别具一格，学者称之为"秦式玉器"或"秦式玉雕"[①]。从目前发现的玉器资料考察，"秦式玉器"主要流行于春秋时期，战国时期已呈现衰落趋势，由于各诸侯国之间的交流日益频繁，玉器的雕琢技艺和艺术风格也逐渐趋于融合[②]。秦王朝建立后，政治上的统一进一步促成了玉文化的一致性。

秦代国祚短暂，目前考古发掘出土的秦代玉器数量不多，主要出在陕西、甘肃、湖南、湖北、河南、河北、山东等地的秦墓以及与祭祀有关的秦代窖藏中。其中以西安北郊联志村和卢家口村两处战国晚期至秦代的祭祀坑所出的玉器最多。前者发现于1971年，出土玉圭、玉璋、玉璧、玉琮、玉璜、玉虎、玉觿、玉

[①] 杨建芳：《春秋秦式玉雕及其相关问题》，《中国古玉研究论文集》上册，（台北）众志美术出版社2001年版。

[②] 刘云辉：《陕西出土东周玉器》，文物出版社2006年版，第3—38页。

人等，共85件；后者发现于1980年，共出土玉器100多件，所出玉器的种类与前者基本相同①。战国晚期的秦国玉器与秦统一后的玉器，在艺术风格上变化不大，往往难以区分，秦代窖藏和秦墓出土的玉器，都存在这样的问题。

汉代是中国玉器发展史上的高峰期之一，汉代玉器主要出在诸侯王及其亲属的墓中。例如江苏徐州狮子山楚王墓②、北洞山楚王墓③、铜山龟山1号汉墓④、徐州石桥楚王夫妇墓⑤、扬州"姣莫书"汉墓⑥，广东广州南越王赵眜墓⑦，河北满城中山王刘胜夫妇墓⑧、定县八角廊中山王刘修墓⑨、定县北庄中山王刘焉夫妇墓⑩、定县北陵头中山王刘畅夫妇墓⑪，山东长清双乳山济北王

---

① 刘云辉：《东周秦国玉器大观》，《中国玉文化玉学论丛（续编）》，紫禁城出版社2004年版；《陕西出土东周玉器》，文物出版社2006年版，第31页。

② 狮子山楚王陵考古发掘队：《徐州狮子山西汉楚王陵发掘简报》，《文物》1998年第8期；韦正、李虎仁、邹厚本：《江苏徐州市狮子山西汉墓的发掘与收获》，《考古》1998年第8期。

③ 徐州博物馆、南京大学历史学系考古专业：《徐州北洞山西汉楚王墓》，文物出版社2003年版。

④ 南京博物院：《铜山小龟山西汉崖洞墓》，《文物》1973年第4期。该墓原未编号，后补编为"龟山1号墓"。

⑤ 徐州博物馆：《徐州石桥汉墓清理报告》，《文物》1984年第11期。

⑥ 扬州市博物馆：《扬州西汉"姣莫书"木椁墓》，《文物》1980年第12期。

⑦ 广州市文物管理委员会、中国社会科学院考古研究所、广东省博物馆：《西汉南越王墓》，文物出版社1991年版。

⑧ 中国社会科学院考古研究所、河北省文物管理处：《满城汉墓发掘报告》，文物出版社1980年版。

⑨ 河北省文物研究所：《河北定县40号汉墓发掘简报》，《文物》1981年第8期。

⑩ 河北省文化局文物工作队：《河北定县北庄汉墓发掘报告》，《考古学报》1964年第2期。

⑪ 定县博物馆：《河北定县43号汉墓发掘简报》，《文物》1973年第11期。

刘宽墓①、巨野红土山昌邑王刘髆墓②、曲阜九龙山鲁王墓③，河南永城僖山梁王墓④、永城窑山梁王夫妇墓⑤、淮阳北关陈王墓⑥，湖南长沙咸家湖曹𡚌墓⑦、长沙象鼻嘴1号汉墓⑧，以及北京大葆台广阳王夫妇墓⑨。广州南越王墓所出的玉器数量最多，共244件（套）。徐州狮子山楚王墓也出土200多件玉器，而且多数玉器玉质精良。至于各地的中、小型汉墓，有的也出土玉器，但数量不多，精美的玉器很少。还有少数汉代玉器出土于窖藏中，这些窖藏多数与祭祀仪式有关系。

对秦汉玉器进行考古学研究，早在20世纪40年代就有重要著作发表。例如郭宝钧《古玉新诠》一文，主张研究玉器应以考古发掘出土的资料为依据，并将两汉的玉器单独列为一章进行分析研究⑩。从20世纪60年代开始，汉代玉器陆续有重要发现，因

---

① 山东大学考古系、山东省文物局、长清县文化局：《山东长清县双乳山1号汉墓发掘简报》，《考古》1997年第3期。

② 山东省菏泽地区汉墓发掘小组：《巨野红土山西汉墓》，《考古学报》1983年第4期。

③ 山东省博物馆：《曲阜九龙山汉墓发掘简报》，《文物》1972年第5期。

④ 河南省文物考古研究所：《永城西汉梁国王陵与寝园》，中州古籍出版社1996年版，第13页。

⑤ 阎根齐：《芒砀山西汉梁王墓地》，文物出版社2001年版，第248—276页。

⑥ 周口地区文物工作队、淮阳县博物馆：《河南淮阳北关1号汉墓发掘简报》，《文物》1991年第4期。

⑦ 长沙市文化局文物组：《长沙咸家湖西汉曹𡚌墓》，《文物》1979年第3期。

⑧ 湖南省博物馆：《长沙象鼻嘴一号西汉墓》，《考古学报》1981年第1期。

⑨ 大葆台汉墓发掘组：《北京大葆台汉墓》，文物出版社1989年版。

⑩ 郭宝钧：《古玉新诠》，《历史语言研究所集刊》第20本（下册），1949年。

而引起学术界的重视，考古工作者也意识到研究玉器的重要性和必要性。关于汉代玉器的综合研究著作，主要发表于80年代初以后。其中最具代表性的是夏鼐《汉代的玉器——汉代玉器中传统的延续和变化》一文，该文从玉料来源、治玉技术、玉器分类、纹饰特征以及研究方法等方面进行概括性的论述，对研究汉代玉器具有指导意义[①]。杨伯达《汉代玉器艺术》一文，则从艺术渊源、功能分类、造型艺术、碾琢艺术、镶嵌艺术和发展趋势六个方面对汉玉艺术进行综合研究[②]。90年代初，杨伯达主编的六卷本《中国玉器全集》出版。卢兆荫主编其中的第4卷，在《秦·汉—南北朝玉器述要》一文中，较全面地论述了秦汉时期的玉器[③]。此后卢兆荫陆续发表数篇有关秦及西汉玉器[④]、东汉魏晋南北朝玉器[⑤]以及汉代玉文化的文章[⑥]，对秦汉玉器进行较全面、系统的阐述。还有古方对汉代玉器的分期、玉料产地及制作工艺等的研究[⑦]。

有关秦汉玉器的专题研究文章，数量较多，主要发表于20世纪80年代初期以后。卢兆荫先后发表了关于汉代礼仪用玉和丧葬

[①] 夏鼐：《汉代的玉器——汉代玉器中传统的延续和变化》，《考古学报》1983年第2期。

[②] 杨伯达：《汉代玉器艺术》，《香港中文大学中国文化研究所学报》第十五卷，1984年。

[③] 卢兆荫：《秦·汉—南北朝玉器述要》，《中国玉器全集·4》第1—23页，河北美术出版社1993年版。

[④] 卢兆荫：《秦、西汉玉器概述》，《湖南省博物馆馆刊》第三辑，2006年。

[⑤] 卢兆荫：《承前启后的东汉魏晋南北朝玉器》，《探古求原》，科学出版社2007年版。

[⑥] 卢兆荫：《论玉文化在汉代的延续和发展》，《海峡两岸古玉学会议论文专辑·Ⅱ》，台湾大学理学院地质科学系印行，2001年。后转载于《中国历史文物》2004年第3期。

[⑦] 古方：《汉代玉器的分期及有关问题的探讨》，《一剑集》，中国妇女出版社1996年版。

用玉的研究文章①。麦英豪②、杨建芳③、王恺④、卢兆荫⑤、徐良玉⑥等分别对南越国以及楚国、梁国、广陵国等汉代诸侯王国的玉器进行专题性的研究。至于对某一种汉代玉器进行研究的文章，数量很多，不胜枚举。其中对玉衣的研究是较为突出的一例。夏鼐⑦、卢兆荫⑧、傅乐治⑨、那志良⑩、郑绍宗⑪、黄展岳⑫等都曾发表关于汉代玉衣的论著。

---

① 卢兆荫：《略论汉代礼仪用玉的继承与发展》，《文物》1998年第3期；《略论汉代丧葬用玉的发展与演变》，《东亚玉器·2》，香港中文大学中国考古艺术研究中心，1998年。

② 麦英豪：《汉玉大观——象岗南越王墓出土玉器概述》，《南越王墓玉器》第39—56页，（香港）两木出版社1991年版。

③ 杨建芳：《南越王墓玉器研究——南越式玉器的识别及相关问题》，《故宫文物月刊》第十二卷第九期，1992年12月。

④ 王恺：《浅说徐州狮子山楚王墓出土玉器》，《东亚玉器·2》，香港中文大学中国考古艺术研究中心，1998年。

⑤ 卢兆荫：《关于徐州狮子山楚王墓玉器的若干问题》，《出土玉器鉴定与研究》，紫禁城出版社2001年版；《简论西汉楚国玉器》，《新世纪的中国考古学——王仲殊先生八十华诞纪念论文集》，科学出版社2005年版；《弥足珍贵的西汉楚王陵墓玉器》，《大汉楚王——徐州西汉楚王陵墓文物辑萃》，中国社会科学出版社2005年版；《略论西汉梁国玉器》，《福建文博》1991年第1期。

⑥ 徐良玉：《论扬州汉墓出土玉器》，载《汉广陵国玉器》，文物出版社2003年版，第8—16页。

⑦ 史为（夏鼐）：《关于"金缕玉衣"的资料简介》，《考古》1972年第2期。

⑧ 卢兆荫：《试论两汉的玉衣》，《考古》1981年第1期；卢兆荫：《再论两汉的玉衣》，《文物》1989年第10期。

⑨ 傅乐治：《谈玉匣》，《故宫文物月刊》第一卷第八期，1983年11月。

⑩ 那志良：《珠襦玉匣与金缕玉衣》，《故宫学术季刊》第二卷第二期，1984年。

⑪ 郑绍宗：《汉代玉匣葬服的使用及其演变》，《河北学刊》1985年第6期。

⑫ 黄展岳：《玉衣概说》，《故宫文物月刊》第十卷第四期，1992年7月。

二　秦代玉器

战国时秦昭王（嬴则）得知赵国有楚和氏璧，"使人遗赵王书，愿以十五城请易璧"①。秦以前人们以金、玉为印，秦以来只有皇帝的印章才能用玉琢成，称为"玉玺"②。由此可见秦国有爱玉、崇玉的传统。秦始皇（嬴政）在统一关东六国之前，就收藏了昆山玉、和氏璧等贵重玉器③；统一全国后，在首都咸阳聚集了包括玉器在内的大量财宝。《西京杂记》卷三载，汉高祖（刘邦）初入咸阳宫，看到府库内"金玉珍宝"不计其数，最使人惊异的为高七尺五寸的青玉五枝灯，还有长二尺三寸的玉管。秦皇室贵族的玉器，在秦朝覆亡后散落起义军首领及富豪之家④。

根据考古发掘出土的资料，秦代玉器可以分为礼仪用玉、日常用玉、佩玉和玉剑饰四类。

礼仪用玉多数出土于具有祭祀坑性质的窖藏中，主要有圭、璋、璧、琮、琥、璜、觿等。这些玉器多数为素面，少数有简单的纹饰。上述西安北郊联志村祭祀坑所出的玉器中，圭、璋、璧、觿都是素面的；玉琮已简化为方形片状；玉璜有素面的，也有两端雕成兽头的双兽首玉璜。此外还有玉虎和玉人。玉虎

---

① 《史记·廉颇蔺相如列传》。
② 《史记·秦始皇本纪》："九年……长信侯毐作乱而觉，矫王御玺"。《集解》引卫宏曰："秦以前，民皆以金玉为印，龙虎钮，唯其所好。秦以来，天子独以印称玺，又独以玉，群臣莫敢用。"
③ 《史记·李斯列传》："今陛下致昆山之玉，有随、和之宝……此数宝者，秦不生一焉。"《正义》："卞和璧，始皇以为传国玺也。"
④ 《史记·货殖列传》："秦之败也，豪杰皆争取金玉，而任氏独窖仓粟。楚汉相距荥阳也，民不得耕种，米石至万，而豪杰金玉尽归任氏，任氏以此起富。"

为扁平片状，以阴线勾勒虎的头部及四肢，可能是《周礼》所载"六器"之一的"琥"。玉人也呈片状，具有头部和长条形身躯，用阴线刻出眉、眼、鼻、口以及象征的腰带。玉人有男女之分，男玉人有发髻和胡须，发型与临潼秦俑相似。西安北郊卢家口村祭祀坑出土的玉器，除圭、璋、璧、环、琮、璜、觿、玉虎、玉人外，还有玉猪。其中2件玉琮系用一块玉料雕成的，也可能是由1件玉琮一分为二琢成的；玉猪为片状，是用玉璧改制而成的，两面残存蒲格谷纹和部分双身动物纹①。这两处祭祀坑所出的玉器，应属礼仪用玉。此外，安徽寿县东淝河闸出土1件男玉人②，甘肃礼县鸾亭山遗址出土男、女玉人各1件③，其形制与上述两处祭祀坑所出的玉人完全相同，也应属秦代的礼仪用玉。

1975年山东烟台芝罘岛阳主庙遗址出土两组玉器④，每组都由1件圭、1件璧和2件觿组成，玉圭和玉觿都是素面的，玉璧饰谷纹，并有涂朱痕迹。《史记·封禅书》记载，秦始皇东游海上，祭祀名山大川及八神，八神中"五曰阳主，祠之罘"，以玉圭等为祭品。这两组玉器可能是秦始皇登芝罘祭"阳主"时瘗埋的。山东荣成成山曾发现两组玉器，其中一组发现于1982年，由1件璧和2件圭组成，璧居中，圭置两侧。璧饰谷纹（图一：1），

---

① 王长启：《从古代玉礼器的发展与衰落看西安市北郊出土的秦国玉器》（文中称"卢家口村"为"卢家寨村"），载《出土玉器鉴定与研究》，紫禁城出版社2001年版。

② 古方主编：《中国出土玉器全集》第6卷，科学出版社2005年版，第100页。原文称"玉俑"。

③ 古方主编：《中国出土玉器全集》第15卷，科学出版社2005年版，第108、109页。原文误定为西汉时期。

④ 烟台市博物馆：《烟台市芝罘岛发现一批文物》，《文物》1976年第8期。

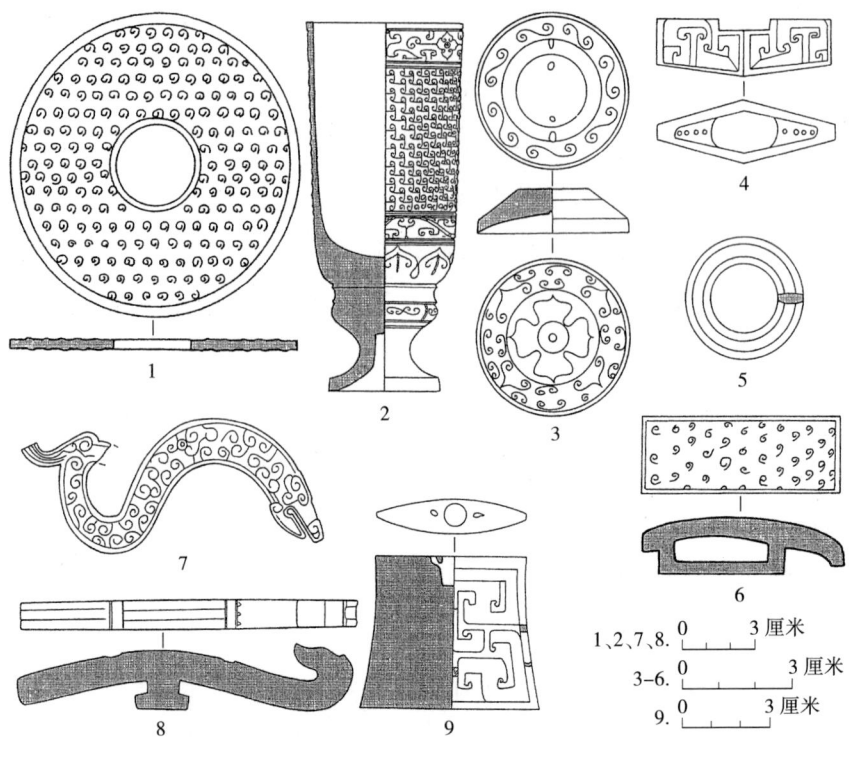

图一　秦代玉器
1. 璧（荣成成山出土）　2. 高足杯（阿房宫遗址出土）　3. 剑首（西安潘家庄 M154∶1）
4. 剑格（西安潘家庄 M154∶2）　5. 环（西安潘家庄 M165∶1）　6. 剑璏（西安潘家庄 M189∶1-1）　7. 龙形佩（咸阳塔儿坡秦墓 M37337∶1）　8. 带钩（西安茅坡 M15∶1）
9. 剑珌（西安潘家庄 M154∶3）

主为素面①。同上书载："（秦始皇）行礼祠名山大川及八神……七曰日主，祠成山"。这组玉器可能是秦始皇祀成山"日主"后埋藏的。

秦墓中出土较多的礼仪用玉是玉璧，璧是《周礼·春官·大宗伯》所载"六瑞"和"六器"的组成部分，在玉礼器中占有重要的地位。秦代的玉璧，有素面的，也有雕琢纹饰的。纹饰有单

---

① 王永波：《成山玉器与日主祭——兼论太阳神崇拜的有关问题》，《文物》1993年第1期。

一的谷纹，也有少数纹饰分为内外两区，内区为谷纹，外区为合首双身的夔龙纹。湖南长沙左家塘秦墓出土的1件谷纹玉璧，其侧边刻铭文"四百十七"四个字①，应是该器的编号。

　　日常用玉有玉杯、玉带钩等。西安西郊秦阿房宫遗址出土的青玉高足杯②，杯身饰谷纹，并加刻阴线勾连云纹，口部和下腹部饰柿蒂纹、云纹花纹带（图一：2）。此杯雕琢精湛，纹饰纤细华丽，应属宫廷用玉。有的学者认为，此杯的时代属战国晚期③。秦墓出土的玉带钩，依据构造方法的不同可分为两类：一类是用整块玉料碾琢而成的带钩，钩部一般作禽首、兽首或龙首的形象。例如湖北江陵岳山秦墓④出土的玉带钩，钩为禽首，钩身作四棱形；陕西凤翔八旗屯西沟道秦墓⑤出土的玉带钩，钩作兽首形；陕西长安茅坡村秦墓出土的玉带钩⑥，钩作龙首形，钩身为四棱形，正面琢出三道纵向凹槽、两道横向凹槽（图一：8）。另一类带钩的钩体由多节玉块组成，首、尾作龙头或兽首形。例如河南泌阳秦墓⑦出土的玉带钩，由十节白玉组成，当中以金属

---

① 湖南省文物管理委员会：《长沙左家塘秦代木椁墓清理简报》，《考古》1959年第9期。简报云铭文为"四百十一"，后经湖南省博物馆高至喜先生细心考察，认为铭文最后一字应为"七"字。

② 古方主编：《中国出土玉器全集》第14卷，科学出版社2005年版，第117页。

③ 刘云辉：《陕西出土东周玉器》，文物出版社、（台北）众志美术出版社2006年版，第31页。

④ 湖北省江陵县文物局、荆州地区博物馆：《江陵岳山秦汉墓》，《考古学报》2000年第4期。

⑤ 尚志儒、赵丛苍：《陕西凤翔八旗屯西沟道秦墓发掘报告》，《文博》1986年第3期。

⑥ 西安市文物保护考古所：《西安南郊秦墓》，陕西人民出版社2004年版，第345页，图一五一：6，彩版八：1。

⑦ 驻马店地区文管会、泌阳县文教局：《河南泌阳秦墓》，《文物》1980年第9期。

扁条贯穿成器，首、尾均作龙头形，钩身饰勾连云纹。这类玉带钩结构较为复杂，钩身分节琢成，雕琢较为方便，以金属条贯穿成器，又比较牢固，其制作工艺优于前一类玉带钩。

佩玉有环、瑗、玦、璜和龙形佩等类，都是佩戴在人身上的玉饰。秦代继承战国的传统，也流行佩玉的习俗。考古工作中尚未发现秦代的成组玉佩，但环、璜、玦等无疑是当时常见的佩玉。陕西长安潘家庄世纪星城秦墓出土的玉环（图一：5），有的是素面的①，有的横断面呈八边形②。玉璜在上述西安北郊两处祭祀坑中都有出土，联志村祭祀坑所出的素面玉璜和卢家口村祭祀坑所出的双兽首玉璜，璜的中部上方都有一圆孔，原来应为佩玉。《史记·项羽本纪》记载，在"鸿门宴"上，范增"举所佩玉玦"，以玦暗示项羽下决心杀刘邦。范增佩戴的玉玦应为秦玉，玦可谐音表示"决心"或"决断"。咸阳塔儿坡秦墓出土1件龙形玉佩③，龙身弯曲，两面饰谷纹，中部有一穿孔（图一：7），也应是人身上的佩玉。

玉剑饰是安装在剑和剑鞘上的玉饰，包括剑茎顶端的玉剑首，剑茎与剑身之间的玉剑格，剑鞘上用于穿带佩挂的玉剑璏和剑鞘末端的玉剑珌。江陵岳山秦墓出土两件玉剑首，其中1件正面的外区饰谷纹，内区饰卷云纹；背面正中有阴刻圆形沟槽④。

---

① 西安市文物保护考古所：《西安南郊秦墓》，陕西人民出版社2004年版，第698页，图一八七：1，彩版一三：10。

② 西安市文物保护考古所：《西安南郊秦墓》，陕西人民出版社2004年版，第698页，图一八七：2，彩版一三：9，彩版一四：1。

③ 咸阳市文物考古研究所：《塔儿坡秦墓》，三秦出版社1998年版，第172页，图一三一：13，图版五：4，图版五九：4。

④ 湖北省江陵县文物局、荆州地区博物馆：《江陵岳山秦汉墓》，《考古学报》2000年第4期。

长沙左家塘秦墓出土玉剑首、玉剑璏各1件，玉剑首的纹饰与岳山秦墓玉剑首基本相同，玉剑璏装饰勾连谷纹①。从剑璏上粘附的铁锈考察，这两件玉器应是铁剑上的玉饰。西安潘家庄秦墓出土的1件玉剑璏（图一：6），也饰谷纹②。另一座秦墓出土玉剑首、玉剑格、玉剑珌各1件。其中玉剑首（图一：3）正面的中心略下凹，内区饰柿蒂纹，外区饰四叶卷云纹，背面中部凸起，周围琢饰勾连云纹；玉剑格（图一：4）的两面都饰方折的勾连云纹；玉剑珌（图一：9）的两面也饰方折的勾连云纹③。

目前考古发掘出土的秦代玉器，数量不多，工艺水平较高的作品寥寥无几。究其原因，似可归纳为如下三点。第一，秦统一全国前，地处西部边陲，与关东诸国相比，文化相对滞后，在玉器雕琢工艺方面缺乏优良传统。第二，秦代国祚短促，玉器手工业很难得到充分发展，也未能形成新的艺术风格。第三，现在见到的秦代玉器，主要出自中小型秦墓和秦代窖藏中。上述秦代玉器，除阿房宫遗址出土的青玉高足杯等个别器物外，绝大多数都不是宫廷用玉，不能代表秦代玉器的最高水平。对秦代玉器作全面、深入的评价，还有待于今后的考古发现和研究④。

---

① 湖南省文物管理委员会：《长沙左家塘秦代木椁墓清理简报》，《考古》1959年第9期。简报云玉剑璏"上刻变形云纹"，实为勾连谷纹。

② 西安市文物保护考古所：《西安南郊秦墓》，陕西人民出版社2004年版。第698页，图一八七：6，彩版一五：2。原报告称"饰卷云纹"。

③ 西安市文物保护考古所：《西安南郊秦墓》，陕西人民出版社2004年版，第698页，图一八七：3、5、10，彩版一四：2、3、5，彩版一五：1。

④ 卢兆荫：《秦、西汉玉器概述》，《湖南省博物馆馆刊》第三辑，2006年。

三 汉代玉器

（一）汉代玉器的分期及其主要特点

20世纪50年代以来，考古发掘出土的汉代玉器，种类和数量都很多。但由于玉器是具有收藏价值的珍贵物品，墓葬中出土的玉器有些可能是墓主生前的收藏品，所以墓葬的年代只是所出玉器年代的下限，因而汉墓中也可能出土先秦的玉器。这是对出土玉器进行分期断代时应该注意的问题。考古发掘出土的汉代玉器，根据其所出墓葬的年代以及玉器的种类、造型和纹饰的差异等，可以分为四期。

第一期 西汉早期（高祖至景帝）的玉器

第二期 西汉中期（武帝至宣帝）的玉器

第三期 西汉晚期（元帝至西汉末，包括新莽时期）的玉器

第四期 东汉时期的玉器

西汉早期的玉器（图二）处在从战国风格玉器向汉代风格玉器过渡的阶段。西汉初年主要承袭战国玉器的传统；文景时期新的艺术风格开始萌芽，形成先秦风格玉器与汉代新风格的玉器同时存在的现象，而前者中有的还可能是前代遗留下来的旧玉。以徐州狮子山楚王墓所出玉器为例，玉璜在玉器中占主要地位，说明西周以来佩挂以玉璜为主体的多璜组佩的习俗在当时还相当流行；周缘有戚齿的玉璜（图二：5）和外缘带透雕附饰的玉璜（图二：2）具有战国玉器的风格；玉觽与玉冲牙（图二：8）并存；龙形玉佩形式多样（图二：4、6、7）；诸侯王殓以玉衣的制度已经出现。

1-8. 0 ⸺ 5厘米 9. 0 ⸺ 5厘米
10. 0 ⸺ 3厘米

图二 西汉早期玉器

1. 戈（徐州狮子山楚王墓 W4：6，拓片） 2. 璜（徐州狮子山楚王墓甬道：264） 3. 玉饰（徐州狮子山楚王墓甬道：228，拓片） 4. 龙形佩（徐州狮子山楚王墓 W5：1，拓片） 5. 璜（徐州狮子山楚王墓甬道：164，拓片） 6. 龙形佩（徐州狮子山楚王墓 W5：14） 7. 龙形佩（徐州狮子山楚王墓 W5：72，拓片） 8. 冲牙（徐州狮子山楚王墓 W5：18，拓片） 9. 剑珌（徐州北洞山楚王墓 6096） 10. 鐹形佩（徐州北洞山楚王墓 6093）

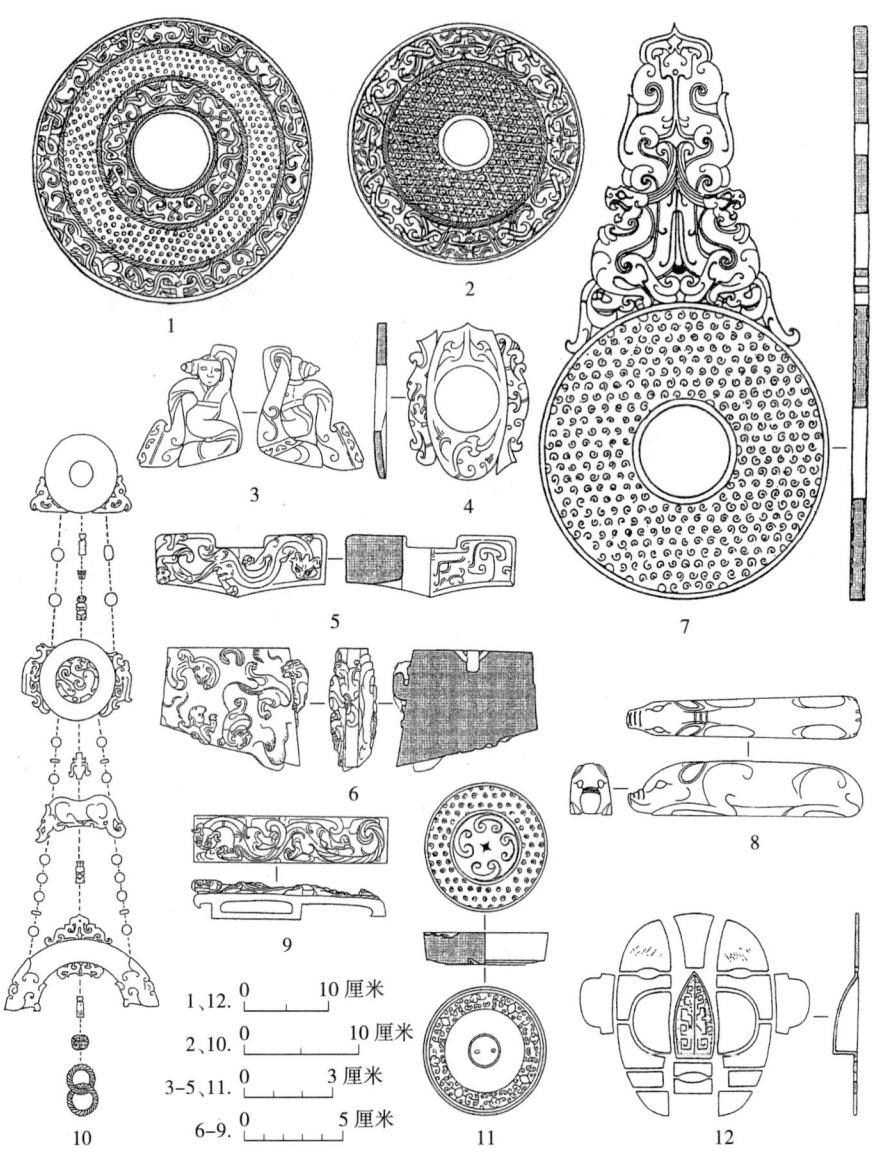

图三 西汉中期玉器

1. 璧（广州南越王墓 D∶49） 2. 璧（满城 M2∶4158） 3. 舞人（广州南越王墓 C137） 4. 牒形佩（满城 M2∶4154） 5. 剑格（广州南越王墓 C147-10） 6. 剑珌（满城 M1∶5042-4） 7. 璧（满城 M1∶5048） 8. 猪（菏泽红土山 92） 9. 剑璏（满城 M1∶5042-2） 10. 组佩复原图（广州南越王墓出土） 11. 剑首（广州南越王墓 C147-1） 12. 覆面（长清双乳山 M1∶61）

西汉中期的玉器（图三）已形成汉代新的艺术风格。多璜组佩已不甚流行；在玉器的器类、造型和纹饰方面，均不见明显的战国风格。以满城中山王刘胜夫妇墓所出玉器为例，玉璜的数量明显减少；鲽形玉佩已定型，成为男女都可佩戴的玉饰；发现保存完整的"金缕玉衣"和4件玉饰齐备的"玉具剑"。营建于武帝前期的广州南越王赵眜墓，虽然也属西汉中期的墓葬，但所出玉器中，有不少在造型和纹饰上带有战国玉器的风格。这可能是由于南越国远离中原地区，因而存在"文化滞后"现象的缘故[①]。

西汉晚期的玉器（图四）基本上承袭中期玉器的器类，但在造型和纹饰方面有所变化。玉琀与玉握都已定型。偶尔出现以琉璃片代替玉片的玉衣。以扬州"妾莫书"汉墓所出玉器为例，鲽形玉佩的器形与中期相比有较明显的变化（图四：5）；玉舞人的造型比中期更为优美；所出铜缕玉衣以琉璃片代替玉片，少数琉璃片模印蟠螭纹饰。

东汉时期的玉器（图五）基本上继承西汉玉器的风格，但在种类和数量上都比西汉减少，在造型和纹饰方面也有变化和发展。殓以玉衣的制度进一步完善，明确规定了分级使用金缕、银缕、铜缕三种玉衣的等级制度。出现了用于辟邪的玉器以及带吉祥语铭文的玉璧（图五：6）。以定县中山王刘畅夫妇墓所出玉器为例，鲽形玉佩已由竖置演变为横置，原简报称为"扇形玉饰"，实为鲽形玉佩；饰以透雕人物鸟兽纹的玉座屏，是汉代玉雕中的杰作；墓中出土银缕玉衣和铜缕玉衣各一套，说明该墓为王和王后的合葬墓。

---

① 卢兆荫：《南越王墓玉器与满城汉墓玉器比较研究》，《考古与文物》1998年第1期。

16　稽古文存

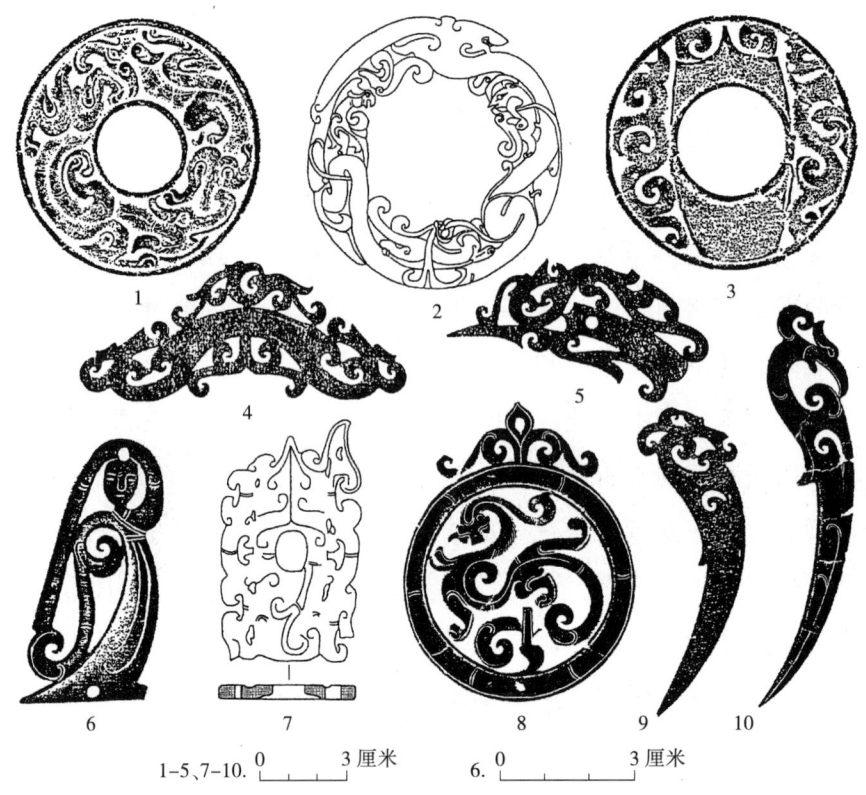

图四　西汉晚期玉器

1. 璧（北京大葆台 M1：95，拓片）　2. 环（徐州石桥 M2：41）　3. 璧（北京大葆台 M1：94，拓片）　4. 佩（扬州"妾莫书"墓出土，拓片）　5. 镂形佩（扬州"妾莫书"墓出土，拓片）　6. 舞人（北京大葆台 M2：5，拓片）　7. 镂形佩（徐州石桥 M2：42）　8. 佩（北京大葆台 M2：4，拓片）　9. 觿（扬州"妾莫书"墓出土，拓片）　10. 觿（北京大葆台 M2：3，拓片）

（二）汉代玉器的种类

汉代的玉器不仅数量多，而且器形多样、种类繁多。按其社会功能和用途的不同，可以分为礼仪用玉、丧葬用玉、日常用玉、装饰用玉、辟邪用玉、玉艺术品六大类。

1. 礼仪用玉

所谓礼仪，主要包括祭祀、朝聘以及其他礼仪性活动。礼仪活动中的用玉称为"礼玉"，按其不同功能又可分别称为"祭玉"

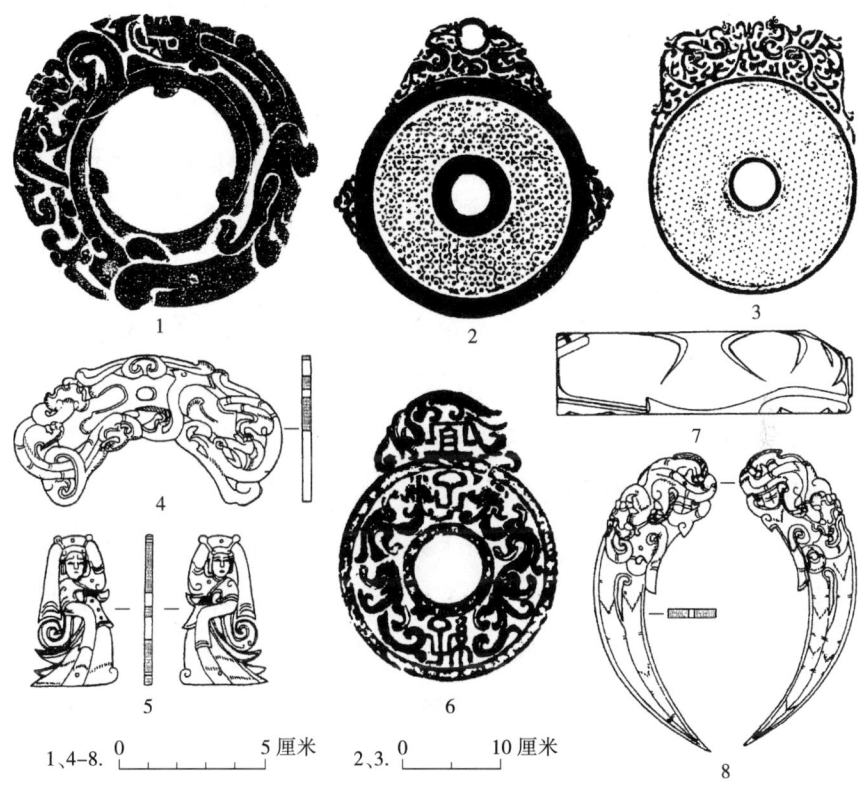

图五 东汉玉器

1. 环（邗江老虎墩汉墓出土，拓片） 2. 璧（定县北陵头中山王墓出土，拓片） 3. 璧（定县北庄中山王墓出土，拓片） 4. 璜（淮阳北关陈王墓出土） 5. 舞人（淮阳北关陈王墓出土） 6. 璧（邗江老虎墩汉墓出土，拓片） 7. 猪（淮阳北关陈王墓出土） 8. 觿（淮阳北关陈王墓出土）

或"瑞玉"。根据成书于战国时期的儒家经典《周礼》记载，先秦的礼仪用玉主要是璧、琮、圭、璋、琥、璜六种玉器[①]。汉代在礼仪用玉方面，部分继承先秦时期的用玉制度，在器类上趋于简化，汉代用于祭祀、朝聘等礼仪活动的玉器，主要是玉圭和玉

---

① 《周礼·春官·大宗伯》："以玉作六瑞，以等邦国。王执镇圭，公执桓圭，侯执信圭，伯执躬圭，子执谷璧，男执蒲璧……以玉作六器，以礼天地四方。以苍璧礼天，以黄琮礼地，以青圭礼东方，以赤璋礼南方，以白琥礼西方，以玄璜礼北方。"

璧。汉墓中偶然发现的玉琮，都是前代遗留下来的旧玉，并非当时的礼仪用玉。玉璋、玉琥也很少见。玉璜除少数与祭祀或丧葬仪式有关外，多数是成组玉佩的组成部分，属于装饰用玉[1]。

在祭祀方面的用玉，可称为祭玉。根据文献记载，汉代皇室贵族在祭祀活动中广泛使用玉圭和玉璧。西汉时期，皇帝祭祀"上帝宗庙"用玉圭[2]，祭祀诸祠也使用玉圭[3]。汉代继承了先秦"以苍璧礼天"的习俗，皇帝祭天神泰一使用直径为六寸的玉璧[4]。祭黄河、汉水等大川及诸祠用玉璧、玉圭[5]。汉武帝时黄河决口，他投入玉璧、白马以祭水神[6]。东汉承袭西汉的用玉制度，皇帝祭祀天地时，执玉圭、玉璧[7]。

在考古发掘中也常发现用于祭祀的玉璧和玉圭。1979年山东荣成成山发现一组玉器，由1件玉璧、2件玉圭和1件玉璜组成，出土时璧居中，圭置两侧，璜在上方。研究者认为，这组玉器应属汉武帝祀日的遗物[8]。陕西华阴华山曾出土9件西汉时期

---

[1] 卢兆荫：《略论汉代礼仪用玉的继承与发展》，《文物》1998年第3期。

[2] 《史记·孝文本纪》："春，上曰：'朕获执牺牲珪币以事上帝宗庙，十四年于今，历日（绵）长，以不敏不明而久抚临天下，朕甚自愧。其广增诸祀坛场珪币。'"《汉书·文帝纪》所载基本相同。

[3] 《史记·封禅书》："及诸祠，各增广坛场，珪币俎豆以差加之。"

[4] 《史记·孝武本纪》："皇帝始郊见泰一云阳，有司奉瑄玉嘉牲荐飨。"《集解》引孟康曰："璧大六寸谓之瑄。"《索隐》："音宣，璧大六寸也。"

[5] 《史记·封禅书》："其河、湫、汉水加玉各二；及诸祠，各增广坛场，珪币俎豆以差加。"《正义》："言二水祭时各加玉璧二枚。"

[6] 《史记·河渠书》："（汉武帝）自临决河，沈白马、玉璧于河，令群臣从官自将军已下皆负薪填决河。"《汉书·沟洫志》作"湛白马玉璧"。颜师古注："湛读曰沈。沈马及璧以礼水神也。"

[7] 《后汉书·显宗孝明帝纪》："朕以暗陋，奉承大业，亲执珪璧，恭祀天地。"

[8] 王永波：《成山玉器与日主祭——兼论太阳神崇拜的有关问题》，《文物》1993年第1期。

的玉璧①。《汉书·地理志上》记载，华阴有集灵宫，汉武帝所建。这些玉璧可能是集灵宫奠基时埋藏在地下的。西汉帝陵咸阳原陵区曾出土用于祭祀的玉圭、玉璧。例如在昭帝平陵与上官皇后陵之间，曾发现东西向排列的成组玉器，每组由1件玉璧和7件或8件玉圭组成，璧在中间，圭环绕在璧的周围，圭首均朝向玉璧②。这些成组埋藏、排列有序的璧和圭，显然与汉代帝陵的祭祀仪式有关系③。又如成帝延陵陵园南阙门遗址也曾出土排列整齐的玉圭④。上述陵区所出的玉圭和玉璧，器形很小，应是专为祭祀活动而制作的祭玉。此外，甘肃礼县鸾亭山遗址也出土1件西汉玉圭⑤，圭的下部有一圆孔，可能也与祭祀有关系。

在朝聘方面的用玉，可称为瑞玉。西汉时期以玉璧作为主要的瑞玉。皇帝招聘特殊人才用玉璧，例如汉武帝曾以"束帛加璧"迎申公⑥。玉璧又可作为馈赠、贡献的礼品。项羽与刘邦宴于鸿门，刘邦离席后，托张良赠"白璧一双"给项羽⑦。汉文帝时，南越王赵佗进献的物品中，第一项就是"白璧一双"⑧。可

---

① 《陕西华阴华山出土9件西汉时期的玉璧》，《人民日报》1994年3月28日。
② 咸阳市博物馆：《汉平陵调查简报》，《考古与文物》1982年第4期。
③ 刘庆柱、李毓芳：《西汉十一陵》，陕西人民出版社1987年版，第72页。
④ 古方主编：《中国出土玉器全集》第14卷，科学出版社2005年版，第123页。
⑤ 古方主编：《中国出土玉器全集》第15卷，科学出版社2005年版，第107页。
⑥ 《汉书·儒林传·申公》："武帝初即位……于是上使使束帛加璧，安车以蒲裹轮，驾驷迎申公，弟子二人乘轺传从。"《汉书·武帝纪》所载基本相同。
⑦ 《史记·项羽本纪》。
⑧ 《汉书·西南夷两粤朝鲜传》。

见，用白玉琢成的璧属于珍贵礼品，往往是成双赠送或进献。东汉时期，玉璧也是主要的瑞玉。皇帝纳聘皇后用玉璧①。《周礼·冬官考工记·玉人》载："谷圭七寸，天子以聘女。"汉代皇帝纳聘皇后已不用谷圭，而改用谷璧。古时朝会，侯、伯执圭，子、男执璧。汉代每年正月朔旦朝贺，诸侯王、列侯等都执玉璧，不执玉圭②。按规定，诸侯王所执的玉璧是由少府发给的。汉章帝建初七年（82），东平王刘苍正月朔旦入贺，"故事少府给璧。是时阴就为府卿，贵骄，吏憿不奉法"，竟不按规定发给刘苍玉璧，刘苍的部属朱晖只好从主簿手中骗取玉璧交给刘苍③。

玉圭在汉代主要用于祭祀仪式，而它作为瑞玉的一些功能已被玉璧所代替，因而用途不如玉璧宽广。在考古发掘出土的资料中，玉圭的数量也比玉璧少得多。汉代的玉璧不仅数量多，而且纹饰也多种多样。除了传统的蒲纹、谷纹外，还流行分为内、外两区的纹饰，一般内区为蒲纹或谷纹，外区为龙纹或凤鸟纹（图三：2）。广州南越王墓出土的5件大型玉璧（图三：1），璧面纹饰分为内、中、外三区，外区为合首双身龙纹，中区为蒲格涡纹，内区为合首双身龙纹或凤鸟纹。

此外，在少数汉代诸侯王墓中还发现玉雕的兵器，但种类和数量都很少。徐州狮子山楚王墓出土1件玉戈，戈的援、胡饰勾连

---

① 《后汉书·皇后纪下》："（桓帝纳梁皇后）悉依孝惠皇帝纳后故事，聘黄金二万斤，纳采雁璧乘马束帛，一如旧典。"《集解》引惠栋曰《汉杂事》云："以黄金二万斤，马十二匹，元（玄）纁谷璧，以章典礼。"

② 《续汉书·礼仪志中》："每岁首正月，为大朝受贺……及贽，公、侯璧"。注引《决疑要注》曰："古者朝会皆执贽，侯、伯执圭，子、男执璧……汉魏粗依其制，正旦大会，诸侯执璧，荐以鹿皮。"《续汉书·百官志五》："（大夫）掌奉王使至京都，奉璧贺正月……列土、特进、朝侯贺正月执璧云。"

③ 《后汉书·朱晖列传》。

云纹，戈内两面分别浮雕龙、凤纹，援、胡之间有透雕的螭虎纹附饰（图二∶1）。曲阜九龙山鲁王墓出土的1件玉戈，一面刻有纹饰，援的前部浮雕龙纹、中部饰谷纹、后部饰阴线花纹及浮雕夔龙纹。永城僖山梁王墓出土玉戈、玉钺各1件，玉戈饰勾连云纹，玉钺的銎部饰卷云纹。这些雕琢纹饰的玉戈、玉钺显然不是实用的武器，而是作为显示贵族身份的仪仗用器，也应属于礼仪用玉。

  2. 丧葬用玉

  汉代继承先秦儒家提倡的孝道思想，主张"事死如生"，因而厚葬之风盛行。同时汉代人迷信玉能保护尸体不朽，甚至认为死者口中含玉能使尸体千年不腐[1]。由于上述原因，玉器受汉代丧葬习俗影响有较大的发展，葬玉在汉代玉器中占有重要的地位[2]。汉代的丧葬用玉主要有玉覆面、玉衣、玉九窍塞、玉琀、玉握和镶玉棺。

  （1）玉覆面

  汉代的玉覆面是从先秦的"幎目"发展来的。《仪礼·士丧礼》记载："幎目用缁，方尺二寸，赪里，著组系。"郑注："幎目，覆面者也。"周代贵族阶层所用的幎目，上面缝缀象征人脸五官的玉片，可称为"缀玉幎目"或"玉覆面"。

  玉覆面在汉墓中发现不多，只在西汉中期以前的墓中偶有出土。徐州子房山汉墓[3]和后楼山汉墓[4]各出土一副玉覆面。这两副

---

  [1] 《汉书·杨王孙传》："口含玉石，欲化不得，郁为枯腊，千载之后，棺椁朽腐，乃得归土，就其真宅。"
  [2] 卢兆荫：《略论汉代丧葬用玉的发展与演变》，《东亚玉器·2》，香港中文大学中国考古艺术研究中心，1998年。
  [3] 徐州博物馆：《江苏徐州子房山西汉墓清理简报》，《文物资料丛刊》第4辑，文物出版社1981年版。
  [4] 徐州博物馆：《徐州后楼山西汉墓发掘报告》，《文物》1993年第4期。

玉覆面经学者研究复原，被称为"玉面罩"①。子房山汉墓所出玉覆面的造型风格和制作方法，与周代的缀玉幎目有明显的渊源关系。后楼山汉墓的玉覆面，复原后其轮廓很像人的脸部，但只具象征性的额、嘴、双耳及下垂的耳珰，其外形和制作方法与缀玉幎目有较大差异。山东长清双乳山济北王墓出土的一副玉覆面（图三：12），形制较为特殊。该覆面略作椭圆形，由17块玉片和1块玉鼻罩组成，五官俱全，鼻梁隆起，其形状与玉衣的脸盖相类似。

（2）玉衣

玉衣是汉代皇帝和皇室贵族的殓服，在古文献中又称"玉匣""玉柙"或"玉椟"。它是汉代最具特色的葬玉，也是玉文化在汉代丧葬制度中进一步发展的产物。汉代的玉衣是从先秦时期的"缀玉衣服"发展来的，这种缀玉衣服应即《吕氏春秋》所载的"鳞施"②。从鳞施发展成为形制完备的玉衣，可能是在西汉文景时期。《西京杂记》卷一载，汉武帝的玉衣是用金缕编缀的，玉衣上雕镂蛟、龙、鸾、凤、龟、麟的形象，称为"蛟龙玉匣"。武帝的陵墓（茂陵）尚未发掘，他是否殓以"蛟龙玉匣"尚不得而知。

河北满城中山王刘胜和其妻窦绾的墓中各出土一套"金缕玉衣"，这是考古工作中第一次发现的保存完整、形制完备的汉代玉衣。这两套玉衣的外观和人体形状一样，可以分为头部、上衣、裤筒、手套和鞋五部分。各部分都由玉片组成，玉片之间用金丝加以编缀，所以称为"金缕玉衣"。西汉时期，用于编缀玉

---

① 李银德：《徐州出土西汉玉面罩的复原研究》，《文物》1993年第4期。
② 《吕氏春秋·节丧篇》："国弥大，家弥富，葬弥厚，含珠鳞施。"

衣玉片的除金缕外，还有银缕和铜缕，个别还有使用丝缕编缀的，可见，当时尚未形成分级使用不同缕线玉衣的制度。到了东汉时期，才确立了分级使用金缕、银缕或铜缕玉衣的制度。据《续汉书·礼仪志下》记载，皇帝使用金缕玉衣，诸侯王、列侯始封、贵人、公主使用银缕玉衣，大贵人、长公主使用铜缕玉衣[①]。考古发掘出土的东汉玉衣资料，与文献记载相符[②]。

汉代皇室贵族以特制的玉衣作为殓服，除为了表示其特殊身份外，迷信玉衣能保护尸体长期不朽可能也是原因之一。《后汉书·刘玄刘盆子列传》记载："有玉匣殓者，率皆如生。"所载虽然不是事实，但也反映汉代人对玉衣确实存在迷信思想。殓以玉衣的制度一直延续到东汉末年。曹魏黄初三年（222）魏文帝（曹丕）作《终制》，禁止使用"珠襦玉匣"[③]。玉衣从此被废除，考古发掘中迄今也未发现东汉以后的玉衣。

（3）玉九窍塞

所谓九窍，系指双眼、双耳、双鼻孔、口、肛门、阴茎或阴户。用于填塞或盖住九窍的玉制品，称为"玉九窍塞"。古人认为，"金玉在九窍，则死人为之不朽"。汉代贵族死后使用玉九窍塞的目的，大概也是想保护死者的尸体不朽。

玉九窍塞往往出在使用玉衣作为殓服的墓中，属于汉代高级贵族丧葬习俗的用玉。例如在中山王刘胜和其妻窦绾的墓中，各

---

① 《续汉书·礼仪志下》："登遐……金缕玉柙如故事。""诸侯王、列侯始封、贵人、公主薨，皆令赠印玺、玉柙银缕；大贵人、长公主铜缕。"

② 卢兆荫：《试论两汉的玉衣》，《考古》1981年第1期；卢兆荫：《再论两汉的玉衣》，《文物》1989年第10期。

③ 《三国志·魏书·文帝纪》："（黄初三年十月）作终制曰……饭含无以珠玉，无施珠襦玉匣，诸愚俗所为也。"

出土一套玉九窍塞。刘胜的玉九窍塞，眼盖作圆角长方形；耳瑱略作八角锥台形；鼻塞为圆锥形体；口塞的主体略呈新月形，外侧有覆斗形凸起，内侧有三角形凸起；肛门塞作锥台形；阴茎罩盒为圆筒形，系用玉琮改制成的。玉九窍塞的制作工艺较为简朴，表面抛光，但未刻纹饰。窦绾的玉九窍塞也都是素面的。

（4）玉琀

玉琀是放置在死者口中的玉制品。西汉前期的玉琀，没有一定的造型。徐州奎山汉墓出土的玉琀作龙形[1]。徐州子房山3号墓出土的玉琀为透雕的变形玉龙。徐州米山汉墓[2]和后楼山汉墓所出的玉琀都作蝉形，但造型简朴。西汉中期以后流行蝉形玉琀，并逐渐定型。西汉后期和东汉的玉蝉，蝉体宽扁，双目突出，形象比较逼真。汉代为何流行以玉蝉作为口琀，有的学者认为，可能是汉代人看到蝉的生活史中，其幼虫在地下生活许多年后才钻出地面蜕变为成虫，口琀雕琢成蝉形，以象征死者灵魂的复活[3]。

（5）玉握

玉握亦称握玉，是死者手中所握的玉器。与玉琀的情况相似，玉握在西汉中期以前也较多样化。徐州后楼山汉墓出土的玉握为双龙首玉璜[4]。徐州奎山汉墓出土的玉握为玉猪，但只在轮廓上略作猪形。广州南越王墓出土的玉握为两件器形略有不同的

---

[1] 徐州博物馆：《江苏徐州奎山西汉墓》，《考古》1974年第2期。
[2] 徐州博物馆：《江苏徐州市米山汉墓》，《考古》1996年第4期。
[3] 夏鼐：《汉代的玉器——汉代玉器中传统的延续和变化》，《考古学报》1983年第2期。
[4] 徐州博物馆：《徐州后楼山西汉墓发掘报告》，《文物》1993年第4期。从两件玉璜出土时的位置判断，应为玉握。

龙形玉觿。满城中山王刘胜夫妇以璜形玉器作为玉握。西汉中期以后,盛行以玉猪作为握玉的习俗,这种习俗一直延续到南北朝时期。作为握玉的玉猪一般作卧伏状,表面琢磨光滑,以阴线刻饰细部,线条简练,形象逼真(图三:8;图五:7)。

(6) 镶玉棺

汉代的镶玉棺在考古发掘中发现不多。徐州狮子山楚王墓发现残存的棺板,一面髹漆,并绘有图案;另一面镶贴玉片、玉版,多数玉片、玉版已散乱。玉片有菱形、三角形、长方形等形状,有些玉片还粘连在一起,组成图案。部分玉版的表面刻有玉璧的图像,璧的纹饰分为内外两区,内区为蒲纹,外区为双身合首的龙纹。这些玉片、玉版原来应是镶嵌在棺木上。经徐州博物馆复原,成为一具镶玉棺。棺的表面除了有意识地留几处空白外,其余镶满玉片、玉版,学者称之为"玉棺"[①]。满城中山靖王王后窦绾墓也出土一具镶玉漆棺,棺的内壁镶满玉版,形成一具玉棺。"玉棺"一词,偶见于古文献。《后汉书·方术列传·王乔》记载,王乔为叶令时,"后天下玉棺于堂前,吏人推排,终不摇动。乔曰:'天帝独召我邪?'乃沐浴服饰寝其中,盖便立覆"。这节带神话色彩的记载,应是汉代人迷信玉棺能使死者灵魂升天思想的反映。同时,汉代人迷信玉能保护尸体不朽,葬以镶玉漆棺,可能还与希冀保护尸体长期不朽有关系。

此外,在汉代皇室贵族的丧葬礼仪中,还有使用玉圭、玉璋和玉璧的礼俗。《续汉书·礼仪志下》记载,皇帝死后,梓宫中

---

① 李银德:《汉代的玉棺与镶玉漆棺》,《海峡两岸古玉学会议论文专辑·Ⅱ》,台湾大学理学院地质科学系印行,2001年。

安放"圭璋诸物"。在已发掘的汉墓中，玉圭和玉璋出土不多。徐州东甸子1号汉墓出土1件玉圭、2件玉璋①，墓中还发现玉衣残片，墓主应为楚王国贵族。陕西长安县茅坡村汉墓出土4件玉圭，从残存的纹饰可以看出，其中3件是由蒲纹夔龙纹玉璧改制而成，另1件是由谷纹夔龙纹玉璧改制而成②。满城中山王刘胜墓出土3件玉圭。江苏扬州邗江西湖胡场7号西汉墓出土2件玉圭③。巨野昌邑王刘髆墓出土1件玉圭。据报道，永城僖山梁王墓也出土青玉圭，但详细资料尚未发表。上述汉墓所出的玉圭、玉璋，应与贵族阶层的丧葬礼仪有关。

在一些葬以玉衣的汉代贵族墓中，死者的胸、背铺垫许多玉璧。中山王刘胜的前胸和后背共铺垫玉璧18块；王后窦绾的胸、背共放置玉璧15块。南越王赵眜的玉衣上面、里面和底下共铺垫玉璧19块。《周礼·春官·典瑞》载："疏璧琮以殓尸。"郑注："璧在背，琮在腹。"汉代贵族阶层在死者胸、背铺垫玉璧，应是先秦的遗制。

3. 日常用玉

汉代皇室贵族不仅在祭祀、丧葬等重大活动中大量使用玉器，而且在日常生活中也喜欢使用玉质的器皿和用品。考古发掘出土的汉代玉器皿有卮、耳杯、高足杯、角形杯和盒等。徐州狮子山楚王墓出土一组玉饮食器皿，包括1件玉卮、1件玉耳杯和2件玉高足杯。安徽巢湖北山头汉墓出土1件玉盒和2件玉卮④。其中1件玉

---

① 徐州博物馆：《徐州东甸子西汉墓》，《文物》1999年第12期。
② 古方主编：《中国出土玉器全集》第14卷，科学出版社2005年版，第124页。
③ 扬州博物馆、天长市博物馆：《汉广陵国玉器》，文物出版社2003年版，第64页，图版35。
④ 安徽省文物局：《安徽省出土玉器精粹》，（台北）众志美术出版社2004年版，图一二四、一二九、一三〇。

卮器身满饰谷纹、勾连云纹，一侧为高浮雕的朱雀，嘴衔活环，站立在螭虎背上，另一侧为立兽环形耳，两边浮雕凤鸟纹。全器造型优美，工艺极为精湛。广西贵县罗泊湾1号汉墓①和广州南越王墓也都出土雕琢纹饰的玉高足杯。南越王墓的高足杯由杯身、杯托和承盘三部分组成，是这类玉杯中结构最为复杂者。该墓还出土玉盒和玉角形杯各1件。玉盒雕琢勾连云纹等纹饰，盒盖有桥纽活环，盒身下有小圈足。玉角形杯集阴刻、浅浮雕、高浮雕、圆雕等技法于一体，造型奇特，是汉代玉器中的珍品。至于玉质的日常生活用品，种类有玉枕、案、印章、杖首、砚滴、带钩等。

4. 装饰用玉

汉代玉质装饰品，按其用途可以分为人身玉饰和器物玉饰两大类。

人身上的玉饰主要是佩玉。汉代继承先秦"君子必佩玉"的思想，中期以前仍然流行以玉璜为主体的组玉佩。徐州狮子山楚王墓盗洞和被盗掘的墓室中共出土玉璜97件，这些玉璜的组合关系已不可考，但多数应属楚王组玉佩中的佩玉，当无疑义。广州南越王墓出土11套组玉佩，墓主赵眜的组玉佩由32件多种质料的饰品组成，其中以玉饰品为主（图三：10）。西汉中期以后，以玉璜为主体的组玉佩已不盛行。汉代流行的佩玉主要有环、觿和鞢形佩（图二：10，图三：4，图四：2、5、7、9、10，图五：8）。鞢形佩又称鸡心佩或心形玉佩，是从先秦时期的玉鞢演变来的佩玉，男女都可佩戴。玉舞人则是汉代贵族妇女喜爱的佩玉，雕琢成"翘袖折腰"之舞姿。玉舞人一般为片状，广州南越王墓出土1件圆雕的玉舞人，十分罕见（图三：3）。大葆台2号汉墓出土的玉舞人，

---

① 广西壮族自治区博物馆：《广西贵县罗泊湾汉墓》，文物出版社1988年版，第54页，彩版八，图版二八：3。

舞姿婀娜优美，应是广阳王王后的佩玉（图四：6）。淮阳北关陈王墓所出的玉舞人，头戴首饰，一袖高扬于头顶，一袖飘垂及地，细腰长裙，舞姿翩翩，是玉舞人中纹饰最为繁缛者（图五：5）。玉舞人不仅是优美的艺术品，而且是研究汉代舞蹈艺术的重要实物资料。

装饰在器物上的玉饰，主要是玉剑饰，包括剑首、剑格、剑璏和剑珌（图二：9）。具备这四种玉饰的剑，称为"玉具剑"。玉具剑流行于汉代。《史记》《汉书》中都有关于玉具剑的记载。满城中山王刘胜墓出土的一把铁剑，是考古工作中首次发现的玉具剑，4件玉饰的纹饰主题皆为浮雕螭虎纹（图三：6、9）。汉墓中出土玉具剑和玉剑饰的数量最多者，为广州南越王墓（图三：5、11）。

5. 辟邪用玉

汉代的辟邪用玉，主要是刚卯和严卯。河北景县广川乡后村东汉墓出土1件玉刚卯[①]。江苏扬州邗江甘泉三墩东汉墓出土1件玉严卯[②]。安徽亳县凤凰台汉墓出土刚卯、严卯各1件，刚卯四面刻铭文34个字，严卯四面刻铭文32个字，铭文内容与《续汉书·舆服志》所载基本相同[③]。从铭文内容可以看出，刚卯、严卯是用于驱疫逐鬼的辟邪用玉。此外，圆雕的辟邪等动物形玉饰，可能也起辟邪的作用。

6. 玉艺术品

汉代圆雕的玉艺术品，虽然数量不多，但是反映了汉代玉器制作工艺的高度发展水平。汉元帝渭陵附近出土的玉俑头、玉仙

[①] 古方主编：《中国出土玉器全集》第1卷，科学出版社2005年版，第220页。

[②] 扬州博物馆、天长市博物馆：《汉广陵国玉器》，文物出版社2003年版，第151页，图版127。

[③] 亳县博物馆：《亳县凤凰台1号汉墓清理简报》，《考古》1974年第3期；古方主编：《中国出土玉器全集》第6卷，科学出版社2005年版，第154页。

人奔马、玉鹰、玉熊、玉辟邪等①，雕琢精细，造型生动逼真，应属宫廷艺术品。中山王刘胜墓出土的玉人，雕作王公凭几而坐的形象，底部阴刻铭文"维古玉人王公延十九年"10个字。从铭文内容考察，这件玉人既是艺术品，又是厌胜辟邪之物。中山王刘畅墓所出的玉座屏，由四块玉片组成，上、下层玉屏片透雕"东王公""西王母"以及人物、鸟兽和神话动物等形象，是罕见的汉代玉艺术品。

外缘有透雕附饰的玉璧，可能也是装饰用的艺术品。例如中山王刘胜墓出土的1件谷纹璧，外缘有透雕的双龙卷云纹附饰，纹样优美，工艺水平很高，是汉代玉璧中难得的珍品（图三：7）。还有一些外缘有透雕附饰的玉璧，雕琢有吉祥语铭文，发掘出土的有"延年"②、"宜子孙"③（图五：6）、"宜子孙日益昌"④吉祥语，传世的还有"长乐""益寿"等吉祥语。这类带吉祥语铭文的玉璧流行于东汉时期，也属优美的玉工艺品。

四 汉代玉器的玉料与加工工艺

汉代玉器高度发展的原因之一，是玉料的来源问题得到了较

---

① 咸阳市博物馆李宏涛、王丕忠：《汉元帝渭陵调查记》，《考古与文物》1980年创刊号；古方主编：《中国出土玉器全集》第14卷，科学出版社2005年版，第156、157、160、161、163、164页。

② 古方主编：《中国出土玉器全集》第14卷，科学出版社2005年版，第166页。

③ 青州市文物管理所魏振圣：《山东省青州市发现东汉大型出廓玉璧》，《文物》1988年第1期；扬州博物馆：《江苏邗江县甘泉老虎墩汉墓》，《文物》1991年第10期。

④ 蒋廷瑜、彭书琳：《广西先秦两汉玉器略说》，《东亚玉器·2》，香港中文大学中国考古艺术研究中心，1998年。

好的解决。根据汉代文献记载，当时玉料的产地主要有两处，即西域的于阗（今新疆和田地区）和长安附近的蓝田。《史记·大宛列传》和《汉书·西域传》都记载，于阗国"多玉石"。公元前2世纪，汉武帝（刘彻）派张骞通西域，此后新疆的和田玉源源不断地输入内地。和田玉是中国古代雕琢玉器的最好材料，其中被称为"羊脂玉"的白玉，更是玉料中的珍品。和田玉的大量输入，促进了汉代玉器制造业的进一步发展。陕西的蓝田当时也是玉的重要产地。《汉书·地理志上》有蓝田"出美玉"的记载。汉代文学作品中，也往往称蓝田玉为"美玉"或"珍玉"。其他如河南的南阳玉、辽宁的岫岩玉等，在汉代可能也已用于雕琢玉器。根据《尚书》《尔雅》《山海经》等古籍记载，中国许多地方都产玉（包括"美石"）。但由于目前对汉代玉器进行科学分析和比较研究的鉴定尚不多，所以，许多玉器的玉料来源问题还未能解决。

满城汉墓出土的玉衣碎片和其他一些玉器残片经过两次鉴定。第一次鉴定认为"是采自辽宁的岫岩地区"[①]。第二次采用较新的检测方法，认为"玉衣之玉与新疆之和田玉，无论在矿物化学成分或物理性质上均完全相同，故推测玉衣之玉的产地可能是新疆和田玉"[②]。这个结论应该是可信的。广州南越王墓的玉器，经学者鉴定研究，认为部分玉料有就近取材的可能[③]。还有学者根据矿物鉴定，推测陕西兴平茂陵附近出土的西汉玉铺首，系用

[①] 国家地震局地质研究所杨杰：《满城汉墓部分玉器的分析鉴定》，《满城汉墓发掘报告》附录九，文物出版社1980年版。

[②] 张培善：《河北满城汉墓玉衣等的矿物研究》，《考古》1981年第1期。

[③] 闻广：《中国古玉地质考古学研究——西汉南越王墓玉器》，《文物》1991年第11期。

蓝田玉料雕琢而成①。

关于汉代制作玉器的地点和机构，史书没有明确的记载，考古工作中迄今也未发现汉代玉器作坊的遗址。但从朝廷往往以玉衣赐给外戚宠臣的记载判断，玉衣应该是少府属官东园匠管辖的玉器作坊制作的。东园匠系"主作陵内器物"的机构，除玉衣外，应该还制作其他丧葬用玉②。有的学者认为，除葬玉外，其他玉器应是少府属官尚方管辖的玉器作坊制造的③。上述东园匠和尚方所属的玉器作坊都是中央朝廷的官营手工业作坊，是汉代玉器的主要制作机构。此外，有些诸侯王国应该也有玉器作坊。例如，以彭城（今江苏徐州）为首府的楚国，在汉初是九大同姓诸侯王国之一。楚国陵墓出土的玉器（包括玉衣在内），有些在造型、纹饰上具有独特的艺术风格，应是楚国玉器作坊制作的。徐州地区的汉墓中还曾出土制作玉器遗留下来的废料，这些墓葬的主人可能是楚国玉器作坊的玉工或其亲属。其他如梁国、中山国等较大的诸侯王国，以及属于地方政权的南越国、滇国等，可能也有自己的玉器制造业。

汉代基本上继承了战国时期的治玉技术，在琢玉工艺中应已使用铁制工具，因而大大提高了工艺技术水平。从满城汉墓玉衣玉片上遗留的加工痕迹可以看出，琢成一片玉片须经选料、锯片、钻孔、抛光等几道工序。锯片采用砂锯法。从痕迹观察，切

---

① 朱捷元：《茂陵发现的西汉四神纹玉铺首》，《考古》1986年第3期。
② 《汉书·百官公卿表上》："少府……属官有尚书、符节、太医、太官、汤官、导官、乐府、若卢、考工室、左弋、居室、甘泉居室、左右司空、东织、西织、东园匠十六官令丞。"颜师古注："东园匠，主作陵内器物者也。"
③ 古方：《汉代玉器的分期及有关问题的探讨》，《一剑集》，中国妇女出版社1996年版。

割工具有圆片锯和直条锯两种，锯时加水、加砂。钻孔也是采用砂钻法，有杆钻和管钻两种。抛光的技术也很高，推测当时可能使用了"砂轮"或"布轮"[1]。此外，汉墓中还出土一些玉与其他质料相结合的复合体玉器以及镶嵌玉片、玉饰的铜质器皿。这些器物的结构较为复杂，既牢固又美观，应该属于汉代琢玉新工艺的产品。

总之，汉代的玉器是在继承先秦玉器优良传统的基础上发展起来的，在中国玉器发展史上起着承前启后的重要作用。一方面，以礼仪用玉和丧葬用玉为主体的中国古典玉器，在汉代继续存在，而在丧葬用玉方面还有进一步的发展；另一方面，用于装饰和鉴赏的玉雕艺术品也已达到相当高的水平[2]。中国古典玉器在汉代基本结束。隋唐以后的玉器，在造型、纹饰及其社会功能等方面都有明显的变化和发展，中国玉器进入一个新的时期。

（本文原载《中国考古学·秦汉卷》，
中国社会科学出版社 2010 年版）

---

[1] 中国社会科学院考古研究所技术室：《"金缕玉衣"的清理和复原》，《满城汉墓发掘报告》附录一，文物出版社 1980 年版。

[2] 卢兆荫：《玉振金声——玉器·金银器考古学研究》，科学出版社 2007 年版。

秦、西汉玉器概述

一 秦代（前221—前207）的玉器

公元前221年，秦始皇（嬴政）统一全国，建立了中国历史上第一个专制主义中央集权的封建王朝，称为"秦朝"。

秦始皇原是秦国的国君，秦国的统治者有重视玉器的传统。根据史书记载，秦昭王（嬴则）曾表示，要以15个城去换赵国的和氏璧。秦以前古人用金、玉为印章，没有什么限制。到了秦代，统治者规定只有皇帝的印章才能用玉琢成，称为"玉玺"，其他人都不许使用。这说明，秦的统治者把玉看得比黄金更为珍贵，唯有皇帝才能使用玉玺。相传秦始皇的玉玺是用白玉雕琢而成的。公元前206年刘邦进军咸阳时，秦王子婴（秦始皇之孙）投降刘邦，并献上始皇的玉玺。玉玺归汉后，汉代皇帝代代相传，称为"传国玺"。

秦始皇在统一关东六国之前，就收藏了昆山玉、和氏璧等贵重玉器[①]；统一全国后，在首都咸阳城（今陕西省咸阳市东北）收藏了大量的财宝。根据《西京杂记》记载，秦朝末年，起义军领袖刘邦（汉高祖）攻入咸阳时，看到秦宫廷府库内珍宝不计其

[①] 《史记·李斯列传》。

数，其中最使人惊奇的玉器有玉管和青玉五枝灯。玉管长两尺三寸，有六孔，吹奏时能使人仿佛看到"车马山林隐辚相次"的幻景，玉管上还刻有铭文"昭华之琯"4个字。青玉五枝灯高七尺五寸，雕琢成蟠螭（盘曲的龙蛇形图案）以口衔灯的形状，灯点燃时，蟠螭的鳞甲闪闪发光，犹如璀璨的群星，可见其设计之精巧。

玉器在秦代，主要被皇室贵族所占有。秦末战乱，豪杰纷起，朝廷的金、玉等财富先是落入起义的豪杰之手，以后又转入囤积粮食的富豪之家①。目前所能见到的秦代玉器数量不多，工艺水平较高的作品更是寥寥无几。考古发掘所得的秦代玉器，主要出在陕西、湖南、河南、河北以及山东等省的秦墓或窖藏中，其中陕西所出的数量最多。

秦代玉器的种类，主要有礼仪用玉、日常用玉、佩玉和玉剑饰。

礼仪用玉主要有圭、璋、璧、璜、觿等。这些玉器一般为素面，或只有简单的纹饰。例如，1971年陕西西安北郊联志村秦国窖藏所出的圭、璋、璧、璜、觿、玉人、玉虎等玉器，其中圭、璋、璧、觿都是素面玉器；6件玉璜中，除2件雕饰兽首外，其他4件也是素面的。玉人为扁平片状，刻出头部和长条形身躯，用阴线刻出眉、眼、鼻、口等以及象征的腰带；并有男女之分，男玉人有发髻和胡须，发型与临潼秦俑的发型相似。玉虎也呈片状，以阴线勾勒头部及四肢。与联志村相距约十里的卢家寨，也曾出土类似的窖藏玉器。这两个窖藏可能都和祭祀有关系②。

---

① 《史记·货殖列传》："秦之败也，豪杰皆争金玉，而任氏独窖仓粟。楚汉相距荥阳也，民不得耕种，米石至万，而豪杰金玉尽归任氏，任氏以此富。"

② 王长启：《从古代玉礼器的发展与衰落看西安市北郊出土的秦国玉器》，《出土玉器鉴定与研究》，紫禁城出版社2001年版。

1975年山东烟台芝罘岛阳主庙遗址出土两组玉器，每组都是圭1件、璧1件、觿2件，两组玉器大小略有不同。其中玉圭和玉觿都没有纹饰，玉璧为谷纹上加刻涡纹，并有涂朱痕迹①。1982年7月，在山东荣成成山发现一组玉器（B组），由1件玉璧和2件玉圭组成，璧居中，圭置两侧；璧饰谷纹，圭为素面②。《史记·封禅书》记载，秦始皇曾东游海上，祭祀名山大川以及八神。"八神：……五曰阳主，祠之罘。……七曰日主，祠成山。成山斗入海，最居齐东北隅，以迎日出云。……皆各用一牢具祠，而巫祝所损益，珪币杂异焉。"可见，上述芝罘岛出土的两组玉器，可能是秦始皇祭祀"阳主"时埋下来的③；而成山发现的一组玉器（B组），可能是秦始皇奉祀"日主"的遗物④。

秦墓中出土较多的玉器是玉璧。《周礼》记载，玉璧是所谓"六瑞"和"六器"的组成部分，在玉礼器中占有重要的地位。秦统一全国后，集聚六国财富，玉璧的数量一定也不少。湖南长沙左家塘秦墓出土的1件玉璧，璧的侧边刻铭文"四百十七"4个字⑤。璧上所刻的铭文应是器物的编号，说明当时玉璧的数量是相当多的。

日常用玉有玉杯、玉带钩等。西安西郊秦阿房宫遗址出土的

---

① 烟台博物馆：《烟台市芝罘岛发现一批文物》，《文物》1976年第8期。
② 王永波：《成山玉器与日主祭——兼论太阳神崇拜的有关问题》，《文物》1993年第1期。
③ 烟台博物馆：《烟台市芝罘岛发现一批文物》，《文物》1976年第8期。
④ 王永波：《成山玉器与日主祭——兼论太阳神崇拜的有关问题》，《文物》1993年第1期。
⑤ 湖南省文物管理委员会：《长沙左家塘秦代木椁墓清理简报》，《考古》1959年第9期。简报云铭文为"四百十一"，后经湖南省博物馆高至喜先生细心考察，认为铭文最后一字应为"七"字。

青玉高足杯，杯身饰谷纹，并以阴线加刻勾连云纹，口部和下腹部刻柿蒂纹、云纹花纹带①。此杯雕琢工艺精湛，纹饰纤细华丽，应为宫廷或高级贵族使用的玉器。秦墓所出的玉带钩，根据构造的不同可以分为两类。一类是用整块玉料碾琢而成的带钩，钩部一般作禽、兽头部的形状，这是传统形式的玉带钩。例如陕西凤翔八旗屯西沟道秦墓所出的1件，钩作兽首形②。另一类钩体由多节玉块组成，首、尾作龙、兽形。例如河南泌阳秦墓出土的玉带钩，由十节白玉组成，当中以金属扁柱贯穿成器，首、尾均作龙头形，钩身饰勾连雷纹，雕琢细腻，造型生动③。这类由数节玉块组合而成的玉带钩，在河南洛阳金村战国墓和山东曲阜鲁国故城战国墓中都曾发现。鲁城乙组第3号墓所出的1件玉带钩④，其结构、器形和纹饰都和泌阳秦墓带钩相类似。这类玉带钩的结构较为复杂，钩身分节琢成，雕琢较为方便，以金属条贯穿成器，又比较牢固，其制作工艺比前一类带钩前进了一步。

佩玉有环、瑗、玦、璜等类，都是佩挂在身上的玉饰。秦人继承战国的传统，也流行佩玉的习俗。考古工作中迄今尚未发现秦代的成组玉佩，但环、玦、璜等无疑是当时常用的佩玉。环和玦有玉的，也有玛瑙的。《史记·项羽本纪》记载，在"鸿门宴"上，项羽的谋士范增一再举起所佩玉玦，暗示项羽下决心杀掉刘邦。可见当时范增所佩玉饰中即有玉玦，而且玉玦可以谐音表示

---

① 《中国玉器全集·4》，河北美术出版社1993年版，图版七。
② 尚志儒、赵丛苍：《陕西凤翔八旗屯西沟道秦墓发掘报告》，《文博》1986年第3期。
③ 驻马店地区文管会等：《河南泌阳秦墓》，《文物》1980年第9期。
④ 山东省文物考古研究所等：《曲阜鲁国故城》，齐鲁书社1982年版。

"决定"或"决断"。

玉剑饰起源很早，至少可以上溯到西周晚期。到了东周时期，以玉饰剑的工艺有了进一步的发展，陆续出现了玉剑首、玉剑格、玉剑璏、王剑珌四种玉饰（或称玉具）。但是东周时的玉剑饰还只是偶然地、零星地出现。秦代的玉剑饰，目前所见有玉剑首和玉剑璏。湖南长沙左家塘秦墓所出的玉剑首，表面纹饰分为内外两区，内区为勾连云纹，外区为凸起的涡纹；同墓所出的玉剑璏，饰勾连谷纹[①]。从剑璏上粘附的铁锈考察，这两件玉器应是铁剑上的玉剑饰。

考古发掘出土的秦代玉器，无论在数量或质量上都远不如汉玉。这可能有以下几个原因。第一，秦统一六国以前，地处当时中国西部边陲，是文化比较落后的地区。从陕西出土的战国时期秦式玉器可以看出，其制作工艺水平不如关东诸国，尤其不如齐、鲁及中原地区。这说明，秦国在玉器雕琢方面缺乏优良的工艺传统，虽然统治者酷爱玉器，但是玉器制造业并不十分发达。第二，秦代国祚短促，从秦始皇统一全国到秦王子婴投降刘邦，前后仅15年。在这短暂的时间内，玉器手工业很难得到充分的发展，因而也未能形成新的艺术风格。第三，现有的秦代玉器，主要出自中、小型秦墓和一些秦代窖藏中，秦始皇陵及皇室贵族的墓葬尚未被发掘或发现，所以目前所见的秦代玉器，除阿房宫遗址所出的青玉高足杯等个别器物外，其他多数都不是宫廷用玉，不能代表秦玉的最高水平。对秦玉作全面的、深入的评价，还有待于今后的考古发现和研究。

---

① 湖南省文物管理委员会：《长沙左家塘秦代木椁墓清理简报》，《考古》1959年第9期。简报云玉剑璏"上刻变形云纹"，实为勾连谷纹。

二 西汉时期（前206—8）的玉器

刘邦（汉高祖）建立的汉朝（西汉），继承了秦代的政治制度。经过西汉初期六七十年的休养生息，到西汉中期，经济有了很大的发展，积累了大量的财富，这给玉器制造业的迅速发展提供了良好的物质基础。同时由于社会经济的繁荣，皇室和王公贵族的生活日趋奢侈，也促使玉器制造业日益兴旺发达。除都城长安外，较大的诸侯王国也有制作玉器的手工业作坊。

汉代玉器的繁荣发达，还有一个重要的原因，那就是玉料的来源问题得到了较好的解决。出产在新疆和田（古和阗）一带的美玉，是中国古代雕琢玉器的最好材料。和田玉的大量使用，是玉器发达的重要标志。《史记》和《汉书》都有关于和田产玉的记载。公元前2世纪时，汉武帝（刘彻）派张骞通西域，从此以后，质地优良的新疆和田玉源源不断地输入内地。和田玉的大量输入，促进了汉代玉器制造业的进一步发展。河北满城西汉中山靖王刘胜夫妇墓所出的玉器，其中一部分经过鉴定，其矿物化学成分和物理性质都与和田玉完全相同，可能就是用来自新疆和田的玉料雕琢而成的[1]。此外，陕西蓝田当时可能也是玉的重要产地之一。《汉书》中就有关于蓝田产美玉的记载。汉成帝（刘骜）赵皇后的妹妹赵昭仪所居的昭阳殿，以白玉为台阶，壁柱用黄金和蓝田玉璧加以装饰。汉代的文学作品中，也常有关于蓝田玉的描述。例如，班固《西都赋》有"蓝田美玉"句；张衡《西京赋》中，也有"蓝田珍玉"的句子。由此可见，蓝田玉在汉代被

---

[1] 张培善：《河北满城汉墓玉衣等的矿物研究》，《考古》1981年第1期。

称为"美玉"或"珍玉",并为皇室贵族所喜爱。

西汉中期,随着经济的发展和中央集权的加强,在意识形态方面也发生了明显的变化。从崇尚"黄老刑名"之学,改变为罢黜百家、独尊儒术,儒家"贵玉"的思想得到了继承和发扬。儒家还提倡孝道等伦理道德,所以当时盛行厚葬,因而大量精美的玉器被作为随葬品而埋入皇室贵族的陵墓中。汉代皇帝的陵墓尚未进行考古发掘,而诸侯王、列侯等高级贵族的墓葬已经发掘不少。珍贵精美的汉代玉器,主要是发现于各地诸侯王及其亲属的墓中。例如中山王刘胜夫妇墓所出的"金缕玉衣",雕琢精良的玉璧、玉剑饰等,都是十分珍贵的文物[1]。广州西汉南越王赵眜墓出土的玉器多达244件(套),其中如"丝缕玉衣",大量的玉璧和玉剑饰,成组的玉佩以及玉质的容器等,特别引人注目[2]。徐州狮子山楚王墓也出土200多件玉器,其中玉璜的数量之多,前所未见[3]。

从考古发掘出土的汉代玉器考察,西汉早期的玉器继承了战国以来的传统。例如狮子山楚王墓,既有先秦风格的玉器,也有汉代风格的玉器,二者共存,具有西汉前期玉器的特征。又如南越王赵眜墓虽然埋葬于汉武帝前期,但墓中所出的玉器,有不少在造型和纹饰上具有战国玉器的风格,其中有些可能还是战国时期遗留下来的旧玉。西汉中期以后,情况有所变化,新的器类和器形陆续出现,在玉器制作工艺上也逐渐形成新的艺术风格。在

---

[1] 中国社会科学院考古研究所等:《满城汉墓发掘报告》,文物出版社1980年版。

[2] 广州市文物管理委员会等:《西汉南越王墓》,文物出版社1991年版。

[3] 狮子山楚王陵考古发掘队:《徐州狮子山西汉楚王陵发掘简报》,《文物》1998年第8期。

玉器的种类方面，有些先秦时期的玉器在汉代逐渐消失了，但同时也出现了一些新的器类。在玉器的雕琢工艺方面，汉代也有明显的进步，圆雕、透雕、高浮雕的玉器较前增多；同时还出现一些镶嵌玉饰的铜器，这些铜器多数鎏金，金玉辉映，光彩夺目，具有很好的装饰效果①。在玉器的造型和纹饰方面，汉代也有较大的变化，由以抽象主义为主逐渐转向以写实主义为主；一些像生类玉器，具有较强的现实感和生命力，使形神巧妙地结合在一起，艺术水平大大超过先秦玉器。现分六个方面介绍西汉时期的玉器。

1. 礼仪用玉的演变

所谓礼仪用玉，主要包括祭祀、朝聘以及其他礼仪活动所用的"礼玉"（或称"祭玉"）和"瑞玉"。先秦时期的璧、琮、圭、璋、琥、璜六种主要礼仪用玉，到汉代只有圭和璧继续用于礼仪。其余四种，有的已不再制作，有的（如玉璜）虽然有时也用作礼玉，但其主要功能已经改变，不属于礼仪用玉了。

根据《史记》《汉书》等汉代文献记载，西汉时期，皇帝祭祀上帝、宗庙用玉圭，祭天神太（泰）一用玉璧，祭黄河、汉水等大川及诸祠用玉璧、玉圭。黄河决口时，投入白马、玉璧以祭水神。《汉书·郊祀志下》记载，汉宣帝时，"为随侯、剑宝、玉宝璧、周康宝鼎"四件宝物"立四祠于未央宫中"，把玉璧作为神明奉祀。

在考古工作中也曾发现用于祭祀的玉璧和玉圭。位于陕西华阴的华山出土了9件西汉时期的玉璧。《汉书·地理志》记载，

---

① 杨伯达：《汉代玉器艺术》，香港中文大学《中国文化研究所学报》第十五卷，1984年。

汉武帝曾在华山脚下兴建集灵宫。这些玉璧可能是集灵宫举行奠基仪式时埋藏在地下的祭玉[①]。山东荣成成山出土一组玉器（A组），由1件玉璧、1件玉璜和两件玉圭组成。出土时璧居中，璜在上，圭置两侧[②]。《汉书·武帝纪》载，太始三年（前94）"幸琅邪礼日成山"。这组玉器应是祭祀"日主"（八神之一）的礼玉。陕西咸阳北原西汉昭帝（刘弗陵）平陵和上官皇后陵之间有一条连接两座陵的道路，在路的两旁发现汉代的玉器窖藏，出土了东西向排列的成组玉器，每组玉器的中间为一玉璧，璧的周围均匀地环绕着7个或8个玉圭，圭首都朝向玉璧[③]。这些成组埋藏、排列有序的璧和圭，应该与汉代帝陵的祭祀仪式有关系[④]。在成帝（刘骜）延陵陵园南门附近也曾出土排列整齐的玉圭[⑤]。这些璧和圭的体积都很小，应是专为祭祀而制作的明器。

玉璧在汉代诸侯王及其亲属的墓中出土很多。例如南越王赵眜墓出土71件，中山王刘胜和王后窦绾墓共出69件（包括镶嵌在窦绾漆棺外壁的26件），山东巨野红土山昌邑王刘髆墓出土28件[⑥]，等等。西汉的玉璧是从战国玉璧发展来的，战国时期各种纹饰的玉璧，西汉几乎都承袭下来，因而西汉早期的玉璧与战国玉璧有时不容易区别。西汉中期以后，玉璧在造型风格上有了新的变化和发展，雕琢的工艺水平也超过战国时期，进入中国玉璧

---

① 《人民日报》1994年3月28日第4版。

② 王永波：《成山玉器与日主祭——兼论太阳神崇拜的有关问题》，《文物》1993年第1期。

③ 咸阳市博物馆：《汉平陵调查简报》，《考古与文物》1982年第4期。

④ 刘庆柱、李毓芳：《西汉十一陵》，陕西人民出版社1987年版，第72页。

⑤ 刘庆柱、李毓芳：《西汉十一陵》，陕西人民出版社1987年版，第115页。

⑥ 山东省菏泽地区汉墓发掘小组：《巨野红土山西汉墓》，《考古学报》1983年第4期。

发展史上的鼎盛时期。

汉代玉璧的纹饰，除了传统的蒲纹、谷纹或涡纹外，流行着具有内外两区的纹饰，一般内区为蒲纹或涡纹，外区为龙纹或凤鸟纹。但也有个别例外，如南越王墓所出的1件，内区为蒲纹，外区却为勾连涡纹。还有少数大型的玉璧，璧面纹饰分为内、中、外三区。南越王墓出土5件刻有三区纹饰的玉璧，外区为合首双身龙纹，中区为蒲格涡纹，内区为合首双身龙纹或凤鸟纹。这种有三区纹饰的玉璧，与曲阜鲁故城战国墓中所出的这种玉璧，在纹饰风格上基本相同，所不同者只是鲁故城玉璧的内外区都为合首双身的龙纹图案。看来这种玉璧流行于战国至西汉前期。

汉代玉璧的社会功能比以前多样化了，除作为礼仪用玉和丧葬用玉外，还用于装饰或佩戴等。用于装饰或佩戴的玉璧多有透雕附饰。中山王刘胜墓出土的双龙谷纹璧，在璧的上方有一组透雕的双龙卷云纹附饰，雕琢精细，纹饰流畅，造型生动优美，是汉代玉璧中难得的珍品。

汉代的玉圭主要用于祭祀等礼仪活动，其用途不如玉璧广泛，所以在墓葬中出土不多，而且在西汉中期以后便逐渐消失。中山王刘胜墓出土3件玉圭，其中2件为大型玉圭，1件为小型玉圭，均为素面，大型玉圭的下部有一小孔。昌邑王刘髆墓也出土1件玉圭，形制与刘胜墓小型玉圭相同。玉琮和玉璋在汉代可能已不再制造。汉墓中偶然发现的玉琮，也是以前遗留下来的旧玉，不是当时的礼仪用玉。例如中山王刘胜墓出土1件被改造了的小玉琮，琮的方角被磨圆，并加上一个盖子，用作男性生殖器的罩盒，成为葬玉"九窍塞"的组成部分。江苏涟水西汉墓所出的1件玉琮，琮的上面加了鎏金的银盖，琮的下面有鎏金的银座，座下的四足做成展翅雄鹰的形象，显然已成为1件精美的工艺品了①。由此可见，玉琮在汉代已不是神圣的礼仪用玉，而是可以任意将它改制成为具有其他性质和用途的一般玉器了。上述这两件玉琮显然都是前代遗留下来的古玉。

此外，少数西汉时期的墓葬中还出土用玉制作的武器。例如河南永城僖山梁王墓出土玉戈、玉钺各1件，玉戈饰勾连云纹，玉钺的銎部阴刻卷云纹②。狮子山楚王墓出土1件玉戈，雕琢更为精美，满饰勾连云纹，援、胡之间有透雕的螭虎纹附饰，戈内两面分别饰浮雕龙、凤图案。山东曲阜九龙山鲁王墓出土1件玉戈，一面刻有纹饰，前部减地浮雕龙纹，中部雕琢凸起的涡纹，后部饰阴线花纹及浮雕夔龙纹③。这些刻有装饰花纹的玉戈和玉钺，显然不是实用的武器，可能是作为仪仗用的，也应属于礼仪用玉。

2. 丧葬用玉的进一步发展

以玉随葬的习俗，在中国有着悠久的历史，原始社会后期就出现了"玉敛葬"。东周以来，儒家提倡"君子贵玉"，"君子无故，玉不去身"。汉代人继承并发展了先秦儒家"贵玉"的思想，皇室贵族不仅生前玉不离身，死后也以大量的玉器随葬。加上汉代人迷信玉能保护尸体长期不朽，甚至认为死者口中含玉能使尸体千年也不朽烂④。由于以上原因，丧葬用玉在汉代有了突出的

---

① 南京博物院：《江苏涟水三里墩西汉墓》，《考古》1973年第2期。
② 《中国玉器全集·4》，河北美术出版社1993年版，图版一九〇、一九一。
③ 山东省博物馆：《曲阜九龙山汉墓发掘简报》，《文物》1972年第5期。简报称"玉圭饰"，但从器形考察，应为玉戈。
④ 《汉书·杨王孙传》："口含玉石，欲化不得，郁为枯腊。千载之后，棺椁朽腐，乃得归土，就其真宅。"

发展，葬玉在汉代玉器中占有重要的地位。汉代的葬玉主要有玉衣、玉九窍塞、玉晗、玉握和缀玉面幕等。

(1) 玉衣

玉衣在古代文献中又称"玉匣"，是汉代皇帝和皇室贵族死时穿用的殓服。从汉代的社会经济发展情况考虑，玉衣可能出现于文帝、景帝时期，从武帝时期开始盛行。《西京杂记》记载，汉武帝的玉衣是用金缕编缀的，玉衣上雕镂蛟、龙、鸾、凤、龟、麟的形象，称为"蛟龙玉匣"。武帝的陵墓（茂陵）尚未进行发掘，他是否穿用"蛟龙玉匣"不得而知。

在《汉书》等历史文献中，就有关于玉衣的记载，但是它的具体形状如何，长期以来是个未解之谜。直到1968年中山王刘胜和王后窦绾墓中发现了两套完整的金缕玉衣后，才第一次看到了玉衣的真面目，从而解开了长期存在的玉衣之谜。

刘胜和窦绾的金缕玉衣，外观同人体形状一样，可以分为头部、上衣、裤筒、手套和鞋五部分。各部分都由许多玉片组成，玉片之间用金丝加以编缀，所以称为"金缕玉衣"。刘胜的玉衣形体肥大，头部的脸盖上刻出眼、鼻和嘴的形象，上衣的前片制成鼓起的腹部，后片的下部作出人体臀部的形状，裤筒制成腿部的样子，形象颇为逼真。玉衣全长1.88米，由2498片玉片组成，编缀玉片的金丝估计共重1100克左右。窦绾的金缕玉衣比较矮小，上衣的前、后片不是按人体形状制出，而是做成一般衣服的样子，玉片之间不是以金丝编缀，而是以织物、丝带粘贴编连而成；至于其他部分则和刘胜玉衣一样，都用金丝编缀。窦绾的玉衣没有做出人体胸、腹和臀部的形状，可能是由于做出女性人体形象不符合封建传统观念的缘故。

南越王赵眜墓所出的玉衣，其形制与刘胜夫妇的玉衣基本相同，外形也和人体一样，但在制作上却有差异，上衣和裤筒的玉片都是用丝带、麻布等编连、粘贴而成，头套、面罩、手套和鞋的玉片都有小孔，应系用丝缕加以编缀，所以称为"丝缕玉衣"。

发掘出土的西汉玉衣，多数用金缕编缀而成，也有使用银缕、铜缕的。在初行玉衣的西汉时期，用于缝缀玉衣的可能主要是金缕，皇帝和王侯都可以使用金缕玉衣，而王侯的玉衣也有使用银缕或铜缕的。可见编缀玉衣使用何种质料的丝缕，在西汉时期尚未形成严格的等级制度[①]。

(2) 玉九窍塞

古人认为"金玉在九窍，则死人为之不朽"。汉代的玉九窍塞包括眼盖、耳瑱、鼻塞各两件，口塞、肛门塞、生殖器罩或阴户盖各1件。完备的玉九窍塞往往出在使用玉衣作为殓服的墓葬中，应属汉代高级贵族丧葬习俗的用玉。中山王刘胜的玉九窍塞，眼盖作圆角长方形；耳瑱略作八角锥台形；鼻塞为圆锥体形；口塞的主体略呈新月形，外侧有覆斗形凸起，内侧有三角形凸起；肛门塞作锥台形；生殖器罩为圆筒形，是用玉琮改制的，上端加盖封闭。玉九窍塞的器形一般比较简单，表面只经过抛光，而不刻纹饰。

(3) 玉琀

玉琀是死者嘴中所含的玉制品。在原始社会后期就有在死者口中放置玉器的习俗。《周礼》一书已将含玉作为丧葬制度规定下来。西汉早期的玉琀没有一定的造型，西汉中期以后流行蝉形玉琀。汉代的蝉形玉琀，开始出现时造型简朴，有的只略具蝉的外形，没有刻出细部。西汉后期的玉蝉，形象比较逼真。江苏盱

---

① 卢兆荫：《试论两汉的玉衣》，《考古》1981年第1期。

盱眙东阳汉墓所出的玉蝉，蝉体宽扁，双目突出，用阴线刻出头部、双翅和腹部①。汉代为什么流行以玉蝉作为口琀的习俗，有的学者认为，可能是由于人们看到蝉的生活史中的循环，其幼虫在地下生活许多年后才钻出地面，蜕变为成虫。口琀雕琢成蝉形，象征死者灵魂的复活②。

（4）玉握

玉握或称握玉，是指死者手中所握的玉器。西汉时期的握玉有几种不同的玉器。一种是璜形玉器，例如中山王刘胜和王后窦绾的握玉，是分别用夔龙蒲纹璧和凤鸟蒲纹璧改制而成的璜形玉器。另一种是玉觿，例如南越王赵眜的握玉，是两件器形略有不同的龙形玉觿。然而最常见的汉代握玉还是玉猪。以玉猪为握玉是从西汉中期开始流行的。昌邑王刘髆墓所出的玉猪，作长条形卧伏状，表面琢磨光滑，细部以阴线刻出，线条简练，形象逼真。

（5）缀玉面幕

面幕是覆盖在死者脸部的织物，古代称为"幎目"。在西周时期的墓葬中就曾出土钉缀在面幕上的玉饰，这些玉饰琢成像人的眉、目、耳、鼻、嘴或牙齿的形状。江苏徐州子房山西汉早期墓所出的玉面饰，也是按照脸部五官的形象雕琢的，由22块玉片组成，玉片上有小孔，原来也应是钉缀在织物上，用于覆盖死者的脸部③。这种缀玉的面幕在西汉中期以后趋于消失，使用缀玉面幕是先秦时期丧葬制度的遗风。

---

① 南京博物院：《江苏盱眙东阳汉墓》，《考古》1979年第5期。

② 夏鼐：《汉代的玉器——汉代玉器中传统的延续和变化》，《考古学报》1983年第2期。

③ 徐州博物馆：《江苏徐州子房山西汉墓清理简报》，《文物资料丛刊·4》，文物出版社1981年版。

此外，葬以玉衣的汉代诸侯王及其亲属的墓中，死者的胸、背往往铺垫许多玉璧。中山王刘胜的前胸和后背共铺垫玉璧18块，王后窦绾的前胸和后背共放置玉璧15块，南越王赵眜玉衣的上面、里面和底下共铺垫玉璧19块。《周礼》载："疏璧琮以敛尸。"汉儒郑玄注："璧在背，琮在腹。"汉墓中死者胸、背铺垫玉璧，应是先秦的遗制，这些玉璧和丧葬制度有着密切的关系。

3. 组玉佩的演变与牒形玉佩的流行

汉代继承东周时期的佩玉传统。西汉早期，诸侯王仍然佩戴以玉璜为主体的组玉佩。狮子山楚王墓出土近百件玉璜，玉质精良，雕琢工艺精湛，多数应属楚王生前的佩玉。

西汉中期前段的组玉佩，佩玉的品种较多，有些佩玉的造型和纹饰还保留战国时期的风格，南越王赵眜墓中共出土组玉佩11套，在已发掘的汉墓中是首屈一指的。墓主南越王佩戴的组玉佩由32件多种质料的装饰品组成，其中以玉饰品为主，计有玉璧、玉璜、玉套环、玉人、玉珠、壶形玉佩、兽首形玉饰；此外还有金珠、玻璃珠、煤精珠等。这套组玉佩是目前所见汉代玉佩中最为华丽、组合最为复杂的一套。其余10套组玉佩，属于南越王4位夫人的共7套，属于殉葬人的有3套。4位夫人中地位最高的右夫人有两套组玉佩，一套由连体双龙玉佩、玉环、玉璧、玉璜以及金珠、玻璃珠组成；另一套由透雕玉环、玉舞人、玉璜、玉管组成。玉舞人的腰带下雕出佩饰，由环和璜组成，环在上，璜在下，璜下饰有流苏。舞人的身份属舞伎或妾婢之类，这种由环和璜组成的简单佩饰，可能是当时地位不高的年轻女性组玉佩的真实写照。南越国从统治者到地位低下的仆婢都佩戴组玉佩，但由于地位的高低和身份的不同，组玉佩中佩玉的数量、玉质的优劣、雕琢工艺的精粗等，则有明显的差别。

南越国是地处南陲的地方割据政权，与中原地区长期隔绝，在丧葬制度上保留了一些先秦的遗俗。南越王墓所出组玉佩中的一些玉器，也与洛阳金村东周墓所出的同类玉器颇为相似，具有明显的战国风格。墓中组玉佩的数量之多，组合形式之复杂，应是承袭先秦遗风的结果。

西汉中期以后，组玉佩已不大流行，组合形式也有较大的变化。属于西汉中期的中山王刘胜墓没有发现与南越王墓类似的组玉佩，而是以成串的玛瑙珠代替成组的玉佩。中山王后窦绾的组玉佩，由玉舞人、玉蝉、瓶形玉饰、花蕊形玉饰和连珠形玉饰以及玛瑙珠、水晶珠等组成，而没有传统的璧、环、璜等玉器，在佩玉的种类上与南越王墓差别较大。

汉墓多数被盗掘，很难见到完整的组玉佩。西汉中期以后的墓葬，有时也出土属于佩玉的环、璜和龙形玉佩等，但数量不多，佩玉的种类已不像南越王墓组玉佩那样复杂，总的发展方向是趋于简化。

除组玉佩外，汉代还流行一种由玉韘演变而来的佩玉。韘是古人射箭时戴在右手拇指上用于钩弓弦的用品，往往随处佩戴。《诗经》中就有"童子佩韘"的诗句。玉韘在殷商时期就已出现。至迟从战国时期开始，实用的玉韘已逐渐演变为装饰用的佩玉。这种由玉韘演变而来的佩玉，可以称为韘形玉佩。

韘形玉佩在汉墓中出土不少，应是当时相当流行的一种佩玉。汉代的韘形玉佩一般作扁片状，平面略呈椭圆形，中间有一圆孔，上端作三角形尖状，正面微鼓，背面略内凹，一侧或两侧有透雕的附饰，因其主体部分形如心脏，所以又称鸡心佩或心形玉佩。

西汉前期的韘形玉佩，是从战国风格到汉代风格的过渡，所以器形较为多样。少数还具有明显的战国韘形佩的特征，仅在一侧有柄状突起或附饰。多数镖形佩在心形主体的两侧都有附饰。附饰有透雕的，也有不是透雕的。纹样主要是卷曲的云纹或变形凤鸟纹，也有个别雕成龙的形象。南越王墓出土1件造型独特的镖形佩，透雕的附饰不在心形主体的两侧，而集中在心形主体的上部，透雕附饰似为图案化的变形凤鸟纹。

西汉中期的镖形玉佩基本上已经定型，一般在心形主体的两侧都有透雕的附饰。中部的圆孔多数较前期略小，两侧的附饰比前期繁缛。附饰的纹样主要是变形卷云纹，个别也有雕成鸟兽纹的。

西汉中期偏晚的镖形玉佩，心形主体瘦长，呈扁平片状，中部有一椭圆形孔，两侧及上部都有透雕附饰，其中一侧附饰的前端延长呈尖状，类似玉觿的尖端部分。西汉后期的镖形玉佩，心形主体更为狭长，中孔圆而小，两侧及上部的透雕附饰更为发达，一侧附饰的前端突出呈尖状，具有更明显的玉觿形状。镖形玉佩具有部分玉觿的器形，是西汉中晚期镖形佩的主要特点之一。从考古资料考察，镖形玉佩不属于组玉佩的组成部分，而是单独佩戴用的，无论男女都可佩戴，是西汉时期流行的佩玉。

4. 翘袖折腰的玉舞人

汉代的成组玉佩饰，在组合上有所创新，玉舞人在佩饰中的盛行就是明显的例子。汉代的玉舞人，多数出在诸侯王亲属的墓中，其他贵族官僚亲属的墓葬中偶尔也有发现。汉代玉舞人的形象，从总体上看是一致的。一般都穿长袖衣，一袖高扬至头上，另一袖下垂或者横于腰际，长裙曳地，细腰束带，作"翘袖折腰"之舞姿，每个玉舞人都有1—2个小孔，用于穿系佩挂，作为成组玉佩饰的一部分。在制作工艺方面，绝大多数是用扁平的玉片雕琢而成，雕琢的技艺则有优劣粗细之分。北京大葆台2号墓出土的玉舞人，双袖修长，舞姿婀娜优美①。

圆雕的玉舞人为数很少。南越王墓所出的圆雕玉舞人，头梳螺髻，身穿长袖衣，广袖轻舒，折腰曲膝而舞，舞姿优美，服饰华丽，小口微张，似在且歌且舞。从其发髻等考察，这件玉舞人可能是越女歌舞的真实形象。

汉代的玉舞人多数出在女性的墓葬中，应是贵族妇女所喜爱的佩玉。玉舞人在贵族妇女佩饰中的流行，具有明显的社会历史背景。汉代是中国历史上音乐舞蹈繁荣发达的时期，中央朝廷设有主管音乐的官署——乐府。皇帝的后妃有的就是歌舞能手，例如汉高祖的宠姬戚夫人，"善为翘袖折腰之舞，歌出塞入塞望归之曲"；武帝宠爱的李夫人，"妙丽善舞"；成帝的赵皇后，"学歌舞，号曰飞燕"，"能掌上舞"。当时善舞者往往是体态轻盈，腰身细弱，着长袖衣，作"翘袖折腰"之舞。"长袖"和"细腰"是汉代舞蹈的两个主要特点，玉舞人的造型充分表现了这两个特点，应是汉代妇女翩翩起舞的真实写照。

5. 形式多样的玉剑饰

剑上安装玉饰，在中国有着悠久的历史，至少可以上溯到西周晚期。到了东周时期，以玉饰剑的工艺有了进一步的发展，陆续出现了玉剑首、玉剑格、玉剑璏、玉剑珌四种玉饰（或称玉具）。

四种玉剑饰齐备的玉具剑流行于西汉时期。《史记》和《汉书》中都有关于"玉具剑"的记载。玉具剑的四种玉饰，其中安在剑上的和安在鞘上的各两件。剑茎顶端的玉饰称为玉剑首，剑茎与剑身之间的玉饰称为玉剑格，剑鞘上用于穿戴佩挂的剑鼻称为玉剑璏，剑鞘末端的玉饰称为玉剑珌。玉剑首一般为扁平圆

---

① 大葆台汉墓发掘组等：《北京大葆台汉墓》，文物出版社1989年版。

形，背面有圆形凹槽用于接插剑茎。玉剑格略作菱形，中有菱形或长方形銎孔以纳剑身。玉剑璏平面作长方形，两端略向内卷，背面有穿戴佩挂用的长方形銎孔。玉剑珌一般呈梯形或近似梯形，上端有插接剑鞘的小孔。

保存完整的玉具剑，首次发现于中山王刘胜墓中，而出土玉具剑最多的则是南越王赵眜墓。南越王墓共出5把装有玉饰的铁剑，其中两把是四种玉饰齐备的玉具剑。此外，该墓西耳室还发现原来存放在漆盒内的43件玉剑饰，其中剑首10件，剑格16件，剑璏9件，剑珌8件。这些玉剑饰多数没有使用过的痕迹，可能是来自中原地区，准备在南越国装配玉具剑用的。

玉剑饰除极少数为素面外，绝大多数都有纹饰。纹饰的题材丰富多彩，有谷纹、涡纹、花瓣纹、卷云纹、勾连云纹以及螭虎、凤鸟等动物纹饰。雕琢技法也多种多样，有阴刻、浅浮雕、高浮雕、透雕等。玉剑饰中有不少纹饰生动优美，雕琢技艺精湛，工艺水平很高的佳品。中山王刘胜墓玉具剑的玉剑饰都饰有浮雕的螭虎纹[1]。南越王赵眜墓所出的1件玉剑格，器形和纹饰都较特殊，形体宽大，以凸起的中脊为轴，中部饰兽面纹，两侧透雕对称的凤鸟纹，雕琢精致，构图优美[2]。徐州北洞山楚王墓出土的1件玉剑珌，采用透雕、浅浮雕、阴刻等技法，琢饰形态各异的螭虎等纹饰[3]。以上这些都是西汉玉剑饰中的佼

---

[1] 中国社会科学院考古研究所等：《满城汉墓发掘报告》，文物出版社1980年版，上册第101—104页，图七〇。

[2] 广州市文物管理委员会等：《西汉南越王墓》，文物出版社1991年版，第122—124页；图八二，2。原文作"正中浮雕兽首纹，两侧有双面透雕鹦鹉"。

[3] 徐州博物馆等：《徐州北洞山西汉楚王墓》，文物出版社2003年版，第126页。原文作"通体透雕盘绕虬曲、姿态各异的蟠虎五个"。

佼者。

6. 日常用玉和艺术玉雕的新成就

汉代的皇室贵族，不仅在祭祀、丧葬等重大礼仪活动中使用玉器，而且在日常生活中也喜欢使用玉质的器皿。公元前198年，汉高祖刘邦在未央宫给他的父亲太上皇祝寿时，手中所拿的酒杯就是玉卮。考古发掘出土的西汉日常用玉，包括玉器皿和玉质的日常生活用品。

玉质的器皿有卮、耳杯、高足杯、角形杯、盒、镶玉卮和镶玉盖杯等。狮子山楚王墓出土一套玉酒器，包括1件玉卮、1件玉耳杯和2件玉高足杯。安徽巢湖北山头西汉墓出土2件玉卮，其中1件有盖，另1件缺盖①。南越王赵眜墓所出的1件高足杯，结构最为精巧、复杂，全器由玉杯、玉杯托和铜承盘三部分组成。此外，玉角形杯、玉盒、镶玉卮和镶玉盖杯也都出自南越王墓。其中玉角形杯浮雕夔龙纹，并以卷云纹、勾连云纹加以衬托，全器集阴刻、浅浮雕、高浮雕、圆雕技法于一体，造型奇特，纹饰生动流畅，是汉代玉器中的珍品②。

玉质的日常生活用品有玉带钩、玉枕、玉杖首、玉印章等。西汉的玉带钩与秦代带钩一样，在构造上也可分为两类：一类由整块玉料雕琢而成；另一类由多节玉块组成，当中贯穿铁条而成器。后一类玉带钩较为少见，南越王墓所出的1件，由8节组成，雕琢成龙、虎合体的形象。汉代继承秦代的制度，以玉为玺。陕西咸阳狼家沟出土的玉玺，玉质晶莹，印纽雕成螭虎形，印文篆

---

① 傅慧娟、何爱平：《浅谈巢湖北山头西汉墓出土玉器》，《出土玉器鉴定与研究》，紫禁城出版2001年版。

② 广州市文物管理委员会等：《西汉南越王墓》，文物出版社1991年版，上册第202页。原文作"玉角杯"。

刻"皇后之玺"4个字①。该玉玺出在汉高祖长陵和吕后陵附近，可能是吕后生前所用的玉玺。

西汉时期的艺术玉雕，虽然发现不多，但体现了汉代玉器雕琢工艺的精湛技术。中山王刘胜墓所出的"玉人王公"，是圆雕的人物像。玉人束发戴冠，凭几而坐，底部阴刻铭文"维古玉人王公延十九年"10个字。从铭文内容考察，这件雕成王公形象的玉人既是艺术品，又是厌胜辟邪之物。陕西咸阳市新庄渭陵附近出土的玉仙人奔马②、玉熊、玉鹰、玉辟邪等③，都用和田玉制成，雕琢精致，形象优美，应属西汉宫廷艺术品。其中玉仙人奔马由白玉圆雕而成，造型优美，象征仙人骑飞马遨游于太空，形象生动逼真，是十分珍贵的汉代玉雕艺术品。

总之，西汉的玉器在中国玉器文化史上占有重要的地位。一方面，以礼仪用玉和丧葬用玉为主体的中国古典玉器还继续存在，其中丧葬用玉还有进一步的发展；另一方面，用于装饰和鉴赏的玉雕艺术品也已达到相当高的水平。西汉玉器在中国古代玉器发展过程中占有十分重要的地位。

(本文原载《湖南省博物馆馆刊》
第3期，岳麓书社2006年版)

---

① 秦波：《西汉皇后玉玺和甘露二年铜方炉的发现》，《文物》1973年第5期。

② 咸阳市博物馆：《咸阳市近年发现的一批秦汉遗物》，《考古》1973年第3期。原文云："于汉昭帝平陵东北70米处汉代遗址中发现。"

③ 张子波：《咸阳市新庄出土的四件汉代玉雕器》，《文物》1979年第2期。原文云："这批玉器出土在渭陵北稍偏西360米处。"

略论两汉魏晋的帷帐

"帷帐"一词,在汉代文献中,往往和殿屋、宫室、钟鼓、车马、钱帛、珍宝等联系在一起。华丽的帷帐是当时王公贵族的殿堂宫室中的重要陈设,也是统治阶级豪奢生活的主要象征之一。因此,弄清帷帐的有关问题,对探讨晋汉时期的物质文化和揭露封建贵族的骄奢淫逸将具有一定的意义。劳幹先生曾对汉晋时期的帷和帐做过较为全面的研究,但所用资料仅限于文献记载[①];也有学者专就帐和帐构写出研究文章[②],阅读之后,获益匪浅。本文拟根据考古资料,并结合文献记载,对帷帐的渊源、种类、掌管官署和随葬情况等问题,进行初步的探讨和研究。不妥之处望专家指正。

为了便于读者查阅,兹将考古发现的帷帐图像和金属帐构的资料,分别列表附于文后(见文后表一、表二)。

一 帷帐的渊源

根据先秦文献记载,我国古代使用帷帐一类器物至少可以追

[①] 劳幹:《汉晋时期的帷帐》,《文史哲学报》第二期,台湾大学文学院印行,1951年。

[②] 易水:《帐和帐构》,《文物》1980年第4期;周一良:《关于帐构》,《文物》1980年第9期。

溯到东周时期。《周礼·天官》："幕人掌帷、幕、幄、帟、绶之事。"郑玄注："在旁曰帷，在上曰幕"；"四合象宫室曰幄"。郑司农云："帟，平帐也。"郑玄注："帟，王在幕若幄中坐，上承尘。"由此可见，帷、幕、幄、帟四种东西，虽然形制、大小各不相同，但都属帷帐之类，是汉代帷帐的前身。

《周礼》记载，王公贵族凡朝觐、征伐、田猎、祭祀以及举办丧事等，都使用帷、幕、幄、帟等①。对不同等级的贵族，还规定了不同的使用制度。《周礼·天官》："掌次掌王次之法，以待张事。"郑注："法，大小丈尺。"贾公彦疏："言以待张事者，王出宫则幕人以帷与幕等送至停所，掌次则张之，故云'以待张事'。"《周礼》一般认为成书于战国时期。可见在秦汉之前，贵族们不仅广泛地使用帷、幕、幄、帟等物，而且还有一套严格的管理和使用的制度。

帷是用于障蔽的，或一面隔开，或四周围蔽，有在室外使用的，也有在室内使用的。《周礼·天官·掌舍》："为帷宫，设旌门。"郑注："谓王行昼止有所展肆，若食息，张帷为宫，则树旌以表门。"所谓"帷宫"，就是天子外出时用帷围隔起来的临时宫室，用于就食或休息。这是在室外使用的例子。《礼记·曲礼上》："帷薄之外不趋"。注："帷，幔也；薄，帘也。"这里所说的"帷"，是用于分隔内外的。又《礼记·檀弓上》："尸未设饰，故帷堂，小敛而彻帷。"除"帷堂"外，还有"帷殡"（同上书《檀弓下》）。"帷堂"和"帷殡"的"帷"都是用于丧葬的，也是作为分隔内外用的。

---

① 《周礼·天官·幕人》："凡朝觐会同、军旅、田役、祭祀，共其帷、幕、幄、帟、绶。大丧，共帷、幕、帟、绶。三公及卿大夫之丧，共其帟。"

幕和帷有所区别。《说文·巾部》："帷在上曰幕。"可见幕是一种张设在上面的帷，它主要是在室外使用的。《左传·成公十六年》："楚子登巢车以望晋军……张幕矣，曰：虔卜于先君也。彻幕矣，曰：将发命也。"又同上书庄公二十八年："诸侯救郑，楚师夜遁。郑人将奔桐丘，谍告曰：楚幕有乌。乃止。"杜预注："幕，帐也。"这里所说的"幕"，显然是指两军对垒时在战场上张设的大帐。至于幕的形状如何，文献没有记载，只能根据考古资料进行探索。1965年四川成都百花潭战国墓出土的1件铜壶，壶上嵌错的花纹中有一圆形大帐，帐内正中有一柱支撑帐顶，柱头颇大。帐中六人，或持弓，或饮酒，下部有鸟（雁）五只（图一）。帐顶两侧各有一鸟，帐外左侧为弋射图象。发掘简报认为，此帐"似为专供野外弋射狩猎时所用之帐篷"①，也有人说"这种帐幕是供射猎者更衣休憩用的"②。这些看法是正确的。《周礼·天官·掌次》："师田，则张幕。"贾公彦疏："言师田者，谓出师征伐及田猎。"铜壶上的圆形大帐，应即《周礼》所云田猎时在野外张设的"幕"，同时和上述《左传》记载的"幕"也应是同类器物，不过后者是在战场上使用的罢了。1974年河北平山战国中山王墓曾出土许多帷帐的铜构件，其中有1件圆形帐具，作蘑菇状（图二）③，其器形与上述百花潭铜壶圆形幕内中心支柱的柱头颇为相似，应该就是幕的中心支柱的柱头构件。百花潭铜壶可能是战国前期（或略晚）铸造的④，

---

① 四川省博物馆：《成都百花潭中学十号墓发掘记》，《文物》1976年第3期，第44页，图版贰。

② 杜恒：《试论百花潭嵌错图像铜壶》，《文物》1976年第3期。帐幕中原为六人，该文误作五人。

③ 《中国文物》第4期，第42页插图。

④ 四川省博物馆：《成都百花潭中学十号墓发掘记》，《文物》1976年第3期，第44页，图版贰。

平山中山王墓属战国晚期①，由此推测战国时期的幕，可能是当中有一支柱的圆形大帐。

幄的形状显然和幕不同。《周礼·天官·幕人》郑注："四合象宫室曰幄"。《释名·释床帐》："幄，屋也，以帛衣板施之，形如屋也。"可见幄的外形当与宫室房屋相似。幄和幕不仅形状不同，而且还有大小之别。《周礼·天官·掌次》贾疏："幄在幕中"。同书《地官·遂师》贾疏："故知大幕之下宜有幄之小帐"。《左传·昭公十三年》："子产以幄幕九张行"。孔颖达疏："然则幕与幄异，幕大而幄小，幄在幕下张之。幄幕九张，盖九幄九幕也。"可见幄和幕经常配合使用，幕大于幄，幄设在幕中，因而在先秦文献中，幄、幕往往连称，如"竹箭羽旄幄幕"（《墨子·非攻中》）、"私具幄幕器用"（《左传·昭公十年》）等。

图一　成都百花潭战国铜壶嵌错　　图二　河北平山中山王墓出土圆形帐具
　　　纹饰中的圆形帐幕

在战国时期的墓葬中，也曾出土属于幄的构件。1975年山东长清岗辛战国墓中，出土一套帐架的铜构件，计12种27件，另有帐钩37件。多数铜构件仍安装在帐架木杆上，木杆髹漆并施彩绘②。简报作者对这套帐构提出两种复原方案：一种为具有隔间

---

① 河北省文物管理处：《河北省平山县战国时期中山国墓葬发掘简报》，《文物》1979年第1期。

② 山东省博物馆等：《山东长清岗辛战国墓》，《考古》1980年第4期。

地栿和檐柱，帐内分为两间（图三：1）；另一种是帐后附设一"扆"（屏风），而无隔间设置（图三：2）。但从帐的外形看，这两种方案是一样的，都是四面坡顶的长方形帐架。这是目前唯一已复原的战国帷幄的帐架。简报作者曾说，帷幄的形象在战国时期的铜器图案中已不鲜见，并举出成都百花潭战国墓铜壶和辉县赵固区1号墓铜鉴上的图像为例。其实不然，百花潭铜壶图像中的"帐"作半圆形，正中有一立柱，其形状与"四合象宫室"的"幄"迥然不同，而应为张设于野外的"幕"，已如上述。至于辉县铜鉴刻纹中的图像，顶部有整齐的瓦垄，檐柱上部有斗拱，显然是建筑物，而不是帷幄。原报告也说是"建筑物""屋宇的结构"①，有的学者认为是台榭、宫殿或殿堂②。简报作者认为是帷幄，其根据只是：檐柱头用绳索牵引，绳索拴结在钉入地中的"木桩"上。其实所谓"木桩"状物，在刻纹中多处出现，有的和豆一样置于人物之间，有的被人物持在手中，因而有人称之为"筒状酒器"③。其具体器名虽然尚难确定，但为一种饮食器应该是没有问题的，把它看成"木桩"显然是不对的。至于简报作者认为是"绳索牵引"的那条划线，则有可能是无意识加上的，说明不了什么问题。由此可见，在考古资料中至今尚未发现战国时期帷幄的图像。

上述平山中山国墓，除出土"幕"的圆形帐具外，还出许多帐杆。6号墓所出的帐杆有5种，共100根，木杆已朽，只存铜

---

① 中国科学院考古研究所：《辉县发掘报告》，科学出版社1956年版，第116、122页。

② 《考古学报》1980年第1期，第102、121页；《文物》1983年第4期，第66页。

③ 王恩田：《辉县赵固刻纹鉴图说》，《文物集刊》第2集。

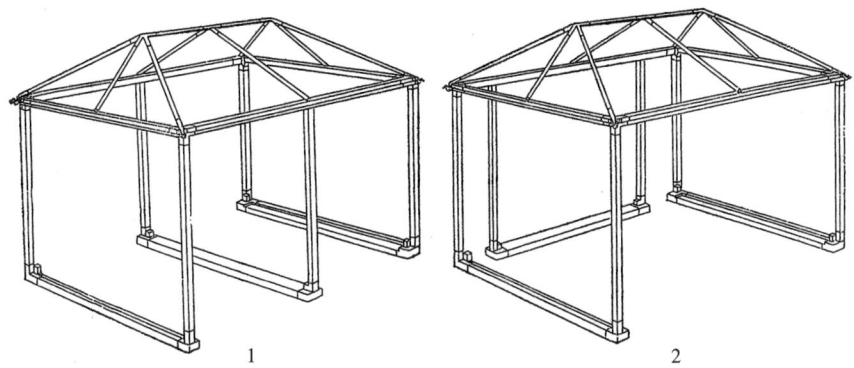

图三　山东长清战国墓帐架复原示意图

质帐构,从木杆朽灰还可看出原来涂有黑漆①。尽管发掘简报对这些帐构未作详细介绍,也未进行复原,但可推断,应和上述长清战国墓所出的帐构性质相同,都是属于幄的构件。

此外,辉县赵固区一号战国墓曾出土四件大小、形状相同的三向铜帐构,皆由集于一点的三个方管组成,三方管互为直角,上向一管的内侧有小纽②。这种铜帐构应是幄的下部四角的构件,向上的方管用于插接四角的立柱,贴地的两方管连接幄架底部的帐杆。具有这种构件的帷幄,其外形应是方形或长方形;至于顶部的形状,已不可知。幄架上部的构件可能都是木质的,故已腐朽无存。这四件铜帐构的形体很小,可能是明器。

《左传·哀公十四年》载:"夏五月壬申,成子兄弟四乘如公。子我在幄,出逆之,遂入,闭门。"杜预注:"幄,帐也,听政之处。"子我即阚止,有宠于齐简公,简公"使为政",故云。此外,《左传》还有一些关于幄的记载,例如"二子(张骼、辅

---

① 河北省文物管理处:《河北省平山县战国时期中山国墓葬发掘简报》,《文物》1979 年第 1 期。

② 中国科学院考古研究所:《辉县发掘报告》,科学出版社 1956 年版,第 118 页。

跡）在幄"（襄公二十四年），"私于幄"（昭公八年），"（昭）公与（叔孙）昭子言于幄内"（昭公二十五年）。从以上记载可以看出，在东周时期，贵族宫室内已有"幄"的陈设，它和诸侯、卿大夫们的日常生活以至政治活动有着密切的关系。

二 帷帐的兴盛时期

从春秋战国到秦汉，帷帐的使用越来越广泛，几乎成为帝王宫室殿堂中不可缺少的重要陈设，进入帷帐的兴盛时期。在汉代文献中，凡是描写宫殿、府第的豪华奢侈者，往往都提及"帷帐"。例如：

（始皇）乃令咸阳之旁二百里内宫观二百七十复道甬道相连，帷帐钟鼓美人充之，各案署不移徙（《史记·秦始皇本纪》）。

（陈）胜出，遮道而呼涉。乃召见，载与归。入宫见殿屋帷帐，客曰："夥，涉之为王沈沈者"（《汉书·陈胜传》）。

沛公入秦宫，宫室帷帐狗马重宝妇女以千数，意欲留居之（《史记·留侯世家》）。

（武帝）赐（栾大）列侯甲第，僮千人。乘舆斥车马帷帐器物以充其家（《史记·孝武本纪》）。

初，王莽败……宫女数千，备列后庭，自钟鼓、帷帐、舆辇、器服、太仓、武库、官府、市里，不改于旧（《后汉书·刘玄传》）。

这些记载中的"帷帐"，是"帷"和"帐"两种东西的通称。帷（或称"帷幔"）和帐虽然用途不同，但都和纺织品有关，属于同一类物品，因而在文献中不仅统称"帷帐"，而且有时还有互相借用的现象。例如《汉书·孝武李夫人传》载："而令上居他帐，遥望见好女子如李夫人之貌。"而同书《郊祀志》则作："盖夜致（李）夫人及灶鬼之貌云，天子自帷中望见焉。"这里所说的"帷"，应是指帐的帷幕。

（一）帷和步障

古代贵族的殿堂，普遍施设帷幔，这和当时的建筑形式有密切的关系。汉代的宫室布局一般是"前为堂，后为室"。《说文·土部》："堂，殿也。"段注："许（慎）以殿释堂者，以今释古也。古曰堂，汉以后曰殿。古上下皆称堂，汉上下皆称殿，至唐以后人臣无有称殿者矣。"秦始皇二十七年（前220）"作甘泉前殿"，这是最早出现的殿名。帝王的厅堂称为"殿"，士大夫的厅堂称为"堂"，这种制度可能在秦汉时期就已逐渐形成，并非自唐始。《渊鉴类函·居处部》："古者为堂，自半以前虚之，谓堂；半以后实之，谓室。"说明殿堂的前部是开敞的，只有楹柱而无檐墙的拦隔，为了遮蔽风日，就需要悬挂帷幔。

在汉画像石、画像砖和汉墓壁画中，凡属比较讲究的建筑物，往往都刻画帷幔装饰。和林格尔汉墓中室东壁所绘"宁城图"，中部有一高大的房屋，应是幕府的正堂，堂的前檐下帷幔高悬，堂上宾主宴饮，堂前的庭中，乐舞杂技正在演出[①]。四川出土的汉代画像砖上，有在帷幔下进行博弈的画面[②]。在有些画像石中，结构简单的亭阁上也刻有帷幔装饰。由于帷幔成为当

[①] 内蒙古自治区博物馆文物工作队：《和林格尔汉墓壁画》，文物出版社1978年版，第16页，图34，图版86、89，134页。

[②] 刘志远：《四川汉代画象砖艺术》，中国古典艺术出版社1958年版，图版14、15。

时广泛使用的物品，因而在许多画像石中，从刻画悬挂的帷幔发展为以垂幔纹（褰起的帷）作为画面边缘的装饰纹带。垂幔纹有的还刻画出下垂的系帷组绶，但多数无组绶，简化为连弧纹。

悬挂于殿堂的帷，应该都是丝织品制成的，文献记载中有锦帷、绮帷、罗帷、绛纱帷、紫绡帷等。《盐铁论·散不足》："今富者黼绣帷幄"，可见豪奢的帷和幄还绣有纹饰。汉文帝令"帏（同'帷'）帐不得文绣"，"集上书囊以为殿帷"①，因而成为当时统治阶级中提倡节俭的典范，为史书所称颂。

从汉画像石、汉墓壁画等资料看，殿堂上的帷经常是用组绶褰卷起来。至于帷的悬挂方法，从画面上一般不易看清。劳榦根据山东嘉祥县和两城山等处的画像石考察，认为帷是悬挂在檐内两柱间的横楣上②。另外，从洛阳出土的北魏画像石上刻画的图像，也可看出帷幔悬挂的梗概。画面上的帷幔显然是挂在阑额（楣）的后面，楹柱显露在外（图四：1）③。

《说文·巾部》："在旁曰帷"。《释名·释床帐》："帷，围也，所以自障围也。"可见除了殿堂上悬挂的帷幔外，还有用于分隔内外的帷。例如山东沂南汉画像石墓中室南面右部所刻画的帷，便是一例（图四：2）。帷中有人在切菜，有人在取酒，还有人正在端菜④。此外，在山东金乡所出的画像石中，也可见到这

---

① 参见《史记·孝文本纪》、《汉书·东方朔传》。
② 劳榦：《汉晋时期的帷帐》，《文史哲学报》第二期，台湾大学文学院印行，1951年。
③ 王子云：《中国古代石刻画选集》，中国古典艺术出版社1957年版，图版五（4）。
④ 华东文物工作队山东组：《山东沂南汉画像石墓》，《文物参考资料》1954年第8期。

种帷的图像①。这种类型的帷，以后发展为规模更大的步障。西晋时王恺作紫丝布步障、碧绫里四十里，石崇作锦步障五十里，因而成为历史上富人互相炫耀其豪奢的典型事例②。

（二）帐的种类

秦汉时期，"帷帐"一词中的"帐"，有狭义的和广义的两种含义。《释名·释床帐》载："帐，张也，张施于床上也；小帐曰斗帐，形如覆斗也。"这是指狭义的帐，它是附属于床的。这种帐在当时还有坐帐和卧帐之分。至于广义的帐，则包括先秦时期的幄和幕，正如劳干所说："帐不仅限于床上，凡有顶的帷幕都可称为帐"③。

"帐"既是有顶帷幕的通称，又在当时上层社会的许多活动场合中被使用，因而种类颇多。在考古发掘中，也曾发现汉晋时期的帐的图像和帐架的铜构件。这些考古资料的出土，给研究当时帐的种类和形制提供了可靠的依据。现按其不同用途，分别介绍于下。

1. 行军中使用的帐

《史记·项羽本纪》载："项羽晨朝上将军宋义，即其帐中斩宋义头。"又载："项王则夜起饮帐中，有美人名虞，常幸从。"《汉书·樊哙传》载："（樊）哙直撞入，立帐下，项羽目之，问为谁？"这些记载中的帐，显然是在行军中使用的，其形状如何，史书未载。甘肃嘉峪关三号画像砖墓的前室南壁东侧上部有描绘"营垒"的小型壁画，画面中间为一圆形大军帐（图四：3），帐

---

① 傅惜华：《汉代画象全集》（初编），商务印书馆1950年版，第144、145、157页。

② 见《世说新语·汰侈》。

③ 劳干：《汉晋时期的帷帐》，《文史哲学报》第二期，台湾大学文学院印行，1951年。

图四 考古发现所见帷帐图像及复原图
1. 北魏画像石帷幔悬挂示意图 2. 山东沂南汉墓画像石上的帷 3. 甘肃嘉峪关3号墓壁画军帐 4. 内蒙古和林格尔汉墓壁画斗帐 5. 北齐高润墓壁画平顶帐 6. 朝鲜德兴里高句丽墓壁画斗帐 7. 辽宁辽阳上王家村晋墓壁画斗帐 8. 河南密县打虎亭2号汉墓画帷帐 9. 冬寿墓壁画斗帐 10. 正始八年铁帐构复原图 11. 河南邓县彩色画像砖墓斗帐

内坐一武官；在帐的前、后及左侧环布三排小军帐，亦皆为圆形①。由此可见，军旅中所用的帐，可能多数为圆形，这种帐应

---

① 嘉峪关文物清理小组：《嘉峪关汉画像砖墓》，《文物》1972年第12期。关于墓的时代，原报道认为属东汉晚期，而宿白先生认为是魏晋墓（见《西安地区唐墓壁画的布局和内容》，《考古学报》1982年第2期，第139页，注3）。

即先秦文献中所说的"幕"。

图五　罗马帝国"图拉真纪功柱"浮雕军帐

除了圆形的军帐外，行军中有时可能也使用"形如屋"的帐。《史记·太史公自序》："运筹帷幄之中，制胜于无形"。这种称为"帷幄"的帐幕，其形状应和圆形的军帐不同，而与先秦时期所谓"四合象宫室"的"幄"相似。"形如屋"的军帐的形象，也见于罗马帝国"图拉真纪功柱"的浮雕中（图五）。浮雕的内容是描绘图拉真皇帝和达契亚人进行战争的情景，出现在画面上的三具军帐，都作房屋的形状[①]。该柱落成于公元113年（相当于东汉安帝永初七年），可见当时罗马皇帝出征时，也使用"形如屋"的军帐。

2. **张设于殿堂上的帐**

皇室贵族往往在宽阔的殿堂上张设装饰华丽的帐子，其中有一种称为武帐。《史记·汲黯传》载："上（武帝）尝坐武帐中，

---

① Filippo Coarelli, "Rome", *Cassell's*, *Monuments of Civilization Series*, Cassell · London, 1978, P. 120.

黯前奏事，上不冠，避帐中，使人可其奏。"《汉书·霍光传》载："太后被珠襦，盛服坐武帐中，侍御数百人皆持兵，期门武士陛戟，陈列殿下。"可见武帐是陈设在殿上，皇帝、太后坐在其中。此外，武帐有时还可用作临时的便殿。例如三国时期，吴国孙綝等迎立孙休（景帝），曾以武帐为便殿，在帐内设御坐①。至于为什么称为"武帐"，有不同的说法。应劭曰："武帐，织成为武士象也。"孟康曰："今御武帐，置兵蘭（一作"阑"）五兵于帐中。"韦昭曰："以武名之，示威。"颜师古认为，孟康的说法是正确的②。也就是说，武帐是由于帐中设有放置"五兵"的阑架而得名。《太平御览》卷六九九引《晋后略》说："张方兵入洛，御宝织成流苏武帐皆割分为马鞯矣。"可见武帐的帐帷有饰以流苏者。

殿堂上张设的帐，除武帐外，还有宴饮、朝贺时使用的幄或帐。《汉书·王莽传上》载："未央宫置酒，内者令为傅太后张幄，坐于太皇太后坐旁。莽案行，责内者令曰：'定陶太后藩妾，何以得与至尊并！'彻去，更设坐。"王莽以定陶太后系"藩妾"为由，而让内者令撤去幄，可见在当时，"幄"是专为帝、后而设的。南朝梁武帝正旦接受朝贺时，坐绿油天皂幄；在林光殿接见魏使李同轨、陆操时，坐皂帐③。除最高统治者外，官僚贵族宴请宾客时也设帐。河南密县打虎亭2号汉墓中室北壁所绘"百戏图"中，左边有一长方形帐，帐帷红地黑花，顶为庑殿式（图四：8）。帐前有大案，上置杯盘，案旁坐二人，似为墓主。案前

---

① 《三国志·吴书·孙休传》："孙綝使宗正孙楷与中书郎董朝迎休。……武卫将军恩行丞相事，率百僚以乘舆法驾迎于永昌亭，筑宫，以武帐为便殿，设御座。"
② 参见《史记》和《汉书》的《汲黯传》注引，中华书局标点本。
③ 《酉阳杂俎·礼异》；另外参见《魏书·李同轨传》。

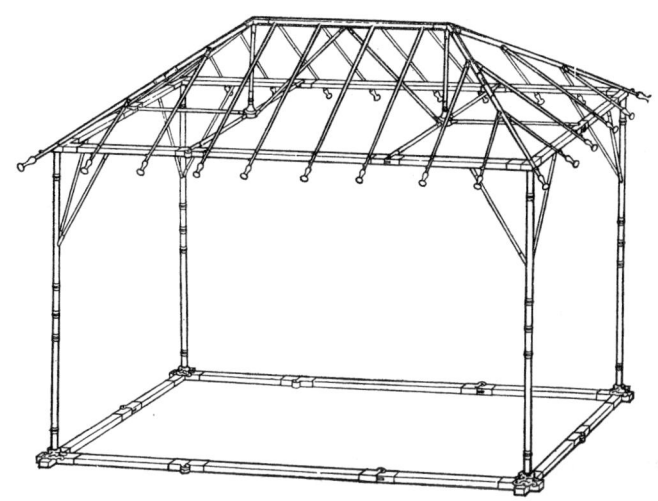

图六　满城刘胜墓帐构（1∶4181）复原图（透视）

绘百戏图像，两边各绘一排人物，跽坐席上，席前亦绘有杯盘等物[1]。这显然是描绘墓主生前宴请宾客时的情景。该墓属于模仿生人所居府第宅院的形制，墓的中室相当于前堂。堂上施绛帐，宾客宴饮，堂前表演百戏，这正是当时贵族生活的真实写照。此外，东汉名儒马融讲授经学时，也在堂上张设"绛纱帐"[2]。由上可见，在殿堂上设帐，是当时十分流行的风尚。

张设在殿堂上的帐，一般是华丽的大型帐。汉代这类帐的铜构件，在考古工作中也发现过。满城1号汉墓（西汉中山靖王刘胜墓）出土两套完整的铜帐构，经过修整复原后，一具为四阿式顶的长方形帐架（图六），另一具为四角攒尖式顶的方形帐架（图七）。前者各构件的表面皆鎏金，垂柱柱头和立柱底座构件饰

---

[1] 安金槐等：《密县打虎亭汉代画象石墓和壁画墓》，《文物》1972年第10期。该文图版壹（彩版）说明中，"1号汉墓"应为"2号汉墓"之误。

[2] 《后汉书·马融传》："（融）常坐高堂，施绛纱帐，前授生徒，后列女乐"。

68　稽古文存

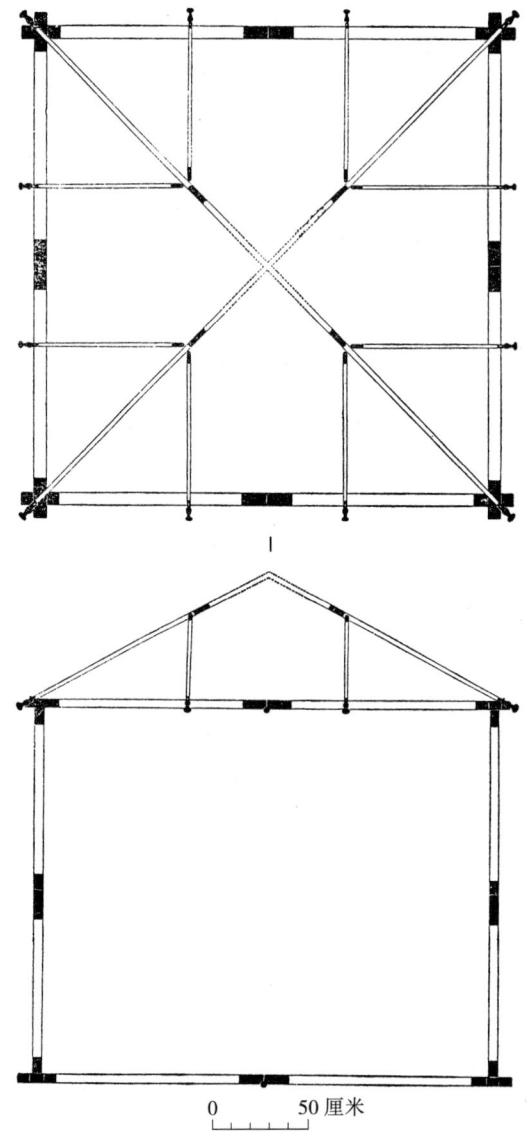

图七　满城刘胜墓帐构（1∶4320）复原图
上为俯视　下为正视

以龙纹或图案花纹；后者除部分外露构件鎏银外，其他都素无纹饰，各构件都较粗重①。这两具帐都出在墓中象征"前堂"的中室，与之共出的器物有漆案、漆耳杯的鎏金铜饰等，所以它们和密县打虎亭2号汉墓壁画中的帐应是同一类的，都属宴请宾客时张设在殿堂上的帐。此外，河北定县43号汉墓出土铜帐构1件、帐钩3件②，广州象岗西汉南越王墓前室也出铜帐构5件③，这些帐构也应是这类帐的构件。

魏晋以后，一些较为小型的帐，可能也是张设在殿堂上的。葬于东晋永和十三年（应为升平元年）的冬寿墓，壁画中男女墓主人分别坐在帐中，男性墓主所坐的斗帐（图四：9），帐旁立一符节，帐的两侧有"记室""小吏""省事"等侍卫④。洛阳所出的北魏画像石上有方形平顶帐，帐顶四周饰莲花、蕉叶，周缘有垂饰，其装饰和一些石窟的佛帐颇为相似（图八），帐内二人对饮，帐前置一矮几⑤。河北磁县北齐高润墓壁画所绘平顶帐，似系方形（图四：5），帐中墓主端坐，帐的两侧有手持扇、华盖的侍从⑥。以上这些斗帐或平顶方帐，从画面布局考察，似都为设置在殿堂上的帐。此外，朝鲜平安南道德兴里高句丽墓壁画中墓

---

① 中国社会科学院考古研究所等：《满城汉墓发掘报告》，文物出版社1980年版，上册第160—178页。
② 定县博物馆：《河北定县43号汉墓发掘简报》，《文物》1973年第11期。
③ 广州象岗汉墓发掘队：《西汉南越王墓发掘初步报告》，《考古》1984年第3期。
④ 洪晴玉：《关于冬寿墓的发现和研究》，《考古》1959年第1期。
⑤ 王子云：《中国古代石刻画选集》，中国古典艺术出版社1957年版，图版五（6）。原书作者认为是"华盖"，实为平顶帐。
⑥ 磁县文化馆：《河北磁县北齐高润墓》；汤池：《北齐高润墓壁画简介》，《考古》1979年第3期。

主人所坐的帐，也是斗帐（图四：6），从其西侧为"十三郡太守来朝图"判断，此帐也应系设在殿堂之上①。

图八　洛阳北魏画像石上的平顶帐

3. 平时家居的坐帐

汉晋时期的官僚贵族，平时家居也往往使用帐子，一般为"形如覆斗"的坐帐。这种坐帐的图像，在墓葬壁画、画像石和画像砖中都能见到。内蒙古和林格尔汉墓后室西壁绘二小帐（图四：4），帐中各坐一人，应为墓主夫妇②。密县打虎亭1号汉墓北耳室西壁画像石刻有一帐，帐内坐一人，似为墓主③。河北安

---

① 金基雄：《朝鲜半岛的壁画古坟》，六兴出版株式会社1980年版。

② 内蒙古自治区博物馆文物工作队：《和林格尔汉墓壁画》，文物出版社1978年版，第23、98页。原文认为帐系"穹庐顶"，但从画面观察，二帐似皆为四角攒尖顶。同时此二帐应为坐帐，榜题"卧帐"，似非指此二帐而言，而应指位于二帐右下方的一帐。该帐规模较大，帐顶绘黑色花纹，和墓内所画顶部有瓦垄的建筑物显然不同，而顶部花纹同密县打虎亭汉墓帐顶花纹相似。

③ 安金槐等：《密县打虎亭汉代画象石墓和壁画墓》，《文物》1972年第10期，图一二。

平汉墓中室南耳室南壁，画有墓主人坐在四阿式顶小帐中①。辽宁辽阳上王家村晋墓右耳室画有一帐（图四：7），帐内墓主人端坐床上②。河南邓县彩色画像砖墓的画像中，也见到装饰简朴的斗帐（图四：11）③。以上这些坐帐的图像，多数发现在墓的后室或耳室内，这或许也能说明它们是平时在居室内使用的帐，与张设在殿堂上的大型长方形帐有所区别。

除了坐帐的图像外，在考古发掘中还发现不少东汉至南北朝时期的这类帐的铜、铁构件。河南郑州王湾村出土帐构5件，其中1件为铜质，其余皆为铁质，都作三圆管直角相交状，应为帐架底部四角的构件，其年代相当于东汉末年或稍晚④。在河南巩县发现东汉至魏晋时期的铜帐构4件，形状与上述帐构相同，铜管上有小孔，应为加销固定帐杆用的⑤。洛阳16工区曹魏墓曾出土铁帐构一套共9件，其中由三圆管组成的有4件，是底部四角的构件；由四圆管组成的有5件，为顶部四角及帐顶的构件⑥。河南渑池发现铁帐构16件，为帐的底部四角的构件，时代也属曹魏时期⑦。甘肃嘉峪关市出土1件魏晋之际的鎏金帐构，可能也是帐的底部构件⑧。南京通济门外南朝墓出土铜帐构5件，从器

---

① 河北省文化局文博组：《安平彩色壁画汉墓》，《光明日报》1972年6月22日第3版。
② 李庆发：《辽阳上王家村晋代壁画墓清理简报》，《文物》1959年第7期。
③ 河南省文化局文物工作队：《邓县彩色画象砖墓》，文物出版社1958年版，图一八。原书作者认为是"亭子"，实为斗帐。
④ 郑州市博物馆：《郑州近年发现的窖藏铜、铁器》，《考古学集刊》第一集，中国社会科学出版社1981年版。
⑤ 巩县文化馆：《河南巩县发现一批汉代铜器》，《考古》1974年第2期。
⑥ 李宗道等：《洛阳16工区曹魏墓清理》，《考古通讯》1958年第7期。
⑦ 渑池县文化馆等：《渑池县发现的古代窖藏铁器》，《文物》1976年第8期。
⑧ 甘肃省博物馆：《酒泉、嘉峪关晋墓的发掘》，《文物》1979年第6期。

形观察，应为帐的上部四角及帐顶的构件（图九：1、2）[①]。此外，甘肃酒泉晋墓和河北景县北魏墓曾出土钩状铜帐构，上部作龙首形，下部有圆銎（图九：3）[②]。《晋书·桓玄传》记载，帐的"四角作金龙"。上述辽阳上王家村晋墓壁画中的帐，帐角就饰以金龙。这种龙首形铜帐构，虽然不是龙的全形，但也可能是装置于斗帐四角的饰物。

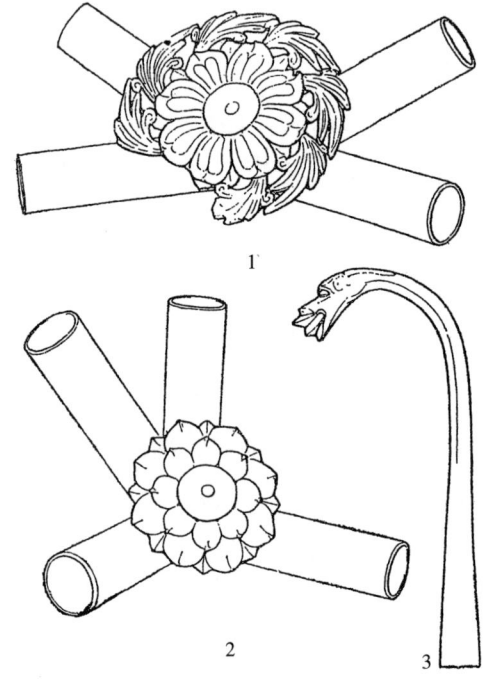

图九 帐构
1、2. 江苏南京通济门外南朝墓出土铜帐构 3. 甘肃酒泉晋墓出土龙首形帐构

上述这些帐构的形状基本相同，结构都比较简单，与满城汉

---

① 李蔚然：《南京通济门外发现南朝墓》，《考古》1961年第4期。
② 甘肃省博物馆：《酒泉、嘉峪关晋墓的发掘》，《文物》1979年第6期，第6、12页，图二一；河北省文管处：《河北景县北魏高氏墓发掘简报》，表一，《文物》1979年第3期。

墓所出的帐构相比，有很大的差别。在这些帐构中，以洛阳曹魏墓所出的一套最为完整，复原后为近似方形的斗帐（图四：10），其形状与坐帐的图像是一致的。其他的则因构件不全，未能复原，但可推测其外形可能都作方形或近似方形，顶部多为四角攒尖顶。

4. 用于飨神和丧葬的帐

飨神用的帐，帐帷的颜色和生人用的似有不同。《汉书·礼乐志》载："星留俞，塞陨光，照紫幄，珠烦黄。"颜师古注："紫幄，飨神之幄也。"祭祀用的帐，称为"绀幄"或"绀幄帐"。《初学记·礼部·祭祀》引卫宏《汉旧仪》："祭天紫坛幄帷，高帝配天，后堂下西向，绀幄绀席。"①《太平御览·服用部》引《汉宫仪》曰："祭天有绀幄帐。""绀幄"或"绀幄帐"应即"紫幄"。由此可见，飨神和祭祀都用"形如屋"的帐，帐帷为略带红的黑色。根据文献记载，合祭先祖时，高祖所用的幄为绣帐，长一丈，广六尺；帐内绣裯厚一尺，所填丝絮重四百斤②。

传说汉武帝"以琉璃珠玉明月夜光杂错天下珍宝为甲帐，其次为乙帐，甲以居神，乙以自居"。"甲帐居神，以白珠为帘箔，玳瑁押之，象牙为簟。"③又《汉书·西域传赞》载："兴造甲乙之帐，落以随珠和璧。"可见当时居神的帐和皇帝自居的帐相类

---

① 《太平御览·礼仪部·祭礼下》所引，"后堂"作"居室"。《汉宫六种·汉旧仪补遗》（四部备要本）中，"后堂"作"居堂"。

② 《汉宫六种·汉旧仪补遗》："宗庙三年大祫祭……高祖南面，幄绣帐，望堂上西北隅帐中坐，长一丈，广六尺。绣裯厚一尺，著之以絮四百斤。曲几黄金钿器"（四部备要本）。

③ 《太平御览·服用部一、二》引《汉武故事》。

似，装饰则更为豪华。在南北朝时期的一些石窟中，也可见到帷帐的形象，有些佛帐的装饰也相当华丽。

丧葬用的帐，似乎没有什么特别之处。王符《潜夫论·浮侈篇》载："宠臣贵戚，州郡世家，每有丧葬，都宫属县，各当遣吏赍奉车马帷帐"（百子全书本）。《后汉书·礼仪志下》："丧帐皆以箪。""箪"是竹席，故知丧帐内只用竹席，而不用床。这可能是唯一不同的地方。

三　掌管帷帐的官署

先秦时期，掌管帷幄等物的官职是天官冢宰属下的"幕人"和"掌次"，已见上述。秦汉以后，朝廷也设有管理帷帐的官职。秦置六尚，即尚冠、尚衣、尚食、尚沐、尚席、尚书[1]。《史记·绛侯周勃世家》"索隐"引《舆服杂事》云："六尚，尚席，掌武帐帷幔也。"据此可知，秦以至于汉初，掌管帷帐的官职应是"尚席"。《通典·职官八》注引《汉仪注》曰："省中有五尚，即尚食、尚冠、尚衣、尚帐、尚席。"可见到了汉代，可能由于帷帐的使用更加广泛，"六尚"之中省去"尚沐"和"尚书"，增设"尚帐"，因而成为"五尚"。"尚帐"应是当时专管帷帐的官职。但"省中五尚"不见于《汉书·百官公卿表》，或疑属于大长秋[2]。

---

[1] 《通典·职官八》注："或云秦置六尚，谓尚冠、尚衣、尚食、尚沐、尚席、尚书，若今殿中之任。"

[2] 参见《汉旧仪补遗》卷上注，《四部备要·史部》。

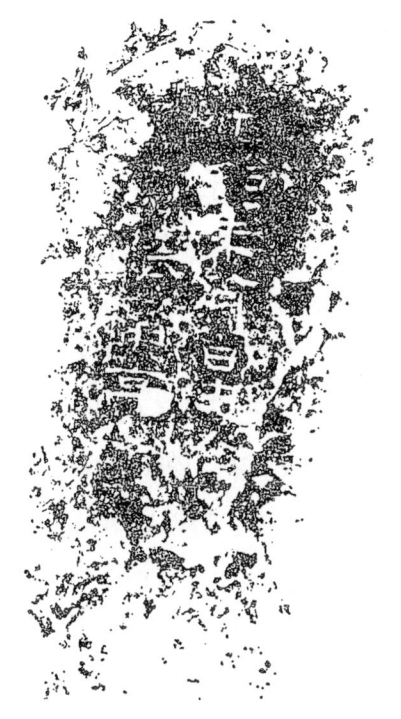

图一〇　正始八年（247）铁帐构铭文拓片

根据上引《汉书·王莽传》记载，汉哀帝时未央宫置酒，为傅太后张幄者为"内者令"。又《太平御览》卷六九九引《东观汉记》曰："永平中……上诏南宫复道多恶风寒，老人居之且病靡苦，内者多取帷帐东西，竟塞诸窗，望令致密。"由上可见，西汉晚期以后以至于东汉时期，宫廷中掌管帷帐的官职是"内者令"。"内者令"为少府属官，《汉书·百官公卿表》未载明其职责。《后汉书·百官志》载："内者令一人，六百石。本注曰：掌中布张诸衣物。"《集解》："惠栋曰黄图引《续汉书》曰掌宫中步帐亵物，宣纪注亦引作亵物，误作衣也。应劭《汉官仪》曰内者令主帷帐。"所以，内者令主管帷帐可能是在东汉时期才明确起来的。

见于金石著录的铜帐构中，有1件刻铭文："景初元年五月十日中尚方造长一丈广六尺泽漆平坐帐上边构铜重二斤十两"，还有1件刻："五月十日中尚方造长一丈广六尺泽漆平帐下构铜重六斤十二两"①。前者应是帐架上部的构件，后者应是下部的构件。它们的铭文不仅记述了帐的大小，而且说明了制造帐构的时间和官署。上述洛阳16工区曹魏墓所出铁帐构，原报道介绍其中1件上刻"正始八年八月……"等铭文（图一〇），日本学者冈崎敬从所附铭文拓片考察，认为铭文应为两行，第一行为"正始八年八月□日中……"并推测"中"字下可能是"尚方……"等字②。景初、正始为魏明帝曹叡、齐王曹芳的年号。"尚方"隶属少府，尚方令的职责是"掌上手工作御刀剑诸好器物"（《后汉书·百官志》本注）。"中尚方"的具体职责，未见于史书。《三国志·魏书·明帝纪》注引《魏略》云："中尚方纯作玩弄之物。"但从其前后文意看，此句是指责当时的中尚方只作"玩弄之物"，而不是说明中尚方本来应负的全部职责。从上述铜、铁帐构的铭文看出，至少在曹魏时期，帷帐的金属构件是由属于少府的中尚方制造的。

四 随葬帷帐的始末

以帷帐作为随葬的物品，由来已久，至少可以上溯到东周时期，当时厚葬者"送死若徙"（《墨子·公孟篇》），把生前使用的器物大量地埋入墓内。《墨子·节葬下》载："乎诸侯死者，虚车（"库"字之误）府，然后金玉珠玑比乎身，纶组节约，车马藏乎圹，又必多为屋（按即"幄"）幕，……寝而埋之。"可见

---

① 参见《积古斋钟鼎彝器款识》《秦汉金文录》《贞松堂集古遗文》等书。
② ［日］冈崎敬：《漢·魏·晉の「尚方」とその新資料》，《東方學》第三十一辑。

"幄幕"已成为当时贵族厚葬的必备随葬品。《西京杂记》（卷下）记载，西汉广川王去疾挖掘魏哀王冢[①]，发现"铜帐镴一具，或在床上，或在地下，似是帐糜朽而铜镴堕落床上"。如果所载可靠，这算是我国最早出土的一具帐构。新中国成立后，从战国到南北朝时期的墓葬、遗址中，出土了不少铜、铁帐构，这些帐构主要出在黄河流域的河南、河北、山东、甘肃等省（见表二）。此外，广州南越王墓也出了帐构。广西贵县罗泊湾 1 号墓出土 1 件《从器志》木牍，其上所载随葬品中有"张帷一笥""张帷柱及丁一囊"等[②]。所谓"张帷"，应即"帐帷"。《汉书·高帝纪》："上（刘邦）留止，张饮三日。"注引张晏曰："张，帷帐也。"所谓"张帷柱"，可能就是指帷帐四柱的构件。简报作者认为，此墓的主人应是西汉初期南越王时代的高级武官。该墓虽未发现帐构实物，但在《从器志》中仍然写上帷帐及其构件。这说明不仅黄河流域汉族的上层人物以帐构随葬，而且边远地区割据政权的贵族官僚也有随葬帷帐的习俗。

以帷帐作为随葬品的习俗，从战国一直延续到南北朝。在隋唐以后的墓葬中，则未发现帐构之类的随葬品。这种现象，可能与唐代以后由于建筑风格和家具陈设的变化、帷帐已不是殿堂宫室中的重要陈设物有直接关系。

本文初稿承蒙杨泓同志提出很好的意见，谨此致谢。

（本文原载《考古》1984 年第 5 期）

[①]《汉书·诸侯王表第二》："征和二年，（广川）王去嗣。"陈直先生认为"其名似以'去疾'为长"，见《汉书新证》第 58 页，天津人民出版社 1979 年版。

[②] 广西壮族自治区文物工作队：《广西贵县罗泊湾 1 号墓发掘简报》，《文物》1978 年第 9 期。

表一　考古发现帷帐图像登记表

发现时间	地点	帷帐形状	时代
1965 年 2 月	四川成都百花潭 10 号墓	圆形大幕,幕内正中有一柱	战国
1972 年至 1973 年	内蒙古和林格尔 1 号汉墓	四角攒尖顶小帐二,卧帐一	东汉
1960 年 2 月至 1961 年 11 月	河南密县打虎亭 2 号汉墓	庑殿式顶长方形大帐	东汉晚期
1960 年 2 月至 1961 年 11 月	河南密县打虎亭 1 号汉墓	可能是方形小帐,摹本图像不清,帐顶形状不明	东汉晚期
1971 年 10 月至 12 月	河北安平县逯家庄汉墓	四阿式顶小帐	东汉熹平五年（176）
1972 年 4 月	甘肃嘉峪关 3 号画像砖墓	圆形大军帐	东汉晚期至魏晋
1958 年 5 月	辽宁辽阳上王家村晋墓	方形攒尖顶小帐,顶上正中饰仰莲花,四角饰金龙,口衔流苏	晋代
1949 年	朝鲜安岳	方形攒尖顶小帐二,帐顶正中饰仰莲,四角饰莲花及羽葆流苏	东晋永和十三年（即升平元年）
1949 年以前	河南洛阳	方形平顶帐,帐顶四周饰莲花、蕉叶,周缘有垂饰	北魏
1975 年 9 月至 10 月	河北磁县高润墓	方形平顶帐,帐顶周缘饰山花蕉叶纹	北齐武平七年（576）
1957 年	河南邓县学庄彩色画像砖墓	方形小帐	南朝

表二　考古发现帷帐构件登记表

出土时间	地点	帐构保存情况	时代
1974年11月至1978年6月	河北平山县中山国1号墓	帐架及橛一套	战国中期
1974年11月至1978年6月	河北平山县中山国6号墓	帐杆五种，共一百根，木杆原涂黑漆，已朽烂，只存铜帐构	战国晚期
1977年3月	山东长清岗辛战国墓	帐架构件一组，帐杆髹漆，并施彩绘，木质已朽烂，保存铜帐构12种，共27件；另有帷钩37件	战国后期
1951年12月	河南辉县赵固区1号墓	铜帐构4件（原报告称"三向铜构"）	战国晚期
1983年8月至10月	广州象岗山南越王墓	铜帐构5件	西汉中期
1968年5月至8月	河北满城县陵山1号汉墓	两套帐构：第一套构件分14类，共102件，表面皆鎏金；第二套构件分9类，共57件，少数构件表面鎏银	西汉中期
1969年11月至12月	河北定县43号汉墓	铜帐构1件，帐钩3件	东汉晚期
1973年9月	河南郑州王湾村窖藏遗址	帐构（原报道称"帷帐支架"）5件，其中1件为铜质，其余均为铁质，作三圆管首相交状	东汉末年或稍晚
1972年11月	河南巩县芝田公社塞沟村窖藏遗址	铜帐构（原报道称"帷帐角管"）4件，三圆管直角相交，管内残存朽木	东汉至魏晋
1956年7月	河南洛阳16工区曹魏墓	铁帐构一套，共9件，由三圆管或四圆管构成，管内有朽木	曹魏正始八年（247）

续表

出土时间	地点	帐构保存情况	时代
1974年4月	河南渑池窖藏遗址	铁帐构（原报道称"帷幕脚架"）16件，器形与上述三管者同	曹魏
1977年5月至6月	甘肃嘉峪关市新城公社观蒲大队M9	鎏金帷帐架部件（三通）1件	魏末晋初
1977年5月至6月	甘肃酒泉果园公社丁家闸M1	铜钩状帐构（原报道作"铜帐钩"）1件	东晋十六国时期
1973年4月	河北景县高雅墓	铜钩状帐构（原报道作"铜帐首"）4件，上部作龙首状，下部有圆銎	东魏天平四年（537）
1960年1月至5月	南京通济门外南朝墓	铜帐构（原报道称"多管状铜饰"）5件，管的交接处有莲花装饰	南朝末期

承前启后的东汉魏晋南北朝玉器

一 东汉（25—220）的玉器

公元1世纪初，南阳豪强集团首领刘秀（即汉光武帝）获得了农民战争的果实，重新建立了汉朝的统治。因为他建都在西汉国都长安城之东的雒阳（洛阳），所以史家称他所建立的汉朝为东汉王朝。

东汉承袭西汉的制度，儒家"贵玉"的思想也得到继承和发展，特别在玉的道德化方面，达到了成熟的地步。早在春秋战国时期，儒家及先秦诸子认为玉具有许多美德。《礼记·聘义》记载，孔子告诉子贡说，玉有仁、智、义、礼、乐、忠、信、天、地、德、道十一种美德。《管子·水地》记载，玉有仁、智、义、行、洁、勇、精、容、辞九种美德。《荀子·法行》记载，玉有仁、智、义、行、勇、情、辞七种美德。西汉刘向《说苑·杂言》记载，玉有德、智、义、勇、仁、情六种美德。到了东汉时期，许慎《说文解字》解释"玉"字时说："玉，石之美有五德者"。所谓"五德"，即仁、义、智、勇、洁。可见从东周到西汉时期，玉德思想有一个发展演变的过程，总的趋势是从繁杂到逐步精简，形而上学的内容也相对地逐渐减少。"五德说"是汉人在先秦玉德思想的基础上，进行总结归纳得来的，突出了玉德的基本内容，集中表现了汉代贵玉的观念。"五德"概括了玉的质感、质地、透明度、敲击时发出的声音以及坚韧不挠等物理性能。五德中最重要的德是"仁",是"润泽以温"的玉的质感。"仁"是儒家思想道德的基础,所以儒家学派用"仁"来代表玉的本质。

古人辨别玉时,"首德而次符"。所谓"德",是指玉的质地或本质;所谓"符",是指玉的颜色。辨别玉的真伪,主要是依据玉的质地或质量,而不是依据它的颜色。但从文献记载考察,贵德不贵符的思想,从东周到东汉有一个发展变化的过程。在玉被道德化的初期,例如《礼记》的"十一德"、《管子》的"九德"、《荀子》的"七德",基本上是以儒家学派的道德信条附会于玉的各种物理性能,也就是玉的质地,都未涉及玉的颜色、玉的外观美。到了汉代,玉德思想发展到成熟的阶段;同时,在玉的质地与玉的外观美的关系上,也就是玉德与玉符的关系上,也有明显变化。西汉刘向著《说苑》,说"玉有六美",不云"六德",而称"六美",说明西汉时期人们已认识到玉的"德"与"美"是一致的,也就是玉的本质和玉的外观美是统一的、不可分割的。到了东汉时期,玉的外观美进一步被认识。许慎在《说文解字》中提出,"玉"之所以不同于"石"者,有两个必要的条件,第一个条件是"美",第二个条件是"有五德"。这说明,当时已将玉的外观美提高到与玉德并重的地步,人们既重"德"又重"符"。

关于玉符,东汉文献已有具体的阐述。王逸《正部论》记载:"或问玉符,曰:赤如鸡冠,黄如蒸栗(一作"粟"),白如脂肪,黑如淳漆,此玉之符也。"魏文帝曹丕为太子时,得到钟繇的玉玦,他在《与钟大理书》中说:"窃见玉书,称美玉白如截肪,黑譬纯漆,赤拟鸡冠,黄侔蒸栗。"[1] 王逸和曹丕论玉,只

---

[1] 《文选》卷四十二。

叙玉符，不谈玉德，指出美玉有白、黑、赤、黄诸色，对玉的颜色美给予很高的评价。可见东汉后期在玉德与玉符的关系上有了更为明显的变化，人们论玉已离不开玉的颜色，也就是离不开玉的外观美，所以在某种意义上说，重"符"已更甚于重"德"。

东汉玉器基本上继承西汉玉器的作风，但在种类和数量上都比西汉少。东汉玉器中与西汉相同的器类，在造型和纹饰上有的有新的发展和变化。同时，东汉时期也出现一些新的器类。礼仪用玉进一步简化；丧葬用玉继续存在，葬玉中的玉衣还规定了明确的分级使用的制度。玉佩的组成也比较简单，还出现了带吉祥语铭文的装饰性玉璧以及一些辟邪用玉。东汉的玉器可分为以下六类。

（一）礼仪用玉

根据文献记载，东汉的礼仪用玉有玉圭和玉璧。皇帝祭祀天地时执圭、璧。公、侯等朝贺时用璧。《续汉书·礼仪志》记载："每岁首正月，为大朝受贺。其仪：夜漏未尽七刻，钟鸣，受贺。及贽，公侯璧。"又《续汉书·百官志》载："（大夫）掌奉王使至京都，奉璧贺正月……列土、特进、朝侯贺正月执璧云。"可见当时诸侯王、列侯等每年元旦朝贺，都执玉璧。按规定，诸侯王所执的璧是由少府发给的。《后汉书》曾记载这样一个故事，汉章帝建初七年，东平王刘苍正月朔旦入贺，当时少府卿阴就"贵骄"，少府主簿竟然不发给刘苍玉璧，刘苍的部属朱晖只好从主簿手中骗取玉璧交给刘苍[①]。皇帝纳聘皇后也用璧。《后汉书·皇后纪下》记

[①] 《后汉书·朱晖传》："正月朔旦，（东平王刘）苍当入贺。故事，少府给璧。是时阴就为府卿，贵骄，吏憚不奉法。苍坐朝堂，漏且尽，而求璧不可得，顾谓掾属曰：'若之何？'晖望见少府主簿持璧，即往绐之曰：'我数闻璧而未尝见，试请观之。'主簿以授晖，晖顾召令史奉之。主簿大惊，遽以白就。就曰：'朱掾义士，勿复求。'更以它璧朝。"

载，桓帝纳梁皇后，"悉依孝惠皇帝纳后故事，聘黄金二万斤，纳采雁璧乘马束帛，一如旧典"。《集解》引惠栋曰，《汉杂事》云："以黄金二万斤、马十二匹、玄纁谷璧，以章典礼"。《周礼·冬官考工记》载："谷圭七寸，天子以聘女。"汉帝纳皇后，不用谷圭，而改用谷璧。

考古发掘出土的东汉礼仪用玉，主要是玉璧，多数出于诸侯王墓中。河北定县北庄中山简王刘焉墓，出土玉璧23件，其中有的为素面；有的雕琢蒲纹、谷纹或涡纹；有的纹饰分为内、外两区，内区为涡纹或蒲纹，外区为龙纹或凤鸟纹。在涡纹璧中，有1件外缘侧面刻有铭文"百九十五"4个字，应是该璧的编号，说明当时中山国玉璧的数量是相当可观的①。

(二) 丧葬用玉

东汉沿袭西汉的丧葬制度，皇帝、诸侯王等高级贵族也以玉衣作为殓服。《续汉书·礼仪志》记载，皇帝死后使用金缕玉衣，诸侯王、列侯始封、贵人、公主使用银缕玉衣，大贵人、长公主使用铜缕玉衣②。在考古工作中，尚未发掘东汉皇帝的陵墓，因而也未发现东汉时期的金缕玉衣。

在已发掘的东汉诸侯王墓葬中，中山简王刘焉使用鎏金铜缕玉衣；还有洛阳四座东汉墓出土的玉衣，其中三座为鎏金铜缕，一座为鎏金铜缕和银缕混合使用③。刘焉的玉衣为鎏金铜缕，有

---

① 河北省文化局文物工作队：《河北定县北庄汉墓发掘报告》，《考古学报》1964年第2期。

② 《续汉书·礼仪志下》："大丧……金缕玉柙如故事。""诸侯王、列侯始封、贵人、公主薨，皆……玉柙银缕；大贵人、长公主铜缕。"

③ 洛阳市文物工作队：《洛阳发掘的四座东汉玉衣墓》，《考古与文物》1999年第1期。

的学者认为："或系当时皇帝所特赐（鎏金铜缕或与银缕相当）"①。洛阳的四座玉衣墓，发掘者认为："墓主可能是王侯或大贵人一类身份的人物"。从其中一座为银缕、鎏金铜缕混用的现象判断，鎏金铜缕和银缕可能属于同一等级。其他东汉诸侯王，如中山穆王刘畅②、陈顷王刘崇③、彭城王④、下邳王⑤等，都用银缕玉衣。安徽亳县董园村1号墓所出的银缕玉衣⑥和山东邹城东汉墓出土的银缕玉衣片⑦，可能属于始封的列侯。至于铜缕玉衣，应是属于嗣位的列侯或诸侯王、列侯的妻子。从上述情况可以看出，东汉时期玉衣分为金缕、银缕、铜缕三个等级的制度已经确立，考古发掘出土的实物资料与文献记载基本相符⑧。

曹魏黄初三年（222）曹丕（魏文帝）作《终制》，以避免陵墓被人盗掘为理由，下令禁止使用玉衣⑨。汉代皇帝和皇室贵族葬以玉衣的制度，从此被废除了，在考古工作中迄今也未发现东汉以后的玉衣。

---

① 史为：《关于"金缕玉衣"的资料简介》，《考古》1972年第2期。
② 定县博物馆：《河北定县43号汉墓发掘简报》，《文物》1973年第11期。
③ 周口地区文物工作队等：《河南淮阳北关1号汉墓发掘简报》，《文物》1991年第4期。
④ 吴山菁：《江苏省文化大革命中发现的重要文物》，《文物》1973年第4期；另见《文物》1972年第3期第76页。
⑤ 睢文等：《江苏睢宁县刘楼东汉墓清理简报》，《文物资料丛刊》（4），文物出版社1981年版。
⑥ 安徽省亳县博物馆：《亳县曹操宗族墓葬》，《文物》1978年第8期。
⑦ 胡新立、王军、范维扬：《邹城抢救发掘东汉墓葬》，《中国文物报》1998年2月4日第1版。
⑧ 卢兆荫：《试论两汉的玉衣》，《考古》1981年第1期；卢兆荫：《再论两汉的玉衣》，《文物》1989年第10期。
⑨ 《三国志·魏书·文帝纪》。

东汉的葬玉除玉衣外,还有玉九窍塞、玉琀和玉握。出土的玉九窍塞有眼盖、耳瑱、鼻塞、肛门塞等,其器形与西汉同类葬玉相类似。中山简王刘焉墓所出的玉眼盖,形如人眼,正面微鼓起,背面较平,两端各有一小孔。耳瑱作八角柱状。玉琀都作蝉形,一般呈扁平状,双眼突出,用阴线刻出头部、腹部、背部及双翅,造型简朴而形象逼真。玉握均为猪形,多数作长条形卧伏状,双耳、四肢等细部以阴线琢出,线条简单,一般头部、尾部有穿孔。亳县董园村1号墓出土4件玉猪,其中1件做站立状,造型较为特殊。

(三) 日常用玉

东汉的玉质日用品主要有玉枕、玉案、玉印、玉带钩、玉带扣、玉砚滴等。

玉枕有用玉片拼合而成的,也有用整块玉料雕琢成的。中山简王刘焉墓所出的玉枕,用整块青玉雕成,枕的中部略下凹,枕面及两侧饰阴刻双线勾连云纹,重达13.8千克,在玉枕中实属罕见。玉案在河北蠡县汉墓中出土1件,案面长方形,下有四个矮足[1]。玉印在东汉墓葬中出土不多。山东梁山柏木山汉墓出土的两方玉印,印文字迹不清,印纽为小兽,并有用于穿系佩戴的小孔[2]。江苏邗江甘泉2号汉墓所出的玛瑙印,印纽雕作虎形[3]。玉带钩都由整块玉料雕琢而成。中山简王刘焉墓所出的1件玉带钩,器形细长,钩首作龙头形,钩尾为虎头状,钩身饰阴线勾连云纹及花叶形图案,刻工精细,纹饰简洁流畅。洛阳东关汉墓出土的

---

[1] 河北省文物研究所:《蠡县汉墓发掘纪要》,《文物》1983年第6期。
[2] 苏文锦:《山东梁山柏木山的一座东汉墓》,《考古》1964年第9期。
[3] 南京博物院:《江苏邗江甘泉二号汉墓》,《文物》1981年第11期。

1件玉带钩，钩首作龙头形，钩身状似琵琶，颈部饰三道凸弦纹，腹部有两道三角形凸起，背面有一椭圆形纽。该墓还出土1件玉带扣（原报告称"玉佩饰"），前端弧形，有一月牙形孔。表面浮雕大小两龙以及龙翼状纹饰，边缘环绕着10对穿线用的小孔①。山东嘉祥范式墓所出1件玉带钩，钩首雕成鸭头状②。玉砚滴出于江苏邗江甘泉老虎墩汉墓，作飞熊跪坐的形状，右前掌托一灵芝，左前掌下垂，后双掌收拢在身躯下，背部有双翼和卷曲的尾巴，腹部中空，头上有圆形小银盖。雕琢精致，造型奇特、生动，既是实用器，又是优美的工艺品③。

（四）装饰用玉

东汉时期用于装饰的玉器，可以分为人身上的佩玉和剑上的玉饰两大类。

佩玉的种类和数量都较西汉时期减少，主要有玉环、玉璜、玉觿、扇形玉佩、玉舞人以及带铭文的小型玉璧等。玉环的造型较为多样化，除平素的玉环外，还有不同纹饰的透雕玉环。中山穆王刘畅墓所出的两件玉环，透雕盘龙纹，并以阴线刻饰细部。甘泉老虎墩汉墓出土的玉环，采用透雕、浮雕和浅刻的技法，雕琢成环绕的大小蟠螭纹饰。玉璜和玉觿在东汉墓葬中发现不多。陈顷王刘崇墓和中山穆王刘畅墓都出土玉璜、玉觿各2件。刘崇墓所出的玉璜，1件透雕一螭一凤，另1件透雕双龙卷云纹；玉觿都透雕螭纹、卷云纹。刘畅墓所出的玉璜，透雕双龙相戏纹，以阴线刻饰细部，造型优美，线条流畅柔和，是东汉玉璜中难得

---

① 洛阳市文物工作队：《洛阳东关夹马营东汉墓》，《中原文物》1984年第3期。
② 《嘉祥发现的东汉范式墓》，《文物》1972年第5期第64页。
③ 扬州博物馆：《江西邗江县甘泉老虎墩汉墓》，《文物》1991年第10期。

的佳品。玉觿透雕双龙纹，顶部有一供穿系佩戴的小孔。扇形玉佩略呈椭圆形，中部有圆角长方形或椭圆形孔，周围为透雕的纹饰。刘畅墓出土的扇形玉佩，主体为一横置的牒形佩，一端圆弧，另一端呈三角形尖状，中部有一圆角长方形大孔；主体的周围为透雕的独角怪兽及流云纹，纹饰优美生动、玲珑剔透，是东汉玉器中的佼佼者。陕西华阴东汉司徒刘崎墓所出的1件扇形玉佩，器形与刘畅墓所出者基本相同，透雕螭虎等动物纹，雕琢也较精致①。湖南零陵汉墓出土1件扇形玉佩，器形稍有差异，全器及中部的穿孔略作椭圆形，透雕蟠螭纹，发掘者称之为"羡璧"②。东汉的扇形玉佩应是从西汉的牒形玉佩演变来的，牒的主体部分尚有痕迹可寻，只是由竖置改为横置，当中的圆孔演变为圆角长方形或椭圆形，原来牒形佩两侧的附饰，发展成为环绕全器的透雕附饰，纹样主要为动物纹，形象比牒形佩更为繁缛而优美。

东汉的玉舞人，只出在诸侯王墓中。陈顷王刘崇墓所出的1件玉舞人，雕琢最为精美，舞人长袖折腰，舞姿翩翩。中山穆王刘畅墓出土两件玉舞人，其形象与西汉玉舞人相似。

此外，一些带吉祥语铭文及透雕附饰的小型玉璧，可能也是用于佩挂的玉饰。例如甘泉老虎墩汉墓所出的"宜子孙"玉璧，璧身透雕对称的螭虎纹，璧的上方有透雕的凤鸟纹附饰，附饰及璧身有铭文"宜子孙"三个字，全器小巧玲珑，应为人身上的佩玉。

---

① 杜葆仁等：《东汉司徒刘崎及其家族墓的清理》，《考古与文物》1986年第5期。

② 湖南省文物管理委员会：《湖南零陵东门外汉墓清理简报》，《考古通讯》1957年第1期。

东汉承袭西汉的习俗，也制作安装玉饰的"玉具剑"。《后汉书》中亦有关于"玉具剑"和"玉具刀剑"的记载[①]。东汉玉剑饰的造型和纹饰基本上继承西汉玉剑饰的风格，但出土的数量较少，也未见四种玉饰齐备的玉具剑，有些剑饰则用玛瑙琢成。

东汉的玉剑饰也分为剑首、剑格、剑璏、剑珌四种。玉剑首和玉剑格安装在剑上，玉剑璏和玉剑珌安装在剑鞘上。玉剑首为圆形，表面纹饰分为内外两区，例如甘泉老虎墩汉墓所出的玉剑首，内区饰云气纹，外区为凸起的涡纹。玉剑格作菱形，其纹饰有的为卷云纹，如中山穆王刘畅墓所出的玉剑格；有的为高浮雕的蟠螭纹，如老虎墩汉墓出土的玉剑格。玉剑璏为长方形，纹饰多数是兽面卷云纹。洛阳烧沟汉墓所出的1件玉剑璏，表面一端为兽面纹，其余部分满布卷云纹[②]。老虎墩汉墓出土的剑璏则用玛瑙雕琢而成，表面饰蟠螭云气纹。玉剑珌出土很少，中山穆王刘畅墓所出1件作梯形，沿边刻阴线两周，内饰勾连云纹。湖南零陵汉墓出土1件玛瑙剑珌，造型较特殊，略作菱形，饰以高浮雕的螭纹，雕琢中采用俏色技法，巧妙地利用了原材料上的红色、淡红色等自然颜色。

（五）玉艺术品

东汉的玉质艺术品，以中山穆王刘畅墓所出的玉座屏最为精美。玉座屏由四块玉片组成，两侧的支架为连璧形，象征西王母所戴的"胜"，饰以透雕龙纹；上、下层玉屏片透雕"东王公"

[①] 《后汉书·冯异传》："车驾送至河南，赐以乘舆七尺具剑。"注："具，谓以宝玉装饰之。《东观记》作'玉具剑'。"《后汉书·南匈奴传》："四年，遣耿夔即授玺绶，赐玉剑四具、羽盖一驷。"《集解》刘攽曰："按玉剑四具非是，当云玉具剑四。"又："赐青盖驾驷、鼓车、安车、驸马骑、玉具刀剑、什物。"

[②] 洛阳区考古发掘队：《洛阳烧沟汉墓》，第208页，科学出版社1959年版。

"西王母"以及人物、鸟兽和神化动物等的形象，是1件罕见的汉代玉雕艺术品。徐州土山汉墓出土1件绿松石饰物，雕琢成大鸽喂小鸽的形状，刻工细致，形象生动逼真，是十分难得的汉代微雕艺术品[①]。

外缘有透雕附饰的玉璧，形体较大、不宜于佩戴者，也应属于工艺品。中山简王刘焉墓所出的1件谷纹璧，上方的附饰为透雕的双螭卷云纹。中山穆王刘畅墓出土的1件谷纹璧，上方和两侧各有一组透雕的附饰，上方的附饰为螭、龙共衔一环，两侧附饰各为一龙。在这类玉璧中，有的还有透雕的吉祥语铭文。山东青州出土1件带铭文的这类玉璧，璧的内区为谷纹，外区为蟠螭纹，上方透雕的双螭纹附饰中有铭文"宜子孙"三字[②]。故宫博物院收藏的玉器中，也有这类带铭文的玉璧。其中1件谷纹璧，上方的透雕附饰为双螭云气纹，两螭之间有篆体铭文"长乐"二字[③]。另1件谷纹璧，上方的透雕附饰为一螭一龙共托"益寿"二字[④]。东汉带有透雕附饰的玉璧，是从西汉发展来的，附饰中有吉祥语铭文者，应是东汉时期流行的玉璧。

（六）辟邪用玉

东汉的辟邪用玉，主要是玉刚卯和玉严卯。除见于著录的传世品外，考古发掘出土的刚卯、严卯为数不多。安徽亳县凤凰台汉墓出土玉刚卯、玉严卯各1件，都作小方柱形，中有穿孔，可

---

① 吴山菁：《江苏省文化大革命中发现的重要文物》，《文物》1973年第4期；另见《文物》1972年第3期第76页。

② （青州市文物管理所）魏振圣：《山东省青州市发现东汉大型出廓玉璧》，《文物》1988年第1期。

③ 《中国玉器全集·4》，河北美术出版社1993年版，图二六六。

④ 《中国玉器全集·4》，河北美术出版社1993年版，图二六七。

穿系佩戴，刚卯四面共刻铭文三十四字，严卯共刻铭文三十二字，铭文内容与《续汉书·舆服志》所载基本相同①。《续汉书》称刚卯和严卯为"双印"，是供皇帝和贵族们佩戴用的，规定皇帝、诸侯王、公、列侯的双印用白玉琢成，其他官僚佩戴的双印用犀角或象牙制成。从所刻铭文的内容可以看出，玉刚卯和玉严卯是用于驱疫逐鬼的辟邪用玉，至迟在西汉后期即已有之。刚卯"以正月卯日作"，故名。西汉末年，王莽阴谋篡汉，认为汉朝皇室姓"刘"，"刘"（劉）字由"卯""金""刀"构成，与刚卯有关联，为了"革汉而立新"（革除"汉朝"而立"新朝"），因而下令禁止佩戴刚卯②。从考古资料看来，新莽覆灭后，东汉时期刚卯继续流行。

此外，东汉墓葬中出土的圆雕辟邪等动物形玉饰，可能也起辟邪的作用。

二　三国两晋南北朝（220—589）的玉器

三国两晋南北朝是中国历史上处于分裂、动乱的时期。东汉末年，群雄割据，战乱频仍，出现了"白骨露于野，千里无鸡鸣"（曹操《蒿里行》）的凄惨景象。社会的动荡不安，使经济上出现了停滞状态，从而直接影响了玉器制造业的发展。东汉覆亡之后，经过三国鼎立到西晋时期，中国由分裂进入了短期的统一。西晋司马氏政权统一全国后，实行了一些符合当时人民利益的政治措施，

---

① 亳县博物馆：《亳县凤凰台1号汉墓清理简报》，《考古》1974年第3期。
② 《汉书·王莽传中》："今百姓咸言皇天革汉而立新，废刘而兴王。夫'刘'之为字，卯、金、刀也。正月刚卯，金刀之利，皆不得行。博谋卿士，佥曰天人同应，昭然著明，其去刚卯莫以为佩。"

在一定程度上恢复了久遭破坏的社会生产力，使西晋前期出现了一些繁荣的景象，玉器制造业也有所发展。湖南安乡刘弘墓所出的玉器，是西晋时期玉器制造业发展的突出代表①。该墓的玉器，无论从质量或数量上看，在这个时期都是首屈一指的。

西晋以后的东晋南北朝时期，又处于分裂、割据状态，玉器制造业虽然还继续存在，但已是抱残守缺，没有什么重大的发展了。

考古发掘出土的魏晋南北朝玉器，有些器物的造型和纹饰仍然具有汉代的遗风；但从总体上看，和两汉玉器有较明显的差异，多数玉器的工艺制作水平也远逊于汉玉。同时这个时期也出现了一些新的器形，具有明显的时代风格。这时期的玉器也可分为礼仪用玉、丧葬用玉、日常用玉、装饰用玉和辟邪用玉五类。

礼仪用玉与东汉时期一样，主要也是玉璧。南京幕府山1号六朝墓所出的素面玉琮，应是墓主生前收藏的旧玉，死后被用于随葬②。玉璧也只发现于少数墓葬中，安乡西晋刘弘墓共出土4件玉璧，其中两件饰谷纹，1件饰凸起的涡纹，还有1件透雕夔龙纹。南京光华门外石门坎乡六朝墓所出的1件玉璧，虽然通体抛光，但无任何纹饰，应是汉代玉璧的简化形式③。在十六国时期，也有用玉璧装饰殿堂者。例如后赵的皇帝石虎，迁都邺城（今河北省临漳县西南）后，在太武殿悬大绶于梁柱，缀玉璧于绶④。汉代画像石中所刻以组绶编连的玉璧，多为谷纹璧的形

---

① 安乡县文物管理所：《湖南安乡西晋刘弘墓》，《文物》1993年第11期。
② （华东文物工作队）蒋赞初：《南京幕府山六朝墓清理简报》，《文物参考资料》1956年第6期。
③ 李鉴昭等：《南京石门坎乡六朝墓清理记》，《考古通讯》1958年第9期。
④ （晋）陆翙：《邺中记》，丛书集成初编，商务印书馆1937年版。

象①；编缀在绶带上的玉璧，可能也是谷纹璧。

丧葬用玉已进一步简化，这和当时统治者主张薄葬有关系。曹魏黄初三年（222）魏文帝曹丕下令禁止使用玉衣，已如上述。在考古工作中，迄今也未发现魏晋及其后的玉衣。随着玉衣的消失，魏晋以后也未发现完备的玉九窍塞。玉琀和玉握在魏晋南北朝墓葬中仍有出土。玉琀作扁平蝉形。南京石门坎乡六朝墓和北郊郭家山东晋墓所出的玉蝉②，雕琢简朴，双眼突出，和东汉的玉蝉区别不大。南京新民门外象山7号东晋墓出土的玉蝉，头部圆弧，两眼不大突出，形状稍有差别③。玉握皆为猪形。西晋刘弘墓所出的玉猪，作卧伏状，造型简练。郭家山东晋墓出土的玉猪，作长条形卧伏状，猪头较长，四足前曲。

日常用玉的种类较多，考古发掘出土的有玉杯、玉卮、玉樽、玉盏、玉印和玉带钩等。

洛阳涧西魏正始八年（247）墓所出的玉杯，其器形虽与广西贵县罗泊湾西汉墓出土的玉杯基本相同，但通体平素无纹饰④。西晋刘弘墓出土玉卮、玉樽各1件。玉卮的器身为圆筒形，一侧有环形扳手，下有三矮足。卮身以谷纹为地，饰浅浮雕的两龙、两凤纹，口沿及近底处各有一周卷云纹带，近足处为兽面纹。这件玉卮的造型和纹饰风格，与故宫博物院收藏的1件汉代玉卮基本相同，只在纹样上略有差别。玉樽也作圆筒形，上腹部有铺首

---

① 傅惜华：《汉代画象全集》初编，图六三至七〇。
② 南京市博物馆：《南京北郊郭家山东晋墓葬发掘简报》，《文物》1981年第12期。
③ 南京市博物馆：《南京象山5号、6号、7号墓清理简报》，《文物》1972年第11期。
④ 李宗道等：《洛阳16工区曹魏墓清理》，《考古通讯》1958年第7期。

及环形双耳，底部有三个熊形足；器身饰浮雕的纹饰，有三道凹弦带，将纹饰分为上、下两部分，上、下部都是夔龙卷云纹，云间还有不同神态的羽人；樽内残存墨迹，可能是墓主生前作为笔洗用的。这件玉樽的器形与汉代漆樽十分相似，纹饰也具有汉代的遗风，雕琢精美，纹饰流畅生动，是晋代玉器中难得的珍品，也有学者认为此樽是汉代的遗物。玉盏发现于辽宁北票十六国时期北燕冯素弗墓中，盏似浅碗，口沿饰弦纹一周①。玉盏是这个时期新出现的器类。

玉印出土不多，印纽有桥纽、龟纽、螭虎纽三种。南京郭家山东晋墓出土 2 件玉印，其中 1 件为龟纽，另 1 件为螭虎纽，而螭虎的形象远不如西汉螭虎的矫健有力。西晋刘弘墓所出的玉印为扁平方形，双面刻印文，印文篆体阴刻，正面印文为"刘弘"二字，背面印文为"刘和季"三字，印的侧面有一穿，可用于系挂。玉带钩的器形一般不大，钩首作龙头、兽头或鸭头形。湖北汉阳蔡甸 1 号西晋墓②和江西南昌京山南朝墓③所出玉带钩的钩首都为龙头形。刘弘墓出土大、小玉带钩各 1 件，大带钩的钩首作兽头形，小带钩的钩首为鸭头形。南京象山 7 号东晋墓所出的玉带钩，正面浮雕凤鸟纹，雕琢较为精致。

装饰用玉可分为玉佩和玉剑饰两类。玉佩主要有珩、璜、蝶形佩和龙凤纹佩等。东汉末年，由于连年战乱，周秦以来的佩玉制度一度废弛。《三国志·魏书·王粲传》载："时旧仪废弛，兴造制度，粲恒典之。"注引挚虞《决疑要注》曰："汉末丧乱，绝

---

① 黎瑶渤：《辽宁北票县西官营子北燕冯素弗墓》，《文物》1973 年第 3 期。
② 湖北省博物馆：《湖北汉阳蔡甸 1 号墓清理》，《考古》1966 年第 4 期。
③ 江西省博物馆：《南昌市郊南朝墓》，《考古》1962 年第 4 期。

无玉佩。魏侍中王粲识旧佩，始复作之。今之玉佩，受法于粲也。"由此可见，魏晋以后的玉佩和两汉的玉佩可能有所不同。

玉珩是魏晋南北朝时期流行的玉佩，多数为云头形，或称飞蝶形、蝙蝠形，上部作弧形鼓起，正中有一小孔；下部有两个或三个小孔，用于系挂佩饰。与玉珩相配的是玉璜，珩在上，璜在下。西晋刘弘墓出土2件玉珩、1件玉璜。玉珩都作云头形，其中1件下部有两小孔，另1件下部有三小孔，而上部皆为一孔。玉璜的一端有一小孔，另一端有两个小孔。该墓还出土1件玉饰，略作梯形，上部正中有一小孔，下部无孔，当为悬挂在下端的佩玉。太原南郊王郭村北齐娄睿墓出土玉珩1件、玉璜12件，珩和璜的周缘都以黄金镶边，显得富丽美观①。南昌京山南朝墓出土玉珩、玉璜各2件。这两座墓所出的玉珩，都作云头形或近似云头形，玉璜也都在两端有小孔，其中京山南朝墓的玉璜，一端有一孔，另一端有两孔。上述这些玉璜都是两端有小孔，而中部无孔，佩挂时可能是两端朝上，类似商周时期玉璜的挂法；也可能是一端朝上、另一端朝下，类似于西周晋侯墓所出玉佩中，那种竖立佩挂玉璜的方法。战国以后，尤其是汉代的玉璜，中部上方一般都有孔，佩挂时两端朝下。魏晋南北朝时期的玉璜，在佩挂方法上不继承汉代的传统，反而模拟商周的形制，似为一种复古现象。这可能是由于王粲"复作"玉佩时系依据商周"旧佩"的缘故。

鲽形玉佩只出于少数墓中。西晋刘弘墓出土两件鲽形玉佩，其中1件器形与西汉鲽形佩相似，两侧有透雕的附饰，而当中的

---

① 山西省考古研究所等：《太原市北齐娄睿墓发掘简报》，《文物》1983年第10期。

圆孔较大，主体两面的纹饰与西汉鲽形佩也有明显的差别，正面圆孔的上方为兽面纹，下方为浅浮雕的龙纹，背面在圆孔的上、下方都饰谷纹。另1件玉佩造型独特，在鲽形的上方有一长方形框，两侧的透雕附饰为对称的双龙，当中圆孔的下方以阴线刻出兽面纹，其器形和纹饰在鲽形佩中是罕见的。南京郭家山东晋墓出土的1件双螭纹玉佩，当中有椭圆形孔，周围透雕大小二螭，玲珑别致。这件玉佩与东汉的扇形玉佩一样，也是从西汉的鲽形玉佩演变而来的，鲽形玉佩的心形主体虽然尚有形迹可寻，但如不细心观察，已不易识别；两侧的透雕附饰，已发展成为环绕四周的透雕纹饰。南京邓府山3号六朝墓出土的龙凤纹玉佩，透雕作环状，龙卷曲成环形，龙首弯曲，背上立一凤鸟，作回首状，全器造型优美①。

　　玉剑饰也发现不多。北燕冯素弗墓出土的玉剑首，雕琢流云纹，纹饰简略，工艺水平远逊于汉代玉剑首。玉剑璏的形制，有的已经简化，有的与汉代剑璏相同，而纹饰多为兽面卷云纹。湖北宜昌东吴墓出土的玉剑璏，器形已简化成长方形銎状，纹饰亦为简化的兽面卷云纹②。镇江东吴墓③和南京板桥镇石闸湖西晋墓④所出的玉剑璏，其形制和汉代剑璏相同，表面纹饰都是兽面卷云纹。兽面卷云纹在西汉后期的玉剑璏上即已有之，东汉及魏晋时期成为剑璏流行的纹饰。

---

　　① 南京博物院：《南京邓府山古残墓二次至四次清理简介》，《文物参考资料》1955年第11期。

　　② 湖北省博物馆：《宜昌市一中三国吴墓清理简报》，《江汉考古》1983年第2期。

　　③ 镇江博物馆：《镇江东吴西晋墓》，《考古》1984年第6期。

　　④ 南京市文管会：《南京板桥镇石闸湖晋墓清理简报》，《文物》1965年第6期。

辟邪用玉常见的是雕琢成兽形的玉辟邪。南京郭家山东晋墓所出的玉辟邪，腰部横穿一小孔。镇江东晋墓出土1件墨玉辟邪，作蹲坐状，头部双角后卷，张目圆唇，前肢举起[1]。这类玉辟邪的器形，一般较小。

魏晋南北朝时期的玉器，基本上继承东汉玉器的传统，但也有所创新，出现了一些具有明显时代特征的器类。在短暂统一的西晋时期，玉器制造业还一度相当繁荣，创造出一些工艺水平相当高的玉雕珍品。但从总的情况看，魏晋南北朝的玉器只是中国古典玉器的余波，礼仪用玉和丧葬用玉更趋衰微，成为新旧交替的过渡时期。隋唐以后的玉器逐渐转变为以装饰玉器和观赏玉器为主体，从器物造型、纹饰题材以至于社会功能等，都有明显的变化和发展，具有悠久历史和优秀传统的中国玉器又进入一个新的发展时期。

（本文原载《玉振金声——玉器·金银器考古学研究》，科学出版社2007年版）

---

[1] （镇江博物馆）刘建国：《镇江东晋墓》，《文物资料丛刊》(8)，文物出版社1983年版。

略论汉代礼仪用玉的继承与发展

汉代是中国玉器发展史上承前启后的重要时期。以礼仪用玉和丧葬用玉为主体的中国古典玉器，在东汉末年基本上结束了，此后的中国玉器逐渐进入以装饰用玉和观赏用玉为主体的新的发展时期。探讨汉代礼仪用玉的渊源及其演变过程，对了解中国古典玉器将具有一定的重要意义。本文所论的礼仪用玉，包括古代贵族阶层祭祀、朝聘以及其他各种礼仪活动所用的"礼玉"（或称"祭玉"）、"瑞玉"及仪仗用玉等。

一

随着原始宗教信仰的产生，至迟在原始社会后期就出现了礼仪用玉。进入奴隶社会以后，反映等级制度的玉礼器在当时的玉器中占有重要的地位。根据成书于战国时期的儒家经典《周礼》记载，先秦的礼仪用玉主要有"六瑞"和"六器"。所谓"六瑞"是：镇圭、桓圭、信圭、躬圭、谷璧、蒲璧。王、公、侯、伯分别执不同纹饰、不同尺寸的玉圭，子、男分别执不同纹饰的玉璧。所谓"六器"是：璧、琮、圭、璋、琥、璜。"以苍璧礼天，以黄琮礼地，以青圭礼东方，以赤璋礼南方，以白琥礼西方，以玄璜礼北方。"① 但从大量的考古资料考察，《周礼》所载的"六瑞""六器"及其社会功能，有的符合历史事实，有的则是儒家学派理想化、系统化、等级化的结果，未必都可信②。

从考古发掘出土的资料判断，在东周时期，玉璧、玉圭、玉璋是主要的玉礼器，玉琮的数量很少，而且形制多不规整，已不属主要礼玉。玉璜和玉琥主要用作佩饰，但在某些礼仪场合也有使用玉璜作为祭玉的。此外，玉环、玉瑗、玉玦、玉龙等，有时也作为事神的礼玉。至于玉戈、玉钺、玉戚、玉斧、玉矛等，都不是实用的武器，而是作为显示贵族威严的仪仗用器，也应属于礼仪用玉。

在春秋后期晋国的盟誓遗址，出土大量的玉石盟书以及用于祭祀的玉器。盟书多数为圭形，少数作璋形。用于祭祀的玉器有圭、璋、璧、环、瑗、玦、璜、珑、戈等③。这些玉器是举行盟誓仪式时祭祀神祇或祖先的祭品，属于事神的祭玉。

春秋时期重大的祭祀活动都用玉。陕西凤翔秦国雍城遗址内曾出土玉璧、玉琮、玉璜、玉觿、玉玦和石圭等与祭祀有关的玉器④。战国时期诸侯贵族祭墓也有埋玉的习俗。河南辉县固围村魏国王族墓地发现两个瘗埋祭玉的小坑。坑中出土玉册、玉圭、玉璜、玉环、玉龙形佩等；还有大量的石圭，应是玉圭的代

---

① 《周礼·春官·大宗伯》，《十三经注疏》本。
② 夏鼐：《汉代的玉器——汉代玉器中传统的延续和变化》，《考古学报》1983年第2期。
③ 山西省文物工作委员会：《侯马盟书》，文物出版社1976年版；河南省文物研究所：《河南温县东周盟誓遗址一号坎发掘简报》，《文物》1983年第3期。
④ 陕西省雍城考古队：《凤翔马家庄一号建筑群遗址发掘简报》，《文物》1985年第2期；赵丛苍：《记凤翔出土的春秋秦国玉器》，《文物》1986年第9期。

用品①。这两个埋玉坑的坑底铺有涂朱的绢帛，玉册、玉圭、玉璜、玉环等放置有序，显然是祭祀后埋藏下来的遗物。

秦代的礼仪用玉基本上承袭春秋战国时期秦国礼玉的器类。陕西西安北郊联志村发现的秦代窖藏，出土玉圭、玉璋、玉璧、玉璜、玉觽以及玉人、玉虎等②。其中圭、璋、璧、觽都未刻纹饰；三件玉璜除1件雕饰兽首外，其余两件也是素面的。玉人为扁平片状，仅琢出头部和长条形身躯，用阴线刻出眉、眼、鼻、口等以及象征的腰带，并有男女之分，男玉人有发髻和胡须。玉虎也呈片状，以阴线勾勒头部及四肢，是否为"六器"之一的"琥"，值得研究。从所出玉器的种类、制作工艺的简朴以及多数玉器未刻纹饰等情况考虑，这个窖藏可能与祭祀有关。

山东烟台芝罘岛阳主庙遗址曾出土两组玉器。每组玉器的种类和数量完全相同，都是玉圭、玉璧各1件，还有两件玉觽。其中玉圭和玉觽都是素面的，玉璧的纹饰为谷纹上加刻涡纹，并有涂朱砂的痕迹，显然都是用于祭祀的礼玉③。根据《史记·封禅书》记载，秦始皇曾东游海上，"行礼祠名山大川及八神"，"八神"中第五神为"阳主"，祠芝罘。"皆各用一牢具祠，而巫祝所损益，圭币杂异焉。"《汉书·地理志上》记载，东莱郡的腄县"有之罘山祠"。秦始皇和汉武帝都曾"登之罘"④。汉宣帝曾祠"之罘山于腄"⑤。"之罘"即"芝罘"。所以芝罘岛出土的这两组

---

① 中国科学院考古研究所：《辉县发掘报告》，科学出版社1956年版，第69—83页。

② 该窖藏的部分玉器发表在《中国玉器全集·4》，河北美术出版社1993年版。

③ 烟台博物馆：《烟台市芝罘岛发现一批文物》，《文物》1976年第8期。

④ 《史记·秦始皇本纪》《汉书·武帝纪》。

⑤ 《汉书·郊祀志下》。

玉器，可能是秦始皇登芝罘山祠祀"阳主"神时埋藏下来的，但也可能是汉代皇帝祭"之罘山祠"埋下的祭玉。

二

汉代在礼仪用玉方面部分继承秦代及先秦时期的用玉制度，而在器类上趋于简化。汉代用于礼仪的玉器主要是玉璧和玉圭。玉琮和玉璋已不再制作。偶然出土的玉琮，也是前代遗留下来的旧玉。玉璜除少数可能与丧葬仪式有关外，绝大多数是成组玉佩的组成部分，属于装饰用玉。至于其他东周及秦代曾作为礼仪用玉的玉环、玉瑗、玉玦、玉觿、玉龙、玉虎等，到了汉代有的已很少发现，有的虽然常有出土，但已不是礼仪用玉，而是作为装饰用的佩玉。作为仪仗用的玉兵器，汉墓中出土不多，只在少数西汉诸侯王墓中有玉戈、玉钺出土。

玉璧和玉圭在汉代皇室贵族的礼仪活动中应用相当广泛。根据汉代文献记载，西汉时期天子祭祀"上帝宗庙"用玉圭①。汉代继承先秦"以苍璧礼天"的习俗，皇帝祭天神太（泰）一用玉璧②。祭黄河、汉水等大川及诸祠用玉璧、玉圭③。汉武帝时黄河

---

① 《史记·孝文本纪》："春，上曰：'朕获执牺牲珪币以事上帝宗庙，十四年于今，历日（绵）长，以不敏不明而久抚临天下，朕甚自愧。其广增诸祀墠场珪币。'"《汉书·文帝纪》所载基本相同。

② 《史记·孝武本纪》："皇帝始郊见泰一云阳，有司奉瑄玉嘉牲荐飨。"《正义》引《括地志》云："汉云阳宫在雍州云阳县北八十一里。有通天台，即黄帝以来祭天圜丘之处。武帝以五月避暑，八月乃还也。"《集解》引孟康曰："璧大六寸谓之瑄。"

③ 《史记·封禅书》："其河、湫、汉水加玉各二；及诸祠，各增广坛场，珪币俎豆以差加之。"《正义》云："言二水祭时各加玉璧二枚。"

决口，则投入玉璧等以祭水神①。汉宣帝时还为隋侯珠、宝剑、玉宝璧、周康宝鼎四件宝物立四祠于未央宫中，将玉璧也作为神明奉祀②。此外，西汉时期以玉璧作为主要的瑞玉。皇帝招聘特殊人才用玉璧，例如汉武帝曾以"束帛加璧"迎申公③。同时玉璧又可作为馈赠、贡献的礼品。刘邦建立汉王朝之前，曾与项羽宴于鸿门，事后托张良赠"白璧一双"给项羽④。汉文帝时陆贾使南越，南越王赵佗托使者进献许多物品，其中第一项就是"白璧一双"⑤。可见玉璧在当时属于珍贵礼品，而且往往是成双赠送或进献。

　　东汉承袭西汉的用玉制度，圭和璧仍然是主要的礼仪用玉。皇帝祭祀天地时执玉圭、玉璧⑥。皇帝纳聘皇后用玉璧。《后汉书·皇后纪下》记载，汉桓帝纳梁皇后，"悉依孝惠皇帝纳后故事，聘黄金二万斤，纳采雁璧乘马束帛如旧典"。《集解》引惠栋曰《汉杂事》云："以黄金二万斤、马十二匹、元（玄）纁谷璧，以章典礼。"《周礼·冬官考工记·玉人》载："谷圭七寸，

――――――――

　　①《史记·河渠书》："（汉武帝）自临决河，沈白马、玉璧于河，令群臣从官自将军已下皆负薪填决河。"《汉书·沟洫志》作"湛白马玉璧"。师古曰："湛读曰沈。沈马及璧以礼水神也。"

　　②《汉书·郊祀志下》。《补注》引刘敞曰："四祠：随侯珠，一也；宝剑，即斩蛇剑，二也；玉宝璧，即受命宝和氏璧，三也，三物皆汉天子世传者。"《汉书补注》本。

　　③《汉书·儒林传》："武帝初即位……绾、臧请立明堂以朝诸侯，不能就其事，乃言师申公。于是上使使束帛加璧，安车以蒲裹轮，驾驷迎申公，弟子二人乘轺传从。"同书《武帝纪》所载基本相同。

　　④《史记·项羽本纪》。

　　⑤《汉书·西南夷两粤朝鲜传》："谨北面因使者献白璧一双，翠鸟千，犀角十，紫贝五百，桂蠹一器，生翠四十双，孔雀二双。"

　　⑥《后汉书·明帝纪》："朕以暗陋，奉承大业，亲执珪、璧，恭祀天地。"

天子以聘女。"汉代皇帝纳聘皇后，不用谷圭，改用谷璧。先秦时期朝会，执玉圭或玉璧，汉代每年正月朔旦朝贺，诸侯王、列侯都执玉璧①。按当时规定，诸侯王所执的玉璧是由少府发给的。汉章帝建初七年（82），东平王刘苍正月朔旦入贺，当时的少府卿阴就"贵骄"，少府主簿竟不按规定发给刘苍玉璧，刘苍的部属朱晖只好从主簿手中骗取玉璧给刘苍②。

在考古发掘工作中，也曾发现用于祭祀的汉代玉璧和玉圭。位于陕西华阴的华山，曾出土9件西汉时期的玉璧。《汉书·地理志》记载，华阴有集灵宫，汉武帝所建，这些玉璧可能是集灵宫奠基时埋藏在地下的祭玉。陕西咸阳北原汉昭帝平陵与上官皇后陵之间有一条连接二陵的东西向路，在路的两侧分别发现东西向排列的成组玉器，组与组之间的距离约为2米。每组玉器均由玉璧和玉圭组成，中间为一枚玉璧，璧的周围均匀地环绕着七八个玉圭，圭首均朝向玉璧。这些成组埋藏、排列有序的璧和圭，显然与汉代帝陵的祭祀仪式有关系③。这些玉璧和玉圭的形体都很小，应是专为祭祀活动而制作的祭玉。此外，在平陵之东的汉

---

① 《续汉书·礼仪志中》："每岁首正月，为大朝受贺，其仪：夜漏未尽七刻，钟鸣，受贺。及贽，公、侯璧。"注引《决疑要注》曰："古者朝会皆执贽，侯、伯执圭，子、男执璧……汉魏粗依其制，正旦大会，诸侯执玉璧，荐以鹿皮。"同书《百官志五》载："（大夫）掌奉王使至京师，奉璧贺正月……列土、特进、朝侯贺正月执璧云。"

② 《后汉书·朱晖传》："正月朔旦，（刘）苍当入贺。故事，少府给璧。是时阴就为府卿，贵骄，吏憎不奉法。苍坐朝堂，漏且尽，而求璧不可得，顾谓掾属曰：'若之何？'晖望见少府主簿持璧，即往绐之曰：'我数闻璧而未尝见，试请观之。'主簿以授晖，晖顾召令史奉之。主簿大惊，遽以白就，就曰：'朱掾义士，勿复求。'更以它璧朝。"

③ 咸阳市博物馆：《汉平陵调查简报》，《考古与文物》1982年第4期；刘庆柱、李毓芳：《西汉十一陵》，陕西人民出版社1987年版，第72页。

成帝延陵陵园南门附近，也曾出土排列整齐的玉圭①。这些玉圭已在咸阳市博物馆展出，共8件，也是属于祭祀用的小型玉圭②。

三

玉璧在汉代是最主要的礼仪用玉，其社会功能比周秦时期有较大的发展，已如上述。汉代的玉璧主要出在诸侯王及其亲属的墓中，数量较多。例如，河南永城僖山梁王墓出土70多件③，广州西汉南越王赵眜墓出土71件④，满城中山王刘胜墓和王后窦绾墓共出69件（包括镶嵌在窦绾漆棺外壁的26件）⑤，巨野昌邑王刘髆墓出土28件⑥，长沙咸家湖曹嬛（长沙王亲属）墓出土12件⑦。

西汉的玉璧是从战国玉璧发展来的。战国时期各种纹饰的玉璧，汉代基本上都承袭下来，因而西汉早期的玉璧与战国玉璧往往不容易区别。西汉中期以后，玉璧在造型风格上有了新的变化和发展，雕琢的工艺水平也明显超过战国时期，进入了中国玉璧

---

① 刘庆柱、李毓芳：《西汉十一陵》，陕西人民出版社1987年版，第115页。

② 邓淑苹：《故宫博物院所藏新石器时代玉器研究之三——工具、武器及相关的礼器》注101，《故宫学术季刊》第八卷第一期，台北。

③ 河南省文物考古研究所：《永城西汉梁国王陵与寝室》，中州古籍出版社1996年版，第13页。

④ 广州市文物管理委员会等：《西汉南越王墓》，文物出版社1991年版。

⑤ 中国社会科学院考古研究所等：《满城汉墓发掘报告》，文物出版社1980年版。

⑥ 山东省菏泽地区汉墓发掘小组：《巨野红土山西汉墓》，《考古学报》1983年第4期。

⑦ 长沙市文化局文物组：《长沙咸家湖西汉曹嬛墓》，《文物》1979年第3期。

发展史上的鼎盛时代。

　　汉代玉璧的纹饰，除了传统的蒲纹、谷纹或涡纹外，流行着分为内、外两区的纹饰，一般内区为蒲纹或涡纹，外区为龙纹或凤鸟纹。还有少数大型的玉璧，璧面纹饰分为内、中、外三区。南越王墓出土5件具有三区纹饰的玉璧，外区为合首双身的龙纹，中区为蒲格涡纹，内区为合首双身龙纹或凤鸟纹①。这种有三区纹饰的玉璧，在战国墓中已有发现。山东曲阜鲁城战国墓中所出的这种玉璧，其纹饰风格与南越王墓所出玉璧基本相同，所不同者是鲁城战国玉璧的内、外两区都是合首双身的龙纹图案，而不见凤鸟纹②。具有三区纹饰的玉璧未见于西汉中期以后的墓中，可能只流行于战国至西汉前期。

　　汉代玉璧的造型，也是在战国玉璧的基础上发展起来的。除了圆形的传统玉璧外，汉代还流行外缘有透雕附饰的玉璧。这种玉璧造型优美，透雕的纹饰流畅生动，雕琢的工艺水平也较高，是汉代玉璧中的佼佼者。

　　外缘有透雕附饰的玉璧，渊源于战国时期。西汉前期的这类玉璧，仍然保留战国的风格，外缘的透雕附饰作单个的动物形，数目为两个或更多，多数作对称形式。从西汉中期开始，这类玉璧在造型和纹饰方面形成了汉代新的艺术风格，透雕附饰一般只有一组，位于璧的上方，附饰多数由成对的动物纹组成，并以卷云纹点缀其间。东汉时期的这类玉璧，其透雕附饰与西汉时期相比，造型趋于宽广而低平，纹饰也较为繁密细致，

---

　　① 广州市文物管理委员会等：《西汉南越王墓》，文物出版社1991年版，上册第179—182页，图一一四至一一七；下册图版一〇八和一〇九：1。

　　② 山东省文物考古研究所等：《曲阜鲁国故城》，齐鲁书社1982年版，第161页，图一〇九至一一二，图版玖伍、玖陆。

同时还出现了带"长乐""益寿""延年""宜子孙"等吉祥语铭文的玉璧。

汉代外缘有透雕附饰的玉璧,其社会功能与作为礼仪用玉的传统玉璧也不相同,应是用于装饰或佩戴。满城中山王刘胜墓所出的双龙谷纹璧,器形较大,雕琢精美,上端有一小孔,应属悬挂用的装饰性玉璧①。其他大型的这类玉璧,包括部分带吉祥语铭文的大型玉璧,也应属于悬挂或陈设用的装饰品或艺术品。汉代豪华的宫殿和帷帐,往往以玉璧作为装饰品。例如,建章宫前殿之南有玉堂、璧门②;汉武帝兴造华丽的"甲乙之帐",饰以玉璧③;汉成帝时赵皇后之妹赵昭仪居住的昭阳殿,也以"蓝田璧"作为装饰④。直至十六国时期,还有以玉璧作为殿堂装饰品的实例,如后赵的皇帝石虎,在邺城太武殿悬大绶于梁柱,绶上缀有玉璧⑤。至于小型的这类玉璧,有的是成组玉佩的构成部分,属于装饰用的佩玉;有的可能是系于带间的所谓"系璧"⑥。具有吉

---

① 中国社会科学院考古研究所等:《满城汉墓发掘报告》,文物出版社1980年版,上册第133页,图九三;下册彩版一五,图版九五。

② 《史记·封禅书》:"于是作建章宫,度为千门万户。前殿度高未央……其南有玉堂、璧门、大鸟之属。"《史记·孝武本纪》所载相同。《正义》引《汉武故事》云:"玉堂内殿十二门……椽首薄以璧为之,因名璧门。"《史记会注考证附校补》本。

③ 《汉书·西域传赞》:"(汉武帝)兴造甲乙之帐,落以随珠和璧。"荀悦:《前汉纪·孝武皇帝纪》:"造甲乙之帐,络以隋珠荆璧"。四部丛刊初编缩本。

④ 《汉书·外戚传下》:"(赵昭仪)居昭阳舍……壁带往往为黄金釭,函蓝田璧,明珠、翠羽饰之,自后宫未尝有焉。"师古曰:"壁带,壁之横木露出如带者也。于壁带之中,往往以金为釭,若车釭之形也。其釭中著玉璧、明珠、翠羽耳。"

⑤ (晋)陆翙:《邺中记》,商务印书馆,丛书集成初编本。

⑥ 《说文解字·玉部》:"珒,石之次玉者,以为系璧。"段注:"系璧,盖为小璧系带间,县左右佩物也。"

祥语铭文的这类玉璧中，有的器形很小，玲珑精致，也应属佩戴用玉，既可作为装饰品，又可能具有厌胜辟邪的意义。

此外，汉代以玉衣作为殓服的高级贵族，其胸背往往铺垫许多玉璧，这些玉璧应属丧葬用玉。

由上可见，汉代玉璧的社会功能比以前多样化了，除了作为礼仪用玉外，还用作葬玉以及装饰、佩戴用玉等。

汉代的玉圭主要用于祭祀等礼仪活动，而作为瑞玉的一些功能已被玉璧所替代，因而用途不如玉璧宽广，考古发掘出土的玉圭，其数量也比玉璧少得多。《续汉书·礼仪志下》记载，皇帝死后梓宫中安放"圭璋诸物"。汉代皇帝的棺椁中是否有玉圭、玉璋随葬，尚未得到考古工作的证实。目前出土的汉代玉圭，除见于上述与祭祀有关的玉器窖藏外，只在少数诸侯王墓中发现过。中山王刘胜墓出土3件玉圭，其中2件为大型玉圭，1件为小型玉圭，3件玉圭都出在棺椁之间[①]。昌邑王刘髆墓出土1件小型玉圭，位于死者头部[②]。这两座墓的玉圭都出在棺椁中，应与诸侯王丧葬礼仪有关。此外，永城梁王墓也出土青玉圭，但具体资料尚未发表[③]。

考古发掘出土的汉代玉圭，都是具有圭角的尖首圭。《说文解字》云"剡上为圭"。《周礼·春官·大宗伯》郑玄注："圭锐象春物初生。"汉代人所说的圭应是尖首圭，考古资料与文献记载

---

① 中国社会科学院考古研究所等：《满城汉墓发掘报告》，文物出版社1980年版，上册第134—138页，图九五：6—8；下册图版一〇〇：1—3。

② 山东省菏泽地区汉墓发掘小组：《巨野红土山西汉墓》，《考古学报》1983年第4期。

③ 河南省文物考古研究所：《永城西汉梁国王陵与寝园》，中州古籍出版社1996年版，第13页。

相符。早在殷墟西区殷代小墓中就曾出土这种尖首圭①。但这些圭为石质，形制不甚规整，又多出在平民墓中，说明当时这种圭还不是奴隶主贵族专用的礼器。春秋战国时期，这种尖首玉圭已成为玉礼器之一，在盟誓、祭祀遗址中时有出土。汉代继承先秦的传统，玉圭主要用于祭祀，而诸侯王等高级贵族可能有随葬玉圭的礼俗。

玉琮在汉代可能已不再制作，汉墓中偶然发现的玉琮也是先秦时期遗留下来的旧玉，不是当时的礼仪用玉。中山王刘胜的玉衣上发现1件被改造了的小玉琮。该玉琮的四个方角已被磨圆，并加上一个用玉片做成的盖，作为男性生殖器的罩盒，成为葬玉"九窍塞"之一②。江苏涟水西汉墓所出的1件玉琮，琮的上面被加上一个鎏金的银盖，琮的下面加了一个鎏金的银底座，银座下的四足做成展翅雄鹰的形象③。这件玉琮显然已成为1件精美华丽的工艺品了。由此可见，玉琮在汉代已不是神圣的礼仪用玉，而是可以任意将它改制成为具有其他性质和用途的一般玉器了。上述这两件被改造了的玉琮，应是前代遗留下来的古玉。

秦代以前有时也用作礼玉的玉璜、玉龙、玉环、玉觽等，在汉墓中也出土不少，但已不是礼仪用玉，而是作为装饰用的佩玉。

玉璜主要出在西汉前期的诸侯王墓中。江苏徐州狮子山楚王墓虽经盗掘仍然出土玉璜60多件，其中有的有精美的透雕附饰或细腻的浅浮雕纹饰，显然属于装饰用玉④。广州南越王墓也出土

---

① 中国社会科学院考古研究所安阳工作队：《1969—1977年殷墟西区墓葬发掘报告》，《考古学报》1979年第1期。

② 中国社会科学院考古研究所等：《满城汉墓发掘报告》，文物出版社1980年版，上册第140页；下册图版一〇五：1。

③ 南京博物院：《江苏涟水三里墩西汉墓》，《考古》1973年第2期。

④ 王恺、邱永生：《徐州西汉楚王陵考古发掘侧记》，《中华文化画报》1996年第3、4期。

玉璜30余件，其中除出于棺内左侧的三件谷纹璜可能与丧葬礼仪有关外，绝大多数也是用于装饰的佩玉①。以玉龙作为佩饰的习俗流行于春秋晚期至战国时期。汉代的诸侯王贵族墓中偶然也有玉龙出土，当亦作为佩饰用。玉环是汉代常见的佩玉，有些玉环的雕琢工艺十分精湛。南越王墓所出的透雕玉环中，有1件龙凤纹重环佩。该佩由内、外两环组成，透雕龙、凤纹，龙居内环中，内、外环之间有一长尾凤鸟，龙凤隔环相对，整个画面布局匀称，是1件工艺水平很高的佩玉②。长沙咸家湖曹㜣墓所出的1件玉环，也透雕龙、凤纹，刻工精致，也是难得的艺术品③。玉觿是汉代贵族墓葬中常见的佩玉。西汉中期以前的玉觿多雕琢成龙形。南越王墓出土4件玉觿，皆雕作龙形，其中两件器形相同，是成组玉佩的构成部分；另两件出在南越王玉衣的右手中，成为葬玉中的"玉握"，但从其器形看，原来也应是佩玉④。属于西汉中期的江苏铜山小龟山汉墓所出的玉觿中，有1件也雕作龙形，龙身饰勾连云纹，背脊上有透雕的螭虎、凤鸟装饰，雕镂精细，是汉代玉觿中的珍品⑤。西汉后期的玉觿，有雕作龙形的，也有雕作凤鸟形的，造型更加优美。在东汉时期的墓葬中，玉觿出土不多，雕琢的工艺水平也较差。看来以玉觿作为佩玉的习俗盛行于西汉，东汉时期已逐渐衰落。

---

① 广州市文物管理委员会等：《西汉南越王墓》，文物出版社1991年版。
② 广州市文物管理委员会等：《西汉南越王墓》，文物出版社1991年版，上册第190页，图一二四；下册彩版六：1。
③ 长沙市文化局文物组：《长沙咸家湖西汉曹㜣墓》，《文物》1979年第3期。
④ 广州市文物管理委员会等：《西汉南越王墓》，文物出版社1991年版，上册第204页，图一三四：2、3；下册图版一一六：3、4。
⑤ 南京博物院：《铜山小龟山西汉崖洞墓》，《文物》1973年第4期。

此外，汉代用玉雕琢而成的兵器只发现于少数西汉的诸侯王墓中。河南永城梁王墓出土玉戈、玉钺各1件，玉戈饰勾连云纹，玉钺的銎部饰卷云纹①。曲阜九龙山鲁王墓出土1件玉戈，一面刻有纹饰，戈援前部浮雕龙纹。中部雕琢凸起的涡纹，后部饰阴线花纹及浮雕夔龙纹②。徐州狮子山楚王墓所出的1件玉戈，形制与梁王墓玉戈基本相同，但戈的援、胡之间有透雕的附饰，造型更为优美③。这些雕琢纹饰的玉兵器，显然不是实用的武器，而是作为仪仗用的，也应属礼仪用玉。

（本文原载《文物》1998年第3期）

---

① 《中国玉器全集·4》，河北美术出版社1993年版，图版一九〇、一九一。
② 山东省博物馆：《曲阜九龙山汉墓发掘简报》，《文物》1972年第5期。
③ 王恺、邱永生：《徐州西汉楚王陵考古发掘侧记》，《中华文化画报》1996年第3、4期。

汉代贵族妇女喜爱的佩玉——玉舞人

佩戴玉饰的习俗，在我国有着悠久的历史，原始社会时期就已相当流行。随着社会历史的不断发展和进步，佩玉的形制也不断地演变和发展。从考古资料考察，西周时期已有成组的玉佩出土。陕西长安张家坡西周墓、河南三门峡西周虢国贵族墓、山西曲沃北赵西周晋侯墓都曾出土成组的玉佩饰。晋侯墓所出的成组玉佩，由玉珩、玉环、玉玦、玉璜、玉牌、玉人、玉龙以及大量的珠玑组合而成，结构已相当复杂。

由奴隶社会向封建社会过渡的春秋战国时期，儒家学派为了加强伦理道德教育，赋予玉许多美德，将玉人格化、道德化了；并提倡"君子比德于玉"（《礼记·聘义》）、"君子必佩玉"，"君子无故，玉不去身"（《礼记·玉藻》）等。由于受这些思想的影响，东周时期的佩玉得到很大的发展，成为当时玉器的主流。佩玉的种类很多，有玉牌饰、小型玉璧、玉环、玉璜、玉冲牙、玉人、玉龙、玉虎、玉龙凤纹佩等。当时不仅大小贵族普遍佩玉，一些高级贵族身边的奴婢也佩挂组合较为简单的玉串饰。

汉代继承了先秦儒家"贵玉"的思想，佩挂成组的玉饰，在汉代贵族阶层中仍然是流行的风尚。汉代的成组玉饰，其组合形式一般不像东周玉佩那样繁杂，组成玉佩的器类也有较大的变化和创新，特别是玉舞人在佩饰中的盛行，是汉代贵族妇女玉佩的显著特点。探讨玉舞人的渊源、类型、功能及其社会历史背景等问题，对研究汉代的佩玉形制将具有一定的意义。

一　渊源

玉舞人一般作女性形象。东周以前雕成女性形象的玉人出土不多。安阳殷墟妇好墓出土1件裸体玉人，为阴阳合体像，一面为男性，另一面为女性，两面轮廓基本相同。曲沃北赵晋侯墓也出土似为女性的玉立人。上述两件象征女性的玉人，前者双手置于腹部两侧，后者两手下垂于身侧，都不作舞人的形象。

雕琢成舞蹈形象的玉舞人，始见于战国时期的墓葬中。据传出于洛阳金村战国墓的玉舞人，有单身玉舞人和双人连体玉舞人两种。单身玉舞人作独舞的姿态，身穿长袖衣，腰束宽带，左袖下垂，右袖上扬，惜已残断。连体玉舞人长袖细腰，一袖上扬，另一袖横置腰部，两人上下相连，形成左右对称的双人舞姿势[1]。在传世的玉器中，也可见到属于战国时期的玉舞人。台湾蓝田山房收藏的1件人纹玉饰，从玉人的姿势判断，也应属连体玉舞人。该玉饰为片状透雕，雕琢成四个站立的舞人形象，两两并肩成组，两组相互倒立，两面纹饰相同，都是两个正面的人像与另两个倒置的背面人像。舞人皆着长袖衣，腰间束带，一袖上扬，另一袖横于腰际，作起舞状。经学者研究，这件两两并列的透雕玉

---

[1]　[日]梅原末治：《洛阳金村古墓聚英》增订本，京都小林出版部1944年版，图版一〇六、一一一。

舞人，其风格与战国中期平山中山王墓所出片状小玉人相近，其纹饰也见于淮阳平粮台出土战国晚期玉器上，故其年代属战国中晚期[①]。

春秋战国是我国历史上的大动乱时期，同时也是各民族社会、经济、文化迅速发展的时代。频繁的战争虽然加重了人民的痛苦，但也推动了社会向前发展。在当时新旧势力的斗争中，旧的势力不断地被削弱，新的势力不断地壮大起来。到了战国时期，社会上呈现空前的繁荣景象，生产力大大提高了。经济的发达促进了社会制度的变革和文化的繁荣，人们的思想比以前解放了。与思想意识密切相关的佩玉制度也随之发展，在佩玉的组合形式上有所创新，具有浓厚生活气息的玉舞人的出现便是明显的例子。玉舞人的形象与以往造型简朴、面目表情呆板的玉人大不相同。《韩非子·五蠹》云："鄙谚曰：'长袖善舞，多钱善贾'。"可见善舞者穿长袖衣，是战国时期流行的习俗。玉舞人的造型和服饰正是当时现实社会生活的反映。战国玉舞人与汉代盛行的玉舞人有着直接的渊源关系。

二 类型

汉代的玉舞人主要出在诸侯王亲属的墓中，其他贵族官僚的墓葬中偶尔也有发现。就目前所见资料而言，以广州西汉南越王墓和江苏徐州铜山小龟山汉墓所出的玉舞人为最多，各出土6件。其他如河北满城2号汉墓，河南永城保安山、僖山汉墓，江苏徐

[①] 邓淑苹：《蓝田山房藏玉百选》，年喜文教基金会1955年版，第230页，图73。

州狮子山西汉楚王墓，扬州西汉"妾莫书"墓，徐州石桥2号汉墓，北京大葆台2号汉墓，山东五莲张家仲崮汉墓、莱西董家庄汉墓，陕西西安三桥镇汉墓，河南淮阳北关1号汉墓，河北定县43号汉墓，也出土玉舞人1—5件不等。山东即墨也出过玉舞人，数量不详。河北定县八角廊40号汉墓出玉人4件，因未发表具体资料，是否为玉舞人不得而知。此外，可能还有笔者未见或未发表的玉舞人资料。

汉代玉舞人是在战国玉舞人的基础上发展来的，也有双人连体玉舞人和单身玉舞人两种。双人连体玉舞人为数不多，绝大多数为单身玉舞人。玉舞人的造型，从总体上看是一致的。一般着长袖衣，一袖上扬至头上，另一袖下垂或横于腰际，长裙曳地，细腰束带，作"翘袖折腰"之舞姿。汉代玉舞人虽然基本特征相同，但其形制和制作工艺仍有差异，大致可分为以下几种类型。

1. 双人连体玉舞人

这种类型的玉舞人，汉墓出土不多。永城保安山汉墓出土的连体玉舞人，玉青白色，局部有褐斑，透雕加阴线雕琢成两人对舞的形状。两舞人一手上举相连，另一手下垂相握，连成一体。造型简朴，但线条流畅（图一）。广州南越王墓所出的1件连体玉舞人，有正、背面之分。正面因剥蚀严重，面目模糊不清；背面隐约可见长发、腰带和衣裙。徐州狮子山楚王墓也有连体玉舞人出土，因具体材料未发表，不得其详。上述出土连体玉舞人的墓葬，其时代都在西汉中期以前，玉舞人雕琢简朴，其工艺水平远不如战国时期的连体玉舞人，似已处于退化阶段。西汉中期以后，这种类型的玉舞人趋于消失。

此外，在传世的玉器中，见于著录的1件西汉双舞人玉佩，舞人一袖上抛过头顶，并在头上卷绕形成系孔，另一袖下垂身侧，饰卷云纹，二人长裙曳地相连，形成左右对称的双舞人[①]。这件长裙相连的双舞人玉佩，其艺术风格与上述双人连体玉舞人迥然不同，年代可能晚于后者。

2. 平片阴刻玉舞人

这种类型的玉舞人呈长方形片状，用阴线刻画或线刻加局部透雕的技法刻出长袖舞人的形象，两面纹饰相同。徐州铜山小龟山汉墓、五莲张家仲崮3号汉墓、徐州石桥2号汉墓等都出土这种类型的玉舞人。石桥2号汉墓所出的玉舞人，其中1件的外形作两侧带弧度的不规则长方形，两面皆以阴线刻饰身着长袖衣的舞人，一袖上扬过头顶，另一袖横置腰前，长袖下垂（图二）。另1件长方形，上端略作弧形，以阴线浅刻为主、局部透雕为辅，舞人的姿势基本相同（图三）。这种类型的玉舞人是汉代玉舞人中造型和纹饰最为简朴的一种。

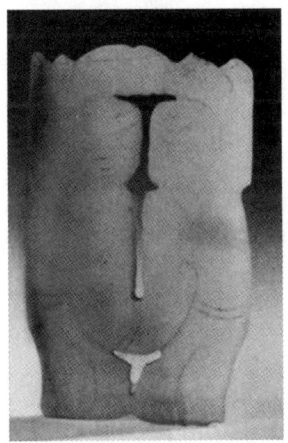

图一　西汉连体玉舞人
（永城保安山汉墓出土）

图二　西汉后期玉舞人
（徐州石桥2号汉墓出土）

---

① 吴棠海：《认识古玉——古代玉器制作与形制》，中华自然文化学会1994年版，第275页。

3. 平片透雕玉舞人

这种类型的玉舞人是用扁平片状玉料透雕而成，细部以阴线刻出，作翘袖折腰的舞女形象，两面纹饰相同。此类型的玉舞人数量最多，雕琢的工艺水平差别较大，又可分为两类。

第一类，略作长方形片状，但外形轮廓已粗具舞女形象。例如铜山小龟山汉墓所出的1件玉舞人，玉黄色，采用透雕加线刻的技法雕琢而成，舞人长袖折腰，细腰束带，一袖上扬过头顶，另一袖内卷，雕琢粗糙简朴（图四）。定县43号汉墓出土两件这类玉舞人，玉黄色，局部呈褐色。透雕作舞人状，五官、衣纹以阴线刻出，雕琢粗简，工艺水平不高（图五）。

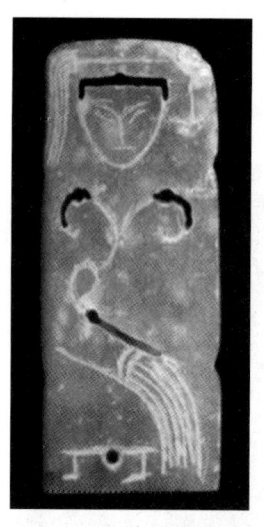
图三　西汉后期玉舞人
（徐州石桥2号汉墓出土）

图四　西汉中期玉舞人
（铜山小龟山汉墓出土）

第二类，平片透雕翘袖折腰的舞女形象，舞姿婀娜优美，是汉代玉舞人中最典型的一种。扬州"妾莫书"墓所出玉舞人，玉白色，用阴线浅刻面目及衣纹细部，一袖上扬过头顶，另一袖卷曲长垂，纤腰微折，长裙曳地，姿态轻盈优美（图六）。北京大

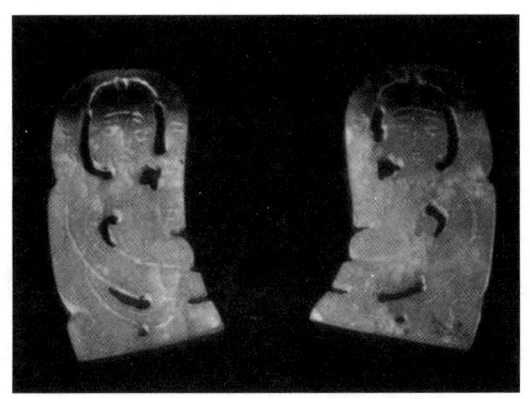

图五　东汉玉舞人（定县43号汉墓出土）

葆台2号汉墓出土的玉舞人，玉青白色，舞姿基本相同，而双袖更为修长（图七）。永城僖山汉墓所出的1件玉舞人，玉翠绿色，舞人着右衽长袖衣，细腰束带，衣袖及长裙刻饰卷云纹（图八）。西安三桥镇汉墓出土一对玉舞人，玉白色，这两件器形、纹饰相同，五官、衣纹及腰带皆以阴线刻出，舞姿优美动人（图九）。这类玉舞人流行于西汉后期至东汉时期。

图六　西汉后期玉舞人
（扬州西汉"妾莫书"墓出土）

图七　西汉后期玉舞人
（北京大葆台2号汉墓出土）

4. 扁平圆雕玉舞人

这种类型的玉舞人只在南越王墓中出土1件。玉舞人由扁平

图八　西汉玉舞人　　　　图九　西汉后期玉舞人
（永城僖山汉墓出土）　　（西安三桥镇汉墓出土）

玉片雕琢而成，玉色灰白，受沁严重，纹饰有正、背面之分，具有圆雕的性质。舞人头顶簪花，背面以阴线刻出头发。身穿长袖衣，右袖飘扬于头顶，左袖横置腰前。细腰长裙，腰间束带，腰带下系组绶，佩挂环、璜各1件，环在上，璜在下，璜下为流苏（图一〇）。

在传世玉器中，也见这种类型的玉舞人。舞人修长扁平体，有正、背面之分，服饰华丽，长袖上窄下宽，一袖上举，一袖横置腰际，长袖飘绕于下身前后[①]。

5. 圆雕玉舞人

这种类型的玉舞人也只在南越王墓中出土1件。玉舞人圆雕而成，头梳螺髻，斜向右侧。身着右衽长袖衣，广袖轻舒，腰间束带，折腰曲膝而舞。左手上扬至脑后，长袖飘垂及地；右手向侧后甩袖。舞姿优美，服饰华丽。舞人小口微张，似在且歌且舞（图一一）。

---

① 吴棠海：《认识古玉——古代玉器制作与形制》，中华自然文化学会1994年版，第242页。

汉代贵族妇女喜爱的佩玉——玉舞人

图一〇 西汉前期扁平圆雕　　　图一一 西汉前期圆雕玉舞人
玉舞人（广州南越王墓出土）　　　（广州南越王墓出土）

以上 2、3、4、5 四种类型的玉舞人，都是单身玉舞人，作单人独舞的形象。

三　功能

玉舞人都有一个或两个用于穿系佩挂的小孔。平片阴刻玉舞人和平片透雕玉舞人一般是上、下各有一小孔；扁平圆雕玉舞人和圆雕玉舞人都是从头顶至腿足有一上下贯穿的小孔。这说明，玉舞人是古人随身系挂的佩玉，而且是成组玉佩的构成部分。

从考古资料考察，玉舞人多出在女性墓葬中。例如，满城 2 号汉墓的墓主是中山靖王王后窦绾；徐州石桥 2 号汉墓的墓主可能是楚王王后；北京大葆台 2 号汉墓的墓主为广阳王王后；扬州"妾莫书"墓的墓主显然是女性，可能是山阳王的亲属；定县 43 号汉墓是合葬墓，玉舞人可能是女墓主人的随葬品；莱西董家庄汉墓的墓主可能也是女性。更为明显的例子是广州南越王墓，主棺室出土的属于南越王赵眜本人的组玉佩中有 4 件玉人，但都是拱手跪坐的男性，没有 1 件是玉舞人。而东侧室所出的 3 件玉舞人，其中 2 件分别是右夫人和（部）夫人组玉佩的构成部分；另 1 件虽然原位置不明，推测也应是属于某夫人的佩玉。由此可见，玉舞人应是汉代贵族妇女所喜爱的佩玉。

汉代玉舞人在组玉佩中的位置和作用，从广州南越王墓已复原的两套组玉佩中可以窥见一斑。一套属于右夫人的组玉佩，由玉环、玉璜、玉管各两件以及玉舞人 1 件组成，玉舞人在两件透雕玉环之下、玉璜和玉管之上（图一二）；另一套属于（部）夫人的组玉佩，由玉璧、玉璜、玉舞人各 1 件及玉觿两件组成，玉舞人在玉璧之下、玉璜和玉觿之上。玉舞人在这两套组玉佩中似都具有承上启下的重要作用。

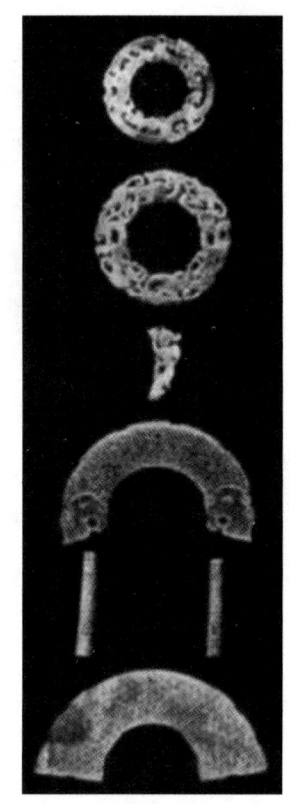

图一二　南越王右夫人组玉佩（广州南越王墓出土）

四　历史背景

玉舞人在汉代贵族妇女佩饰中的流行，有其深刻的社会历史背景。西汉前期实行无为政治，经过六七十年的休养生息，到汉武帝时进入全盛时期。当时政治稳定，经济繁荣，中央朝廷设有主管音乐的官署——乐府，广采民间歌诗，而歌诗与舞蹈、音乐往往密切结合，因而音乐舞蹈也十分发达。

汉代皇帝的后妃不少是歌舞能手。汉高祖的宠姬戚夫人善鼓瑟、击筑,"善为翘袖折腰之舞,歌出塞入塞望归之曲。侍婢数百皆习之,后宫齐首高唱,声入云霄"。"在宫内时常以弦管歌舞相欢娱"(《西京杂记》)。汉武帝宠爱的李夫人,"妙丽善舞"(《汉书·外戚传》)。汉成帝的赵皇后,"学歌舞,号曰飞燕"(《汉书·外戚传》),"体轻腰弱,善行步进退"(《西京杂记》),"能掌上舞"(《太平御览》卷五七四)。东汉晚期,董卓逼迫汉少帝饮鸩自杀,少帝临死前与其妻唐姬及宫人诀别,"因令唐姬起舞,姬抗袖而歌"(《后汉书·皇后纪》)。两汉时期皇室贵族不仅欢乐时尽情歌舞,而且永诀时也悲歌起舞,足见当时宫廷歌舞之盛。

从文献记载考察,汉代善舞者往往是体态轻盈,腰身细弱,着长袖衣,作"翘袖折腰"之舞。在汉代文学作品中,对当时的舞姿有生动的描述。傅武《舞赋》云:"罗衣从风,长袖交横……体如游龙,袖如素婗。"崔骃《七依》载:"振飞縠以舞长袖,袅细腰以务抑扬。"这些都说明,"长袖"和"细腰"是汉代舞蹈的两个重要特点。玉舞人的造型充分表现了这两个特点,因而是汉代妇女翩翩起舞的真实写照。汉代玉舞人不仅是优美的玉雕艺术品,而且是研究汉代舞蹈的珍贵实物资料。

(本文原载《收藏家》1996年第3期)

略论汉代的玉璧

玉璧是玉礼器中起源很早、延续时间又很长的一种玉器。《诗·卫风·淇奥》："如金如锡，如圭如璧。"《尔雅·释器》载："肉倍好谓之璧，好倍肉谓之瑗，肉好若一谓之环。""肉"指璧的边宽，"好"指璧的孔径。《说文解字·玉部》记载，璧为"瑞玉圜也"，段注：边大孔小也；瑗是"大孔璧"，段注：孔大于边也；"璧肉好若一谓之环"。根据《说文》的解释，璧是平片状圆形的端玉，瑗和环都是璧的一种，也就是说，广义的"璧"可以包括瑗和环在内。

从出土的实物考察，璧的边宽和孔径的比例没有什么规律，绝大多数和《尔雅》所说的三种比例不相符合。夏鼐认为，《尔雅》所载关于璧、瑗、环的区别，"是汉初经学家故弄玄虚"①，是儒家系统化的结果②。他的看法应该是可信的。本文所论的玉璧，拟限于狭义的璧，即边大而孔小者（包括部分边和孔约略同大者）。文中讨论的对象则限于发掘出土的资料，不涉及传世的玉璧。

---

① 夏鼐：《商代玉器的分类、定名和用途》，《考古》1983年第5期。
② 夏鼐：《汉代的玉器——汉代玉器中传统的延续和变化》，《考古学报》1983年第2期。

一　玉璧的渊源

　　璧形玉器早在新石器时代就已出现，最初多作为装饰品。早期的璧形玉器体积不大，应为佩挂在身上或戴在手臂上的装饰物。也有人认为，早期的玉璧是由环形石斧演变来的。到了新石器时代晚期，原来作为装饰品的璧形玉器逐渐发展为体积较大的玉璧。玉璧和琢刻兽面纹的玉琮等玉器成为重要的随葬品出现在良渚文化的墓葬中。例如，江苏武进寺墩良渚文化墓地中的3号墓，在120多件随葬品中，玉璧和玉琮共57件，其中玉璧有24件，最大的1件直径为26.2厘米。置于死者头部和脚部的玉璧各十余件，放在死者胸部和腹部上的两件制作最精[①]。浙江余杭反山良渚墓地中的23号墓，出土的大型玉璧竟达54件之多[②]。可见这时的玉璧已不是一般的装饰品，而是具有祭祀、辟邪等特殊意义的玉器了。它和原始信仰、原始宗教已结下不解之缘，成为玉礼器的一种。良渚文化时期，可以说是我国玉璧发展史上的第一个高峰期。

　　商周时期，玉璧多出于奴隶主贵族的墓中。如殷墟妇好墓出土玉璧16件；而一般平民的墓葬，则很少发现玉璧。可见是否随葬玉璧，和墓主人社会地位的高低有着密切的关系。奴隶主贵族不仅死后以玉璧随葬，而且生前祭祀鬼神时也用璧和圭。《尚书·金縢》记载，周武王有疾，周公为他祷告占卜时，以玉璧礼

---

　　① 南京博物院：《江苏武进寺墩遗址的试掘》，《考古》1981年第3期。
　　② 浙江省文物考古研究所反山考古队：《浙江余杭反山良渚墓地发掘简报》，《文物》1988年第1期。

神，秉珪祷告①。璧与圭成为沟通祖宗神灵的礼器。《周礼》所载，所谓"六瑞"（六种瑞玉）中，有两种是玉璧，即"谷璧"和"蒲璧"；所谓"六器"（六种用于祭祀的玉器）中，第一种就是用于"礼天"的"苍璧"②。《周礼》成书于战国时期，书中有关"六瑞""六器"的记载，虽然含有当时儒家从重礼的观点出发而进行理想化、系统化的成分，但仍然在一定程度上反映了周代以来的用玉制度。玉璧在玉礼器中的地位，从此更加重要了。

春秋战国时代，玉璧的制作有了很大的发展。特别是战国时期，玉璧在造型、纹饰和雕刻技法上都达到了新的水平。在纹饰方面，已经相当多样化了，除春秋时期就已流行的卷云纹外，还有谷纹、涡纹、蒲纹、圆圈纹等。此外，还出现一种具有内外两区不同花纹带的玉璧，即内区为谷纹或涡纹，外区为兽纹或鸟兽纹花纹带。个别墓葬（如山东曲阜鲁城望父台 52 号墓）还出土雕琢内、中、外三区花纹带的玉璧，内、外区为双身合首夔龙纹，中区为谷纹③。上述具有两区或三区花纹带的玉璧，往往出在战国中、晚期的贵族墓葬中。在造型和雕琢技法方面，战国时期也有新的突破，出现一种在内孔和外缘附有透雕纹饰的玉璧。

---

① 《尚书·金縢》："既克商二年，王有疾，弗豫。……（周）公乃自以为功，为三坛同墠。为坛于南方北面，周公立焉。植璧秉珪，乃告大王、王季、文王。……尔之许我，我其以璧与珪，归俟尔命；尔不许我，我乃屏璧与珪。"

② 《周礼·春官·大宗伯》："以玉作六瑞，以等邦国。王执镇圭，公执桓圭，侯执信圭，伯执躬圭，子执谷璧，男执蒲璧。""以玉作六器，以礼天地四方。以苍璧礼天，以黄琮礼地，以青圭礼东方，以赤璋礼南方，以白琥礼西方，以玄璜礼北方。"

③ 山东省文物考古研究所等：《曲阜鲁国故城》，齐鲁书社 1982 年版，第 161—165 页。该墓的年代，原报告认为约属战国早期，但有的学者认为应属战国中期，参见王恩田《曲阜鲁国故城的年代及其相关问题》，《考古与文物》1988 年第 2 期。

这种玉璧雕琢之精美，为其他玉璧所不及。战国墓中所出的玉璧，不仅制作的工艺水平较前有明显提高，而且数量也较多。例如安徽长丰杨公 2 号墓，墓中所出的玉璧多达 36 件①。战国时期可以说是我国玉璧发展史上的第二个高峰期，它为以后汉代玉璧的进一步发展打下了良好的基础。

二 汉代玉璧的种类

汉代的玉璧，是在战国玉璧的基础上发展起来的。战国时期各种形式的玉璧，汉代几乎都继承下来，因而西汉初期的玉璧和战国玉璧难以区别。西汉中期以后，在玉璧的造型风格上有了新的变化、发展。汉代的玉璧，无论在数量上还是在制作的工艺水平上，都已经超过战国时代，进入了中国玉璧发展史上的鼎盛时期。作为中国古典玉器主要代表的玉璧，从东汉以后日趋衰微。

汉代玉璧主要出自大型墓葬，尤其是诸侯王及其亲属的墓中。例如，河北满城 1 号墓（中山靖王刘胜墓）出土 25 件，2 号墓（中山靖王王后窦绾墓）出土 44 件（其中包括镶嵌在漆棺上的 26 件)②；山东巨野红土山汉墓（昌邑哀王刘髆墓）出土 28 件③；长沙咸家湖曹𡟰墓（曹𡟰可能是长沙王亲属）

---

① 安徽省文物工作队：《安徽长丰杨公发掘九座战国墓》，《考古学集刊》2，中国社会科学出版社 1982 年版。

② 中国社会科学院考古研究所等：《满城汉墓发掘报告》（上、下册），文物出版社 1980 年版。

③ 山东省菏泽地区汉墓发掘小组：《巨野红土山西汉墓》，《考古学报》1983 年第 4 期。

出土12件①。广州西汉南越王墓出土的玉璧也很多，但资料尚未全部发表。此外，中、小型汉墓出土玉璧不多，遗址（包括窖藏）中所出的玉璧也很少。

为了便于综合介绍汉代玉璧的种类，现就已发表的考古资料，根据其造型和纹饰的不同，对汉代玉璧进行分型分式的叙述。有些考古发掘报告或简报对所出的玉璧只有文字介绍，而未发表照片、拓片或线图，对这些玉璧，在分型分式时暂不考虑。

汉代玉璧根据造型的不同，可分为三型。

A型　扁平圆形，中央有圆孔。按璧上纹饰的不同，可分为10式。

Ⅰ式　素面玉璧。满城M1∶5107直径14厘米、孔径2.5厘米、厚0.3厘米②。

Ⅱ式　蒲纹玉璧。蒲纹一般作六角形网格状。满城M2∶4160直径16.3厘米、孔径2.3厘米、厚0.4厘米（图一∶1）③。

Ⅲ式　涡纹玉璧。璧面阴刻或浅浮雕涡纹。湖北光化M3∶15直径14.1厘米、厚0.45厘米④。满城M2∶4159在蒲纹地上阴刻涡纹，直径15.3厘米、孔径4.7厘米、厚0.4厘米（图一∶2）⑤。

---

① 长沙市文化局文物组：《长沙咸家湖西汉曹𡟓墓》，《文物》1979年第3期。

② 中国社会科学院考古研究所等：《满城汉墓发掘报告》（上、下册），文物出版社1980年版，上册第133页，下册图版九九∶3。

③ 中国社会科学院考古研究所等：《满城汉墓发掘报告》（上、下册），文物出版社1980年版，上册第294页，图一九九∶5；下册图版二二一∶2。

④ 湖北省博物馆：《光化五座坟西汉墓》，《考古学报》1976年第2期，图版肆∶3。

⑤ 中国社会科学院考古研究所等：《满城汉墓发掘报告》（上、下册），文物出版社1980年版，上册第294页，图一九九∶4。

Ⅳ式　谷纹（或乳丁纹）玉璧。河北定县北庄汉墓玉璧（4号）直径18.6厘米、孔径3.3厘米、厚0.7厘米①。

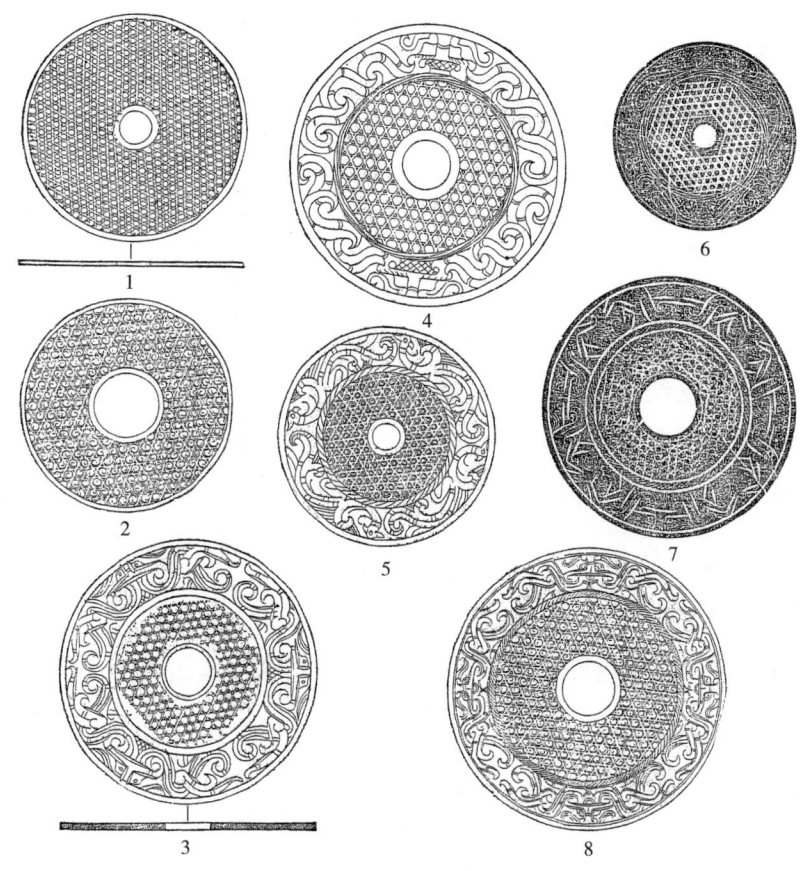

图一　A 型玉璧

1. Ⅱ式玉璧（满城 M2：4160）　2. Ⅲ式玉璧（满城 M2：4159）　3. Ⅴ式玉璧（满城 M2：4157）
4. Ⅴ式玉璧（烟袋山 M1：41）　5. Ⅵ式玉璧（满坡 M2：4163）　6. Ⅵ式玉璧（红土山 94 号）拓片　7. Ⅶ式玉璧（红土山 124 号）拓片　8. Ⅶ式玉璧（满城 M2：4158）

Ⅴ式　蒲纹夔龙纹玉璧。纹饰分内外两区，内区为蒲纹，外区为双身合首的夔龙纹。满城 M2：4157 外区为三组夔龙纹，直

---

① 河北省文化局文物工作队：《河北定县北庄汉墓发掘报告》，《考古学报》1964 年第 2 期，第 147 页，图版玖：2。

径19厘米、孔径3.3厘米、厚0.3厘米（图一：3）①。江苏仪征烟袋山M1：41外区为两组对称的夔龙纹，直径15.2厘米、孔径2.7厘米、厚0.35厘米（图一：4）②。

Ⅵ式　蒲纹鸟纹（或凤纹）玉璧。纹饰分内外两区，内区为蒲纹，外区为鸟纹（或凤纹）。满城M2：4163外区为四组凤鸟纹，直径16厘米、孔径1.9厘米、厚0.5厘米（图一：5）③。巨野红土山汉墓玉璧（94号）外区为三组凤鸟纹，直径16.8厘米、孔径1.8厘米、厚0.4厘米（图一：6）④。

Ⅶ式　涡纹夔龙纹玉璧。纹饰分内外两区，内区为涡纹，外区为夔龙纹。巨野红土山汉墓玉璧（124号）外区为四组夔龙纹，直径23.4厘米、孔径5厘米、厚0.7厘米（图一：7）⑤。满城M2：4158内区涡纹可以明显看出是在蒲纹的基础上刻成的，直径20.4厘米、孔径3.8厘米、厚0.45厘米（图一：8）⑥。

Ⅷ式　涡纹内外夔龙纹玉璧。广州南越王墓所出玉璧，纹饰分为内、中、外三区，中区为涡纹，内区为三组夔龙纹，外区为

---

①　中国社会科学院考古研究所等：《满城汉墓发掘报告》（上、下册），文物出版社1980年版，上册第294页，图一九九：1；下册，图版二一〇：1。

②　南京博物院：《江苏仪征烟袋山汉墓》，《考古学报》1987第4期，第485页，图一五：1。

③　中国社会科学院考古研究所等：《满城汉墓发掘报告》（上、下册），文物出版社1980年版，上册第294页，图一九九：2；下册图版二一〇：2。

④　山东省菏泽地区汉墓发掘小组：《巨野红土山西汉墓》，《考古学报》1983年第4期，第491页，图一九：3。

⑤　山东省菏泽地区汉墓发掘小组：《巨野红土山西汉墓》，《考古学报》1983年第4期，第491页，图一九：1，图版贰拾：1。

⑥　中国社会科学院考古研究所等：《满城汉墓发掘报告》（上、下册），文物出版社1980年版，上册第294页，图一九九：3；下册图版二〇九。

七组夔龙纹。直径33.4厘米、孔径9厘米、厚1.1厘米（图二：3）①。

Ⅸ式 透雕动物纹玉璧。北京大葆台汉墓出土两件，M1：94透雕龙凤纹，龙凤之间为心形纹饰，直径9.2厘米、厚0.3厘米（图二：1），M1：95透雕双象纹，直径9.2厘米、厚0.1厘米（图二：2）②。

Ⅹ式 乳丁卷云纹玉璧。山西长治西池乡申川村出土，纹饰分内外两区，内区为乳丁纹，外区为卷云纹，直径5.5厘米、厚0.45厘米（图二：4）③。

B型 璧的外缘有一组或几组透雕附饰。根据透雕纹饰的差异，可分为四式。

Ⅰ式 玉璧上方有一组透雕附饰。满城M1：5048谷纹加刻涡纹璧，上方附饰为双龙卷云纹，通长25.9厘米、璧径13.4厘米、孔径4.2厘米、厚0.6厘米④。河北定县北庄汉墓出土1件（3号），璧饰谷纹，上方附饰为双螭卷云纹，通长25.5厘米、璧径19.9厘米、厚0.7厘米（图三：1）⑤。

Ⅱ式 玉璧两侧有透雕附饰。广州南越王墓出土1件，附饰

---

① 《中国美术全集·工艺美术编·玉器》，文物出版社1986年版，图版一五四，图版说明第55页。
② 大葆台汉墓发掘组：《北京大葆台汉墓》，文物出版社1989年版，第46页，图五〇：1、2，图版四六：1、2。
③ 王进先等：《长治县发现"猛国都尉"银印等汉代文物》，《考古》1989年第3期，第279页。
④ 中国社会科学院考古研究所等：《满城汉墓发掘报告》，文物出版社1980年版，上册第133页，图九三；下册彩版一五，图版九五。
⑤ 河北省文化局文物工作队：《河北定县北庄汉墓发掘报告》，《考古学报》1964年第2期，第147页，图二〇：2，图版捌：2。

图二 A型玉璧

1. Ⅸ式玉璧（大葆台 M1∶94）拓片 2. Ⅸ式玉璧（大葆台 M1∶95）拓片 3. Ⅷ式玉璧（南越王墓出土） 4. Ⅹ式玉璧（长治出土）拓片

为透雕凤鸟纹，位于璧的下方两侧①。河北定县 40 号汉墓出土 1 件，璧的纹饰分内外区，内区为勾连云纹，外区为涡纹，两侧的附饰亦为透雕凤鸟纹。通长 6.7 厘米、宽 3.6 厘米，（图三∶4）②。

Ⅲ式 玉璧的上方和两侧各有一组透雕附饰。河北定县 43 号

---

① 发掘报告未发表，玉璧存广州西汉南越王墓博物馆。
② 河北省文物研究所：《河北定县 40 号汉墓发掘简报》，《文物》1981 年第 8 期，第 3 页，图版壹∶5；《中国美术全集·工艺美术编·玉器》，文物出版社 1986 年版，图版一八九，图版说明第 67 页。

汉墓出土1件谷纹璧，上方附饰为螭龙衔环，两侧各有一螭龙附饰，通长30厘米、璧径24.2厘米、厚1.1厘米（图三：2）①。

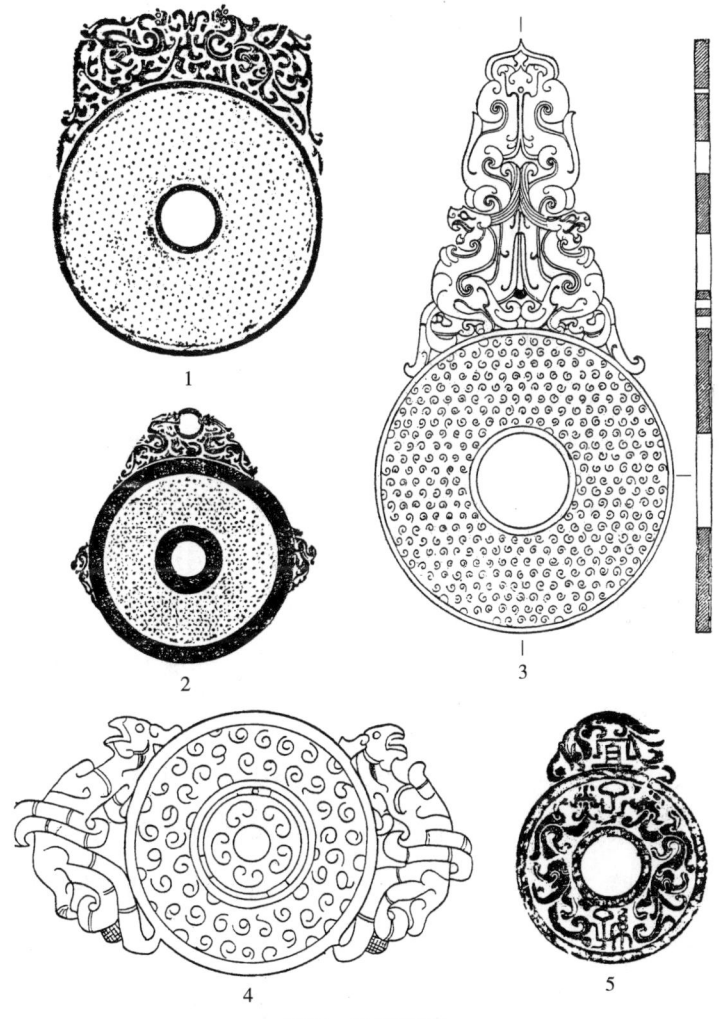

图三　B型玉璧

1. Ⅰ式玉璧（北庄3号）拓片　2. Ⅲ式玉璧（定县43号墓出土）拓片　3. Ⅰ式玉璧（满城M1：5048）　4. Ⅱ式玉璧（定县40号墓出土）　5. Ⅳ式玉璧（扬州老虎墩汉墓出土）拓片

---

① 定县博物馆：《河北定县43号汉墓发掘简报》，《文物》1973年第11期，第11页，图四，图版贰：1。

Ⅳ式　玉璧上方的透雕附饰上有吉祥语铭文。山东青州所出1件，璧的内区为谷纹，外区为蟠螭纹，上方透雕双螭纹附饰有铭文"宜子孙"三字，通长30厘米、璧径20.7厘米、厚0.6厘米①。江苏扬州老虎墩东汉墓出土1件，铭文亦为"宜子孙"三字，"宜"字在璧的上方凤纹附饰中，"子孙"二字在璧的上下部正中，两侧为一对螭虎纹，铭文和纹饰皆透雕。通长9厘米（图三：5）②。故宫博物院藏品中有带"长乐""益寿"铭文的玉璧③。

C型　玉璧的内孔有透雕纹饰，有的除内孔外，在璧的外缘也有透雕附饰。内孔多为透雕龙纹，外缘附饰为对称的凤鸟纹。南越王墓出土此类玉璧④。

A型璧是主要的、基本的玉璧形式。A型Ⅰ式素面璧起源于新石器时代。Ⅱ式至Ⅷ式璧继承了战国时期的传统。其中蒲纹璧一般是由三组不同方向的阴刻平行线，交叉构成六角形网格状纹饰。长沙西汉后期墓葬所出的玉璧，211：2饰两组平行线交叉构成的菱形网格，259：40内区为菱形网格、外区为"类似流云纹的曲线图案"⑤。这两件玉璧应是Ⅱ式蒲纹璧和Ⅵ式蒲纹鸟纹璧的简化形式。涡纹和谷纹往往是在蒲纹的基础上使用阴刻和减地浮雕的技法雕琢而成的。纹饰分为内、外两区（个别为内、中、外三区）的玉璧，出现于战国中、晚期，而盛行于西汉时期。Ⅸ式

---

①　魏振圣：《山东省青州市发现东汉大型出廓玉璧》，《文物》1988年第1期，第31页。

②　方晨：《"宜子孙"出廓三璧》，《中国文物报》1991年8月11日第3版。

③　《中国美术全集・工艺美术编・玉器》，文物出版社1986年版，图版一九八，图版说明第71页。

④　玉璧存广州西汉南越王墓博物馆。

⑤　中国科学院考古研究所：《长沙发掘报告》，科学出版社1957年版，第127页，图版玖贰：1、2。

和Ⅹ式属异形玉璧。Ⅸ式中的 M1∶94 是璧和心形玉佩相结合的形式，在璧的器形中雕琢出心形玉佩的纹饰。Ⅹ式玉璧内区的乳丁纹应是谷纹的简化形式。

B 型玉璧和战国时期外缘有透雕附饰的玉璧有直接的承袭关系。这类璧可能渊源于新石器时代外缘有锯齿状突起的玉璧。新石器时代的这种璧，吴大澂在《古玉图考》中称之为"璇玑"，夏鼐称之为牙璧。牙璧一直到春秋时期还有发现。到了战国时期，牙璧似已被外缘有透雕附饰的更为优美的璧所替代。牙璧和外缘有透雕附饰的玉璧虽然风格不同①，但从造型上考虑，二者似有渊源关系。汉代的这类玉璧，一般只在玉璧外缘上方有一组透雕附饰，如 B 型Ⅰ式、Ⅳ式。Ⅲ式虽然有三组附饰，但玉璧上方的一组仍然是主要的，两侧的附饰只起点缀作用。Ⅱ式玉璧两侧有对称的附饰，具有较明显的战国风格，出于西汉初、中期墓中。Ⅰ式玉璧出于西汉中期和东汉前期墓，Ⅲ、Ⅳ式玉璧都为东汉墓所出。

C 型玉璧的造型具有明显的战国风格，只出于西汉前期的南越王墓，西汉中期以后未发现此类玉璧。

三　汉代玉璧的社会功能和用途

汉代玉璧的社会功能，除了继承周秦以来的传统外，还有一些新的发展。根据文献记载，结合考古资料考察，汉代玉璧主要有下列几种功能和用途。

---

① 夏鼐：《所谓玉璇玑不会是天文仪器》，《考古学报》1984 年第 4 期。夏先生在文中认为，东周玉璧"周缘常突出几组兽纹或龙纹的透雕，与这种素面的多齿三牙璧风格不同"。

（一）作为祭祀的礼器

《周礼·大宗伯》所载的用于"礼天地四方"的璧、琮、圭、璋、琥、璜六种玉礼器，在汉代继续用作礼器的只剩下璧和圭两种[①]。汉代文献记载，玉璧用于祭祀者，主要有以下两方面：（1）汉代继承先秦"以苍璧礼天"的习俗，天子祭天神太（泰）一用璧，祀天地用圭、璧。《史记·孝武本纪》载，汉武帝"郊见泰一云阳，有司奉瑄玉嘉牲荐飨"[②]。集解引孟康曰："璧大六寸谓之瑄"。明帝祭祀天地，"亲执珪璧"[③]。（2）祭黄河、汉水等大川用璧。《史记·封禅书》记载，汉文帝十三年（前167）增加对"上帝诸神"的祭品，制令"其河、湫、汉水加玉各二"。正义云："言二水祭时各加玉璧二枚。"《史记·河渠书》载，武帝曾"自临决河，沉白马玉璧于河，令群臣从官自将军已下皆负薪填决河"。

在考古发掘中，也曾出土与祭祀有关的秦汉玉璧。例如，1975年山东烟台芝罘原阳主庙后殿前侧长方形土坑内发现玉器两组共8件，每组为璧、圭各1件，觿2件。玉璧刻饰涡纹，表面有涂朱痕迹[④]。"阳主"是秦始皇祠祀的"八神"之一。《史记·封禅书》载："五曰阳主，祠之罘。"《汉书·郊祀志》作"祠之罘山"。《汉书·地理志》记载，东莱郡的腄县"有之罘山祠"。秦始皇和汉武帝都曾"登之罘"。宣帝曾祠"之罘山于腄"[⑤]。

---

① 夏鼐：《汉代的玉器——汉代玉器中传统的延续和变化》，《考古学报》1983年第2期。
② 《史记·封禅书》（中华书局标点本）所载相同。
③ 《后汉书·明帝纪》，中华书局标点本。
④ 烟台市博物馆：《烟台市芝罘岛发现一批文物》，《文物》1976年第8期。
⑤ 《史记·秦始皇本纪》，另见《汉书》的《武帝纪》和《郊祀志》，中华书局标点本。

"之罘"即"芝罘"。芝罘所出的这批璧、圭等玉器，应是秦汉时期用于祭祀的遗物。陕西咸阳北原汉昭帝平陵和上官皇后陵之间有一条连接二陵的道路，在此路的两侧曾分别发现东西向排列的成组玉器，各组间距约2米，每组玉器中间为一玉璧，外有7个或8个玉圭围绕着，圭首均朝向玉璧。玉璧直径4.5厘米、厚0.4厘米。玉圭长6.2厘米、宽2.3厘米、厚0.5厘米[1]。这些成组瘗埋、排列有序的璧和圭，应与汉代帝陵的祭祀仪式有关系[2]。这些璧和圭体积很小，应是专为祭祀而制作的玉器。

（二）朝贺用璧

根据《后汉书·礼仪志》记载："每岁首正月。为大朝受贺。其仪：夜漏未尽七刻，钟鸣，受贺。及贽，公、侯璧"。注引《决疑要注》曰："古者朝会皆执贽，侯、伯执圭，子、男执璧……汉魏粗依其制，正旦大会，诸侯执玉璧，荐以鹿皮。"又《后汉书·百官志》载："（大夫）掌奉王使至京都，奉璧贺正月……列土、特进、朝侯贺正月执璧云。"可见汉代诸侯王、列侯每年元旦朝贺，都执玉璧。按规定，诸侯王所执的璧是由少府发给的。东汉章帝建初七年（82），东平王刘苍正月朔旦入贺，当时少府卿阴就"贵骄"，少府主簿竟不按规定发给刘苍玉璧，因而刘苍的部属朱晖只好从主簿手中骗取玉璧交给刘苍[3]。

---

[1] 咸阳市博物馆：《汉平陵调查简报》，《考古与文物》1982年第4期。
[2] 刘庆柱等：《西汉十一陵》，陕西人民出版社1987年版，第72页。
[3] 《后汉书·朱晖传》："正月朔旦，（刘）苍当入贺。……是时阴就为府卿，贵骄，吏慑不奉法。苍坐朝堂，漏且尽，而求璧不可得，顾谓掾属曰：'若之何？'晖望见少府主簿持璧，即往绐之曰：'我数闻璧而未尝见，试请观之。'主簿以授晖。晖顾召令史奉之。主簿大惊，遽以白就。就曰：'朱掾义士，勿复求。'更以它璧朝。"

（三）皇帝纳聘皇后、征聘人才用璧

《后汉书·皇后纪下》记载，桓帝纳梁皇后，"悉依孝惠皇帝纳后故事，聘黄金二万斤，纳采雁璧乘马束帛，一如旧典"。集解引惠栋曰《汉杂事》云："以黄金二万斤、马十二匹、元（玄）缥谷璧，以章典礼。"《周礼·冬官考工记》载："谷圭七寸，天子以聘女。"汉帝纳聘皇后，不用谷圭，而改用谷璧。此外，皇帝招聘特殊的人才，往往也用束帛和玉璧。例如，建元元年（前140）汉武帝议立明堂，就派使者"束帛加璧，安车以蒲裹轮，驾驷迎申公"①。

（四）用作馈赠、贡献的礼品

《史记·项羽本纪》记载，项羽与刘邦宴于鸿门，刘邦离席后，托张良献"白璧一双"给项羽。又据《汉书·西南夷两粤朝鲜传》载，汉文帝时陆贾使南越，南越王赵佗托使者献给汉朝廷的物品中，第一项就是"白璧一双"。可见玉璧在当时属于珍贵的礼品，而且往往是成双赠送或贡献。

（五）作为传世的宝物

汉宣帝曾"以方士言，为随侯（珠）、剑宝、玉宝璧、周康宝鼎立四祠于未央宫中"，前"三物皆汉天子世传者"②。《后汉书·刘盆子传》载，东汉初年，赤眉军樊崇、刘盆子败降时，"上所得传国玺绶、更始七尺宝剑及玉璧各一"。《后汉书·桓帝纪》记载："（延熹八年十月）勃海妖贼盖登等称太上皇帝，有玉

---

① 《汉书·儒林传·申公》，同书《武帝纪》所载之内容相同。中华书局标点本。

② 《汉书·郊祀志下》，补注引刘敞曰："四祠：随侯珠，一也；剑宝，即斩蛇剑，二也；玉宝璧，即受命宝和氏璧，三也。三物皆汉天子世传者。"《汉书补注》本。

印、珪、璧、铁券，相署置，皆伏诛。"从以上记载可以看出，汉代继承先秦的传统，玉璧仍被视作传世的宝物。《三国志·魏书·夫余传》记载："今夫余库有玉璧、珪、瓒数代之物，传世以为宝，耆老言先代之所赐也。"这些璧、圭等玉器，可能是东汉朝廷赐给的，夫余作为传世宝物收藏在库中。

（六）装饰用璧

汉代豪华的宫殿，往往饰以玉璧。《史记·封禅书》记载，建章宫前殿之南有"玉堂、璧门、大鸟之属"①。正义引《汉武故事》云："椽首槫以璧为之，因名璧门。"② 武帝兴造华丽的"甲乙之帐"，饰以"随珠、和璧"③。汉成帝的赵昭仪（赵飞燕之妹）所居的昭阳舍（殿），壁带以"黄金釭""蓝田璧"等作为装饰"④。还有一种用于佩戴的玉璧，这种璧体积较小，称为"系璧"。《说文解字·玉部》载："珥，石之次玉者，以为系璧。"段注："系璧，盖为小璧系带间，县左右佩物也。"这种系于带间的小璧，也起着装饰的作用。

（七）丧葬用璧

《周礼·小宗伯·典瑞》载："疏璧琮以敛尸。"汉代继承先秦的礼俗，在皇室、贵族的墓葬中，相当普遍地随葬玉璧。汉宣

---

① 《史记·孝武本纪》（中华书局标点本）所载相同。

② 《三辅黄图》（卷上）作："椽首薄以璧玉，因曰璧门。"《关中丛书》本。

③ 《汉书·东方朔传》和《汉书·西域传赞》："兴造甲乙之帐，落以随珠和璧。"中华书局标点本。荀悦：《前汉纪·孝武皇帝纪》作："造甲乙之帐，络以隋珠荆璧。"四部丛刊初编缩本。

④ 《汉书·外戚传下》："（赵昭仪）居昭阳舍，其中庭彤朱，而殿上髹漆，切皆铜沓黄金涂，白玉阶，壁带往往为黄金釭，函蓝田璧，明珠、翠羽饰之，自后宫未尝有焉。"师古曰："壁带，壁之横木露出如带者也。于壁带之中，往往以金为釭，若车釭之形也。其釭中著玉璧、明珠、翠羽耳。"中华书局标点本。

帝时霍光病死，朝廷所赐的财物中就有玉璧①。《后汉书·舆服志上》记载："大行载车，其饰如金根车，加施组连璧交络，四角金龙首衔璧。"可见东汉时载皇帝尸柩的辒辌车，加施"连璧""衔璧"装饰。

在考古发掘中，大型汉墓几乎都有玉璧出土。以玉衣作为殓服的死者，其胸、背往往铺垫许多玉璧。例如，中山靖王刘胜的玉衣内，胸部放置玉璧13块，后背垫5块玉璧；其妻窦绾的玉衣内，前胸和后背共置玉璧15块②。南越王赵眜墓，放置在墓主头、胸、腹部及玉衣下的玉璧共30多块③。巨野红土山汉墓，墓主尸骨上放置玉璧17块，尸骨下放玉璧10块④。这些墓葬中放置在墓主尸体上下的玉璧，显然属于丧葬用玉。此外，窦绾的镶玉漆棺，内壁镶满玉版，外壁镶嵌玉璧26块。长沙马王堆1号汉墓彩绘帛画、朱地彩绘棺足挡和长沙砂子塘汉墓外棺盖板漆画上，都绘有璧（似为谷纹璧）⑤。还有一些画像石（如曲阜"东安汉里画像"）也刻有璧的形象⑥。上述漆画和画像石上璧与璧之

---

① 《汉书·霍光传》："（霍）光薨……赐金钱、缯絮、绣被百领，衣五十箧，璧珠玑玉衣，梓宫、便房、黄肠题凑各一具，枞木外臧（藏）椁十五具。"中华书局标点本。

② 中国社会科学院考古研究所等：《满城汉墓发掘报告》（上、下册），文物出版社1980年版，上册，第37、245—246页。

③ 吕烈丹：《南越王墓与南越王国》，广州文化出版社1990年版，第27页。

④ 山东省菏泽地区汉墓发掘小组：《巨野红土山西汉墓》，《考古学报》1983年第4期，第490页。

⑤ 湖南省博物馆等：《长沙马王堆1号汉墓》第26、42页，图二四、三八，图版三六、七一、七七；湖南省博物馆：《长沙砂子塘西汉墓发掘简报》，《文物》1963年第2期。

⑥ 傅惜华：《汉代画象全集》初编，图六三至七〇，巴黎大学北京汉学研究所图谱丛刊之一。

间有组带相联络，或即《后汉书》所说的"组连璧交络"①。这些资料也在一定程度上反映了玉璧在汉代丧葬习俗中所占的地位。

四 汉代玉璧的产地

西汉的都城长安和东汉的都城雒阳，应是玉璧的主要产地。从有些玉衣的部分玉片是利用玉璧改制而成的现象判断，制作玉衣的作坊同时也制作玉璧等其他玉器②。这种规模较大的玉器工场，应是属于少府的官营手工业作坊。朝廷用于祭祀、赏赐、丧葬等的玉璧，应该都是该作坊的产品。上述诸侯王贺正月，所执玉璧由少府发给，这些玉璧当然也是少府管辖的玉器作坊制作的。

除了都城长安和雒阳外，许多诸侯王国可能也有玉器作坊。徐州北洞山西汉楚王墓所出的玉衣片形制特殊，"少数玉片是用谷纹或蟠螭纹璧改制的"③。这种玉衣片可能不是由朝廷的玉器作坊统一制作的。据徐州博物馆工作人员介绍，徐州白云山西汉墓和乔家湖东汉墓都曾出土玉料，其中有的似是制作玉璧遗留下来的废料。由此可见，位于徐州地区的楚国、彭城国应该有自己的玉器作坊，不仅制作玉衣，而且还制作玉璧等玉器。

广州南越王墓出土许多玉璧。有的玉璧部分表面未经打磨，只有粗率的刻划图案，属于半成品④。该墓所出的玉器，从造型

---

① 参见大阪市立美术馆编《汉代的美术》，平凡社1975年版，第232—233页。
② 卢兆荫：《试论两汉的玉衣》，《考古》1981年第1期。
③ 徐州博物馆等：《徐州北洞山西汉墓发掘简报》，《文物》1988年第2期。
④ 吕烈丹：《南越王墓与南越王国》，广州文化出版社1990年版，第112页。

和纹饰的风格看，不少是从内地输入的，但这些玉璧的半成品应该不是外来的。上文所述，南越王赵佗托使者陆贾献给汉文帝"白璧一双"等物，从所献多为南越国土产考虑，这双白璧可能是当地所制[①]。南越国是地方割据政权，为了满足统治者对玉器的需求，很可能有自己的玉器作坊，墓中所出的那些玉璧，有的可能就是当地的产品。

上述窦绾漆棺外壁镶嵌的玉璧，皆为素面，只在璧的一面琢磨光滑，嵌入棺壁的背面仅稍加磨平，个别尚留有切割痕迹[②]。这些素面玉璧显然是专为装饰漆棺而制作的，制作的地点当在中山国境内。

汉代人继承先秦儒家"贵玉"的思想，汉代玉璧的种类和用途都有进一步的发展。同时，自西汉中期通西域后，和阗玉大量输入内地，玉料的来源问题得到了较好的解决。当时除朝廷有较大规模的玉器作坊外，有条件的诸侯王国可能也设有玉器制作工场，能够生产玉璧和其他玉器。这些诸侯王国的玉器制作工场，应该和京师的一样，都属于官营的手工业作坊。

（本文原载《中国考古学论丛》，科学出版社1993年版）

[①] 卢兆荫：《再论两汉的玉衣》，《文物》1989年第10期。
[②] 中国社会科学院考古研究所等：《满城汉墓发掘报告》，文物出版社1980年版，上册第242页。

玉觿与韘形玉佩

芄兰之支，童子佩觿；

虽则佩觿，能不我知；

容兮遂兮，垂带悸兮。

芄兰之叶，童子佩韘；

虽则佩韘，能不我甲；

容兮遂兮，垂带悸兮。

《诗经·卫风·芄兰》

《诗经》编成于春秋时期，大多是周初至春秋中叶的作品，其中《国风》部分大都是民间的诗歌。"童子佩觿"和"童子佩韘"是当时流行的一种习俗。所谓"觿"（xī，音希），是古代用于解开绳结的用具，最早可能是用兽骨制成的，商周时期出现了用玉制成的觿，称为玉觿。所谓"韘"（shē，音涉），是古代射箭时戴在右手大拇指上用于钩弦的用具。根据《说文解字》记载，韘又称"射决"，用象骨制成。高级贵族的韘用玉雕琢而成，称为玉韘。玉韘在殷商时期就已出现，安阳殷墟妇好墓出土的1件玉扳指，是目前所见最早的玉韘。该玉韘可以套在成人的拇指上，正面雕出兽面纹，双目下各有一圆孔，面部两侧分别以阴线刻出身、尾及足爪；背面下部有一凹槽，用于纳入弓弦（图一）。玉韘正面的两个圆孔可以穿绳系缚于手腕，使玉韘不至于脱落（图二）。

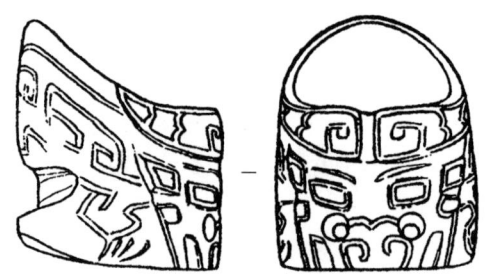

图一　殷墟妇好墓出土的玉韘

图二　玉韘用法示意图

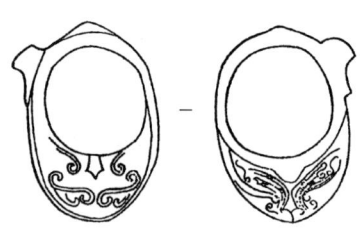

图三　鲁故城战国墓出土的玉韘

东周时期的墓葬出土不少玉韘和骨韘，其形状和妇好墓所出的玉韘差别较大。洛阳中州路东周墓出土的骨韘和玉韘，皆略作椭圆形，一端有圆孔，可穿拇指，一侧有纽。骨韘都没有纹饰，出于春秋时期的墓中，出土时在人骨架手部，原当系戴在死者的拇指上，可能还是实用器。玉韘出于战国初期的墓中，韘的一端两面都雕饰涡纹。属于战国早期的随县曾侯乙墓，在死者左手掌处发现1件玉韘，可能系戴在拇指上。其器形和洛阳战国墓玉韘相同，但为素面，韘的后部有一横穿的小孔，可用于穿绳系缚在手腕上。其他战国墓所出的玉韘，有的刻有纹饰（图三），有的一侧有透雕的耳纽。看来至迟从战国时期开始，实用的玉韘已逐渐演变为装饰用的佩玉。也有学者认为，东周时期的玉䩞不可能用于钩弦，也不是套在拇指上使用，只是人们身上佩戴的一种装饰品①。

玉觿和玉䩞是汉代贵族官僚墓葬中常见的佩玉。它们都不是实用器，而是随身佩戴的玉饰，玉䩞应称为䩞形玉佩。

汉代的玉觿为扁平片状，作弯曲尖爪形。西汉中期以前的玉觿多雕琢成龙形，一端为龙头，龙尾雕作尖状，属于西汉前期的广州西汉南越王赵眜墓出土4件玉觿，皆雕成龙形②。其中1件弯曲成半圆形，龙身阴刻云纹，造型较为特殊；另1件龙头、龙身透雕，正面剔地隐起勾连云纹，背面饰阴刻卷云纹。这两件玉觿同出在南越王玉衣的右手中，作为葬玉的玉握。从器物的形制看，这两件玉觿原来也应是佩玉，由于西汉中期以前葬玉中的握玉还没有形成一定的形制，所以佩玉中的玉觿也可改用为握玉。还有两件玉觿也透雕成龙形，形制相同，成为一对，是组玉佩的组成部分（图四）。

图四　南越王墓组玉佩中的一对玉觿（拓片）

属于西汉中期的江苏铜山小龟山汉墓出土5件玉觿，其中有的用阴线浅刻兽头形，器身饰卷云纹，兽头有一小圆孔，便于穿系佩戴。有1件雕作龙头形，器身饰勾连云纹，背脊上有透雕的螭虎、凤鸟纹饰，雕镂精细，是汉代玉觿中的珍品③（图五）。

---

① 杨建芳：《玉䩞及䩞形玉饰——一种玉器演变的考察》，《中国文物世界》第47期，1989年7月。
② 广州市文物管理委员会等：《西汉南越王墓》，文物出版社1991年版。
③ 南京博物院：《铜山小龟山西汉崖洞墓》，《文物》1973年第4期。

图五　铜山小龟山汉墓出土的玉觿（拓片）

西汉后期的玉觿，有雕成龙形的，也有雕作凤鸟形的，造形比以前更为优美。徐州石桥村2号汉墓①、扬州甘泉汉"妾莫书"墓②、河南永城僖山汉墓③所出的玉觿，都采用透雕加阴线浅刻的技法，雕琢成龙形，雕工精细，纹饰流畅。石桥汉墓的玉觿作细长的龙形。僖山汉墓和"妾莫书"墓的玉觿，龙头较大，作张口回首状。北京西南郊大葆台2号汉墓所出的玉觿，采用同样的雕琢技法，雕成凤鸟形，凤尖嘴高冠，作回首状，形象颇为生动（图六）。此外，西安西郊三桥镇汉墓和北郊红庙坡汉墓出土的玉觿，也透雕作回首凤鸟形④。

东汉以后，玉觿趋于衰微。东汉墓葬中发现的玉觿为数很少。河北定县43号汉墓出土的玉觿，一端透雕两龙，都作回首状⑤。河南淮阳北关1号汉墓所出的玉觿，透雕螭虎纹，并以卷云纹衬底⑥。东汉的玉觿一般较粗短，纹饰繁缛，但是工艺水平较差。

---

① 徐州博物馆：《徐州石桥汉墓清理报告》，《文物》1984年第11期。
② 扬州市博物馆：《扬州西汉"妾莫书"木椁墓》，《文物》1980年第12期。
③ 《中国玉器全集·4》，河北美术出版社1993年版，图一八四。原图片说明作"凤鸟图案"，但从图片看，应为龙形。
④ 《中国玉器全集·4》，河北美术出版社1993年版，图二二五、二二七。
⑤ 定县博物馆：《河北定县43号汉墓发掘简报》，《文物》1973年第11期。
⑥ 周口地区文物工作队等：《河南淮阳北关1号汉墓发掘简报》，《文物》1991年第4期。

玉觿与䄖形玉佩　145

图六　大葆台2号汉墓
　　　出土的玉觿（拓片）

图七　南越王墓出土的
　　　䄖形玉佩（拓片）

　　玉觿和䄖形玉佩在汉墓中往往相伴出土。出土玉觿的墓葬几乎都出䄖形玉佩，而出土䄖形玉佩的墓葬却未必都出玉觿，䄖形玉佩是比玉觿更为流行的佩玉。汉代的䄖形玉佩一般作扁片状，平面略呈椭圆形，中间有一圆孔，上端作三角形尖状，正面微鼓，背面略内凹，一侧或两侧有透雕的附饰，因其主体部分形如心脏，所以又叫鸡心佩或心形玉佩。从西汉到东汉，䄖形玉佩的器形和纹饰有较为明显的发展和变化，不仅西汉的䄖形玉佩和东汉的不一样，而且西汉前、中、后期的䄖形玉佩也互有差别。

　　西汉前期的䄖形玉佩，是从战国风格到汉代风格的过渡，所以形式较为多样。少数还具有明显的战国䄖形佩的特征，仅在上端一侧有柄状突起，器身虽趋于扁平，但仍然一面微鼓，一面略内凹。广州西汉早期墓中曾出土这种䄖形佩。还有一种䄖形佩，柄状突起比上一种扩大，成为心形主体一侧的附饰。这种䄖形佩显然是从上一种发展来的。例如广州南越王墓所出的1件䄖形玉佩，只在一侧有卷曲的透雕附饰。该墓还出土1件造型独特的䄖形佩，透雕附饰不在心形主体的一侧或两侧，而在心形主体的上部，透雕附饰似为图案化的变形凤鸟纹（图七）。而多数的䄖形佩，在心形主体的两侧都有附饰，但附饰多不对称，而且大小往往相差较大。纹样主要是卷曲的云纹、变形凤鸟纹，也有个别雕成龙的形象。附饰有透雕的，也有不是透雕的。江苏徐州北洞山楚王墓所出的1件蝶形玉佩，蝶身饰勾连云纹，一侧透雕一龙，另一侧雕出一凤，造型较为奇特①。

西汉中期的蝶形玉佩，基本上已经定型，除个别外，一般在心形主体的两侧都有透雕的附饰。中部的圆孔较前期略小，两侧的附饰较前期更加繁缛，虽然不是完全对称，但大小差不多，风格也基本相同，只有个别蝶形玉佩两侧的附饰大小相差较大。纹样主要是变形卷云纹，个别也有雕成鸟兽纹的。满城中山王刘胜墓出土的1件蝶形玉佩，心形主体稍长，两面均阴刻细线卷云纹，两侧有不对称的透雕流云纹附饰，纹饰优美流畅（图八）。中山王王后窦绾墓所出的1件，心形主体较短，当中的圆孔较大，两侧的透雕附饰基本对称，纹样稍有不同，一侧为变形卷云纹，另一侧似鸟兽相搏状（图九）②。

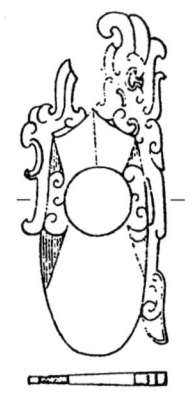

图八 中山王刘胜墓出土的蝶形玉佩

图九 中山王王后窦绾墓出土的蝶形玉佩

① 徐州博物馆等：《徐州北洞山西汉墓发掘简报》，《文物》1988年第2期。
② 中国社会科学院考古研究所等：《满城汉墓发掘报告》，文物出版社1980年版。

西汉中期偏晚的墓葬，所出鞢形玉佩的器形有所变化，已初步具有西汉晚期鞢形佩的一些特征。例如河北定县 40 号墓所出的 1 件，心形主体瘦长，中部有一椭圆形孔，两侧及上部都有透雕附饰，上部为凤鸟纹，两侧为变形卷云纹，其中一侧附饰的上端延长呈尖状，类似玉觿的尖端部分，应是玉觿和鞢形玉佩相结合的初步形式①。

此外，西汉中期还出土个别带有西汉前期特征的鞢形玉佩。巨野红土山汉墓出土的鞢形玉佩中，有 1 件造型简朴，心形主体一面微鼓、另一面略凹，都无纹饰，两侧也没有透雕的附饰，只在一侧有翼。和这件鞢形佩共出的另 1 件鞢形玉佩，心形主体的两侧都有透雕的卷云纹，具有典型的西汉中期的风格②。前者可能是仿古的简化形式。湖南长沙咸家湖曹𡠉墓也出土两件鞢形玉佩，1 件为典型的西汉中期鞢形佩，另 1 件只在心形主体的一侧雕出凤鸟纹，突出凤首和凤尾③。后者也应是简化的鞢形玉佩。

西汉后期的鞢形玉佩，器形有了较为明显的变化。心形主体变得更为狭长，中孔圆而小，两侧及上部的透雕附饰更为发达，一侧附饰的上端往往突出呈尖状，鞢和觿的结合更为明显。例如，扬州"妾莫书"墓出土的 1 件鞢形玉佩，心形主体在画面中进一步缩小，而透雕的龙纹和卷云纹则得到较大程度的夸

---

① 河北省文物研究所：《河北定县 40 号汉墓发掘简报》，《文物》1981 年第 8 期。

② 山东省菏泽地区汉墓发掘小组：《巨野红土山西汉墓》，《考古学报》1983 年第 4 期。

③ 长沙市文化局文物组：《长沙咸家湖西汉曹𡠉墓》，《文物》1979 年第 3 期。

张，一侧附饰的前端突出呈尖状，以致发掘者误认成"玉觿"（图一〇）。河南永城僖山汉墓所出的1件牒形玉佩，也是牒和觿结合的形式，全器狭长，心形主体的形象已相对减弱，而觿的形象则进一步增强，几乎达到了牒、觿不分的地步①。牒形玉佩具有部分玉觿的器形，是西汉中晚期牒形佩的主要特征之一。

除了牒和觿结合形式的牒形玉佩外，在西汉后期还出现一种牒和璧相结合的牒形玉佩。例如北京大葆台1号汉墓出土的1件"玉璧"，当中为心形玉佩的主体部分，两侧为透雕的龙凤纹，牒和璧巧妙地结合在一起②（图一一）。类似的牒形玉佩，在朝鲜大同江内古坟也有发现，外缘轮廓近似圆形，心形主体的两侧有透雕附饰，但无璧的外郭。

图一〇　扬州"妾莫书"墓出土的　　　图一一　大葆台1号汉墓出土的
　　　　牒形玉佩（拓片）　　　　　　　　　牒和璧结合的玉佩（拓片）

大约在西汉末、东汉初的时候，牒形玉佩的器形又有新的发展变化。心形主体在全器中的地位进一步减弱，当中的圆孔变成

---

①　《中国玉器全集·4》，河北美术出版社1993年版，图一八〇。
②　大葆台汉墓发掘组等：《北京大葆台汉墓》，文物出版社1989年版。

椭圆形，透雕附饰更加发展，包围在心形主体的四周。湖南长沙五里牌7号汉墓出土的1件鲽形玉佩，全器略呈椭圆形，当中为心形主体，中部有一椭圆形孔；心形主体的周围都有透雕的纹饰，纹样为双螭卷云纹[1]。这种四周都有透雕纹饰的鲽形佩，与西汉其他时期的鲽形玉佩有明显的不同，而和东汉鲽形玉佩的形制有着明显的渊源关系。

东汉时期的鲽形玉佩出土较少，看来已不如西汉时流行，而且器形也变化较大。东汉前期的鲽形玉佩，和上述长沙五里牌7号汉墓所出的相类似，还保留玉鲽的一些基本特点。例如湖南零陵东门外汉墓所出的1件鲽形玉佩，全器近似椭圆形，心形主体的中孔也作椭圆形，四周环绕透雕的蟠螭纹附饰[2]。东汉后期的鲽形玉佩，器形变化更大。鲽的主体部分虽尚有痕迹可寻，但作横置，器形略呈扇形，中孔也由椭圆形演变为圆角长方形，四周的透雕纹饰更为发达。河北定县43号汉墓出土的1件鲽形玉佩（发掘者称之为"扇面形玉饰"），心形主体略带弧度，中有圆角长方形大孔，四周透雕双螭、双凤及流云纹，螭、凤相互缠绕，遨游穿插于心形主体及云气间，纹饰优美生动，玲珑剔透，色彩斑斓，是东汉玉器中的佳品。陕西华阴东汉刘崎墓所出1件，器形基本相同，在心形主体的周围透雕螭虎等动物纹饰，雕工亦颇精巧[3]。

---

[1] 湖南省博物馆：《长沙五里牌古墓葬清理简报》，《文物》1960年第3期。
[2] 湖南省文物管理委员会：《湖南零陵东门外汉墓清理简报》，《考古通讯》1957年第1期。
[3] 杜葆仁等：《东汉司徒刘崎及其家族墓的清理》，《考古与文物》1986年第5期。

从考古资料考察，鲽形玉佩不属于组玉佩的组成部分，而是单独佩戴的佩玉，而且男女都可佩戴。玉觽和鲽形玉佩都是汉代主要的佩玉。它们盛行于西汉，到了东汉时期已逐渐衰落。

（本文原载《文物天地》1995年第1期）

试论两汉的玉衣

玉衣是汉代皇帝和高级贵族死时使用的殓服。在汉代文献中，玉衣又称"玉匣""玉柙"或"玉椟"。《韵会》："匣，通作柙。"《辞通》："柙、匣，古今字；椟字俗。""玉匣""玉柙"和"玉椟"，都是"玉衣"的同义词。

"玉匣"一词，虽早见于文献，但其形状如何，从汉代以后便不为一般人所知道了。完整的玉衣是1968年在河北满城西汉中山靖王刘胜和其妻窦绾的墓中首次发现的①。这两套玉衣的出土，使我们第一次看到了玉衣的真面目，解开了汉代以后长期存在的"玉匣"之谜；同时也使我们对古代手工业匠人的智慧和才能感到惊奇和赞叹。

满城汉墓玉衣的外观和人体形状相同，可以分为头部、上衣、裤筒、手套和鞋五大部分。头部由脸盖和头罩构成，上衣由前片、后片和左右袖筒组成，裤筒、手套和鞋都是左右分开的。玉衣的各部分都由许多玉片组成，玉片之间用纤细的金丝加以编缀，所以称为"金缕玉衣"。刘胜的玉衣，复原后形体肥大，腹部凸鼓，头部的脸盖上刻制出眼、鼻和嘴的形象，上衣

---

① 中国科学院考古研究所满城发掘队：《满城汉墓发掘纪要》，《考古》1972年第1期。

的前片制成鼓起的腹部，后片的下端做出人体臀部形状，裤筒制成腿部的样子，形象都颇为逼真。玉衣全长1.88米，由2498片玉片组成，所用编缀的金丝共重1100克左右。窦绾的玉衣比较矮小，头部除在脸盖上刻制眼、鼻和嘴外，在头罩两侧还用玉片制成两个圆形的耳罩；上衣的前、后片没有按人体形状制作，而是做成一般衣服的样子，玉片之间不是以金丝编缀，而是以织物、丝带粘贴编连而成，至于其他部分则与刘胜玉衣相同，都用金丝编缀。玉衣全长1.72米，由2160片玉片组成，所用金丝重约700克。窦绾的玉衣没有做出腹部和臀部的形状，可能是由于做出女性人体形象与封建传统观念相违背的缘故。

"玉衣"作为汉代高级贵族特有的殓服，有其发生、发展和消失的过程。现从玉衣的起源、使用制度、制作、形制和装饰等方面，试就所知，论其梗概。

一 关于玉衣的起源问题

从考古资料考察，早在东周时期就有在死者脸部覆以缀玉面幕、身上殓以缀玉衣服的习俗，这种"缀玉面幕"和"缀玉衣服"可能就是"玉衣"的雏形[1]。1954—1955年在洛阳中州路（西工段）发掘的春秋晚期和战国时期的墓葬中，在有些死者的脸部发现许多带孔的玉石片，有的玉石片做成眉、眼、鼻、口的形状，并按五官的位置排列，以象征人的脸部。发掘报告的作者认为："从石片的穿孔和排列位置看，可能是先将石片按一定形

---

[1] 参见史为《关于"金缕玉衣"的资料简介》，《考古》1972年第2期。

式缀附在织物上，然后覆盖在死者的脸上。"① 这种判断是符合实际情况的。根据《仪礼·士丧礼》记载，古时覆盖死者的脸部用"布巾""幎目"②，裹首用"掩"③。东周墓中死者脸部的玉石片，原来可能是缝缀在"布巾""幎目"一类覆面织物之上的。在覆面织物上缝缀玉石片以象征人脸，可以说已具有玉衣脸盖的雏形。至于玉衣的头罩，则应是从裹首的"掩"演变而来的。

在上述中州路墓葬中，还发现有些死者的身上也有一些带孔的长方形玉石片④。这些玉石片原来应是缝缀在死者所穿的衣服上的。在死者的殓服上缀附玉片等习俗，在先秦文献中已可见其端倪。《墨子·节葬下》记载："诸侯死者，虚车（库）府，然后金玉珠玑比乎身。"孙诒让谓："比乎身犹言周乎身。"成书于战国末年的《吕氏春秋·节丧篇》则载："国弥大，家弥富，葬弥厚，含珠鳞施。"高诱注："鳞施，施玉匣于死者之体，如鱼鳞也。"（今本高注"玉"字下脱"匣"字，据《初学记》卷十四和《太平御览》卷五四九的引文校正）汉代文献《淮南子·齐俗训》亦载："竭国糜民，虚府殚财，含珠鳞施，纶组节束，追送

---

① 中国科学院考古研究所：《洛阳中州路（西工段）》，科学出版社1959年版，第116—124页。

② 《仪礼·士丧礼》："布巾，环幅不凿。"郑玄注："不凿者，士之子亲含，反其巾而已；大夫以上宾为之含，当口凿之，嫌有恶。"贾公彦疏："此为饭含而设，所以覆死者。"又"幎目用缁，方尺二寸。赪里，著组系。"郑注："幎目，覆面者也。"

③ 《仪礼·士丧礼》："掩，练帛广终幅，长五尺，析其末。"郑注："掩，裹首也。析其末为将结于颐下，又还结于项中。"贾疏："掩，若今人幞头，但死者以后二脚于颐下结之，与生人为异也。"

④ 中国科学院考古研究所：《洛阳中州路（西工段）》，科学出版社1959年版，第116—124页。

死也。"许慎注："鳞施，玉纽也。"① 高诱以"玉匣"释"鳞施"，显然是以汉物的名称加在战国的器物上；而许慎释"鳞施"为"玉纽"，文义也不甚了了。但总的说来，"鳞施"应是一种和"玉"有关的服饰，可能就是指缝缀玉片的殓服，而这种殓服或即汉代"玉衣"的前身。

战国时代死者脸上的缀玉覆面和身上的缀玉殓服，虽然和汉代的玉衣有一定的渊源关系，但还不是真正的玉衣。类似满城汉墓出土的、形制完备的玉衣，最早出现于何时，史无明文记载。现据考古资料，并结合有关的文献记载，试做初步的探讨。

在考古工作中，曾多次出土汉代的"玉衣"，但保存完整的只占少数，多数只残存或多或少的玉片。现就所知，按出土先后列表予以介绍（表一）。

从表一所列考古资料看出，已出土的玉衣数量在22套以上，其中属于西汉的共11套，属于东汉者至少有11或12套。在西汉玉衣中，有准确年代可考的，以满城刘胜墓出土的为最早，为武帝元鼎四年（前113）。时代可能早于满城汉墓者，有咸阳杨家湾汉墓和临沂刘疵墓。杨家湾汉墓的年代原报告判断为文景时期，刘疵墓属于西汉前期。但这两座墓都缺乏明确的断代根据，只能确定其上限应为文帝时期，下限可能达到武帝初年。在考古工作中，迄今尚未发现确属文帝以前的玉衣。

在文献方面，《史记》所述讫于汉武帝天汉四年（前97），而未见关于"玉衣"的记载。成书于武帝时期的《淮南子》一书，在论述厚葬时，仍然只承袭《吕氏春秋》中所谓"含珠鳞施"的说法，也未见"玉衣"一词。由此推测，葬以玉衣的习俗，

---

① 据刘文典《淮南鸿烈集解》，《齐俗训》为许慎注本。

表一　考古发现玉衣资料登记表

出土时间	地点	保存情况	墓主	缕别	墓葬年代
1946年9月	河北邯郸郎村汉墓	很多长方形、方形等穿孔玉片，孔中残留铜缕	象氏侯刘安意	铜缕	西汉始元六年（前81）①
1954年	江苏睢宁九女墩汉墓	玉片229片（一说为三四百片），大小不等，多长方形，四角有小孔，孔中有铜丝痕迹	?	铜缕	东汉末年②
1955年4—9月	河北望都2号墓	玉石片452片，有方形、长方形、三角形等，各角均有穿孔，孔内残存铜丝	姓刘，应为皇族	铜缕	东汉光和五年（182）③
1958年冬	山东东平王陵山汉墓	玉片1647片，长方形、方形居多，四角或周围有穿孔，孔内有铜丝或铜锈残存	东平宪王刘苍后代	铜缕	东汉中晚期④
1959年	河北定县北庄汉墓	玉、石片共5169片（可能为两套玉衣），有方形、长方形、梯形、三角形等，边缘或角上有穿孔，孔内残存鎏金铜丝，有些玉片背面墨书"中山"二字	中山简王刘焉	鎏金铜缕	东汉永元二年（90）⑤

① 黎晖：《玉衣片》，《文物参考资料》1958年第11期，第52页；史为：《关于"金缕玉衣"的资料简介》，《考古》1972年第2期，第48页。
② 李鉴昭：《江苏睢宁九女墩汉墓清理简报》，《考古通讯》1955年第2期，第57—59页。李蔚然：《江苏睢宁九女墩汉墓出土玉牌用途的推测》，《考古通讯》1958年第2期，第31—33页。前者误认玉衣片为"瞑目牌"。
③ 河北省文化局文物工作队：《望都二号汉墓清理简报》，文物出版社1959年版。
④ 山东省博物馆：《山东东平王陵山汉墓清理简报》，《考古》1966年第4期。
⑤ 河北省文化局文物工作队：《河北定县北庄汉墓发掘报告》，《考古学报》1964年第2期。

续表

出土时间	地点	保存情况	墓主	缕别	墓葬年代
1968年6—8月	河北满城1号汉墓	全套金缕玉衣，保存完整	中山靖王刘胜	金缕	西汉元鼎四年（前113）[1]
1968年8—9月	河北满城2号汉墓	全套金缕玉衣，保存完整	中山靖王后窦绾	金缕	西汉元狩至太初年间[2]
1969年11—12月	河北定县43号汉墓	玉片1100多片，大部为长方形，小部分是三角形，玉片穿孔内残存银缕；石片400余片，片作半圆形外，余皆为长方形，石片穿孔内有绿色铜锈及残存的铜缕	中山穆王刘畅夫妇	银缕、铜缕各一套	东汉熹平三年（174）[3]
1970年7—8月	江苏徐州土山汉墓	一套"银缕玉衣"，是用长方形的玉石小薄片，四角穿孔，以银丝缀联而成	可能与彭城靖王刘恭有关	银缕	东汉[4]
1970年	山东曲阜九龙山3号汉墓	残存玉衣片	鲁孝王刘庆忌	银缕	西汉甘露三年（前51）[5]

①　中国科学院考古研究所满城发掘队：《满城汉墓发掘纪要》，《考古》1972年第1期。
②　中国科学院考古研究所满城发掘队：《满城汉墓发掘纪要》，《考古》1972年第1期。
③　定县博物馆：《河北定县43号汉墓发掘简报》，《文物》1973年第11期。
④　详见《文物》1972年第3期，第76页；吴学文：《银缕玉衣、铜盒砚、刻石》，《光明日报》1973年4月7日。
⑤　山东省博物馆：《曲阜九龙山汉墓发掘简报》，《文物》1972年第5期；文物编辑委员会编：《文物考古工作三十年》，文物出版社1979年版，第194页。

续表

出土时间	地点	保存情况	墓主	缕别	墓葬年代
1970年11月—1976年11月	陕西咸阳杨家湾4号、5号汉墓	4号墓出土玉片200余片，5号墓出土玉片202片，形状有三角形、梯形、方形、长方形、菱形等，个别玉片穿孔内残留银丝	周勃父子（？）	一套为银缕	西汉文景时期①
1971年1月	河南洛阳东关汉墓	残存玉片42片，有长方形、方形、梯形三种，四角有孔	？	？	东汉晚期②
1973年	河北定县40号汉墓	全套金缕玉衣，保存完整	中山孝王刘兴	金缕	西汉绥和元年（前8）③
1974年6—8月	北京丰台区大葆台1号汉墓	玉片四角穿孔，边缘磨成斜坡状	燕王	？	西汉后期④

① 陕西省文管会等：《咸阳杨家湾汉墓发掘简报》，《文物》1977年第10期。
② 余扶危、贺官保：《洛阳东关东汉殉人墓》，《文物》1973年第2期。
③ 河北省博物馆等：《定县40号墓出土的金缕玉衣》，《文物》1976年第7期。
④ 北京市古墓发掘办公室：《大葆台西汉木椁墓发掘简报》，《文物》1977年第6期。简报作者认为，1号墓的墓主是燕刺王刘旦，但尚难成为定论。

续表

出土时间	地点	保存情况	墓主	缕别	墓葬年代
1974—1977年	安徽省亳县董园村1号墓	银缕玉衣一件，面部、脚底部尚完整一件，玉片缺失较多	费亭侯曹腾或曹嵩夫妇	银缕、铜缕各一件	东汉延熹七年（164）元月①
1974—1977年	安徽省亳县董园村2号墓	铜缕玉衣残片数百片，属手一件或多件	曹节、曹腾或曹嵩夫妇	铜缕	东汉②
1977年10月	江苏扬州甘泉山汉墓	以铜缕缀联的玉衣玉片近千片，有的玉片刻蟠螭纹和贴饰金片	刘氏家族	铜缕	西汉晚期③
1978年5月	山东临沂洪家店汉墓	金缕玉面罩、玉帽、玉手套和玉袜（鞋）共6件，由1140片玉片组成	刘疵	金缕	西汉前期④
1978年	河北邢台南郊西汉墓	完整的玉衣片20片，残者200多片。有的玉片雕刻柿蒂纹和云纹，并镶嵌金丝和金箔。四角钻马蹄形孔，以金丝贯穿	南曲阳侯刘迁	金缕	西汉甘露三年（前51）⑤

① 安徽省亳县博物馆：《亳县曹操宗族墓葬》，田昌五：《读曹操宗族墓砖铭辞》，《文物》1978年第8期；殷涤非：《对曹操宗族墓砖铭的一点看法》，《文物》1980年第7期。

② 安徽省亳县博物馆：《亳县曹操宗族墓葬》，田昌五：《读曹操宗族墓砖铭辞》，《文物》1978年第8期；殷涤非：《对曹操宗族墓砖铭的一点看法》，《文物》1980年第7期。

③ 文物编辑委员会编：《文物考古工作三十年》，文物出版社1979年版，第205页。

④ 临沂地区文物组：《山东临沂西汉刘疵墓》，《考古》1980年第6期；临沂县文物组：《山东临沂刘疵墓出土的金缕玉面罩等》，《文物》1980年第2期，第96页。

⑤ 河北省文物管理处：《河北邢台南郊西汉墓》，《考古》1980年第5期。

在武帝时期可能才流行不久，或尚未形成一种制度，因而知道的人不多，《史记》也未载其事。

从汉代的社会经济发展情况考察，"玉衣"的出现不大可能在西汉初年。高祖时，由于经济贫困，"自天子不能具醇驷，而将相或乘牛车"。惠帝、吕后年间，虽然"衣食滋殖"，但经济尚未恢复。文帝时期，经济有所发展，而"公私之积犹可哀痛"（贾谊语）①。《史记·孝文本纪》载："治霸陵皆以瓦器，不得以金银铜锡为饰。"所记是否完全符合实际，当然值得怀疑，但在一定程度上反映了当时经济尚不富裕的事实。经过"文景之治"，到了武帝初年，汉王朝通过70年左右的休养生息，社会经济有了很大的发展，"京师之钱累巨万，贯朽而不可校。太仓之粟陈陈相因，充溢露积于外，至腐败不可食"②。随着经济的迅速发展，统治阶级的生活日益淫侈腐化，以至于"木土衣绮绣，狗马被缋罽"，"兴造甲乙之帐，落以随珠和璧"③。生前穷奢极欲，死后则实行厚葬。根据以上情况分析，封建贵族以玉衣作为殓服应该是从武帝时期开始盛行的，玉衣的出现可能是在文景时期。当然，这个论断是否正确，有待今后田野考古的证实。

在考古发掘中，可以判明属于文帝时期或更早的列侯墓葬，尚未发现玉衣。如安徽阜阳双古堆1号、2号汉墓，发掘简报作者推断为第二代汝阴侯夏侯灶夫妇墓④，夏侯灶死于汉文帝十五

---

① 皆见《史记·平准书》和《汉书·食货志》。
② 《史记·平准书》《汉书·食货志》所载基本相同。
③ 详见《汉书》的《东方朔传》和《西域传赞》。
④ 安徽省文物工作队等：《阜阳双古堆西汉汝阴侯墓发掘简报》，《文物》1978年第8期。

年（前165），这两座墓都未见玉衣痕迹，如有玉衣，虽经盗掘一般也会有玉片残留。又如长沙马王堆1号、2号汉墓，分别为軑侯利仓妻和利仓本人的墓，利仓死于吕后二年（前186），他的妻子死于文帝十二年以后数年。利仓是始封的列侯，如按《后汉书·礼仪志》记载，应葬以"银缕玉衣"，其正妻也应如此，实际上两墓都未发现玉衣。利仓墓多次被盗，保存较差，而其妻的墓保存很好，尸体除着贴身衣外，并包裹各式衣着、衾被以及丝麻织物18层，而不是殓以玉衣①。这些或可作为文帝时期尚未流行玉衣的例证。

另外，据《史记·齐太公世家·正义》引《括地志》载，晋永嘉末，有人发掘齐桓公墓，"得金蚕数十薄，珠襦、玉匣、缯彩、军器不可胜数"。又《后汉书·张奂传》李贤注引陆翙《邺中记》亦有相同的记载。《括地志》这条记载的可靠性，史为先生在《关于"金缕玉衣"的资料简介》（以下简称《简介》，《考古》1972年第2期）一文中已有论及，他认为可能是根据南北朝时述异志怪的书而写的，不可凭信。《邺中志》主要记后赵石虎事，后人亦有所增附，此条材料恐亦系来源于当时的述异志怪书。从先秦文献和现有的考古资料考察，春秋时期不可能出现玉衣。

二 关于使用玉衣的制度问题

根据《后汉书·礼仪志》记载，皇帝死后使用金缕玉衣，诸

---

① 湖南省博物馆等：《长沙马王堆1号汉墓》，文物出版社1973版；湖南省博物馆等：《长沙马王堆二、三号汉墓发掘简报》，《文物》1974年第7期。

侯王、列侯始封、贵人、公主使用银缕玉衣，大贵人、长公主使用铜缕玉衣①。这种规定的制度在西汉时期是否已经确立，值得怀疑。出土的11套西汉玉衣中，金缕玉衣共5套，其中明确属于诸侯王的有3套，即中山靖王夫妇和中山孝王刘兴；另外2套可能属于列侯（刘疵和南曲炀侯刘迁）。东汉时期的玉衣，情况就不相同，已发现的只有银缕、铜缕两种，而无金缕玉衣。推断属于诸侯王（中山简王刘焉、中山穆王刘畅、彭城靖王刘恭）的3套，2套为银缕玉衣，1套为鎏金铜缕玉衣。史为先生在《简介》中认为，鎏金铜缕或与银缕相当。亳县董园村1号墓所出的银缕玉衣，可能属于始封的列侯（费亭侯曹腾）。至于铜缕玉衣，一部分可能属于嗣位的侯，嗣侯按规定使用什么玉衣，史无明文记载，史为先生在《简介》中推测可能使用铜缕玉衣。另一部分应系属于诸侯王、列侯的妻子，如定县43号汉墓、扬州甘泉山汉墓、亳县董园村1号汉墓等出土的铜缕玉衣。由此推测，从开始使用玉衣，发展到明确分为金缕、银缕、铜缕三个等级，经过了一段较长的时间，在西汉时期这种等级制度可能尚未确立，所以除皇帝外，诸侯王以至于某些列侯也可以使用金缕玉衣。

在文献方面，《汉书》中只见"玉衣""玉柙"，未见关于金缕、银缕、铜缕之分的记载。根据卫宏《汉旧仪》载，不仅皇帝的"玉襦""玉柙"（即"玉衣"）缝以黄金缕②，而且王侯的

---

① 《后汉书·礼仪志下》：大丧，"金缕玉柙如故事"。"诸侯王、列侯始封、贵人、公主薨，皆……玉柙银缕；大贵人、长公主铜缕。"

② 《后汉书·礼仪志下》刘昭注引《汉旧仪》："帝崩，唅以珠，缠以缇缯十二重。以玉为襦，如铠状，连缝之，以黄金为缕。腰以下以玉为札，长一尺，（广）二寸半，为柙，下至足，亦缝以黄金缕。"又引《董卓别传》："发成帝陵，解金缕，探含玑焉。"按"金缕"当即缝缀玉衣的金丝。

"玉匣"（即"玉衣"）也是"缀以黄金缕为之"①。卫宏虽是东汉时人，但《汉旧仪》所记乃西汉时事②。由此可见，在初行玉衣的西汉时期，用于缝缀玉片的可能主要是金丝，皇帝和王侯皆可使用金缕玉衣。当然，这并不排除西汉时期的王侯也有使用银缕或铜缕玉衣的，不过尚未形成严格的分级使用的规定而已。

到了东汉时期，玉衣分级使用的制度看来已经确立，正如《后汉书·礼仪志》所说的分为金缕、银缕、铜缕三个等级。上述考古发掘资料说明，东汉诸侯王和始封列侯使用银缕或鎏金铜缕玉衣，嗣位的列侯及其相当等级使用铜缕玉衣，因未发掘皇陵，所以尚未发现东汉时期的金缕玉衣。考古资料与《后汉书》所载正相吻合。

三 关于玉衣的制作问题

汉代的玉衣究竟是什么地方制造的，史无明文记载。从刘胜夫妇的玉衣观察，有些玉片的背面尚残存玉璧纹饰，显然是利用废弃的玉璧改制而成的；玉衣手套中所握的璜形玉器，也是用玉璧改制的；头罩顶部中心使用了玉环；刘胜玉衣罩生殖器用的小玉盒，是由玉琮改制成的；编缀玉片的金丝，形状粗细不一样，看来是利用了不同用途的各种金丝③。临沂刘疵墓金缕玉面罩等

---

① 《后汉书·梁竦传》注引《汉仪注》："王侯葬，腰已下玉为札，长尺，广二寸半为匣，下至足，缀以黄金缕为之。"按《汉旧仪》本有注，魏晋唐人所引《汉仪注》悉是《汉旧仪》。
② 《后汉书·卫宏传》："（卫）宏作《汉旧仪》四篇，以载西京杂事。"
③ 中国科学院考古研究所技术室：《满城汉墓"金缕玉衣"的清理和复原》，《考古》1972年第2期。

试论两汉的玉衣　163

的玉片，有的在背面也有纹饰残存，因而可以看出是用玉璧、玉佩等改制而成的①。根据以上情况判断，制造这些玉衣的作坊规模应该相当大，不仅制作玉衣，而且生产玉璧、玉琮、玉佩等多种玉器，甚至还制作某些金银装饰品。这种较大规模的玉器作坊，恐非一般王国、侯国所能兴办的，应是属于朝廷的手工业作坊。

定县北庄汉墓所出玉衣的部分玉片，其背面有墨书"中山"二字②，这也说明此玉衣来自汉廷。朝廷的作坊为各诸侯王、列侯制作玉衣，"中山"字样推测可能是工匠们为了便于区别，而书写在为中山王制造的玉衣部分玉片上的。又定县40号汉墓出土的金缕玉衣，大于死者的身躯，穿用时不得不把裤筒下部过长的部分拆下，而垫盖在死者腹部的上下。简报作者根据这些现象，也认为玉衣可能是由朝廷按一定的规格统一制作的③。

棺椁、玉衣、饭含之具都属东园秘器，制作玉衣的作坊可能是隶属于少府的属官东园匠④。帝、后殁以梓宫、玉衣等东园秘器⑤。受皇帝宠幸的外戚大臣，也往往赐以玉衣等东园秘器。例如，赐霍光以"璧珠玑玉衣"⑥，"豫赐"董贤以"东园秘器、珠

---

① 临沂地区文物组：《山东临沂西汉刘疵墓》，《考古》1980年第6期；临沂县文物组：《山东临沂刘疵墓出土的金缕玉面罩等》，《文物》1980年第2期，第96页。
② 河北省文化局文物工作队：《河北定县北庄汉墓发掘报告》，《考古学报》1964年第2期。
③ 河北省博物馆等：《定县40号汉墓出土的金缕玉衣》，《文物》1976年第7期。
④ 《汉书·百官公卿表上》："少府……属官有尚书、符节、太医、太官、汤官、导官，乐府，若卢、考工室、左弋、居室、甘泉居室、左右司空、东织、西织、东园匠十六官令丞。"师古注："东园匠，主作陵内器物者也。"
⑤ 《汉书·外戚传下》："共王母及丁姬棺皆名梓宫，珠玉之衣非藩妾服，请更以木棺代，去珠玉衣。"《后汉书·孝崇匽皇后纪》："敛以东园画梓寿器、玉匣、饭含之具。"
⑥ 《汉书·霍光传》。

襦玉柙"①，赐耿秉以"朱棺玉衣"②，赐梁竦以"东园画棺、玉匣、衣衾"③，赐梁商"以东园朱寿（之）器、银镂、黄肠、玉匣、什物二十八种"④。

东汉时期，厚葬之风日甚。据王符《潜夫论》记载，当时"京师贵戚，郡县豪家"，甚至有使用"金缕玉匣"者⑤。在玉衣分级使用制度已经确立的东汉时代，除皇帝外，任何人使用金缕玉衣都是越制的。那些"京师贵戚"，朝廷或赐以玉衣（应该不是金缕的），已如上述。至于"郡县豪家"违法使用玉衣，则属僭越。桓帝时，冀州宦者赵忠之父死后归葬安平，他私自使用"玉匣"入葬，被刺史朱穆发觉后，以其僭越，"发墓剖棺，陈尸出之，而收其家属"⑥。赵忠之父僭用的玉衣，显然不可能来自东园署的作坊，而是另有制作场所，其形制如何，已不可知。

此外，东汉朝廷还将玉衣赐给一些少数民族的君主，如位于东北的夫余国，其王埋葬所用的玉衣，就是汉朝给予的。朝廷预先把做好的玉衣运往边境的玄菟郡，夫余王死后则"迎取以葬"⑦。直至曹魏景初二年（238）司马懿破公孙渊时，玄菟郡的

---

① 《汉书·董贤传》。

② 《后汉书·耿秉传》。

③ 《后汉书·梁竦传》："追封谥皇太后父（梁）竦为褒亲愍侯……赐东园画棺、玉匣、衣衾。"《初学记》（卷十四）及《太平御览》（卷五五一）引谢承《后汉书》，"梁竦"皆误作"梁松"，汪文台辑《七家后汉书》已校正。

④ 见《后汉书·梁商传》。《东观汉记·梁商传》作："商薨，赐东园辒车、朱寿器、银缕黄玉匣。"

⑤ 《后汉书·王符传》引《潜夫论·浮侈篇》："今京师贵戚，郡县豪家，生不极养，死乃崇丧。或至金缕玉匣。"

⑥ 《后汉书·朱穆传》。

⑦ 《后汉书·东夷列传》："夫余国……其王葬用玉匣，汉朝常豫以玉匣付玄菟郡，王死则迎取以葬焉。"

仓库中还存有玉衣一具①。

四 关于玉衣形制如何形成的问题

从战国时期死者的覆面织物和衣服上缝缀玉石片发展到形制完备的玉衣，应该有一个逐步完善的过程，但从现有的考古资料尚难了解其端倪。早期的玉衣，其形状如何，同形制完备的玉衣究竟有什么区别？这个问题或能从山东临沂刘疵墓所出的"玉衣"得到一些启示。刘疵的所谓"玉衣"，只由玉面罩、玉帽、玉手套和玉袜等六部分组成，相当于刘胜玉衣的头部（包括脸盖和头罩）、手套和鞋，而无上衣和裤筒。这种仅有头部和手、足的"玉衣"，有可能是从缀玉覆面、缀玉衣服发展到完整玉衣的过渡形态，是早期"玉衣"的一种形式，原报告也认为应是玉衣的初步阶段。

从玉衣的形状观察，它的形制和编缀方法，显然受到了铠甲特别是铁制甲胄的影响。铁制铠甲出现在战国时代②。《吕氏春秋·贵卒篇》记载："赵氏攻中山，中山之人多力者曰吾丘鸠，衣铁甲操铁杖以战。"根据《史记·六国年表》，公元前295年赵与齐、燕共灭中山，可见至少在公元前3世纪初人们已使用铁铠甲。《韩非子·内储说上》载："夫矢来有乡，则积铁以备一乡；矢来无乡，则为铁室以尽备之。"注："谓甲之全者，自首至足无不有铁，故曰铁室。"③

---

① 《三国志·魏书·乌丸鲜卑东夷传》："汉时，夫余王葬用玉匣，常豫以付玄菟郡，王死则迎取以葬。公孙渊伏诛，玄菟库犹有玉匣一具。"

② 杨泓：《中国古兵器论丛》，文物出版社1980年版，第12—18页。

③ 此为旧注。陈奇猷校注《韩非子》则云："铁室，谓以铁为室，如此，则四面皆有屏蔽，不患矢来矣。"（见《韩非子集释》卷九）陈注亦可备一说。

完整的玉衣由头部、上衣、裤筒、手套和鞋五大部分组成，其形制可能受到"自首至足无不有铁"的"铁室"的启发。玉衣又称"玉匣"。据《集韵》，匣、甲同音，故可相假。《汉仪注》中"匣"或作"甲"。《说文》："匣，匮也。""玉匣"之"匣"和"铁室"之"室"，具有相类似的意义，"玉匣"似乎亦可解释为"自首至足无不有玉"。在考古发掘中，虽未发现战国的铁甲，但已经出土战国后期的铁胄（兜鍪）。河北易县燕下都44号墓出土1件战国铁兜鍪，保存相当完整，其形状和玉衣的头部十分相似，编缀方法彼此也有类似之处。铁胄的顶部是由两片半圆形札叶组成圆形平顶，然后在平顶周围一层层对缝编缀长方形圆角札叶，制成形如人体头部的兜鍪①。玉衣头罩的顶部则是用圆形玉片（定县40号汉墓玉衣）或者玉环（满城汉墓玉衣）作为平顶中心，然后一层层地用梯形、长方形玉片加以编缀。上下玉片之间也是对缝的。所不同者，铁兜鍪为实战用物，所以脸部外露；而玉衣为死人用物，所以脸部覆以刻制眼、鼻和嘴的形象的面罩。

《后汉书·礼仪志下》刘昭注"玉柙"引《汉旧仪》云："以玉为襦如铠状，连缝之，以黄金为缕；腰以下以玉为札，长一尺二寸半为柙，下至足，亦缝以黄金缕。"《汉书·霍光传》颜师古注引《汉仪注》则作："腰已下玉为札，长尺，广二寸半为甲。"《汉旧仪》明确指出玉衣状如铠甲②。所谓"札"，就是铠甲的甲片。《左传·成公十六年》："养由基蹲甲而射之穿七札焉。"《战国策·燕策》："身自削甲札。"《吕氏春秋·决胜》：

---

① 河北省文物管理处：《河北易县燕下都44号墓发掘报告》，《考古》1975年第4期。

② 《西京杂记》（卷上）亦载："汉帝送死，皆珠襦玉匣，匣形如铠甲，连以金缕。"

"晋惠公之右路石奋投而击缪公之甲，中之者已六札矣。"可见自春秋战国以来，铠甲的甲片称为"札"，以其形状似简札故名。"以玉为札"，就是用玉片作为甲片。因而有人认为，玉衣就是以玉片串缀而成的铠甲或短札①。根据上述情况可以看出，玉衣的制作显然是模仿战国以来的铁质甲胄，玉片编缀的形制更接近于西汉初期以前流行的札甲，而同西汉中期以后逐渐流行起来的鱼鳞甲差别较大②。

相传董卓曾为他年仅七岁的孙子作玉甲一具③。"玉甲"应是以玉为甲片的铠甲。这种铠甲当然不是实用的。以玉作铠甲，从另一角度反映了玉衣和铠甲的关系。

铁制的甲胄是战国以来新出现的防护装备，汉代皇帝和高级贵族死后，以状如铠甲的玉衣作为殓服，大概也是想借玉衣以保护尸体，妄图使尸骨不朽。《后汉书·刘盆子传》载："凡贼所发，有玉匣殓者率皆如生，故赤眉得多行淫秽。"这段记载，显然是对农民起义军的诬蔑，但也反映出当时人们认为玉衣能保护尸体不朽的迷信思想。

五　关于玉衣的装饰问题

发掘出土的两汉玉衣，多数由于盗掘者的破坏，只存或多或

---

① 李蔚然：《江苏睢宁九女墩汉墓出土玉牌用途的推测》，《考古通讯》1958年第2期。

② 关于"札甲"和"鱼鳞甲"的形制，参见杨泓《中国古兵器论丛》，文物出版社1985年版，第24—27页。

③ 《后汉书集解·董卓传》注引《董卓别传》曰："卓孙年七岁，爱以为己子，为作小铠胄，使骑驮骒马，与玉甲一具。"（《太平御览》卷三五六引作《董卓传》）

少的玉片；未经盗掘，保存完整的为数不多。已经修整和复原的玉衣，计有：满城汉墓2套金缕玉衣，徐州东汉墓1套银缕玉衣，定县40号汉墓1套金缕玉衣，亳县董园村1号墓银缕玉衣1套和2号墓铜缕玉衣1套。此外，山东临沂汉墓出土1套仅有头部、左右手套、左右鞋的金缕玉衣，也已复原。从这些玉衣的形制看，除临沂汉墓玉衣特殊外，其他几套基本相同。满城2号汉墓（中山王王后窦绾墓）所出的玉衣，上衣的前、后片不是以金丝编缀，而是用织物、丝带粘贴、编结而成。女性玉衣的上衣是否都是如此，因限于资料，目前尚难作出定论。

关于玉衣玉片上的装饰，据《西京杂记》（卷上）记载，汉武帝的玉衣"镂为蛟龙鸾凤龟麟之象，世谓为蛟龙玉匣"。《西京杂记》一书一般认为是南朝人伪托为汉人的著作，但所载似亦有所本。上述河北邢台南郊汉墓和江苏扬州甘泉山汉墓都曾发现刻饰花纹的玉衣玉片。前者在出土的200多片玉片中，有一半左右雕刻柿蒂纹或云纹，纹饰镶嵌金丝、金箔片[1]；后者在出土的玉片中，有的刻蟠螭纹和贴饰金片[2]。这两座墓都属西汉后期，可能是列侯（邢台汉墓）和诸侯王妻妾（扬州汉墓）的墓。这两套具有刻花嵌金玉片的玉衣，使我们联想到关于武帝使用"蛟龙玉匣"的记载或许是可信的。但是，究竟如何，还有待于今后考古工作的证实。

汉代皇帝和高级贵族以玉衣作为殓服的习俗，一直延续到东汉末年。曹魏黄初三年（222），曹丕（魏文帝）鉴于"汉氏诸陵无不发掘，至乃烧取玉匣金缕，骸骨并尽"，于是禁止使用"珠

---

[1] 河北省文物管理处：《河北邢台南郊西汉墓》，《考古》1980年第5期。

[2] 文物编辑委员会编：《文物考古工作三十年》，文物出版社1979年版，第205页。

襦玉匣"①。葬以玉衣的制度，可能从此被废除了。同时，在考古工作中，迄今也未发现东汉以后的玉衣。

玉衣是两汉王侯以上贵族使用的特殊殓服，它出现于丧葬制度发生显著变化的西汉中期或稍早。大约在汉武帝统治的时期，在墓葬形制方面，过去常见的长方形木椁墓逐步为模仿生人宅院的洞室墓所替代；在棺椁制度方面，也逐渐改变了战国、西汉初期多重棺椁的旧礼制。至于裹殓尸体的衣衾制度，则由于玉衣的使用，也改变了礼书所载的关于韬尸（冒）、裹尸（小殓和大殓）等相当烦琐的程序②。从满城汉墓等玉衣出土情况观察，凡是殓以玉衣者，尸体裹以多层衣衾的可能性不大。从殓以多层衣衾改变为殓以玉衣，同墓室结构、棺椁形制的演变一样，也是西汉中期贵族丧葬制度显著变化的组成部分。

目前发掘出土的玉衣，数量还不很多，保存完整的更是寥寥无几。出土玉衣的墓葬，有些在年代、墓主等问题上不可考或难于考订；有些关于玉衣的资料，尚未整理发表。这些都给进一步研究玉衣的形制及其发展变化等问题，增加了一定的困难。随着考古工作的不断发展，今后必将有更多的玉衣出土，对玉衣的认识和研究也必然会不断地加深和发展。

（本文原载《考古》1981年第1期）

附记：《文物》1980年第12期刊载的《扬州西汉"妾莫书"

---

① 《三国志·魏书·文帝纪》："（黄初三年十月）作终制曰：……饭含无以珠玉，无施珠襦玉匣，诸愚俗所为也。……丧乱以来，汉氏诸陵无不发掘，至乃烧取玉匣金缕，骸骨并尽，是焚如之刑，岂不痛哉！"

② 详见《仪礼·士丧礼》和《礼记·丧服大记》。

木椁墓》一文中,称该墓出土的"玉衣"衣片为琉璃片,有些衣片模印蟠螭纹饰,与《文物考古工作三十年》205 页所载不同。

定县 40 号汉墓发掘者经过进一步研究后改变了看法,认为该墓的墓主"应该是中山怀王刘修"(见河北省文物研究所《河北定县 40 号汉墓发掘简报》,《文物》1981 年第 8 期)。

再论两汉的玉衣

汉代是我国玉器史上承前启后的时期。用于丧葬的玉制品有了明显的发展，最具特色的汉代葬玉就是皇帝和皇室贵族死后穿用的玉衣。

"玉衣"之名始见于《汉书》，或作"玉柙"；《后汉书》多作"玉匣"，亦有作"玉衣""玉柙"的[①]。注家刘昭、颜师古、李贤注"玉柙""玉衣"或"玉匣"，皆据卫宏《汉旧仪》（或作《汉仪注》）[②]，可见汉代以后的注家，对玉衣的形制已不甚了了。在考古资料方面，虽然在新中国成立前就出土过玉衣片，新中国成立后的20世纪50年代，又陆续发现一些铜缕、鎏金铜缕玉衣的资料，但都是一些散乱的玉衣片，看不到玉衣的全貌。直至1968年河北满城汉墓出土保存完整的金缕玉衣后，人们才看到了汉代玉衣的真面目。70年代，发掘出土的玉衣资料更加丰富，个别玉衣也保存得很完整。笔者曾根据70年代末以前的资料，结合文献记载，对玉衣的起源、使用制度、制作地点以及形制、装饰等问题，作了一些初步的研究[③]。近几年来，随着考古工作的不

---

① 史为：《关于"金缕玉衣"的资料简介》，《考古》1972年第2期。
② 《汉仪注》即《汉旧仪》、魏晋唐人引《汉旧仪》多作《汉仪注》。
③ 卢兆荫：《试论两汉的玉衣》，《考古》1981年第1期。

断发展，又有许多新的玉衣实物被发掘出来，给我们进一步研究汉代的玉衣，提供了新的实物资料。

根据已发表的材料，我国目前出土汉代玉衣或玉衣片的省、市有：北京、河北、山东、江苏、河南、陕西、安徽、湖南、广东和云南，其中河北出土的数量最多，江苏、河南、山东次之（表一）。

从表一所列资料可以看出，出土玉衣的西汉墓葬有18座，所出玉衣为金缕的8座，银缕的2座，铜缕的2座，丝缕的1座，不知为何种缕质的5座。就玉衣片的质料而言，除玉质外，还有用琉璃片作为代用品的。出土玉衣的东汉墓葬有16座，其中出银缕、铜缕玉衣各一套的有3座，出银缕玉衣的3座，出鎏金铜缕玉衣的1座，出铜缕玉衣的7座，所出玉衣不明缕质的2座。玉片的质料有玉质的，也有石质的。

此外，还有一些尚未发表的玉衣资料。据说河北定县的朱谷村、香家庄，冀县城关附近的前冢、孙郑李村；河南淮阳的恩陵冢、王场等地，都曾出土玉衣片①。江苏徐州地区，除已发表的石桥、土山、北洞山汉墓外，拉犁山汉墓也出土过东汉时期的铜缕玉衣②。河南永城除僖山汉墓外，其他汉墓也曾出过玉衣片，其中芒山汉墓出过金缕玉衣片300余片③。除以上这些外，估计还会有尚未发表的玉衣资料。

新资料的发现，使我们对玉衣的认识有可能进一步深入。笔者在过去研究的基础上，通过对新资料的分析排比，并结合文献

---

① 郑绍宗：《汉代玉匣葬服的使用及其演变》，《河北学刊》1985年第6期。
② 据徐州博物馆馆长李银德先生介绍。
③ 河南商丘地区博物馆陈列标本。

表一　考古发现玉衣资料一览表

出土地点	出土时间	保存情况	年代	墓主	资料出处
北京大葆台1号汉墓	1974年6—8月	残存玉衣片	西汉后期	燕王或广阳王	《文物》1977，6
河北邯郸郎村汉墓	1946年9月	残存铜缕玉衣片	西汉始元六年	象氏侯刘安意	《文物参考资料》1958，11；《考古》1972，2
河北望都2号汉墓	1955年4—9月	铜缕玉衣片452片	东汉光和五年	刘姓皇族	《望都二号汉墓》
河北无极甄氏墓	1957年7月	残存玉衣片	东汉晚期	？	《文物》1959，1
河北定县北庄汉墓	1959年	鎏金铜缕玉衣2套	东汉永元二年	中山简王刘焉	《考古学报》1964，2
河北满城1号汉墓	1968年6—8月	金缕玉衣1套	西汉元鼎四年	中山靖王刘胜	《满城汉墓发掘报告》
河北满城2号汉墓	1968年8—9月	金缕玉衣1套	西汉元狩至太初年间	中山靖王后窦绾	《满城汉墓发掘报告》
河北定县43号汉墓	1969年11—12月	银缕、铜缕玉衣各1套	东汉熹平三年	中山穆王刘畅夫妇	《文物》1973，11
河北定县40号汉墓	1973年5—12月	金缕玉衣1套	西汉五凤三年	中山怀王刘修	《文物》1981，8
河北邢台南郊汉墓	1978年	金缕玉衣片200余片	西汉甘露三年	南曲阳侯刘迁	《考古》1980，5

续表

出土地点	出土时间	保存情况	年代	墓主	资料出处
河北石家庄汉墓	1980年4—5月	铜缕玉衣片76片	东汉初期	?	《考古》1984,9
河北蠡县汉墓	1980年6月	铜缕玉衣片222片	东汉中期	蠡吾侯家族	《文物》1983,6
山东东平王陵山汉墓	1958年	铜缕玉衣片1647片	东汉中晚期	东平王家族	《考古》1966,4
山东曲阜九龙山3号汉墓	1970年	残存银缕玉衣片	西汉甘露三年	鲁孝王刘庆忌	《文物》1972,5;《文物考古工作三十年》
山东临沂洪家店汉墓	1978年5月	金缕玉头罩、手套、鞋	西汉前期	刘疵	《考古》1980,6
山东五莲张家仲崮汉墓	1982年	金缕玉衣片150片	西汉中晚期	东昌侯刘祖	《文物》1987,9
江苏睢宁九女墩汉墓	1954年	铜缕玉衣片300余片	东汉末年	?	《考古通讯》1955,2;1958,2
江苏徐州石桥1号汉墓	1955年	残存玉衣片2片	西汉中晚期	楚王	《文物》1984,11
江苏徐州土山汉墓	1970年7—8月	银缕玉衣1套	东汉	彭城王家族	《文物》1972,3,76页;《光明日报》1973.4.7
江苏睢宁刘楼汉墓	1975年12月	银缕、铜缕玉衣片140余片	东汉前期	下邳王	《文物资料丛刊·4》
江苏扬州"妾莫书"汉墓	1977年10月	铜缕玉衣片近600片（琉璃质）	西汉晚期	刘氏家族	《文物》1980,12

续表

出土地点	出土时间	保存情况	年代	墓主	资料出处
江苏徐州北洞山汉墓	1986年9—11月	金缕玉衣片50余片	西汉前期	楚王	《文物》1988，2
河南孟津送庄汉墓	1964年8月	铜缕玉衣片30片	东汉晚期	?	《文物资料丛刊·4》
河南洛阳东关汉墓	1971年1月	玉衣片42片	东汉晚期	?	《文物》1973，2
河南永城僖山汉墓	1986年	金缕玉衣1000余片	西汉晚期	梁王	《文物报》1986.10.31
河南洛阳汉墓	1988年2月	铜缕玉衣数百片	东汉中晚期	?	《中国文物报》1988.3.11
河南淮阳汉墓	1988年	银缕玉衣1800余片	东汉中晚期	陈顷王刘崇	《中国文物报》1988.12.16
陕西咸阳杨家湾4号汉墓	1970年11月—1976年11月	玉衣片200余片	西汉文景时期	周勃或周亚夫	《文物》1977，10
陕西咸阳杨家湾5号汉墓	1970年11月—1976年11月	银缕玉衣片202片	西汉文景时期	周勃或周亚夫	《文物》1977，10
安徽亳县董园村1号汉墓	1974—1977年	银缕、铜缕玉衣各1套	东汉延熹七年元月	费亭侯曹腾夫妇	《文物》1978，8

续表

出土地点	出土时间	保存情况	年代	墓主	资料出处
安徽亳县董园村2号汉墓	1974—1977年	铜缕玉衣片数百片	东汉末年	曹腾家族	《文物》1978,8
湖南长沙杨家山1号汉墓	1958年	残存玉衣片	西汉中期	?	《考古》1959,12
广东广州象岗山汉墓	1983年6月	丝缕玉衣一套	西汉武帝时期	第二代南越王	《考古》1984,3
云南晋宁石寨山古墓	1956—1957年	玉衣片66片	西汉	滇王	《云南晋宁石寨山古墓群发掘报告》

进行探讨，对有些问题有了新的认识，也有一些问题觉得有补充修正的必要。本文拟就早期的玉衣、玉衣的制作地点以及有关玉衣的使用制度等问题，做些补充探讨，以就正于读者。

一 关于早期玉衣的形制问题

根据现有的资料，我仍然认为玉衣的出现可能是在西汉文景时期。从文帝至武帝前期的玉衣，暂定为早期玉衣。出土早期玉衣或玉衣片的墓葬已发表的有下列5座：咸阳杨家湾4号和5号汉墓、山东临沂刘疵墓、广州象岗山南越王墓、徐州北洞山楚王墓。杨家湾4、5号墓都属文景时期。两墓各残存玉衣片200余片。5号墓的玉衣为银缕，4号墓的玉衣不知为何种缕质，其形制都已不可考。刘疵墓出土用金缕编连的头罩、手套和鞋，共五个部分。玉片的形状和金丝的编连方法与满城汉墓玉衣区别不大，只是没有上衣和裤子。这可能是尚未发展到完备阶段的"玉衣"，是早期"玉衣"的一种形式。有的学者认为使用这种"玉衣"是由于死者等级较低的缘故，亦可备一说[①]。南越王墓属武帝前期。墓中所出的玉衣，详细资料尚未发表。据发掘初步报告："玉衣系丝缕编缀和粘贴组合而成。头部、手部、足部用丝缕编缀，玉片四角穿孔，琢磨光洁。其他部位系粘贴玉片于麻布片上，再以素绢覆盖，玉片磨制稍差，不穿孔。"[②] 用丝缕编缀的玉衣，这是第一次发现。丝缕玉衣的出现，或能说明在使用玉衣的初期，人们着重点在"玉"，

[①] 郑绍宗：《汉代玉匣葬服的使用及其演变》，《河北学刊》1985年第6期。
[②] 广州象岗汉墓发掘队：《西汉南越王墓发掘初步报告》，《考古》1984年第3期。

而不重视编缀玉片用的是什么质料的"缕",既可以用"金缕""银缕"或"铜缕",也可以用"丝缕"。这与西汉时期玉衣尚未形成严格的分级使用制度有关。南越王玉衣的头部、手部和足部的玉片"琢磨光洁",且四角穿孔,而其他部位的玉片则"琢磨稍差,不穿孔"。这种现象或能说明此玉衣原先只做出头、手、足三部分,属于早期玉衣的形式,和刘疵的玉衣相类似;而其他部位可能是死后临时补上的,由于时间匆促和技术条件的限制,所以玉片的制作工艺水平较差。当然这只是一种推测。这套玉衣正在修复中,俟修复后或能有进一步的认识。北洞山楚王墓的年代,发掘者认为应在公元前175—前128年间,即文帝前元五年至武帝元朔元年之间。该墓多次被盗,残存金缕玉衣片50余片,玉衣全貌已不得而知。玉衣片多数作"凸"字形鳞甲状,边缘和中部的上下有穿孔,多者一片有7个小孔,其形状和常见的方形、长方形玉衣片不同①。这种形状的玉衣片为过去所未见。玉衣片早已散乱,其编缀方式已无痕迹可寻,只能根据玉片上穿孔的位置进行想象复原。魏鸣先生曾对该玉衣片进行缀合复原。并绘出示意图(图一)。他认为,该玉衣"基本上作双层,表面呈鳞片状",即《吕氏春秋·节丧》所云的"鳞施";还"推测这种玉衣可能流行于战国至西汉前期,属于玉衣的早期形制"②。战国时期是否流行这种玉衣,缺乏实物证据,难以确定。从考古资料考察,战国时期的墓葬只出缀玉面幕、缀玉衣服,未见这种玉衣③。至于魏鸣先生对玉衣片的缀合

---

① 徐州博物馆等:《徐州北洞山西汉墓发掘简报》,《文物》1988年第2期。
② 魏鸣:《鳞片式玉衣》,《文物天地》1987年第2期。
③ 中国科学院考古研究所:《洛阳中州路(西工段)》,科学出版社1959年版,第116—124页;《辉县发掘报告》,科学出版社1956年版,第45、120、133页。

复原方式,虽可备一说,但不能排除存在其他编缀方式的可能性。中国社会科学院考古研究所技术室白荣金先生曾对该玉衣片进行局部模拟复原,认为尚有两种编缀方式可以考虑。一种是相邻两排玉片上下颠倒,作密联式(图二);另一种为玉片不颠倒,并列编连(图三)。经白荣金先生分析比较,认为后一种编缀方法较合理,使用金丝编连也较方便。这种玉衣的制作,可能是模仿西汉初期出现的鱼鳞甲。从这种玉衣片的形状和穿孔的位置看,它与稍后的满城1号汉墓所出铁甲的第一种甲片和洛阳西郊3023号西汉墓二型甲片有类似之处,故其编连方法也可能和鱼鳞甲差别不大[1]。这也说明,玉衣的形制和编缀方法系受甲胄影响的论断是可信的[2]。

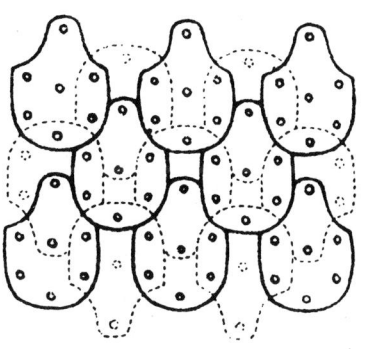

图一 玉衣片缀合示意图(魏鸣)

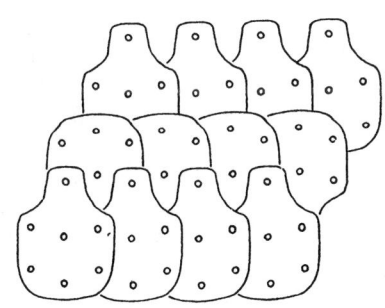 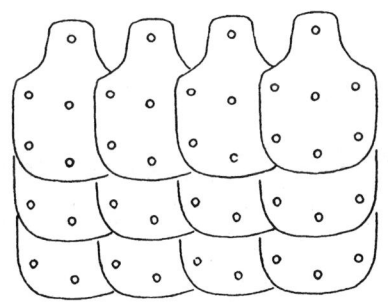

图二 密联式缀合示意图(白荣金)　　图三 并列编连式缀合示意图(白荣金)

---

[1] 中国社会科学院考古研究所等:《满城汉墓发掘报告》,文物出版社1980年版,上册图二三四:1,第359页;另见《考古学报》1963年第2期,图二七:2,第35页。

[2] 卢兆荫:《试论两汉的玉衣》,《考古》1981年第1期。

以上是已经发表的早期玉衣的资料。尚未发表的资料，如上述商丘地区博物馆展出的永城芒山汉墓金缕玉衣片，从共出的半两钱、双联玉舞人等考察，也应属早期玉衣。残存的300多片玉衣片多数为长方形、方形的，至于该玉衣的形制已不可考。

早期的玉衣，归纳起来有以下几个特点：（1）玉衣片多数为长方形、方形，个别作"凸"字形，状似鱼鳞甲的甲片；（2）编连玉片的缕线，多数为金缕，还有使用银缕、丝缕的；（3）玉衣的构件，有的只有头部、双手、双足五个部分，有的是这五个部分的玉片质量优于其他部分；（4）多数玉衣片编缀的方式应和铠甲中的札甲相似，只有个别玉衣的编缀方式类似鱼鳞甲。总之，早期玉衣出土的数量不多，而且多数已被扰乱破坏，所以其形制问题目前尚不甚清楚，只有在今后的考古工作中才有望得到进一步的了解。

二 关于玉衣的制作地点问题

玉衣体积大，结构复杂，工艺技术要求高。从玉衣的构件考察，制作玉衣的作坊往往还制造玉璧、玉琮、玉佩和玉剑饰等[1]。这种规模较大的综合性玉器作坊应系官营手工业作坊无疑。根据文献记载，制作玉衣的作坊在朝廷中应属于"主作陵内器物"的少府属官东园匠[2]。从现有实物资料考察，东园匠的玉器作坊虽然是制作玉衣的主要场所，但并不是所有的玉衣都在朝廷东园匠

---

[1] 卢兆荫：《试论两汉的玉衣》，《考古》1981年第1期。河南商丘地区博物馆陈列的永城芒山汉墓玉衣构件中，有用玉剑首改制者。

[2] 《汉书·百官公卿表上》颜师古注。

作坊制造。有学者认为,"有些玉衣,特别是汉白玉石衣,不一定都是朝廷所制作或颁赐,可能各郡国建有朝廷特许的工作作坊"①。看来有些玉衣为诸侯王国所造是可能的,当然,只有一些较大的王国才能有这种玉器作坊。例如上述徐州北洞山楚王墓玉衣,玉片的形状特殊,从玉片穿孔看出,其编连方式也和同时代的其他玉衣不一样,可能不是由朝廷的东园匠作坊统一制作的,而是在楚王国内的玉器作坊制造的。据徐州博物馆人员介绍,徐州白云山西汉墓和乔家湖东汉墓都曾出土玉料,其中有的似是制作玉璧遗留下来的废料。这两座墓的墓主可能是玉器作坊的玉工或其亲属。这说明当时楚国确有自己的玉器制造业。既然楚国有自己的玉器作坊,能够制造玉璧等,那么楚王墓形制特殊的玉衣为王国自己制造的推测,应该是可信的。玉衣中"有少数玉片是用谷纹或蟠螭纹璧改制的"②,说明在制作该玉衣的过程中,玉工还利用了玉璧的废品。

广州南越王墓的玉衣,情况也比较特殊。它是否为本地所造,还值得研究。该墓出土的玉器,数量很多,而且有不少工艺水平很高的玉器珍品。其中不少器物(如玉剑饰等)的造型、纹饰风格,与河北、山东、江苏等地西汉诸侯王墓出土的玉器几乎完全相同。发掘者认为,该墓的"玉器可能是从内地输入"的③,这个看法不是没有根据的。这套玉衣头部、手部和足部的玉片,制作的工艺水平较高,可能来自西汉朝廷或内地的玉器作坊;其他部位的玉片琢磨较差,似乎也有可能是墓主死后仓促补配的。

---

① 郑绍宗:《汉代玉匣葬服的使用及其演变》,《河北学刊》1985年第6期。
② 徐州博物馆等:《徐州北洞山西汉墓发掘简报》,《文物》1988年第2期。
③ 广州象岗汉墓发掘队:《西汉南越王墓发掘初步报告》,《考古》1984年第3期。

南越国是地方割据政权，国内是否有玉器作坊，无文字记载可查。《汉书》记载，文帝时陆贾使南越，南越王赵佗"因使者献白璧一双，翠鸟千，犀角十，紫贝五百，桂蠹一器，生翠四十双，孔雀二双"①。从所献多为南越国土产考虑，"白璧"也可能是当地所造。南越王墓出土不少玉璧，其中最大者直径为33.4厘米，十分罕见。在所出的那些玉璧中，有的可能就是当地制造的，所以南越王的丝缕玉衣，看来也不能完全排除在当地制造或补配的可能性。

江苏扬州"妾莫书"西汉墓所出的铜缕"玉衣"片为琉璃质，少数琉璃片上还模印蟠螭、花朵等装饰花纹②。这种以琉璃片代替玉片的"玉衣"，也应是当地制作的。

三　有关玉衣使用制度的一些问题

玉衣从开始出现到定型，经过了一段较长的时间。它的使用制度，也有一个从不完备到完备的发展过程。在西汉时期，玉衣分级使用的制度尚未确立。根据文献记载，当时皇帝和王侯的玉衣都可以使用金缕③。西汉的帝陵尚未发掘，皇帝玉衣的形制如何，无实物资料可供印证，但皆为金缕玉衣则是可以肯定的。在出土资料中，西汉诸侯王、列侯的玉衣多数是金缕的，但也有使

---

① 《汉书·西南夷两粤朝鲜传》。
② 扬州市博物馆：《扬州西汉"妾莫书"木椁墓》，《文物》1980年第12期。
③ 《后汉书·礼仪志下》注引《汉旧仪》曰："帝崩……以玉为襦，如铠状，连缝之，以黄金为缕。腰已下以玉为札，长一尺，（广）二寸半，为柙，下至足，亦缝以黄金缕。"《后汉书·梁竦传》注引《汉仪注》云："王侯葬，腰已下玉为札，长尺，广二寸半；为匣，下至足，缀以黄金缕为之。"

用银缕、铜缕、丝缕的。到了东汉时期，玉衣分级使用的制度已经确立。《后汉书·礼仪志》记载，皇帝使用金缕玉衣，诸侯王、列侯始封、贵人、公主使用银缕玉衣，大贵人、长公主使用铜缕玉衣①。发掘出土的资料中，可以确定为东汉诸侯王者，除中山简王焉用鎏金铜缕玉衣外，其余如中山穆王畅、陈顷王崇、彭城王、下邳王等，皆用银缕玉衣。刘焉的玉衣使用鎏金铜缕，夏鼐先生曾认为或系当时皇帝特赐，或系鎏金铜缕与银缕相当②。看来皇帝特赐的可能性较大。《后汉书·中山简王焉传》记载，由于刘焉与窦太后及窦宪兄弟关系密切，死后丧葬规格特别高，"制度余国莫及"③，因而特赐鎏金铜缕玉衣是完全可能的。亳县董园村1号汉墓的银缕玉衣，可能属于始封的列侯。蠡县汉墓的铜缕玉衣，应是嗣侯使用的。可见考古发现的东汉玉衣，其等级制度与《后汉书·礼仪志》所载基本相符。

从上述《后汉书·礼仪志》记载可以看出，玉衣是汉代皇帝以及诸侯王、列侯、贵人、公主等皇室成员专用的殓服。这些皇室贵族死后殓以玉衣，是当时丧葬礼仪制度所规定，所以史书纪传一般不做记载。例如皇后、皇太后，按制度皆用玉衣，而史书多不载，只在《汉书·定陶丁姬传》和《后汉书·孝崇匽皇后纪》中见到有关玉衣的文字，前者记述王莽奏贬傅太后为定陶共

---

① 《后汉书·礼仪志下》：大丧，"守宫令兼东园匠将女执事，黄绵、缇缯、金缕玉柙如故事。""诸侯王、列侯始封、贵人、公主薨，皆令赠印玺、玉柙银缕；大贵人、长公主铜缕。"中华书局标点本作"列侯、始封贵人"，恐系标点之误。

② 史为：《关于"金缕玉衣"的资料简介》，《考古》1972年第2期。

③ 《后汉书·光武十王列传》："（刘焉）立五十二年，永元二年薨。……是时窦太后临朝，窦宪兄弟擅权，太后及宪等，东海出也，故睦于焉而重于礼，加赗钱一亿。……制度余国莫及。"

王母，丁太后为丁姬，以其是"藩妾"为由，"去珠玉衣"①。后者记载孝崇匽皇后死后，"敛以东园画梓寿器、玉匣、饭含之具，礼仪制度比恭怀皇后"。匽皇后为蠡吾侯翼的媵妾，本不应享受玉匣等待遇，但由于她是桓帝的生母，和平元年（150）尊为皇后，所以死后以皇后之礼葬之，史书因此特加记载。至于考古发现中殓以玉衣的诸侯王，如中山靖王刘胜、怀王刘修、简王刘焉、穆王刘畅和鲁孝王刘庆忌等，在其列传中也没有关于使用玉衣的记述。由此可见，皇族葬以玉衣，在当时是理所当然，如无特殊缘故，史传无需记载②。

两《汉书》中有关赐以玉衣的记载，皆见于外戚、宠臣的列传。计有霍光、董贤、耿秉、梁竦、梁商等人。霍光为博陆侯，赐"璧珠玑玉衣"③。董贤受哀帝宠爱，"豫赐""珠襦玉柙"④。耿秉为美阳侯，"赐以朱棺玉衣"⑤。梁竦追封褒亲愍侯，"赐东园画棺玉匣衣衾"⑥。梁商袭封乘氏侯，"赐以东园朱寿（之）器、银镂、黄肠、玉匣什物二十八种"⑦。这些外戚、宠臣皆非皇族，因而虽为列侯，也需要朝廷特赐才能使用玉衣。这在当时属于特殊礼遇，所以史传特书之。

---

① 《汉书·外戚传下》："（王）莽奏贬傅太后号为定陶共王母，丁太后号曰丁姬。……葬复奏言：'……共王母及丁姬棺皆名梓宫，珠玉之衣非藩妾服，请更以木棺代，去珠玉衣，葬丁姬媵妾之次。'"

② 参见那志良《珠襦玉匣与金缕玉衣》，《故宫学术季刊》第2卷第2期，第69—71页。

③ 《汉书·霍光传》。

④ 《汉书·董贤传》。

⑤ 《后汉书·耿秉传》。

⑥ 《后汉书·梁竦传》。《北堂书钞》《初学记》《太平御览》引谢承《后汉书》，"梁竦"误作"梁松"。

⑦ 《后汉书·梁商传》。

西汉诸侯王夫妇多并穴合葬，即所谓"同坟异藏"。王和正妃所用的玉衣属同一等级，例如中山靖王刘胜夫妇所用的玉衣皆为金缕。东汉王侯盛行夫妇同穴合葬。从考古发掘资料看出，在东汉王侯夫妇合葬墓中，除中山简王刘焉墓可能为两套鎏金铜缕玉衣外，其余如中山穆王刘畅墓、下邳王墓、费亭侯墓所出的玉衣，都是银缕、铜缕各一套。这个现象很值得注意，它是否说明在玉衣分级使用的制度确立之后，王侯的配偶只能使用铜缕玉衣。关于这个问题，目前因限于资料，尚待今后进一步探讨。

汉代统治阶级为什么使用玉衣作为殓服，可能有以下两方面的原因。第一方面，汉人继承并发展了儒家"贵玉"的思想。先秦儒家"比德于玉"，认为玉具有仁、知（智）、义、礼、乐、忠、信、天、地、德、道十一德[1]。《说文·玉部》载："玉，石之美有五德者。润泽以温，仁之方也；䚡理自外，可以知中，义之方也；其声舒扬，专以远闻，智之方也；不挠而折，勇之方也；锐廉而不忮，絜之方也。"玉被儒家赋予多种美德，被神圣化了。《礼记·玉藻》云："君子无故，玉不去身，君子于玉比德焉。"从先秦到汉代，天子、王侯等贵族由生前佩玉发展到死后以玉衣作为殓服。第二方面，汉人迷信玉能保护尸体不朽。汉武帝时学黄老之术的杨王孙曾说："口含玉石，欲化不得，郁为枯腊，千载之后，棺椁朽腐，乃得归土，就其真宅。"[2] 他认为玉石能使尸体千年不朽。《后汉书·刘盆子传》也载，赤眉发掘西汉诸陵，"有玉匣殓者率皆如生，故赤眉得多行淫秽"。这段记载看来是出于对农民起义军的诬蔑，但也反映了当时人们认为玉衣能

---

[1] 《礼记·聘义》。
[2] 《汉书·杨王孙传》。

防止尸体朽烂的迷信思想。

　　皇帝和皇室贵族殓以玉衣的习俗，只流行于两汉时期。曹魏黄初三年（222）曹丕（魏文帝）作《终制》，禁止使用"珠襦玉匣"，其理由是避免陵墓被人盗掘，"至乃烧取玉匣金缕，骸骨并尽"①。这可能只是废除玉衣的原因之一，我们还应注意到当时的政治、经济情况。这从曹操的《遗令》可以窥其端倪。《遗令》曰："天下尚未安定，未得遵古也。葬毕，皆除服。其将兵屯戍者，皆不得离屯部。有司各率乃职。殓以时服，无藏金玉珍宝。"② 曹丕的《终制》，显然是遵循曹操《遗令》的旨意而制定的。曹丕即位后，在政治上仍然是三国鼎立，"天下尚未安定"；在经济上，由于长年战乱，社会生产力受到很大的破坏，制作玉衣可能成为难以承受的经济负担。所以曹魏废除殓以玉衣的制度，除害怕陵墓被后人盗掘外，应有其政治、经济方面的原因。

（本文原载《文物》1989年第10期）

　　补记：本文脱稿后，二十余年来又有许多关于汉代玉衣的资料陆续发表，现就所知补充报道于附表。

---

① 《三国志·魏书·文帝纪》。
② 《三国志·魏书·武帝纪》。

附表

考古发现玉衣资料补充表

出土地点	出土时间	保存情况	年代	墓主	资料出处
河北北新城 2 号汉墓	?	有玉衣片	西汉晚期至东汉早期	常山王家族	《中国文物报》1998. 8. 30
山东淄博市东汉墓	1984—1985 年	有玉衣片	东汉	?	《中国考古学年鉴·1986》,141 页
山东青州市（原益都县）东汉墓	1986 年	有铜缕玉衣片 14 片	东汉	?	《文物》1988, 1
山东邹县峰山路	1989 年 11 月	铜缕玉衣片 14 片	东汉	?	《中国文物报》1990. 3. 29
山东济宁市东汉墓	?	有铜缕玉衣片 20 余片	东汉晚期	任城国贵族	《中国文物报》1991. 5. 12
山东邹城东汉墓	?	银缕玉衣片 20 余片	东汉	高平侯	《中国文物报》1998. 2. 4
山东济南市长清大觉寺 2 号汉墓	2002 年春—2003 年夏	铜缕玉衣片 1000 余片	东汉晚期	嗣位列侯	《考古》2004, 8
江苏扬州邗江甘泉神居山 2 号汉墓	1979—1980 年	金缕玉衣	西汉晚期	广陵王刘胥	《文物考古工作十年（1979—1989）》, 110 页
江苏徐州屯里拉犁山东汉墓	1985 年 2 月	不完整的铜缕玉衣 1 套	东汉	?	《中国考古学年鉴·1986》,123—124 页
江苏邗江宝女墩 104 号汉墓	1985 年 4 月	琉璃质玉衣片 19 片, 多数有纹饰	新莽时期	广陵王亲属	《文物》1991, 10

续表

出土地点	出土时间	保存情况	年代	墓主	资料出版
江苏徐州韩山1号汉墓	1992年5月	玉衣片600余片，估计以丝缕编缀	西汉早期	楚王亲属	《文物》1997，2
江苏徐州韩山2号汉墓	1992年5月	带孔玉片两片，可能与玉衣或玉面罩有关	西汉早期	楚王亲属	《文物》1997，2
江苏徐州狮子山汉墓	1994年12月—1995年3月	金缕玉衣片4000余片，已修复	西汉前期	楚王	《文物》1998，8
江苏徐州火山刘和墓	1996年7月	银缕玉衣1套	文景时期	刘氏家族	《中国文物报》1996.10.20
江苏徐州九里山汉墓	2002年6月	玉衣碎片	西汉前期	贵族	《光明日报》2002.6.15
河南洛阳西关4904号汉墓	1955年	玉衣片1100余片，以铜缕编缀	东汉晚期	皇室贵族	《考古与文物》1999，1
河南洛阳东花坛东部1号汉墓	1972年8月	玉衣片近千片，以鎏金铜缕编缀	东汉晚期	皇室贵族	《考古与文物》1999，1
河南孟津邙山刘家井村	1984年5月	有玉衣残片	东汉晚期	皇室贵族	《中原文物》1985，3
河南永城芒山柿园汉墓	1987—1991年	有玉衣片	西汉	梁王或其亲属	《中国文物报》1991.5.25
河南永城芒山黄土山、西黄土山等	1987—1991年	有玉衣片750片	汉代	梁国贵族	《中国文物报》1991.5.25
河南洛阳机车厂工地346号汉墓	1988年1月	完整的玉衣片750片，以鎏金铜缕编缀	东汉晚期	皇室贵族	《考古与文物》1999，1

续表

出土地点	出土时间	保存情况	年代	墓主	资料出版
河南永城前窑汉墓	1989年8月	完整的玉衣片5片	西汉晚期	皇族成员	《中原文物》1990，1
河南洛阳邙山杨文铁路编组站工地575号汉墓	1990年9月	完整的玉衣片530余片，混合使用银缕、鎏金铜缕编缀	东汉晚期	皇室贵族	《考古与文物》1999，1
河南永城僖山2号汉墓	1995年	玉衣片600余片	西汉晚期	梁王王后	《中国文物报》1995.9.24
河南永城窑山汉墓	1996年	金缕玉衣，已修复	西汉	梁王	《北京青年报》1999.3.17
河南孟津朱家仓汉墓	2003年5月—2004年1月	有铜缕玉衣片	东汉	贵族	《中国文物报》2004.7.21
河南淮阳城周围土冢	?	金缕、铜缕玉衣片数片	汉代	淮阳王、陈王及其亲属	《文物》1991，4
河南偃师城关镇潘屯村26、27、28号汉墓	2015年10月—2016年1月	均出土方形穿孔玉衣片，其中26号墓见银缕	东汉	贵族	《中国文物报》2017.6.2
安徽淮北相山李楼村1号汉墓	2005年1月	铜缕玉衣片600余片	东汉中晚期	嗣位列侯	《中国文物报》2005.9.14
四川绵阳永兴双包山2号汉墓	1995年3—7月	银缕玉衣片8片	西汉文帝至武帝初年	王侯贵族	《文物》1996，10

略论汉代丧葬用玉的发展与演变

汉代是中国历史上强大而繁荣的朝代，也是中国玉器发展史上承前启后的重要时期。汉代的玉器在继承先秦玉器优良传统的基础上，有所发展和创新，到西汉中期形成了汉玉特有的、新的艺术风格。以礼仪用玉和丧葬用玉为主体的中国古典玉器，在东汉时期基本上结束了。隋唐以后中国玉器进入了新的时期。所以汉玉在中国玉器史上占有重要的地位。

学者曾从不同的角度对汉代玉器进行综合研究，并取得丰硕成果[1]。本文拟在前人研究的基础上，主要依据考古发掘出土的资料，并结合文献记载，对汉代的丧葬用玉进行若干补充研究。

以玉随葬的习俗，在中国有着悠久的历史。在原始社会后期，就出现了"玉敛葬"。春秋战国时期，儒家提倡"君子贵玉""君子无故，玉不去身"。汉代继承并发展了先秦儒家"贵玉"的思想，皇室贵族不仅生前玉不离身，死后也以大量的玉器随葬。同时儒家还提倡孝道，主张"事死如生"，因而厚葬的风气十分

---

① 夏鼐：《汉代的玉器——汉代玉器中传统的延续和变化》，《考古学报》1983年第2期；杨伯达：《汉代玉器艺术》，《香港中文大学中国文化研究所学报》第15卷，1984年；[日]林巳奈夫：《玉器》，载大阪市立美术馆编《汉代の美术》，平凡社1975年版。

盛行。加上汉代人迷信玉能保护尸体长期不朽[①]，甚至认为死者口中含玉能使尸体千年不腐[②]。由于上述种种原因，丧葬用玉在汉代有了较大的发展，葬玉在汉代玉器中占有重要的地位。汉代的葬玉主要有玉衣、玉九窍塞、玉琀、玉握、玉覆面以及镶玉漆棺等。

一　玉衣

玉衣在古代文献中又称"玉匣""玉柙"或"玉椢"，是汉代皇帝和皇室贵族死时穿用的殓服。它是两汉时期特有的葬玉。《西京杂记》记载，汉代皇帝死后都穿形如铠甲的金缕玉匣，汉武帝的金缕玉匣上雕镂蛟龙鸾凤龟麟的形象，称为"蛟龙玉匣"。汉武帝（刘彻）的茂陵尚未发掘，他死后穿用的玉衣是否为"蛟龙玉匣"，尚不得而知。在《汉书》《后汉书》等历史文献中，也有关于玉衣的记载。但是玉衣的形状究竟如何，从汉代以后便不为一般人所知道，长期以来成为一个不解之谜。直到1968年在河北满城中山靖王刘胜和王后窦绾的墓中首次发现了两套完整的金缕玉衣后，才第一次看到了玉衣的真面目，解开了从汉代以后长期存在的玉衣之谜。

刘胜和窦绾的金缕玉衣，外观和人体形状一样，可以分为头部、上衣、裤筒、手套和鞋五大部分。头部由脸盖和头罩构成，上衣由前片、后片和左右袖筒组成，裤筒、手套和鞋都是左右分

[①] 《后汉书·刘盆子传》："凡贼所发，有玉匣殓者率皆如生。"所载虽非事实，但说明汉代人有此想法。

[②] 《汉书·杨王孙传》："口含玉石，欲化不得，郁为枯腊，千载之后，棺椁朽腐，乃得归土，就其真宅。"

开的（图一）。玉衣的各部分都由许多玉片组成，玉片之间用金丝加以编缀，所以称为"金缕玉衣"。刘胜的玉衣形体肥大，头部的脸盖上刻出眼、鼻和嘴的形象，上衣的前片制成鼓起的腹部，后片的下端作出人体臀部的形状，裤筒制成腿部的样子，形象逼真。窦绾的玉衣比较矮小，上衣的前、后片不是按人体形状制出，而是做成一般衣服的样子，玉片之间不是以金丝编缀，而是以织物、丝带粘贴编连而成。至于其他部分则和刘胜玉衣一样，都用金丝编缀[①]。窦绾的玉衣没有做出人体胸、腹和臀部的形状，可能是由于做出女性人体形象不符合封建传统观念的缘故。

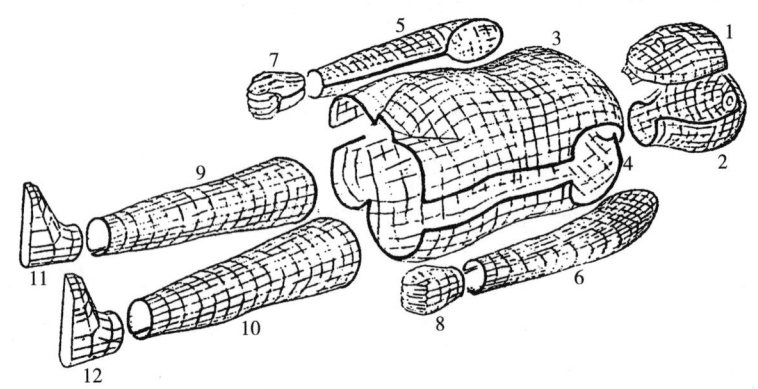

图一　中山王刘胜"玉衣"的结构
1. 脸盖　2. 头罩　3. 上衣前片　4. 上衣后片　5. 右袖筒　6. 左袖筒　7. 右手套　8. 左手套
9. 右裤筒　10. 左裤筒　11. 右鞋　12. 左鞋

玉衣可能是从东周时期死者脸部覆盖的"缀玉面幕"和身上穿用的"缀玉衣服"发展而来的。从"缀玉面幕"和"缀玉衣服"发展到形制完备的玉衣，有一个逐步完善的发展过程。山东

---

① 中国社会科学院考古研究所等：《满城汉墓发掘报告》，文物出版社1980年版。

临沂刘疵墓出土的所谓"玉衣",只有玉面罩、玉帽、左右手套和左右鞋六个部分,没有上衣和裤筒[1]。该墓的时代属西汉前期,墓中所出的仅有头部和手、足的"玉衣",可能是玉衣发展过程中的过渡形态,是早期玉衣的一种形式。

关于使用玉衣的制度,根据《续汉书·礼仪志》记载,皇帝使用金缕玉衣,诸侯王、列侯始封、贵人、公主使用银缕玉衣,大贵人、长公主使用铜缕玉衣。这种分级使用金缕、银缕或铜缕玉衣的制度,在西汉时期似尚未确立。《汉书》中只见"玉衣""玉柙",而未见关于金缕、银缕、铜缕之分的记载。从考古资料考察,西汉时期用于缝缀玉衣玉片的主要是金缕,王侯亦可使用金缕玉衣,当然也有使用银缕或铜缕的,还有个别使用丝缕的,如南越王赵眜的玉衣就是用丝缕编缀而成的[2]。可见,当时尚未形成严格的分级使用的制度。到了东汉时期,玉衣分级使用的制度已经确立,正如《续汉书》所说,分为金缕、银缕、铜缕三个等级。考古发掘资料也证明,东汉诸侯王和始封列侯使用银缕玉衣,个别使用鎏金铜缕(相当于银缕)玉衣,嗣位的列侯及其相当等级使用铜缕玉衣,因未发掘皇帝陵,所以尚未发现东汉时期的金缕玉衣。考古资料与《续汉书》所载相符。

玉衣是汉代皇帝以及诸侯王、列侯、贵人、公主等皇室成员专用的殓服。非皇室的外戚、宠臣,即使封为列侯,也只有在朝廷特赐的情况下才能使用玉衣,这在当时属于特殊的礼遇。至于"郡县豪家"若违法使用玉衣,则属僭越,要受到严厉惩罚。殓

---

[1] 临沂文物组:《山东临沂刘疵墓出土的金缕玉面罩等》,《文物》1980年第2期。

[2] 广州市文物管理委员会等:《西汉南越王墓》,文物出版社1991年版。

以玉衣的制度一直延续到东汉末年。曹魏黄初三年（222）魏文帝（曹丕）下令禁止使用玉衣，究其原因，一方面是害怕殓以玉衣导致陵墓被人盗掘；另一方面可能由于长年战乱，社会生产力受到严重破坏，制作玉衣成为难以承受的经济负担。殓以玉衣的制度从此被废除了，在考古发掘中迄今也未发现东汉以后的玉衣[①]。

二　玉九窍塞

古人认为，"金玉在九窍，则死人为之不朽"（葛洪《抱朴子内篇·对俗》）。所谓九窍，指双眼、双耳、双鼻孔、口、肛门、阴茎或阴户。用于填塞或盖住九窍的玉器，称为"玉九窍塞"。

汉代的玉九窍塞，包括眼盖、耳瑱、鼻塞各两件，口塞、肛门塞、生殖器罩或阴户盖各1件。完备的玉九窍塞往往出在使用玉衣作为殓服的墓中，应属汉代高级贵族丧葬习俗的用玉。中山王刘胜的玉九窍塞，眼盖作圆角长方形；耳瑱略作八角锥台形；鼻塞为圆锥体；口塞的主体略呈新月形，外侧有覆斗形凸起，内侧有三角形凸起；肛门塞作锥台形；生殖器罩盒为圆筒形，是用玉琮改制而成的，上端加盖封闭。玉九窍塞的制作工艺较为简朴，表面只经过抛光，而未刻纹饰（图二）。

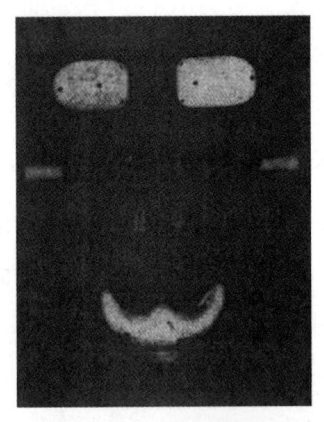

图二　中山王刘胜墓出土的玉七窍塞

---

①　卢兆荫：《试论两汉的玉衣》，《考古》1981年第1期；卢兆荫：《再论两汉的玉衣》，《文物》1989年第10期。

三 玉琀

玉琀是死者口中所含的玉制品。在原始社会后期就有在死者口中放置玉制品的习俗。《周礼》中已将含玉作为丧葬制度规定下来①。西汉早期的玉琀，没有一定的造型。例如：徐州奎山汉墓出土的玉琀作龙形②（图三），徐州子房山 3 号汉墓所出的玉琀为透雕的变形玉龙③，临沂银雀山汉墓所出的玉琀为带柄的圆形玉器④。西汉中期

图三 徐州奎山汉墓出土的玉琀

以后流行蝉形玉琀。以玉蝉作为含玉起源很早，在商周墓葬中死者就有口含玉蝉的⑤。汉代的蝉形玉琀，开始出现时造型简朴，例如南昌老福山汉墓所出的玉蝉，只略具蝉的外形，没有刻出细部⑥。西汉后期及东汉的玉蝉，形象比较逼真。蝉体宽扁，双目突出，用阴线刻出头部、双翅和腹部。蝉的造型在中国玉器中出现很早，史前时期的遗址中就有玉蝉出土。汉代之所以流行以玉蝉

---

① 《周礼·天官·玉府》："大丧，共含玉。"《周礼·春官·典瑞》："大丧，共饭玉、含玉、赠玉。"
② 徐州博物馆：《江苏徐州奎山西汉墓》，《考古》1974 年第 2 期。
③ 徐州博物馆：《江苏徐州子房山西汉墓清理简报》，《文物资料丛刊·4》，文物出版社 1981 年版，第 59—69 页。
④ 山东省博物馆等：《临沂银雀山四座西汉墓葬》，《考古》1975 年第 6 期。
⑤ 马得志等：《一九五三年安阳大司空村发掘报告》，《考古学报》第九册，1955 年，第 25—90 页。
⑥ 江西省文物管理委员会：《江西南昌老福山西汉木椁墓》，《考古》1965 年第 6 期。

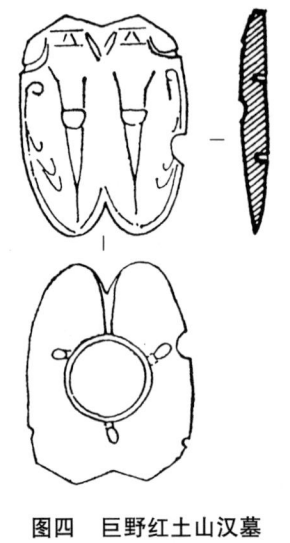

图四 巨野红土山汉墓出土的玉琀

作为口琀的习俗，有的学者认为，可能是汉代人看到蝉的生活史中的循环，其幼虫在地下生活许多年后才钻出地面蜕变为成虫，口琀雕琢成蝉形，象征死者灵魂的蜕变和复活①。

汉墓中出土的玉蝉未必都是口琀。作为口琀的玉蝉，一般没有穿孔，有孔的玉蝉可能是作为佩饰用的。例如中山靖王王后窦绾墓中所出的 1 件小玉蝉，从口部至尾部竖穿一孔，出土在死者的胸部，显系墓主生前所佩串饰中的佩玉②。当然，作为佩饰的玉蝉，有时也可能被改用为口琀。山东巨野红土山西汉墓出土的 1 件玉琀，作两蝉并列状，用阴线刻出头部和翅膀，背面有一圆槽，槽外斜钻三孔与圆槽相通③（图四）。这件玉琀应是用玉剑首改制成的，背面的圆槽和斜孔是插接剑茎用的。

四 玉握

玉握也称握玉，是指死者两手所握的玉器。西汉中期以前的

---

① 夏鼐：《汉代的玉器——汉代玉器中传统的延续和变化》，《考古学报》1983 年第 2 期。

② 中国社会科学院考古研究所等：《满城汉墓发掘报告》，文物出版社 1980 年版。

③ 山东省菏泽地区汉墓发掘小组：《巨野红土山西汉墓》，《考古学报》1983 年第 4 期。

握玉较为多样化。一种是玉璜及璜形玉器。属于西汉早期的徐州后楼山汉墓出土的两件玉握为双龙首玉璜①（图六）。属于西汉中期的中山王刘胜和王后窦绾的握玉为璜形玉器，系分别用夔龙蒲纹璧、凤鸟蒲纹璧改制的（图五、图七）。另一种是玉觽。例如南越王赵眜的握玉就是两件器形略有不同的龙形玉觽（图八、图九），该墓也属西汉中期。然而最常见的握玉还是玉猪。属于西汉初期的徐州奎山汉墓，死者手中所握的玉猪，雕琢十分简单，只在轮廓上略具猪形②。以玉猪作为握玉的习俗，盛行于西汉中期

图五　中山王刘胜墓出土的璜形玉握

 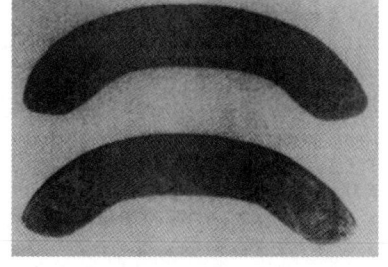

图六　徐州后楼山汉墓出土的玉握（拓片）　　图七　中山王刘胜墓出土的璜形玉握

---

①　徐州博物馆：《徐州后楼山西汉墓发掘报告》，《文物》1993年第4期。
②　徐州博物馆：《江苏徐州奎山西汉墓》，《考古》1974年第2期。

以后，直至南北朝时期。巨野红土山西汉墓所出的玉猪，作长条形卧伏状，表面琢磨光滑，细部以阴线刻出，线条简练，形象逼真（图一〇）①。东汉的玉猪一般也作卧伏状，头部和尾部有穿孔，以便穿线紧缚在死者手中。安徽亳县董园村1号墓出土4件玉猪，其中1件作站立状，较为特殊②。

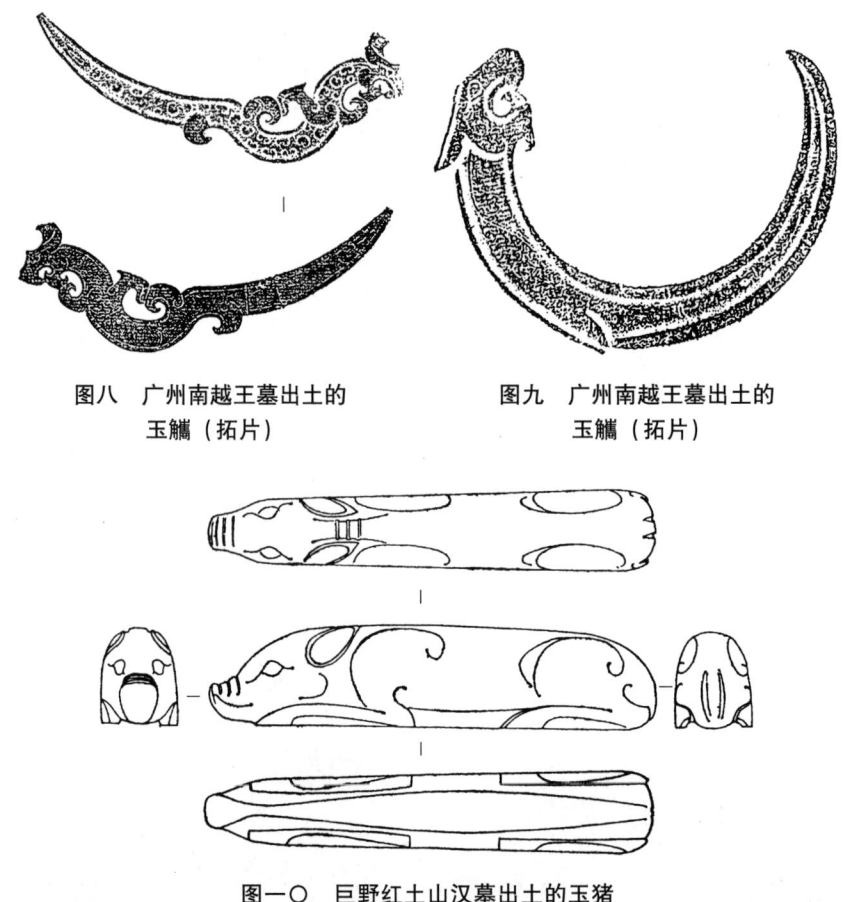

图八　广州南越王墓出土的玉觿（拓片）

图九　广州南越王墓出土的玉觿（拓片）

图一〇　巨野红土山汉墓出土的玉猪

---

① 山东省菏泽地区汉墓发掘小组：《巨野红土山西汉墓》，《考古学报》1983年第4期。
② 安徽省亳县博物馆：《亳县曹操宗族墓葬》，《文物》1978年第8期。

五　玉覆面

玉覆面又称缀玉面幕、缀玉幎目或玉面罩，是覆盖在死者脸部的缀玉织物。在西周时期的墓葬中就曾出土属于玉覆面的玉饰，这些玉饰制成象征眉、目、耳、鼻、嘴或牙齿等的形状，甚至组成整个人面的形象。洛阳东周墓也有属于玉覆面的玉石片出土。汉代的玉覆面只发现于西汉中期以前的墓中。属于西汉早期的徐州子房山汉墓和后楼山汉墓都出土玉覆面[①]。这两套玉覆面经研究者复原，称之为玉面罩[②]。子房山汉墓的玉覆面由22件穿孔玉片和1件未穿孔玉片组成，象征额、眼、耳、耳珰、鼻、颊、口等部分（图一一），其造型风格和制作方法与两周时期的玉覆面有明显的承袭关系。后楼山汉墓的玉覆面原应由34件玉片和玉饰组成，出土时缺一片。复原后外轮廓的上部稍平齐，下部内收呈弧形，酷似人脸，只具象征性的额、嘴、双耳和下垂的耳珰（图一二）。这件玉覆面的外形和制作方法与两周传统的玉覆面有较大的差异，而和玉衣的玉面罩十分相似，可视作从前者向后者过渡的形式，对研究玉衣的形成过程具有重要的意义。

山东长清双乳山1号汉墓出土的1件玉覆面，出土时覆盖在死者的脸上，基本上保存原来的位置。该覆面由17块玉片和1块玉鼻罩组成，做出双眼、双耳、隆起的鼻子和微开的小嘴，其中鼻罩作半锥状体，由整块玉料透雕而成，造型新颖，雕琢精致，

[①] 徐州博物馆：《江苏徐州子房山西汉墓清理简报》，《文物资料丛刊·4》，文物出版社1981年版，第59—69页；徐州博物馆：《徐州后楼山西汉墓发掘报告》，《文物》1993年第4期。

[②] 李银德：《徐州出土西汉玉面罩的复原研究》，《文物》1993年第4期。

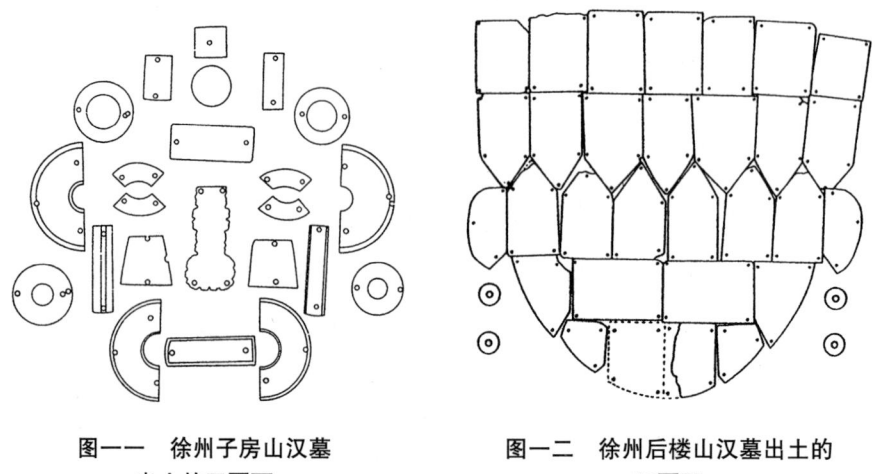

图一一　徐州子房山汉墓　　　图一二　徐州后楼山汉墓出土的
　　　　出土的玉覆面　　　　　　　　　　玉覆面

整个覆面呈椭圆形人面状①（图一三）。经发掘者考证，该墓墓主为济北王刘宽②。刘宽于汉武帝后元二年（前87）畏罪自杀，未能殓以玉衣是可以理解的。刘宽的玉覆面造型特殊，状似玉面具，其风格与传统的玉覆面迥异，应是玉衣玉面罩的代用品。

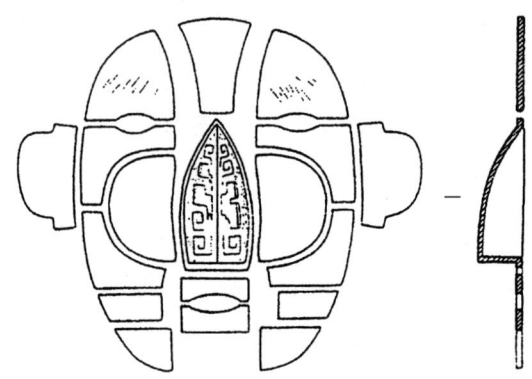

图一三　长清双乳山汉墓出土的玉覆面

---

　　①　山东大学考古系等：《山东长清县双乳山1号汉墓发掘简报》，《考古》1997年第3期。
　　②　任相宏：《双乳山1号汉墓墓主考略》，《考古》1997年第3期。

玉覆面作为葬玉的一种，盛行于周代，西汉前期仍偶有发现，中期以后趋于消失。使用玉覆面应是先秦时期丧葬制度的遗风。

六　镶玉漆棺

汉代的镶玉漆棺在考古发掘中很少发现。徐州狮子山西汉楚王陵出土菱形、三角形、方形、长方形等各类玉版共1500余片。这些玉版用碧玉制成，琢磨规整，能紧密拼合，部分玉版出土时仍然粘连在一起，组成图案。有些玉版刻饰玉璧的图像，玉璧的纹饰分为内外两区，内区为谷纹，外区为合首双身的龙纹。所有这些玉版原来应是镶嵌在漆棺上的玉饰，构成一具镶玉漆棺[①]。但因盗墓者的破坏和年久朽腐，镶玉漆棺的全貌已不得而知。

中山王王后窦绾墓也出土一具镶玉漆棺，棺的内壁镶满玉版，形成一具玉棺，所用玉版共192块。棺的外壁镶嵌玉璧26块，棺盖及两侧壁各8块，作两行排列，每行4块，前、后挡各嵌大型玉璧1块（图一四、图一五）。长沙马王堆1号汉墓朱地彩绘棺足挡和长沙砂子塘1号汉墓外棺盖板漆画上都绘有玉璧。从图像观察，似为谷纹璧[②]。可见在漆棺上装饰玉璧，是汉代贵族丧葬中流行的习俗。

镶嵌玉版、玉璧的漆棺或可称为"玉棺"。《后汉书·王乔传》记载，王乔为叶令时，"天下玉棺于堂前，吏人推排，终不

---

①　《中华文化画报》1996年第3、4期，第3—13页。
②　湖南省博物馆等：《长沙马王堆1号汉墓》，文物出版社1973年版；湖南省博物馆：《长沙砂子塘西汉墓发掘简报》，《文物》1963年第2期。

摇动。乔曰：'天帝独召我邪？'乃沐浴服饰寝其中，盖便立覆"。这段记载虽属神话性质，但也可能是汉代人迷信玉棺能使死者灵魂升天思想的反映。同时，汉代人迷信玉能保护尸体不朽，葬以镶玉漆棺，可能也是妄想达到尸体长期不朽的目的。

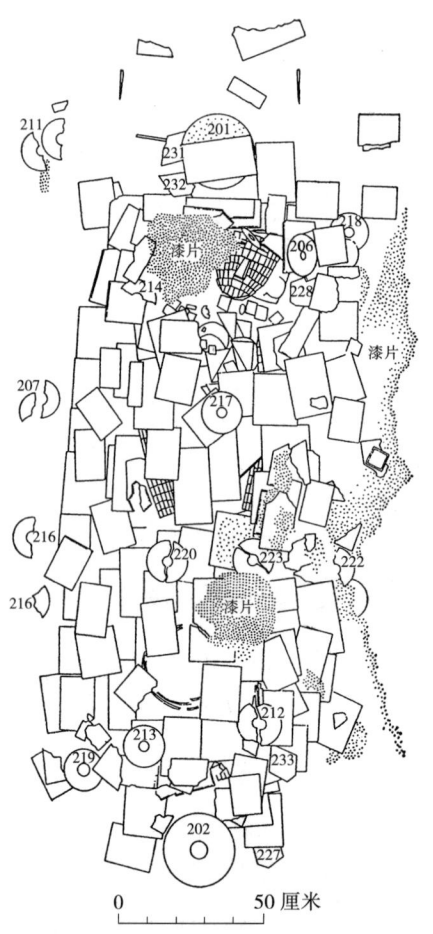

图一四　中山王王后窦绾墓镶玉漆棺出土情况

此外，在葬以玉衣的汉代皇室贵族墓中，死者的胸、背往往铺垫许多玉璧。中山王刘胜的前胸和后背共铺垫玉璧18块；王后窦绾的前胸和后背共放置玉璧15块。南越王赵眜墓玉衣的上面、

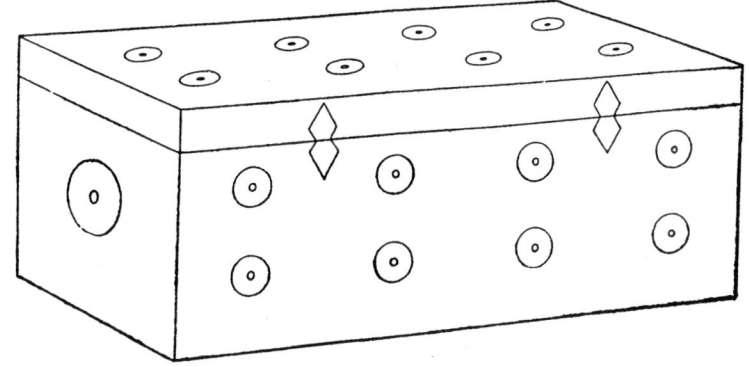

图一五　中山王王后窦绾墓镶玉漆棺复原图

里面和底下共铺垫玉璧 19 块。《周礼·春官·典瑞》记载："疏璧琮以敛尸。"郑玄注："璧在背，琮在腹。"汉墓中死者胸、背铺垫玉璧，应是先秦时期用璧、琮殓尸的遗制。《汉书·霍光传》载："光薨……（赐）璧珠玑玉衣。"汉宣帝赐给霍光的丧葬用物中，璧和玉衣并列，可见这些铺垫在死者胸、背的玉璧与丧葬有着密切的关系，也应属于丧葬用玉。

(本文原载《东亚玉器》，香港中文大学
中国考古艺术研究中心，1998 年)

简论西汉楚国玉器

西汉楚国玉器主要出土于楚王及其亲属的陵墓中。从汉高祖六年（前201）立刘交为楚王至王莽贬楚王刘纡为公，西汉刘姓楚王前后共12人。从考古调查、发掘所得的资料判断，楚王及其亲属、近臣的墓葬多营建在徐州周围的小山丘上。这些墓葬虽然多数曾被盗掘，但出土的玉器仍然为数不少，而且品类较齐全，在时代序列上从西汉早期至西汉晚期接连不断，其中有些玉器还具有独特的艺术风格。这些是西汉其他诸侯王国玉器难以比拟的。研究西汉楚国玉器，对探讨玉文化在汉代的继承和发展具有重要的意义。

徐州西汉楚国墓葬的资料，目前多数只发表发掘简报，有关玉器的材料尚未全面详细地报道。本文仅根据目前已发表的资料，对西汉楚国玉器的分期、各期玉器的主要特点以及有关的一些问题，进行初步探讨。

一　西汉楚国玉器的分期

汉墓多缺乏明确的纪年资料，一般只能依据墓葬形制和随葬品的器类、组合以及造型、纹饰等判断其年代，楚王国的墓葬也是如此。西汉楚国的玉器，根据其器类、造型和纹饰的差异，以及所出墓葬年代的早晚，可以分为三期。

第一期　西汉前期，即汉高祖至文帝、景帝时期。以徐州狮子山楚王墓[①]出土的玉器为代表，包括北洞山楚王墓[②]、韩山汉墓[③]、奎山汉墓[④]、子房山汉墓[⑤]、后楼山汉墓[⑥]、驮篮山汉墓[⑦]、九里山汉墓[⑧]、火山刘和墓[⑨]、簸箕山宛朐侯刘埶墓[⑩]、米山汉墓[⑪]、绣球山汉墓[⑫]以及东甸子汉墓[⑬]等出土的玉器。

第二期　西汉中期，即武帝、昭帝时期。以铜山龟山1号汉墓[⑭]

[①]　狮子山楚王陵考古发掘队：《徐州狮子山西汉楚王陵发掘简报》，《文物》1998年第8期；韦正、李虎仁、邹厚本：《江苏徐州市狮子山西汉墓的发掘与收获》，《考古》1998年第8期。

[②]　徐州博物馆、南京大学历史学系考古专业：《徐州北洞山西汉楚王墓》，文物出版社2003年版。作者认为，"墓主应为西汉楚国第五代楚王刘道"。也有学者认为，该墓墓主应为第二代楚王刘郢客（徐州楚王陵管理处葛明宇、孙风娟：《徐州北洞山西汉楚王墓墓主应为夷王刘郢客》，《中国文物报》2004年11月19日第7版）。从墓中所出玉器考察，其风格属西汉前期。

[③]　徐州博物馆：《徐州韩山西汉墓》，《文物》1997年第2期。

[④]　徐州博物馆：《江苏徐州奎山西汉墓》，《考古》1974年第2期。

[⑤]　徐州博物馆：《江苏徐州子房山西汉墓清理简报》，《文物资料丛刊·4》，文物出版社1981年版。

[⑥]　徐州博物馆：《徐州后楼山西汉墓发掘报告》，《文物》1993年第4期。

[⑦]　《徐州市驮篮山西汉墓》，《中国考古学年鉴·1990》，文物出版社1991年版。

[⑧]　徐州博物馆：《江苏徐州九里山汉墓发掘简报》，《考古》1994年第12期。

[⑨]　《徐州汉皇族墓出土银缕玉衣等文物》，《中国文物报》1996年10月20日第1版。

[⑩]　徐州博物馆：《徐州西汉宛朐侯刘埶墓》，《文物》1997年第2期。

[⑪]　徐州博物馆：《江苏徐州市米山汉墓》，《考古》1996年第4期。

[⑫]　徐州博物馆：《徐州绣球山西汉墓清理简报》，《东南文化》1992年第3—4期。

[⑬]　徐州博物馆：《徐州东甸子西汉墓》，《文物》1999年第12期。

[⑭]　南京博物院：《铜山小龟山西汉崖洞墓》，《文物》1973年第4期。该墓原未编号，后补编为"龟山1号墓"。

所出的玉器为代表，包括龟山2号汉墓①、陶楼汉墓②等出土的玉器。

第三期　西汉后期，即宣帝至新莽时期。以徐州石桥汉墓（或称"东洞山汉墓"）③所出的玉器为代表，包括铜山荆山汉墓④出土的玉器。

二　各期玉器的主要特点

1. 第一期玉器的主要特点

本期的玉器处在从战国风格玉器向汉代风格玉器过渡的阶段，既有先秦风格的玉器，也有汉代新的风格的玉器，具有明显的西汉早期玉器的特征。

（1）玉璜在玉器中占主要地位。狮子山楚王墓所出的200多件玉器中⑤，玉璜为97件⑥，将近玉器总数的一半。玉璜是成组玉佩（简称"组佩"）的主要构成部分，至迟从西周以来便是如此。陕西长安张家坡西周墓⑦、河南三门峡虢国贵族墓⑧和山西曲

---

① 南京博物院等：《铜山龟山二号西汉崖洞墓》，《考古学报》1985年第1期。

② 徐州博物馆：《徐州市东郊陶楼汉墓清理简报》，《考古》1993年第1期。

③ 徐州博物馆：《徐州石桥汉墓清理报告》，《文物》1984年第11期。

④ 徐州博物馆：《江苏铜山县荆山汉墓发掘简报》，《考古》1992年第12期。

⑤ 王恺：《浅说徐州狮子山楚王墓出土玉器》，《东亚玉器·2》，香港中文大学中国考古艺术研究中心，1998年。

⑥ 狮子山楚王陵考古发掘队：《徐州狮子山西汉楚王陵发掘简报》，《文物》1998年第8期。

⑦ 中国社会科学院考古研究所：《张家坡西周墓地》，中国大百科全书出版社1999年版。

⑧ 河南省文物考古研究所、三门峡市文物工作队：《三门峡虢国墓》第一卷，文物出版社1999年版。

沃北赵晋侯墓地[1]都曾出土以玉璜为主体，其间以珠玑和其他玉饰加以连缀的多璜组佩。狮子山楚王墓出土近百件玉璜，说明西汉早期继承了先秦的习俗，在贵族阶层中仍然流行佩戴多璜组佩。该墓因被盗掘扰乱，所出玉璜已失去原来的位置，其组合关系已不可考，但是多数应属楚王组佩的佩玉，当无疑义。

（2）有些玉器具有战国玉器的风格[2]，例如狮子山楚王墓出土的周缘有戚齿的谷纹璜、横式龙形玉佩、外缘有透雕附饰的玉璜以及双龙首玉佩等。周缘有戚齿的谷纹璜，在河南信阳长台关1号楚墓[3]和湖北随县（今随州市）战国曾侯乙墓[4]中都曾出土。横式龙形玉佩与山东曲阜鲁国故城战国墓[5]出土的相似。外缘有透雕附饰的玉璜，曾见于安徽长丰杨公战国墓[6]，该墓还曾出土与狮子山楚王墓类似的双龙首玉佩。狮子山楚王墓还出土1件纹饰奇特的玉环[7]，环的中部较厚，内、外缘较薄，饰几何形方折纹，分为内、中、外三圈，每圈有八组，每组有两对。这种纹样似为简化的龙纹，其艺术风格与陕西出土的东周秦式玉器有相似

---

[1] 北京大学考古学系等：《天马—曲村遗址北赵晋侯墓地第二次发掘》，《文物》1994年第1期；山西省考古研究所等：《天马—曲村遗址北赵晋侯墓地第四次发掘》，《文物》1994年第8期。

[2] 韦正、李虎仁、邹厚本：《江苏徐州市狮子山西汉墓的发掘与收获》，《考古》1998年第8期。

[3] 河南省文物研究所：《信阳楚墓》，文物出版社1986年版。

[4] 湖北省博物馆：《曾侯乙墓》，文物出版社1989年版。

[5] 山东省文物考古研究所等：《曲阜鲁国故城》，齐鲁书社1982年版。

[6] 安徽省文物工作队：《安徽长丰杨公发掘九座战国墓》，《考古学集刊·2》，中国社会科学出版社1982年版。

[7] 王恺：《浅说徐州狮子山楚王墓出土玉器》，《东亚玉器·2》，香港中文大学中国考古艺术研究中心，1998年。

之处，二者可能也有渊源关系①。

（3）玉觿与玉冲牙并存。觿本是古代用于解开绳结的用具，汉代的玉觿已演变为佩玉。狮子山楚王墓既出土玉觿，也出土玉冲牙。觿和冲牙都是组佩下端的佩玉。《诗·郑风·女曰鸡鸣》："知子之来之，杂佩以赠之。"毛传云："杂佩者，珩、璜、琚、瑀、冲牙之类。"冲牙出现于西周，而盛行于东周。陕西长安张家坡西周墓中曾发现形似冲牙的龙形玉饰②。春秋战国时期的玉冲牙，在河南淅川下寺楚墓、江苏吴县严山吴国玉器窖藏以及河北平山战国中山王墓中都曾出土③。两周时期的玉冲牙都作龙形或简化的龙形。狮子山楚王墓所出的玉冲牙也雕作龙形，显然是从春秋战国的冲牙发展来的，但龙首更为形象化，龙身一侧还有透雕的龙纹、卷云纹等附饰，造型更为优美。

（4）玉覆面偶有发现。子房山汉墓和后楼山汉墓各出一副玉覆面，这两副玉覆面经研究者复原，称之为"玉面罩"④。子房山汉墓的玉覆面由22件穿孔玉片和1件未穿孔玉片组成，象征额、眼、鼻、嘴、颊、耳及耳珰等部分，其造型和制作方法与周代的缀玉幎目有明显的承袭关系。后楼山汉墓的玉覆面原来应由34片玉片组成，出土时缺一片，复原后的轮廓上部平齐，下部内收呈弧形，很像人的脸部，但只具象征性的额、嘴、双耳以及下垂的耳珰。这件玉覆面与传统的缀玉幎目有较大差别，而和玉衣的脸

---

① 刘云辉：《春秋秦国玉器》，《东亚玉器·2》，香港中文大学中国考古艺术研究中心，1998年。

② 中国社会科学院考古研究所：《张家坡西周墓地》，中国大百科全书出版社1999年版。

③ 《中国玉器全集·3》，河北美术出版社1993年版，图版八〇、一〇三、二三七。

④ 李银德：《徐州出土西汉玉面罩的复原研究》，《文物》1993年第4期。

盖颇为相似，可视作由缀玉幎目向玉脸盖发展的过渡形式。

（5）龙形玉佩多种多样。狮子山楚王墓所出的龙形玉佩有单体龙形佩和复合式龙形佩两类。依据造型和佩挂方式的不同，单体龙形佩又可分为横式龙形佩和竖式龙形佩两种。横式龙形佩的龙身呈多曲状，龙尾内卷，龙身中部上方有孔，佩戴时作横置状。这种龙形佩流行于春秋战国至西汉前期，西汉中期以后虽偶有发现，但已不是主要的佩玉了。竖式龙形佩的龙身弯曲呈S形，龙首有小孔，佩挂时作竖立状。这种龙形佩在广州西汉南越王墓中曾出土1件[1]，该玉龙的尾部断折，被套上虎头金钩，组合成金钩玉龙。复合式龙形佩透雕而成，主要纹样为盘曲对称的双龙，龙身连成一体，全器略作半圆形。这种类型的玉佩，在战国时期的楚墓中常有出土。河南信阳长台关楚墓[2]和湖北江陵雨台山楚墓[3]都出过类似的玉佩。

（6）玉琀无一定的造型。奎山汉墓出土的玉琀作龙形。子房山3号汉墓所出的玉琀为透雕的变形玉龙。米山汉墓和后楼山汉墓出土的玉琀都作蝉形，但只琢出蝉的模样，造型简朴。

（7）韘形玉佩的造型和纹饰较为多样化。玉韘是古代射箭时戴在右手拇指上用于钩弦的玉具，本是实用器。至迟从战国时开始，实用的玉韘逐渐演变为装饰佩戴用的韘形玉佩。北洞山楚王墓出土的两件韘形玉佩[4]，造型别致，与西汉时期常见的韘形佩有明显的差别。其中1件韘形主体正面鼓起，饰勾连云纹，背面

---

[1] 广州市文物管理委员会等：《西汉南越王墓》，文物出版社1991年版。
[2] 河南省文物研究所：《信阳楚墓》，文物出版社1986年版。
[3] 湖北省荆州地区博物馆：《江陵雨台山楚墓》，文物出版社1984年版。
[4] 徐州博物馆、南京大学历史学系考古专业：《徐州北洞山西汉楚王墓》，文物出版社2003年版，第124页，作者分别称"玉韘""玉佩"；《中国玉器全集·4》，河北美术出版社1993年版，图版一五"玉韘形佩"、一六"玉螭虎纹佩"。

内凹，中部偏上有一近似圆形的大孔，两面分别雕琢龙、凤纹附饰。龙昂首，眼、鼻凸起；凤作回首状，喙内钩，凤冠外突，形象十分生动。另1件采用圆雕、透雕、浅浮雕和阴线浅刻等技法，在佩的两面和边缘琢饰6只形态各异的螭虎，造型优美，雕琢精细。这件鞢形佩由于纹饰布满全器，中部偏上的圆孔也被螭虎的躯体所填补，因而鞢形主体的形象不易被辨认，只有细心观察，才能识别。韩山汉墓出土的鞢形玉佩，鞢形主体较瘦长，其纹饰可分为两类。一类采用透雕、浅浮雕和线刻相结合的技法，正面雕出一兽，背面一侧雕出二龙，另一侧饰云纹；另一类在鞢形主体的两侧雕琢简单的云纹。这两类鞢形佩的造型和纹饰与西汉时期常见的鞢形佩相比仍然稍有差异。后楼山汉墓出土的1件鞢形玉佩，鞢形主体两侧的透雕附饰分别为螭虎纹和凤鸟纹。

（8）玉舞人造型简朴。狮子山楚王墓既出土单身玉舞人，也出土双人连体玉舞人。韩山汉墓出土的玉舞人作不规则长方形、长条形或半圆形，以阴线刻出翘袖折腰的舞人形象，造型都较简朴。

（9）少数墓葬出土镶玉漆棺或玉圭、玉璋。北洞山楚王墓出土的I式璧，正面雕琢纹饰，背面平素无纹，少数"好"（璧的中孔）仍粘附鎏金的铜铆钉，铆钉背面和个别璧的背面刻有干支编号①。这种玉璧可能原系镶嵌在漆棺的外壁，属于镶玉漆棺的遗存。狮子山楚王墓发现残存的棺板上镶贴玉片、玉版。部分玉片粘连在一起，组成图案；有些玉版的表面刻有玉璧的图形。经徐州博物馆复原后，为一具表面镶嵌玉片、玉版的镶玉漆棺。这

---

① 徐州博物馆、南京大学历史学系考古专业：《徐州北洞山西汉墓》，文物出版社2003年版，第123页。

具镶玉漆棺，除了有意识留出几处空白外，外壁基本上镶满玉片、玉版，所以也可称为"玉棺"①。东甸子汉墓出土1件玉圭、两件玉璋，墓主为男性。

2. 第二期玉器的主要特点

本期的玉器在造型和纹饰方面，均不见明显的战国玉器风格，除陶楼汉墓所出的1件玉人可能是战国时期遗留下来的旧玉外，其余均为汉代风格的玉器。

（1）玉璜的数量明显减少，说明多璜玉佩已不甚流行。龟山1号汉墓出土3件玉璜，璜的两端作龙首或兽首形，中部琢饰谷纹或勾连云纹，当中有小孔，用于穿系佩挂，是组佩的构成部分。

（2）觿的数量较多。龟山1号汉墓出土5件玉觿，觿的一端雕琢成龙头或兽头，觿身饰卷云纹或勾连云纹。其中1件背脊上有透雕的变形凤鸟、螭虎及流云纹附饰，是汉代玉觿中罕见者。

（3）牒形玉佩已经定型。龟山1号汉墓出土的牒形佩，牒形主体的两侧有基本上对称的透雕卷云纹附饰，属于西汉中期典型的牒形玉佩。

（4）玉舞人的数量较多，但都是单身玉舞人。龟山1号汉墓出土6件玉舞人，均为扁平片状。其中4件略呈长方形，两面用阴线刻出身穿长袖的舞人形象；另两件雕琢出舞人的轮廓，然后用透雕加线刻的技法刻饰细部。

3. 第三期玉器的主要特点

第三期的玉器，基本上承袭第二期的器类，只在造型和纹饰

---

① 李银德：《汉代的玉棺与镶玉漆棺》，《海峡两岸古玉学会议论文专辑·Ⅱ》，台湾大学理学院地质科学系印行，2001年。

方面稍有变化。

（1）有些器类的纹饰与第二期相比，有简化的趋势。出现了素面的玉剑饰，例如石桥1号汉墓出土的玉剑珌和荆山汉墓出土的玉剑璏都是素面的。有些器物的造型也趋于简化，例如荆山汉墓出土的玉琀仅做出蝉形轮廓，未刻饰细部，比第二期的玉琀更为简朴。

（2）鞢形玉佩的器形有较明显的演变。石桥2号汉墓出土的鞢形玉佩，正面微鼓起，背面略内凹，两面皆饰阴线卷云纹，当中有一椭圆形孔，两侧的附饰为透雕的变形龙、凤纹。这件鞢形佩的器形与第二期的相比，鞢形主体较瘦长，当中的圆孔演变为椭圆形，具有西汉后期鞢形玉佩的特征。

（3）玉舞人作长方形片状，雕琢工艺比第二期更为粗略。石桥2号汉墓出土两件玉舞人，1件用阴线刻出舞人形象；另1件用阴线加局部透雕的技法，刻出翘袖折腰的舞女形象。

（4）发现造型优美的玉环。石桥2号汉墓出土的1件玉环，采用透雕和线刻的技法，雕琢出一龙、一兽和二凤的纹饰，以龙作为环的外形和主体，一兽和二凤附在龙的身上，相互交接环绕，其间点缀流云纹，造型和纹饰优美流畅。

三 关于楚国玉器作坊及其他

从文献记载和考古资料考察，楚王国应有自己的玉器手工业作坊。汉高祖刘邦立异母弟刘交为楚王，封地有薛郡、东海、彭城三郡，共三十六县（或作"四十余城"）。楚国属于"夸（跨）州兼郡，连城数十"的汉初九大同姓大藩国之一，而当时的大藩国，"宫室百官同制京师"（《汉书·诸侯王表序》）。所以楚王国内应该也有与中央朝廷相类似的官营玉器手工业作坊。

在考古资料方面，楚国陵墓出土的一些造型、纹饰较特殊的玉器，具有自己的艺术风格。这些玉器应是楚国玉器作坊制作的。例如，狮子山楚王墓所出的两面浮雕20条龙纹的玉璜，为汉代同类玉器所未见；所出的玉戈，在援部和胡部之间有透雕的龙纹附饰，与河南永城僖山梁王墓所出的玉戈相比，后者援、胡之间无透雕附饰，器形和纹饰彼此差别也较大。该墓镶玉漆棺的表面镶嵌刻饰璧形的玉版以及由玉片拼成的图案，应该也是当地制作的。又如北洞山楚王墓出土的玉衣片，形状很特殊，多数作"凸"字形鳞甲状，与常见的玉衣片大不相同。从玉片的穿孔可以看出，其编连方式和其他玉衣也不一样。这套形制特殊的玉衣应该不是中央朝廷统一制作的，而是在楚王国内的玉器作坊制成的[①]。有些玉衣片的背面还残存玉璧的纹饰，可以判断是用废弃的玉璧改制的。这说明楚王国制作玉衣的作坊，同时还琢制玉璧等其他玉器，其规模是相当大的。

此外，徐州地区的汉墓中还曾出土制作玉器遗留下来的废料。据徐州博物馆工作人员介绍，白云山西汉墓和乔家湖东汉墓都曾出土玉料，其中有的似为制作玉璧遗留的下脚料。白云山汉墓曾出土1件被切割开的玉璧，从璧的两侧切开，准备制成两件玉璜。还有一块圆形玉片，显系挖空玉璧内孔（"好"）留下的碎料（这些资料藏徐州博物馆）。以上材料说明，汉代楚王国确有自己的玉器制造业。随葬玉废料的墓主，可能是官营玉器手工业作坊的玉工或其亲属。

前文述及狮子山楚王墓出土的玉器中，有些具有先秦玉器的

---

① 卢兆荫：《再论两汉的玉衣》，《文物》1989年第10期。

风格，既有战国时期楚国、鲁国玉器的风格，也有秦式玉器的风格。这说明西汉中期之前，玉器尚未完全形成新的艺术风格。艺术属于上层建筑范畴，其发展变化往往落后于王朝的更替。直至西汉中期，先秦风格的玉器才逐渐消失，在玉器造型和纹饰方面形成汉代新的艺术风格。至于营建于武帝前期的西汉南越王墓，墓中出土的部分玉器仍具有先秦玉器的风格，则是由于南越国位处边远地区，因而存在"文化滞后"现象的缘故[1]。

从已发掘出土的西汉楚国玉器考察，无论在数量或质量上，西汉中期以后的玉器都远远不如前期的玉器，这可能与楚国的盛衰和政治、经济力量的强弱有关系。西汉前期，楚国是地跨三郡的大藩国。汉景帝前元三年（前154），楚王刘戊坐"为薄太后服私奸"罪。被削去东海、薛郡两郡，刘戊遂参与"七国之乱"，失败后自杀[2]，楚国的国力从此一落千丈。武帝时，为了加强中央集权的力量，"作左官之律，设附益之法，诸侯惟得衣食税租，不与政事"[3]。建立了诸侯王分土而不治民的制度，各王国的权力进一步削弱，楚国当然也不例外。西汉中期以后，楚国政治、经济力量的减弱，可能是玉器制造业衰落的主要原因。

（本文原载《新世纪的中国考古学——王仲殊先生八十华诞纪念论文集》，科学出版社2005年版）

---

[1] 卢兆荫：《南越王墓玉器与满城汉墓玉器比较研究》，《考古与文物》1998年第1期。

[2] 《汉书·楚元王传》。

[3] 《汉书·诸侯王表序》。

关于徐州狮子山楚王墓玉器的若干问题

从汉高祖六年（前201）立刘交为楚王至王莽贬楚王刘纡为公，西汉刘姓楚王前后共传12代。从考古调查、发掘所得的资料判断，这些楚王的陵墓多营建在徐州周围的小山丘上。在已发掘的西汉楚王及其亲属的陵墓中，出土玉器最多的是狮子山楚王墓。该墓所出的玉器多达200多件①，不仅数量、种类多，而且多数质地精良，雕琢工艺精湛，在汉墓中是很少见的。

狮子山楚王墓的详细资料尚未发表，墓中所出的玉器目前主要见于下列两篇报道：一篇是《徐州狮子山西汉楚王陵发掘简报》②；另一篇是《江苏徐州市狮子山西汉墓的发掘与收获》③。这两篇报道所介绍的玉器，只是该墓所出玉器的一部分。从已发表的这些资料可看出该墓所出玉器的重要性及其在汉代玉器中所占的重要地位。本文拟根据已发表的资料，谈谈有关该墓玉器的几个问题。

---

① 《中华文化画报》1996年第3、4期，第5页；王恺：《浅说徐州狮子山楚王墓出土玉器》，《东亚玉器·2》，香港中文大学中国考古艺术研究中心，1998年。

② 狮子山楚王陵考古发掘队：《徐州狮子山西汉楚王陵发掘简报》，《文物》1998年第8期。

③ 韦正、李虎仁、邹厚本：《江苏徐州市狮子山西汉墓的发掘与收获》，《考古》1998年第8期。

一　具有西汉早期玉器的特征

从现有的考古资料考察，汉代的玉器主要出在诸侯王及其亲属的墓中。以往出土玉器较多的西汉诸侯王墓有：广州南越王赵眜墓、满城中山靖王刘胜夫妇墓、巨野红土山昌邑哀王刘髆墓、定县中山怀王刘修墓等。这些墓葬的年代都在武帝至宣帝年间，属于西汉中期。其中除南越王墓出土一些具有战国风格的玉器外，其余各墓所出的玉器基本上都具西汉中期玉器特征。

广州南越王墓营建于汉武帝前期，但所出的玉器在器类、器形以及艺术风格等方面，与典型的西汉中期玉器有较明显的差异，代表了从战国风格向汉代风格的过渡，具有西汉前期玉器的特征。这可能是由于南越国地处边陲，与中原地区相距遥远，秦末战乱之后与中原隔绝；汉朝建立后，虽有使节相通，但也时通时绝，因而保留了一些中原地区较早的文化面貌。这是边远地区往往存在的"文化滞后"现象[1]。

狮子山楚王墓的墓主究竟是哪一代楚王，目前有三种意见。第一种意见认为应是或可能是第三代楚王刘戊[2]；第二种意见认为"应是第二代楚王刘郢或第三代楚王刘戊"[3]；第三种意见主要

---

[1] 卢兆荫：《南越王墓玉器与满城汉墓玉器比较研究》，《考古与文物》1998年第1期。

[2] 《中华文化画报》1996年第3、4期，第5页；王恺：《浅说徐州狮子山楚王墓出土玉器》，《东亚玉器·2》，香港中文大学中国考古艺术研究中心，1998年；韦正、李虎仁、邹厚本：《江苏徐州市狮子山西汉墓的发掘与收获》，《考古》1998年第8期。

[3] 狮子山楚王陵考古发掘队：《徐州狮子山西汉楚王陵发掘简报》，《文物》1998年第8期。

根据墓中出土金缕玉衣、东海郡属县的封泥以及墓室尚未最后完工等现象判断，认为墓主当为第二代楚夷王刘郢（《汉书》作"刘郢客"）[1]。刘郢死于汉文帝前元五年（前175），在位仅4年。刘戊于汉景帝前元三年（前154）参与"七国之乱"，失败后自杀，在位达21年。在上述三种意见中，第三种意见的根据似具有较强的说服力。狮子山楚王墓的墓主为第二代楚王刘郢的可能性较大，此意见如能成立，该墓应营建于文帝初期，属于西汉前期墓葬。

在狮子山楚王墓所出的玉器中，既有汉代风格的玉器，也有先秦风格的玉器。前者如金缕玉衣、碟形玉佩、玉舞人、玉酒器、竖式单体龙形玉佩以及玉剑饰等；后者如玉冲牙（图一）、横式单体龙形玉佩、双龙连体龙形玉佩、带戚齿的谷纹璜和外缘有透雕附饰的玉璜等。汉代风格的玉器与先秦风格的玉器共存，正是西汉早期玉器的主要特征。这批玉器对研究先秦玉器向汉代玉器的过渡以及汉玉艺术风格的形成具有重要意义。

二 多璜玉佩继续流行

狮子山楚王墓墓室及盗洞内出土的玉器中，数量最多的是玉璜，共97件。玉璜不仅数量多，而且玉质精美，多由和田玉雕琢而成。其碾琢工艺精湛，应用了阴刻、浮雕、透雕等技法，装饰纹样有蒲纹、谷纹和勾连谷纹等。一些大型玉璜的上、下缘还有优美的透雕附饰（图二）。还有1件玉璜，表面布满纹饰，两面共浮雕20条卷曲对称的龙纹，纹饰布局匀称，纹样细腻优美，工

---

[1] 耿建军：《凿山为藏古崖墓——狮子山楚王墓与徐州汉王陵发掘记》（四），《中国文物报》1999年1月31日第4版。

艺技术精湛，是汉代玉璜中前所未见的珍品（图三）。该墓所出的玉璜，无论从数量、质量或工艺技术水平上看，在已发掘的汉代陵墓中都是无与伦比的。

从考古资料考察，玉璜在我国新石器时代的玉佩饰中就已出现。至迟从西周开始，以玉璜为主体的成组玉佩（以下简称"组佩"）就已相当流行[1]。河南三门峡西周虢国贵族墓[2]和山西曲沃北赵晋侯墓地[3]都曾出土以玉璜为主体，加上珠玑及其他玉饰构成的组佩。北赵晋侯夫人墓（M63）出土一套以玉璜为主体的组佩，其中玉璜多达45件[4]。春秋战国时期，玉璜也是组佩中的主要佩玉。湖北随县曾侯乙墓出土玉璜49件，另外还有石璜2件，玉璜多数出在墓主腰部上下，应是属于组佩的佩玉[5]。狮子山楚王墓出土近百件琢磨精美的玉璜，这些玉璜因墓葬被盗掘扰乱，失去了原来的位置，其组合关系已不可考；但除少数器形特大的玉璜外，多数玉璜原属楚王组佩的佩玉当无疑义。这说明，西汉早期继承先秦的习俗，在贵族阶层中佩戴以玉璜为主体的组佩之风仍然相当盛行，也是当时玉器的主要特点之一。西汉中期以后，组佩已不像以前那样流行，其组合形式也有明显的变化，玉璜在组佩中已不占主要地位。

---

[1] 孙机：《周代的组玉佩》，《文物》1998年第4期。

[2] 河南省文物研究所等：《三门峡上村岭虢国墓地M2001发掘简报》，《华夏考古》1992年第3期。

[3] 北京大学考古学系等：《天马—曲村遗址北赵晋侯墓地第二次发掘》，《文物》1994年第1期；山西省考古研究所等：《天马—曲村遗址北赵晋侯墓地第四次发掘》，《文物》1994年第8期。

[4] 山西省考古研究所等：《天马—曲村遗址北赵晋侯墓地第四次发掘》，《文物》1994年第8期。

[5] 湖北省博物馆：《曾侯乙墓》，文物出版社1989年版。

三 龙形玉佩的多样化

狮子山楚王墓出土的龙形玉佩，在造型上多种多样，大体上可分为单体龙形佩、双龙首龙形佩和双龙连体龙形佩三类。单体龙形佩依据器形和佩戴方式的不同，又可分为横式单体龙形佩和竖式单体龙形佩两种。横式单体龙形佩的龙身呈多曲状，有的龙首回顾，龙尾内卷（图四）；有的龙头朝上，龙尾分叉作凤尾形（图五）；龙身中部有穿孔，佩戴时玉龙作横置状。竖式单体龙形佩的龙身弯曲，略呈S形，龙尾内卷，有尖尾与方尾之分，龙首有一用于穿系的小孔，佩戴时玉龙作竖立状（图六至图九）。双龙首龙形佩的龙身向上拱起，两端各有一龙首，龙首卷曲向上，有的龙身饰谷纹，上下还有透雕的卷云纹附饰（图一〇）。双龙连体龙形佩透雕而成，双龙身躯弯曲，龙首朝外，龙尾相连，全器略呈半圆形，左右对称（图一一）。

横式单体龙形佩流行于春秋战国至西汉前期，西汉中期以后虽偶有发现，但已不是主要的佩玉了。这种龙形佩一般安置在组佩的下端，例如曲阜鲁国故城乙组58号墓出土的一组玉佩，最下方为一横式单体龙形佩（图一二）[1]。双龙首龙形佩从战国至西汉后期都存在。这类龙形佩往往在龙身中部及两侧都有用于穿系的孔眼，其在组佩中的位置与横式单体龙形佩不同，可能位于组佩的顶端而起提梁的作用，有的学者称之为"珩"形佩[2]。双龙连体龙形佩的造型具有战国时期玉器的风格，这种龙形佩在汉墓中很少被发现。

---

[1] 山东省文物考古研究所等：《曲阜鲁国故城》，齐鲁书社1982年版。
[2] 孙机：《周代的组玉佩》，《文物》1998年第4期。

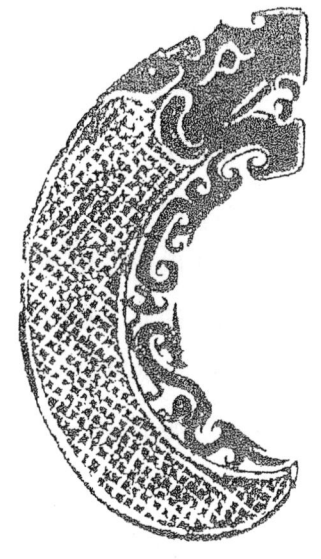

图一 玉冲牙(拓片)

图二 外缘有透雕附饰的玉璜(拓片)

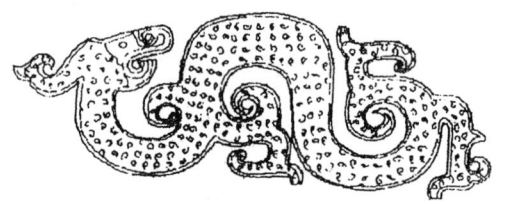

图四 横式单体龙形玉佩(拓片)

图三 龙纹玉璜(拓片)

图五 横式单体龙形玉佩(拓片)

图六 竖式单体龙形玉佩(拓片)

关于徐州狮子山楚王墓玉器的若干问题 221

 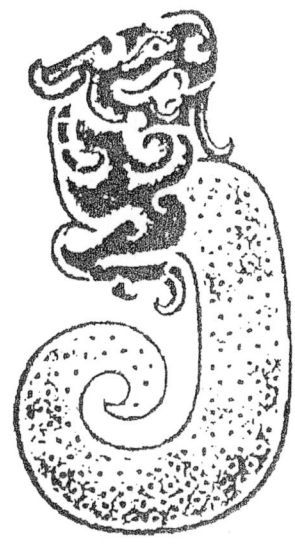

图七 竖式单体龙形玉佩（拓片）　　图八 竖式单体龙形玉佩（拓片）

图一〇 双龙首龙形玉佩(拓片)

图九 竖式单体龙形玉佩(拓片)　　图一一 双龙连体龙形玉佩(拓片)

狮子山楚王墓所出的龙形玉佩中，造型较为特殊的是竖式单体龙形佩。这种龙形佩未见于先秦时期，应是汉初新出现的器形，但在已发掘的汉墓中尚不多见。广州南越王墓出土1件金钩玉龙佩，玉龙的身躯弯曲似S形，龙头朝上，回首张口，龙尾内卷，下半折断，断口的两边各钻了3个小圆孔，用于穿线连缀（图一三），出土时玉龙尾部的下半截套在虎头金钩的銎孔中[①]。南越王墓出土的这件玉龙，在造型和纹饰的风格上都与狮子山楚王墓竖式单体龙形佩基本相同，原来也应是1件佩玉，只是在尾部折断后被套上虎头金钩，改为他用。

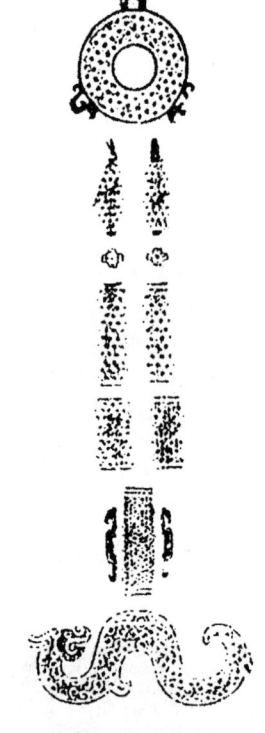 

图一二　曲阜鲁国故城乙组　　　　图一三　广州南越王墓
58号墓出土玉佩（拓片）　　　　出土的玉龙（拓片）

[①] 广州市文物管理委员会等：《西汉南越王墓》，文物出版社1991年版。

从上述情况可以看出，狮子山楚王墓的龙形玉佩，多数渊源于春秋战国时期，具有先秦龙形佩的风格；但在造型上也有创新，出现了竖式单体龙形佩。玉龙造型的多样化，也是西汉早期玉器的特点之一。

贵族阶层佩戴多璜组佩的习俗流行于西周时期。从东周直至西汉初期，玉璜仍然在组佩中占有重要的地位，但构成组佩的部件有所创新，龙形玉佩在组佩中的出现就是明显的例子。战国中期以前，龙形玉佩往往置于组佩的最下端；战国中期以后，出现置于组佩顶端的双龙首龙形玉佩。狮子山楚王墓出土的龙形佩，既有置于组佩下端的横式单体龙形佩，也有位于组佩最上端的双龙首龙形佩，可能还有可以单独佩戴的龙形玉佩，如竖式单体龙形佩。

楚国是西汉前期"连城数十"的大诸侯王国。当时的大藩国"宫室百官同制京师"（《汉书·诸侯王表序》），形成半割据状态。在楚国境内应该也有与中央朝廷相似的官营玉器手工业作坊，专为楚王及其亲属雕琢各种玉器。狮子山楚王墓出土的玉器，有些可能就是楚国玉器作坊制作的。狮子山楚王墓玉器是继广州南越王墓玉器之后，汉代玉器的又一次重大发现。这批玉器是最具典型性的西汉前期玉器，是研究从战国玉器过渡到汉代玉器的一批珍贵材料，对探讨汉玉的继承和发展具有十分重要的意义。

（本文原载《出土玉器鉴定与研究》，
紫禁城出版社2001年版）

弥足珍贵的西汉楚王陵墓玉器

汉高祖（刘邦）六年（前201）废楚王韩信，立同父异母弟刘交为楚王，是为楚元王。楚都彭城（今江苏徐州），封地有薛郡、东海、彭城三十六县（或作"四十余城"），是"夸州兼郡，连城数十"的汉初九大同姓诸侯王国之一。汉文帝（刘恒）尊宠楚元王，元王生子封爵皆与皇子同。汉景帝（刘启）继位后，为了表示对楚元王的亲宠，封元王子五人为侯。楚王国初年与中央朝廷关系之密切，可想而知。

楚元王刘交立二十三年死，其子郢客继位，是为夷王。夷王立四年死，子戊立。汉景帝前元三年（前154），刘戊坐"为薄太后服私奸"，被削去东海郡和薛郡①。当中央朝廷削地的文书到达楚国时，刘戊就与吴、胶西、赵、济南、菑川、胶东等六国，联兵造反，史称"七国之乱"，当年汉大将周亚夫击败七国叛军，刘戊自杀。汉景帝立楚元王子刘礼为楚王，奉元王后，是为文王。刘礼立三年（或作"四年"）死，子安王道立。安王立二十二年死，子襄王注立。襄王立十四年（或作"十二年"）死，子节王纯立。节王立十六年死，子延寿继位。汉宣帝地节元年（前69），延寿因谋反被杀（详见《汉书·诸侯王表》），国除，以其

---

① 《汉书·楚元王传》。《史记·楚元王世家》作"削东海郡"。

地为彭城郡①。刘交及其后裔的楚王共八个，前后历时130余年。甘露三年（前51）②，宣帝立其子嚣为楚王，共传四代，王莽时绝。

一

西汉楚王前后共十二人。从考古调查、发掘的资料判断，这些楚王的陵墓多营建在徐州周围的小山丘上。狮子山楚王墓发掘之前，在西汉楚王及其亲属的陵墓中，最具代表性的是徐州北洞山楚王墓③、铜山龟山汉墓④和徐州石桥汉墓⑤。这些陵墓都出土较多的玉器，分别代表了西汉前期、中期和后期楚国玉器的风格，是研究汉代玉器的重要实物资料。

（一）徐州北洞山楚王墓玉器

北洞山楚王墓位于徐州市区北面10千米处的铜山县茅村乡洞山村内，墓室依山开凿，规模巨大，结构复杂，墓室上面夯筑高大的封土。该墓虽早年被盗掘，仍然出土一批很有价值的文物。例如数以百计的彩绘陶俑，数以万计的半两钱，还有许多铜器、

---

① 《史记·楚元王世家》作："地节二年，中人上书告楚王谋反，王自杀，国除，入汉为彭城郡。"所载与《汉书·诸侯王表》稍有出入。

② 《汉书·宣元六王列传》载："楚孝王嚣，甘露二年立为定陶王，三年徙楚。"同书《诸侯王表》则作："（甘露二年）十月乙亥立为定陶王，四年徙楚"。今从列传。

③ 徐州博物馆等：《徐州北洞山西汉楚王墓》，文物出版社2003年版。

④ 南京博物院：《铜山小龟山西汉崖洞墓》，《文物》1973年第4期。1985年发掘单位将该墓补编为"龟山1号墓"，并改"小龟山"为"龟山"。另见南京博物院等：《铜山龟山二号西汉崖洞墓》，《考古学报》1985年第1期。

⑤ 徐州博物馆：《徐州石桥汉墓清理报告》，《文物》1984年第11期。

铁器、金银器和玉石器等。其中玉器有玉璧、玉环、玉熊镇、玉剑饰、牒形玉佩以及金缕玉衣片等。

玉璧中有的正面饰龙纹和谷纹，背面无纹饰，少数璧的中孔（称为"好"）粘附鎏金的铜铆钉，铆钉背面和个别璧的背面刻有干支编号。这种玉璧可能原系镶嵌在漆棺的外壁。棺壁镶玉璧，在已发掘的汉墓中有其先例。河北满城汉墓中山靖王王后窦绾墓所出的镶玉漆棺，棺的外壁共镶玉璧26块[1]。

玉剑饰中有1件螭凤纹玉珌，玉青白色，晶莹温润。全器略作两腰内收的梯形，横剖面略呈橄榄形，采用透雕、浅浮雕和阴线刻纹等技法，琢饰5只形态各异的螭虎和一只展翅欲飞的凤鸟[2]（图一）。剑珌为剑鞘下端的玉饰，有的学者认为应定名为剑摽[3]。玉剑珌一般都有浮雕或阴刻的纹饰，但具有透雕纹饰的剑珌很少见。河南永城僖山西汉梁王墓所出的1件玉剑珌，器形与这件玉珌相似，纹饰采用透雕加阴刻的技法雕琢而成，上部为兽面纹，中部为一螭虎，下部作小熊咬住螭虎尾巴状，周围点缀卷云纹[4]。梁国

图一　徐州北洞山楚王墓出土玉剑珌

---

[1] 中国社会科学院考古研究所等：《满城汉墓发掘报告》，文物出版社1980年版，第242页。

[2] 徐州博物馆等：《徐州北洞山西汉楚王墓》，文物出版社2003年版，第126页。原文作"通体透雕盘绕虬曲、姿态各异的蟠虎五个"。

[3] 孙机：《玉具剑与璏式佩剑法》，《考古》1985年第1期。

[4] 《中国玉器全集·4》，河北美术出版社1993年版，图版一九五。

与楚国相距不远，两件玉剑珌都采用透雕的技法，彼此之间可能有渊源关系。

韘形玉佩是由玉韘演变而来的佩玉。韘是古代射箭时戴在右手大拇指上用于钩弦的用具。《诗经·卫风·芄兰》："芄兰之叶，童子佩韘；虽则佩韘，能不我甲。"根据《说文解字》记载，韘用象骨制成。高级贵族的韘用玉雕成，称为玉韘。玉韘本是实用器，至迟从战国时期开始，实用的玉韘逐渐演变为装饰用的佩玉。北洞山楚王墓出土两件韘形玉佩[①]。其中1件韘形玉佩主体正面鼓起，背面内凹，上部有椭圆形孔。正面饰勾连云纹，周缘雕琢龙、凤纹附饰。龙首的眼、鼻凸起，凤高冠勾喙，作回首状，形象生动。另1件采用圆雕、透雕、浅浮雕和阴线浅刻等技法，在玉佩的两面和边缘琢饰6只形态各异的螭虎，有的头部外伸，有的盘曲在玉佩表面。雕琢精细，造型优美生动，是汉代玉佩中难得的珍品（图二）。这件玉佩实际上也是韘形佩，只是由于纹饰充满全器，中部偏上的圆孔也被螭虎的躯体所填补，因而韘形主体的形象不易辨认，只有细心观察，才能识别。上述这两件韘形玉佩，造型别致，在汉代韘形佩中是不多见的。

图二　徐州北洞山楚王墓出土玉佩

[①]　徐州博物馆等：《徐州北洞山西汉楚王墓》，文物出版社2003年版，第124页，作者分别称之为"玉韘""玉佩"。

玉衣只残存73枚玉衣片，其全貌已不得而知。玉衣片多数作"凸"字形鳞甲状，边缘和中部的上下有穿孔，多者一片有7个小孔。还有少数玉衣片呈梯形、菱形、三角形、半圆形等不同形状，也都有穿孔。过去汉墓中发现的玉衣片都以方形、长方形为主。未见以"凸"字形鳞甲状玉片为主的玉衣。这种"凸"字形鳞甲状玉片的制作，可能是模仿西汉初期出现的鱼鳞甲的甲片。从这种玉衣片的形状和穿孔的位置看，它与时代稍后的满城1号汉墓所出铁甲的第一种甲片和洛阳西郊西汉墓（M3023）二型甲片有类似之处①，故其编连方法可能也和鱼鳞甲差别不大。这也说明，关于汉代玉衣的形制和玉片的编缀方法系受甲胄影响的论断是可信的②。北洞山楚王墓的时代属西汉前期。

（二）铜山龟山汉墓玉器

龟山汉墓位于徐州市西北约9千米的龟山西麓。龟山2号墓由南北两座墓葬构成，两墓之间有过道相通，是夫妇"同茔异穴"的合葬形式。该墓早年被盗，珍贵的随葬品已荡然无存。玉器只见1件玉环以及一些玉璧、玉佩的残片。龟山1号墓在2号墓的北面，两墓相距仅5米左右，1号墓应是2号墓的附葬墓。

龟山1号墓所出玉器的种类较多，有玉璧、玉环、玉瑗、玉璜、玉觿、蝶形玉佩、玉带钩和玉舞人等。

玉璧的纹饰分为两类，一类为单一的蒲纹或谷纹；另一类的纹饰分为两区，内区为蒲纹或蒲格涡纹，外区为龙纹或龙凤纹。龙纹和凤纹相结合的花纹带在汉代玉璧中较为少见。玉环为素面

---

① 中国科学院考古研究所洛阳发掘队：《洛阳西郊汉墓发掘报告》，《考古学报》1963年第2期。

② 卢兆荫：《试论两汉的玉衣》，《考古》1981年第1期。

或作绞索形。玉瑗饰谷纹。

玉璜的两端作龙首或兽首形，中部琢饰谷纹或勾连云纹，当中有小孔，用于穿系佩挂，是成组玉佩的组成部分。

玉觿皆作扁平弧形尖角状。其中1件一端雕作龙首形，龙身饰勾连云纹，背脊上有透雕的变形凤鸟、螭虎及流云纹。纹饰构图精美，为汉代玉觿中罕见的珍品（图三）。有的玉觿则作兽头形，器身饰卷云纹。觿本是古代用于解开绳结的用具，人们随身佩戴。《诗经·卫风·芄兰》："芄兰之支，童子佩觿；虽则佩觿，能不我知。"最早的觿可能是用兽骨制成的，商周时期出现了用玉雕成的觿，称为玉觿。汉代的玉觿为扁平片状，雕琢精美的纹饰，个别玉觿的背部还有透雕的附饰，因而都不是实用器，而是随身佩戴的玉饰。玉觿和牒形玉佩一样，是汉代贵族官僚墓葬中常见的佩玉。

图三　徐州龟山汉墓出土玉觿（拓片）

牒形玉佩的主体作尖首椭圆形，中部有一圆孔，两侧有透雕的流云纹附饰。其中1件与满城中山靖王王后窦绾墓所出的牒形玉佩，在造型风格上相似。这种形状的牒形玉佩，主体两侧的透雕附饰基本对称，但纹样稍有不同，多数为卷云纹，个别也有雕成鸟兽纹的。它在西汉早期就已出现，而流行于西汉中期，是汉代牒形玉佩中最常见的器形。

玉带钩皆由整块玉雕琢而成，钩首作鸭头或兽头形。其中1件作长条形，表面阴刻卷云纹，其器形和纹饰都与满城中山靖王刘胜墓所出的1件玉带钩相似。龟山1号墓和满城汉墓在时代上都属西汉中期，但前者稍晚于后者。

玉舞人共6件，其数量之多，就目前所见资料而言，只有广州南越王墓能与之相比[1]。其中4件略作扁平长方形，两面用阴线刻出长袖舞人的形象。这类玉舞人出于西汉中期或稍晚的墓中，是汉代玉舞人中造型最为简朴的一种，另两件的外形轮廓已粗具舞女形象，采用透雕技法，并以阴线刻饰细部。此类玉舞人的雕琢工艺仍然较为粗简，从西汉前期至东汉后期都有发现。

龟山2号汉墓内第六室出土龟纽银印一方，印文为阴刻篆书"刘注"二字，应属私印[2]。根据《史记》《汉书》的有关记载，刘注为第六代楚王，死于武帝元鼎二年（前115）或元狩六年（前117），在位14年（或12年），死后谥襄王[3]。墓葬的年代属西汉中期。龟山1号汉墓是2号汉墓的附葬墓，其年代与2号墓大致相当或稍晚，也属西汉中期。关于该墓的墓主，发掘者曾根据墓中出土铁剑等物，认为"墓主人应为男性"。此说似可商榷。该墓所出铜器的铭文中有"楚私官""文后家官""丙长翁主"等字样，又有多件玉舞人出土。从考古资料考察，玉舞人多数出在女性墓葬中，是汉代贵族妇女所喜爱的佩玉。至于刀剑之类的

---

[1] 广州市文物管理委员会等：《西汉南越王墓》，文物出版社1991年版。该墓西耳室、东侧室共出土玉舞人6件。

[2] 南京博物院尤振尧：《〈铜山龟山二号西汉崖洞墓〉一文的重要补充》，《考古学报》1985年第3期。

[3] 《史记·汉兴以来诸侯王年表》和《汉书·诸侯王表》。

器物，也可能出在汉代贵族妇女的墓葬中。例如满城中山靖王王后窦绾的墓中，就出土铁刀（应为书刀）以及铜剑、弩机、箭镞等武器。由上可见，龟山1号汉墓的墓主有可能是女性，她应系楚王的亲属。

（三）徐州石桥汉墓玉器

石桥汉墓位于徐州市东北石桥村洞山的西北麓。墓葬共两座，南北并列，1号汉墓在南，2号汉墓在北，两墓相距约10米。

石桥1号汉墓规模宏大，但早年被盗，随葬的玉器只发现2件玉璧、1件玉珌和2枚玉衣片。玉璧的两面饰涡纹，内外缘均有一道凹弦纹。玉珌为素面。玉衣片长方形，四角有小孔。这些玉器是被盗后的残余，远不能代表该墓玉器的水平。

石桥2号汉墓的规模较小，但出土的随葬品较丰富。所出玉器有玉环、玉璜、玉觿、韘形玉佩、玉舞人以及玉贝、玉珠、透雕玉饰等。玉环两面纹饰相同，采用透雕和线刻的技法，琢饰一龙、一兽、二凤纹，以龙作为环的外形和主体，一兽和二凤附于龙身，相互交接环绕，其间点缀流云纹，纹饰流畅优美。玉璜均为双龙首形，龙身饰谷纹或勾连云纹。玉觿通体细长，略有弧度，一端透雕龙首形，另一端作角形尖状。韘形玉佩正面微鼓起，背面略内凹，两面皆饰阴线卷云纹，中有一椭圆形孔，两侧的附饰为透雕的变形龙、凤纹。这件韘形佩的器形与西汉中期的韘形佩相比，韘形主体较瘦长，当中的圆孔演变为椭圆形，具有西汉后期韘形佩的特征。玉舞人皆略作长方形片状。1件部分透雕，以阴线刻饰细部；另1件下部刻出舞女的外形轮廓，面目衣袖都以阴线刻出。两件的姿态基本相同，都是一袖上扬于头顶，另一袖横置腰际，作翘袖折腰之舞姿。

石桥2号汉墓所出铜器的铭文中，刻有"明光宫"字样的达

10件之多，明光宫为汉长安城内的宫殿，可见墓主与皇室关系之密切。铜器铭文中还有"赵姬家""赵姬沐盘""王后家盘"等字样，说明墓主可能是楚王的王后，但因墓内未见玉衣，墓的规模又较小，所以不排除为楚王妾媵的可能。2号汉墓与1号汉墓南北并列，相距又甚近，两墓的墓主应为夫妇关系。其中1号汉墓规模大，且葬以玉衣，墓主应为某一代楚王。两墓的时代当属西汉后期。

二

徐州狮子山楚王墓（以下简称"楚王墓"）的发现和发掘，是汉代考古工作中值得庆贺的盛事。自从1984年发掘狮子山西汉兵马俑坑之后，人们一直盼望能找到该陪葬坑所属的主墓。徐州的文物考古工作者经过多年的辛勤探查，终于在1991年发现了楚王墓，并于1994年12月至1995年3月进行了发掘，兵马俑坑的墓主问题，得到了完满的解决[①]。

关于楚王墓的墓主，发掘者认为"应是第二代楚王刘郢（客）或第三代楚王刘戊"。陵墓营建于文帝或景帝时期，应属西汉前期。陵墓中出土200余件玉器[②]，其玉质之精良、雕琢工艺之精湛，在汉墓中都是首屈一指的。西汉前期的诸侯王墓已发掘的很少，所出玉器的数量也不多，这批玉器的出土，大大弥补了这个薄弱环节。楚王墓玉器具有明显的西汉早期玉器的特征，处

---

① 狮子山楚王陵考古发掘队：《徐州狮子山西汉楚王陵发掘简报》，《文物》1998年第8期。

② 王恺：《浅说徐州狮子山楚王墓出土玉器》，《东亚玉器》第二册，香港中文大学中国考古艺术研究中心，1998年。

在从战国风格玉器向汉代风格玉器过渡的阶段。它们不仅是研究楚王国玉器制造业的第一手材料，同时也是研究汉代玉器以及中国古代玉器的极其珍贵的实物资料。楚王墓玉器具有如下几个明显的特点。

（一）玉璜在玉器中占主要地位

楚王墓出土的玉器中数量最多的是玉璜，在盗洞和被盗掘的墓室中共出土玉璜97件。玉璜是构成组玉佩的主要佩玉，西周以来便是如此①。河南三门峡西周虢国贵族墓②和山西曲沃北赵晋侯墓地③出土的组玉佩，就多以玉璜为主体，再配以珠玑及其他玉饰。北赵晋侯夫人墓出土一套以玉璜为主体的组玉佩，其中玉璜竟达45件之多。春秋战国时期，玉璜也是组玉佩中的主要佩玉之一。湖北随县战国曾侯乙墓出土玉璜49件，另外还有石璜2件④。玉璜多数出在墓主腰部上下，也应是属于组玉佩的佩玉。楚王墓的玉璜数量多，表明当时组玉佩的盛行，这是西汉早期玉器的主要特点之一。这些玉璜因陵墓被盗而扰乱，失去了原来的位置，其组合关系已不可考，但多数应属楚王组玉佩中的佩玉，当无疑义。

楚王墓所出的玉璜，无论在数量、质量或工艺技术水平上，在已发掘的汉墓中都是无与伦比的。一些大型玉璜外缘有纹样优美的透雕附饰。还有1件玉璜，两面布满纹饰，以浅浮雕的20条

---

① 孙机：《周代的组玉佩》，《文物》1998年第4期。
② 河南省文物考古研究所、三门峡市文物工作队：《三门峡虢国墓》第一卷，文物出版社1999年版。
③ 北京大学考古学系等：《天马—曲村遗址北赵晋侯墓地第二次发掘》，《文物》1994年第1期；山西省考古研究所等：《天马—曲村遗址北赵晋侯墓地第四次发掘》，《文物》1994年第8期。
④ 湖北省博物馆：《曾侯乙墓》，文物出版社1986年版。

龙纹为主体，并点缀以细小的鸟兽纹，其纹饰布局匀称合理，纹样优美细腻，工艺极其精湛，是汉代玉璜中前所未见的珍品（图四）。

图四　徐州狮子山楚王墓出土玉璜（拓片）

（二）先秦风格玉器与汉代风格玉器共存

楚王墓所出玉器中，既有先秦风格的玉器，也有汉代风格的玉器，二者共存，这是西汉前期玉器的又一显著特征。

1. 具有先秦风格的玉器

（1）周缘带戚齿的谷纹璜和外缘有透雕附饰的玉璜　楚王墓出土许多周缘有戚齿的谷纹玉璜。这种玉璜流行于战国时期和西汉前期。河南信阳长台关 1 号楚墓[①]和上述战国曾侯乙墓都曾出土周缘带戚齿的谷纹璜，它是西汉前期具有战国风格的玉器之一。楚王墓所出玉璜中还有一种器形较大者，其外缘有精美的透雕附饰，纹样生动流畅，雕琢技艺也十分高超。这种玉璜也具有明显的战国风格。山东曲阜鲁故城战国墓[②]和安徽长丰杨公战国墓[③]都曾发现类似的玉璜。在西汉时期，这种玉璜只出在前期个别诸侯王墓中，中期以后逐渐消失。

（2）龙形玉佩　楚王墓出土的龙形佩有单体龙形佩和复合式

---

①　河南省文物研究所：《信阳楚墓》，文物出版社 1986 年版。
②　山东省文物考古研究所等：《曲阜鲁国故城》，齐鲁书社 1982 年版。
③　安徽省文物工作队：《安徽长丰杨公发掘九座战国墓》，《考古学集刊》第 2 辑，中国社会科学出版社 1982 年版。

龙形佩两类。单体龙形佩依据配挂方式和造型的不同，又可分为横式龙形佩和竖式龙形佩两种。横式龙形佩的龙身呈多曲状，龙尾内卷，龙身中部上方有穿孔，佩戴时作横置状。这种龙形玉佩流行于春秋战国至西汉前期，西汉中期以后虽偶有发现，但已不是主要的佩玉了。竖式龙形佩的龙身弯曲呈 S 形，头部上方有孔，配挂时作竖立状（图五）。这种造型较为特殊的龙形佩，在已发掘的汉墓中尚不多见。广州南越王墓所出的金钩玉龙佩，玉龙也弯曲作 S 形，与楚王墓竖式龙形佩的玉龙，在造型风格上基本相同。该玉龙的尾部断折后被套上虎头金钩，改为他用。复合式龙形佩透雕而成，主要纹样为蟠曲对称的双龙，龙身连成一体，全器略作半圆形（图六）。这种类型的玉佩在战国时期的楚墓中常有出土。河南信阳长台关楚墓和湖北江陵雨台山楚墓①都出土过类似的玉佩。

图五　徐州狮子山楚王墓出土玉龙（拓片）

① 湖北省荆州地区博物馆：《江陵雨台山楚墓》，文物出版社 1984 年版。

图六　徐州狮子山楚王墓出土双龙玉佩

（3）玉冲牙　冲牙形似玉觿而较粗钝。楚王墓所出的冲牙作龙形，龙身饰勾连谷纹，内侧有透雕的龙凤卷云纹附饰，构思新颖，纹饰流畅（图七）。冲牙为古代成组玉佩的组成部分，位于组玉佩的最下方，一般为左右各1件。《诗经·郑风·女曰鸡鸣》："知子之来之，杂佩以赠之。"毛传云："杂佩者，珩、璜、琚、瑀、冲牙之类。"玉冲牙出现于西周，而盛行于东周。陕西长安张家坡西周墓中曾发现形似冲牙的玉龙纹觿①。在春秋战国时期，河南淅川下寺楚墓、江苏吴县严山吴国玉器窖藏以及河北平山战国中山国墓都曾出土玉冲牙②。两周时期的冲牙也多作龙形或简化的龙形。楚王墓所出的玉冲牙显然是从春秋战国的冲牙发展来的，龙头更为形象化，龙身一侧加上透雕的附饰，造型更为优美。

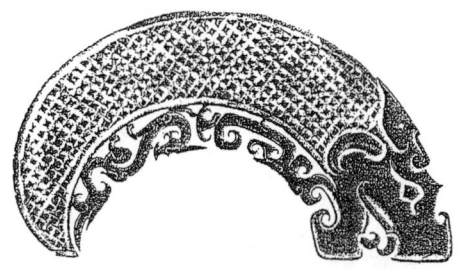

图七　徐州狮子山楚王墓出土玉冲牙（拓片）

---

①　《中国玉器全集·2》，河北美术出版社1993年版，图版二零二。
②　《中国玉器全集·3》，河北美术出版社1993年版，图版六二、八〇、一〇三、二三七。

2. 具有汉代风格的玉器

种类较多,已占主导地位。例如玉璧、玉环、玉戈、玉卮、玉耳杯、玉高足杯、玉剑饰和玉舞人等。

玉璧是汉代主要的玉礼器。楚王墓出土的白玉璧,玉质精良,雕琢细腻,纹饰为谷纹或蒲纹,其中 1 件璧的外缘还有透雕的龙凤纹附饰。这些白玉璧应属礼仪用玉,一些形体较小者也可能是组玉佩的组成部分。还有一些青玉璧,比白玉璧稍大,纹饰分为内、外两区,雕琢的工艺水平不如白玉璧。推测这些青玉璧可能原系放置在玉衣内,铺垫在死者的胸部、背部,其性质属于丧葬用玉。

玉戈只出在少数西汉诸侯王墓中,楚王墓所出的玉戈,戈的援部、胡部饰勾连云纹,戈内两面分别饰浮雕龙、凤纹,援、胡之间还有透雕的螭虎纹附饰(图八)。其造型与河南永城僖山梁王墓出土的玉戈相比①,虽有相似之处,但装饰更为华丽。

图八 徐州狮子山楚王墓出土玉戈(拓片)

玉卮、玉耳杯和玉高足杯都是酒器。楚王墓内墓道西侧南边耳室内出土 1 件玉卮、1 件玉耳杯、2 件玉高足杯,出土时 4 件排

---

① 《中国玉器全集·4》,河北美术出版社 1993 年版,图版一九〇。

列成一行，是一套极为珍贵的汉代玉酒器。

玉剑饰是汉代玉具剑的玉饰（或称"玉具"）。楚王墓出土的玉剑饰，剑首、剑格、剑璏、剑珌四种玉饰俱全①。有的玉剑珌饰兽面、勾连云纹，有的玉剑璏饰浮雕的螭虎纹②。这些都是汉代玉剑饰中常见的纹样。

玉舞人是汉代贵族妇女喜爱的佩玉。楚王墓出土的玉舞人有单人舞和双人舞之分，但都具汉玉风格。单人玉舞人有的略作长方形，透雕加阴线琢成，作翘袖折腰之舞姿。双人玉舞人用阴线刻出舞者的五官及服饰，两人双袖相连而舞，发掘者认为是"男女双人舞"的形象③。这两种玉舞人的造型都较为简朴，雕琢工艺粗略，玉质也较差，与陵墓中出土的其他玉器相比差别很大，应是从殉的楚王妾媵佩戴的玉饰。

此外，楚王墓还出土玉觿、牒形玉佩等汉墓中常见的佩玉，但因详细资料尚未发表，暂不作论述。

（三）玉衣、玉棺和玉梢

1. **玉衣**

玉衣是汉代皇帝和高级贵族死时穿用的殓服，每套玉衣由数以千计的玉片组成，玉片之间以金缕、银缕或铜缕加以编缀，也有个别用丝缕编缀。楚王墓的玉衣，因被盗墓者拉到墓门塞石上并抽走金丝，因而只剩下4000多片散乱的玉衣片，看不到玉衣的

---

① 韦正、李虎仁、邹厚本：《江苏徐州市狮子山西汉墓的发掘与收获》，《考古》1998年第8期。

② 王恺：《浅说徐州狮子山楚王墓出土玉器》，《东亚玉器》第二册，香港中文大学中国考古艺术研究中心，1998年。

③ 王恺、葛明宇：《徐州狮子山楚王陵》，生活·读书·新知三联书店2005年版。

原貌。从残存的少量金丝判断，原为一套金缕玉衣。玉衣片的玉质精良，颜色一致，琢磨细致，玉片小巧。这套玉衣所用的玉片比一般玉衣多一倍左右，是一套从选料、设计到雕琢技艺都十分讲究的金缕玉衣。徐州博物馆已根据玉衣片的不同形状、大小等情况，进行细心考察和研究，成功地复原了这套金缕玉衣。这套玉衣的时代为西汉前期，属于早期的玉衣。

2. **玉棺**

楚王墓发现残存的棺板，一面髹漆，绘有图案；另一面镶贴玉片、玉版，而多数玉片、玉版已散乱。玉片有菱形、三角形、长方形等形状，有些玉片粘连在一起，组成图案。部分玉版的表面刻有玉璧的图像，璧的纹饰分为内、外两区，内区为蒲纹，外区为双身合首的龙纹。这些玉片、玉版原来应是镶嵌在棺木的表面。经徐州博物馆复原，为一具镶玉漆棺。棺的内壁髹褐色漆，彩绘云气纹；棺的表面除有意识留几处空白外，其余镶满玉片、玉版，所以也可称为"玉棺"[①]。

类似的玉棺，在汉墓中很少发现。满城中山靖王王后窦绾墓出土一具镶玉漆棺，棺的内壁镶满玉版，形成一具玉棺。

"玉棺"一词，偶见于古文献。《后汉书·王乔传》记载，王乔为叶令，"天下玉棺于堂前，吏人推排，终不摇动。乔曰：'天帝独召我邪？'乃沐浴服饰寝其中，盖便立覆"。这段带神话色彩的记载，可能是汉代人迷信玉棺能使死者灵魂升天思想的反映。同时，汉代人迷信玉能保护尸体不朽，葬以镶玉漆棺可能还与希冀保护尸体长期不朽有关系。

[①] 李银德：《汉代的玉棺与镶玉漆棺》，《海峡两岸古玉学会议论文专辑·Ⅱ》，台湾大学理学院地质科学系印行，2001年。

3. 玉梢

楚王墓出土 1 件透雕螭虎卷云纹的玉饰（发掘简报称"螭龙玉饰"），其主体为上宽下窄的长方形框，框中透雕一只身躯弯曲的螭虎。螭虎长尾卷曲，头部伸出框外，框的上端及一侧还有透雕的卷云纹附饰。框下有一长方形榫，其下部有一小孔，可用于插销固定。全器造型奇特，纹饰优美、流畅（图九）。

图九　徐州狮子山楚王墓出土玉梢（拓片）

发掘者认为，这件玉饰"看来是装在某种器物上的"，还有文章称之为"玉钺"①。但从这件透雕玉饰的形制考察，它可能是文献记载中的"玉梢"。《汉书·礼乐志》所载郊祀歌有"饰玉梢以舞歌，体招摇若永望"句。师古曰："梢，杆也。舞者所持玉梢，以玉饰之也。"《补注》先谦曰："如祭后土，礼尽用乐，故有舞歌也。"所谓"玉梢"，就是古代祭祀结束时，歌舞者手中所持杆上的玉饰，应属礼仪用玉。玉梢的发现，给汉玉增添了新的资料。

三

楚国是西汉前期"连城数十"的大藩国。当时的大藩国往往是"宫室百官同制京师"（《汉书·诸侯王表序》），形成半割据

---

① 王恺：《浅说徐州狮子山楚王墓出土玉器》，《东亚玉器》第二册，香港中文大学中国考古艺术研究中心，1998 年。

的状态。所以在楚王国内，应该也有与中央朝廷类似的官营玉器手工业作坊，这些作坊专为楚王及其亲属琢制各种玉器。

楚王国有自己的玉器手工业作坊，在考古发掘资料中也能得到证明。据悉徐州白云山西汉墓和乔家湖东汉墓都曾出土玉料，其中有的似为制作玉璧遗留下来的废料。白云山水泥厂1号墓曾出土1件被切割开的玉璧，从璧的两侧切开，准备制成两件玉璜；还有一块圆形玉片，显系挖空玉璧内孔（"好"）剩下的碎料（以上资料系徐州博物馆收藏）。这些资料说明，汉代楚王国确有自己的玉器制造业，出土玉料的墓主可能是官营玉器手工业作坊的玉工或其亲属。

此外，从部分造型较特殊的玉器可以看出，楚王陵墓所出的一些玉器具有自己的艺术风格。这些玉器也可能是楚国玉器作坊制作的。例如狮子山楚王墓所出的浮雕20条龙纹的玉璜、援部与胡部之间有透雕附饰的玉戈，都为汉代同类玉器所未见。北洞山楚王墓所出的两件牒形玉佩，1件雕琢龙、凤纹附饰，另1件运用透雕、圆雕、浮雕、线刻等技法琢饰6只神态各异的螭虎。这两件牒形玉佩具有独特的艺术风格，在造型和纹饰方面与常见的汉代牒形佩有较大的差别。该墓所出的玉衣片形状也较特殊，多数作"凸"字形鳞甲状，与常见的玉衣片大不相同。从玉片穿孔看出，其编连方式也和其他玉衣不一样，这套形制特殊的玉衣可能不是由西汉朝廷统一制作的，而是在楚王国内的玉器作坊制造的。玉衣片中少数还残存玉璧的纹饰，可以看出是用废弃的玉璧改制的。这说明楚王国制作玉衣的玉器作坊，同时还琢制玉璧等其他玉器，其规模是相当大的。狮子山楚王墓所出的玉器，其中不少可能是楚王国玉器手工业作坊碾琢的。

总之，徐州西汉各楚王陵墓出土的玉器，数量多，品类齐全，在时代序列上从西汉早期至西汉晚期接连不断，同时还具有特殊的艺术风格，是汉代其他诸侯王国玉器所无法比拟的。尤其是狮子山楚王墓所出的玉器，不仅数量很多，而且玉质优良，雕琢工艺精湛，有些玉器是过去未见或少见的珍品，是继广州南越王墓玉器之后，汉代玉器的又一次重大发现。这批玉器是最具典型性的西汉前期玉器，既有战国的风格，也有汉代新的风格，是研究从战国玉器过渡到汉代玉器的珍贵资料，对探讨汉玉的继承和发展具有十分重要的学术意义。

（本文原载《大汉楚王——徐州西汉楚王陵墓文物辑萃》，中国社会科学出版社2005年版）

略论西汉梁国玉器

汉文帝前元十二年（前168）立其子刘武为梁王，即梁孝王，梁孝王是窦太后的爱子、汉景帝的同母弟，又在平定吴楚七国之乱中立了功，因而与西汉中央朝廷的关系最为密切，朝廷给他的"赏赐不可胜道"。当时梁国是诸侯王国中的大国，"居天下膏腴地。地北界泰山，西至高阳，四十余城，皆多大县"。梁国地大物博，加上朝廷的不断赏赐，积累了大量的财富，"府库金钱且百巨万，珠玉宝器多于京师"。梁孝王死时，"藏府余黄金尚四十余万斤"。梁孝王死后，景帝立其子五人为王，于是梁分为五国，梁国为其中之一。武帝元朔中，又借故削梁八城，"梁余尚有十城"①。梁国的领地较前大减，但仍然是当时比较大的诸侯王国。梁孝王共传九代，直至王莽篡位，国绝。

梁国初都大梁，后徙睢阳，治所在今河南商丘县南。从考古调查、发掘的资料判断，永城东北芒山附近的一些小山是西汉梁王室陵墓的所在地。从20世纪70年代以来，先后发现、发掘了十余座梁王及其亲属的陵墓，以及保存完整的汉代寝园建筑遗址。梁王陵区的考古成果曾于1991年和1994年两度被评为"全

---

① 以上见《史记·梁孝王世家》。《汉书·文三王传》作："削梁王五县……梁余尚有八城。"今从《史记》。

国十大考古新发现"之一，同时也是"八五"期间"全国十大考古新发现"之一，这在全国考古工作中是少有的。永城梁国陵墓虽多经盗掘，但在考古调查、发掘中仍然获得不少珍贵的文物资料。本文拟对其中的玉器进行一些探讨，因许多资料尚未发表，所作探讨只能是初步的。

永城西汉梁王及其亲属的陵墓，经过调查、发掘的已有十余座，其中出土玉器的有：保安山汉墓[①]、僖山1号汉墓[②]和2号汉墓[③]、柿园汉墓[④]、黄土山汉墓[⑤]和前窑1号汉墓[⑥]。其中僖山1号汉墓所出的玉器数量最多，质量也最好。该墓出土金缕玉衣片1000多片，玉璧70多件，玉剑饰24件，还有玉璜、玉圭、玉戈、玉钺、玉璧、玉猪、玉凤、玉鸽、玉鸠、玉贝、玉舞人、玉牒形佩和玉兽面纹佩等。其次是僖山2号汉墓，所出玉器有金缕玉衣、玉璧、玉璜、玉猪、玉蝉、玉贝和玉舞人等。

梁国陵墓所出的玉器，形式多样，种类较多，按其用途和社会功能的不同，可分为礼仪用玉、丧葬用玉、装饰用玉和玉艺术

---

① 《中国玉器全集·4》，河北美术出版社1993年版，图版一七二至一七四；河南省文物研究所等：《河南永城芒山西汉梁国王陵的调查》，《华夏考古》1992年第3期；河南省文物考古研究所：《永城西汉梁国王陵与寝园》，中州古籍出版社1996年版。

② 商博：《永城芒山发现梁国王室墓葬》，《中国文物报》1986年10月31日；《中国玉器全集·4》，河北美术出版社1993年版，图版一七五至一九七。

③ 郑清森：《永城清理僖山2号汉墓》，《中国文物报》1996年10月20日。

④ 阎道衡：《永城芒山汉梁王陵出土大批珍贵文物》，《中国文物报》1991年8月25日；《永城芒山柿园发现梁国国王壁画墓》，《中原文物》1990年第1期。

⑤ 河南省文物研究所等：《河南永城芒山西汉梁国王陵的调查》，《华夏考古》1992年第3期；阎道衡：《永城芒山汉梁王陵出土大批珍贵文物》，《中国文物报》1991年8月25日。

⑥ 商丘地区文化局等：《河南永城前窑汉代石室墓》，《中原文物》1990年第1期。

品四大类。

1. 礼仪用玉

从文献记载和考古资料考察，西汉用于礼仪的玉器和先秦时期有所不同。根据《周礼》记载，先秦的玉礼器主要有璧、琮、圭、璋、琥、璜六种[1]。到了西汉时期，在这六种玉礼器中，只有圭和璧继续用于礼仪，其余四种，有的已不再制作，有的虽然继续存在，但其社会功能已经变化，不再是礼仪用玉了。

根据汉代文献记载，西汉时期天子祀上帝宗庙用圭[2]，祭天神太（泰）一用璧[3]，祭黄河、汉水等大川及诸祠用璧、圭[4]；黄河决口，则投入白马、玉璧"以礼水神"[5]。可见璧和圭在当时仍属礼仪用玉。在考古工作中，也曾发现汉代用于祭祀的玉璧和玉圭。陕西咸阳汉昭帝陵和上官皇后陵之间曾发现与帝陵祭祀仪式有关的玉器窖藏，该窖藏为排列有序的成组玉器，每组玉器的中间为一玉璧，璧的周围均匀地环绕着七件或八件玉圭，圭首均朝向玉璧[6]。这些玉圭和玉璧是专为祭祀活动而制作

---

[1] 《周礼·春官·大宗伯》："以玉作六器，以礼天地四方。以苍璧礼天，以黄琮礼地，以青圭礼东方，以赤璋礼南方，以白琥礼西方，以玄璜礼北方。"

[2] 《史记·孝文本纪》："春，上曰：朕获执牺牲珪币以事上帝宗庙，十四年于今，历日（绵）长，以不敏不明而久抚临天下，朕甚自愧。其广增诸祀埠场珪币。"

[3] 《史记·孝武本纪》："皇帝始郊见泰一云阳，有司奉瑄玉嘉牲荐飨。"《集解》引孟康曰："璧大六寸谓之瑄"。《史记·封禅书》所载相同。

[4] 《史记·封禅书》："其河、湫、汉水加玉各二；及诸祠，各增广坛场，珪璧俎豆以差加之。"《正义》云："言二水祭时各加玉璧二枚。"

[5] 《史记·河渠书》："（汉武帝）自临决河，沈白马玉璧于河。"《汉书·沟洫志》作"湛白马玉璧"。师古曰："湛读曰沈。沈马及璧以礼水神也。"

[6] 咸阳市博物馆：《汉平陵调查简报》，《考古与文物》1982年第4期；刘庆柱等：《西汉十一陵》，陕西人民出版社1987年版。

的明器。

梁王陵墓中只有僖山1号汉墓出土玉圭，但具体资料尚未发表。汉墓中出土的玉圭不多，满城中山靖王刘胜墓出土大小玉圭3件①，巨野红土山汉墓出土玉圭1件②。据报道，曲阜九龙山汉墓也出土玉圭，但未发表详细资料③。看来玉圭多出在汉代诸侯王墓中。玉璧在梁王室陵墓中发现不少。僖山1号汉墓出土的玉璧多达70多件。其他如保安山汉墓、柿园汉墓、僖山2号汉墓和前窑1号汉墓也有玉璧出土。僖山1号汉墓所出玉璧的纹饰可分为两类，一类为纹饰不分区，另一类纹饰分为内外两区。从已发表的资料看，不分区的纹饰为蒲纹，分区的纹饰有内外两区不同的花纹，其中一种是内区为谷纹（或称涡纹），外区为合首双身的龙纹；另一种是内区为蒲纹，外区为凤纹，内、外区之间以一周绹纹相隔。这两类纹饰的玉璧与满城中山靖王刘胜墓所出的同类玉璧风格相同，纹饰组合也一样。玉璜在保安山汉墓和僖山1号、2号汉墓中都有发现。保安山汉墓和僖山1号汉墓所出的都为双龙首玉璜，造型优美，中部下方有透雕的卷云纹附饰，上方有用于系挂的小长孔，两端也有小孔。这种玉璜已不是礼器，而是成组玉佩的组成部分，可能是文献记载中的玉珩。

僖山1号汉墓所出的玉戈和玉钺，是汉代玉器中难得的珍品。玉戈饰勾连云纹，玉钺的銎部饰卷云纹。徐州狮子山楚王墓和曲

---

① 中国社会科学院考古研究所等：《满城汉墓发掘报告》，文物出版社1980年版。

② 山东省菏泽地区汉墓发掘小组：《巨野红土山西汉墓》，《考古学报》1983年第4期。

③ 山东省博物馆：《曲阜九龙山汉墓发掘简报》，《文物》1972年第5期。《简报》报道的"玉圭饰"，可能是玉戈。

阜九龙山鲁王墓各出土1件玉戈①，也都刻有纹饰。楚王墓所出的玉戈在援部和胡部之间还有透雕的龙纹附饰，时代较早，属西汉前期。这些玉戈和玉钺显然不是实用的武器，可能是作为仪仗用的，也应属礼仪用玉。此外，狮子山楚王墓出土的1件螭虎纹玉饰②，有的文章称之为"玉钺"③，值得商榷，其器形与汉代玉钺迥异。

2. 丧葬用玉

梁王室陵墓所出的丧葬用玉，主要有玉衣、玉琀、玉握等。

永城是我国出土汉代玉衣较为集中的地区之一。僖山1号和2号汉墓、保安山汉墓、柿园汉墓、黄土山汉墓和前窑1号汉墓都曾出土玉衣片。其中僖山1号汉墓所出的金缕玉衣片共1000多片，已进行复原并出国展出。僖山2号汉墓和保安山汉墓也都出土数百枚玉衣片。据报道，1996年永城芒砀山西北角窑山顶汉墓也曾出土一套金缕玉衣，并已修整复原④。但是该玉衣的出土情况不详。这些出土玉衣的陵墓，墓主应是梁王或其亲属。保安山汉墓和僖山2号汉墓都出土玉蝉。保安山汉墓所出的玉蝉，蝉体宽扁，双眼突出。雕琢简朴，而形象逼真，未发现穿孔，应为玉琀。汉代的玉琀多数作蝉形。以玉蝉作为口琀，可能是汉人看到蝉的生活史中，幼虫在地下生活许多年之后才钻出地面蜕变为成虫，口琀雕琢成蝉形，以象征死者灵魂的蜕变和复活。玉握主要

---

① 狮子山楚王陵考古发掘队：《徐州狮子山西汉楚王陵发掘简报》，《文物》1998年第8期；《中国玉器全集·4》，河北美术出版社1993年版，图版一六二。

② 狮子山楚王陵考古发掘队：《徐州狮子山西汉楚王陵发掘简报》，《文物》1998年第8期。《简报》文字称"螭龙玉饰"，插图称"蟠龙玉饰"。

③ 王恺：《浅说徐州狮子山楚王墓出土玉器》，《东亚玉器·2》，香港中文大学中国考古艺术研究中心，1998年。

④ 石金玉等：《"金缕玉衣"重现异彩》，《北京青年报》1999年3月17日第4版。

是玉猪，僖山1号和2号汉墓都出土玉猪，1号汉墓的玉猪为黑褐色，作卧伏状，原系握在死者手中。

3. 装饰用玉

用于装饰的玉器数量较多，主要出在僖山1号和2号汉墓中，可以分为人身上的装饰用玉和剑上的装饰用玉两大类。

人身上的装饰用玉亦称佩玉，除上述双龙首玉璜外，僖山1号汉墓所出的还有玉觽、玉舞人、玉蹀形佩和玉兽面纹佩等，这些玉器的共同特点是都有用于穿系佩挂的小孔。玉觽透雕作龙形，龙张口卷角，作回首状。这件玉觽的造型和纹饰与扬州甘泉"妾莫书"墓所出的1件玉觽十分相似（《中国玉器全集·4》，图版二〇一），其时代同属西汉后期。玉舞人透雕而成，以阴线刻饰五官及衣纹。保安山汉墓出土的1件连体玉舞人，作二人对舞状，两人一手上扬相连，另一手下垂相握，连成一体，这种玉舞人多出在西汉前期的墓中。僖山1号汉墓所出的玉舞人为单人舞的形象。舞人着长袖衣，长裙曳地，作翘袖折腰之舞姿，这种形态的玉舞人流行于西汉中期以后。玉蹀形佩也出于僖山1号汉墓，蹀形主体较修长，两侧有卷云纹或凤鸟纹附饰。其中1件蹀形主体已由竖置改为横置，轮廓已模糊不清，两侧的透雕卷云纹在前方汇合，一侧卷云纹的前端延长呈尖状，类似玉觽的尖端，形成蹀和觽结合的器形，这种蹀形玉佩出现于西汉中期以后。该墓还出土1件兽面纹玉佩，作圆首长方形，透雕加阴线刻成，上部为卷云纹，下部为兽面纹，这种造型的玉佩较为少见。保安山2号汉墓所出的1件玉环（已残），两面饰谷纹，上缘有一小孔，可穿系佩挂，也应属佩玉[①]。

[①] 河南省文物考古研究所：《永城西汉梁国王陵与寝园》，中州古籍出版社1996年版，第201页。原书作"玦"，应为"环"。

剑和剑鞘上的装饰用玉称为玉剑饰。僖山1号汉墓所出的玉剑饰有剑首、剑格和剑珌。玉剑首为扁平圆形，与汉代一般玉剑首无异。纹饰分为内外两区，外区为谷纹，内区为勾连云纹。玉剑格的正面为高浮雕的螭虎纹，背面雕饰兽面、卷云纹。其中1件螭虎的头部及上身为圆雕，后面还浮雕一只小熊咬住它的后腿，雕琢精巧，纹饰生动，工艺水平很高。玉剑珌多数呈梯形。其中1件随形开光，内饰透雕纹样，上部为兽面纹，中部为一只螭虎，下部作小熊咬住螭虎尾巴状，周围点缀卷云纹。汉代的玉剑珌一般都有浮雕或阴刻的纹饰，但具有透雕纹饰的剑珌很少见。徐州北洞山楚王墓出土的1件玉剑珌也局部采用了透雕的技法（《中国玉器全集·4》，图版一七）。这两件玉剑珌都是汉代玉剑饰中难得的佳作。还有1件玉剑珌的器形近似三角形刀尖状，两侧有卷云纹装饰，两面饰勾连云纹，造型奇特，是汉代玉剑饰中罕见的珍品。

4. 玉艺术品

僖山1号汉墓所出的玉凤、玉鸽、玉鸠和玉贝，都属于玉艺术品。玉凤昂首勾喙，身躯细长，弯曲呈圆弧形，造型十分优美，惜尾部已残（见《中国玉器全集·4》，图版一八二）。玉鸽和玉鸠圆雕而成，有的作蹲伏状，有的作飞翔状，形象生动，小巧玲珑，是难得的微雕艺术品。玉贝形似海贝，正面鼓起，中部有一道锯齿状牙口，琢磨精细，形象逼真。

此外，保安山2号汉墓南侧1号陪葬坑中曾出土玉璧、玉带钩、玉剑饰等[①]，具体材料未发表，形制不详。

---

① 河南省文物考古研究所：《永城西汉梁国王陵与寝园》，中州古籍出版社1996年版，第188页。

梁国在西汉前期是"连城数十"的大国。当时大诸侯王国的"宫室百官同制京师"（《汉书·诸侯王表序》），所以，梁国内应该也有与西汉中央朝廷类似的官营玉器手工业作坊，这种作坊主要为梁王及其亲属雕琢各种玉器。梁王室陵墓中所出的玉器，有些可能就是梁国玉器作坊制作的。梁国玉器的另一来源应是中央朝廷的赏赐，梁国的"珠玉宝器多于京师"，应与朝廷的"赏赐不可胜道"有关系。僖山1号汉墓所出的玉璧，有的纹饰风格与中山靖王刘胜墓所出的玉璧相似，这些玉璧可能就是朝廷赐予的。例如霍光死后，朝廷赐"璧珠玑玉衣"等物。汉代诸侯王、大臣死后，朝廷赐玉璧珠玑等，属于朝廷对宗室、宠臣的一种特殊礼遇。

（本文原载《福建文博》1999年第1期）

满城汉墓农器刍议

新中国成立以来，在汉代遗址和墓葬中，出土了不少铁农具，但有准确年代可考者为数不多。满城西汉中山靖王刘胜和其妻窦绾墓所出的铁农具，时代明确，种类也较多，是一批研究西汉中期农业发展水平的重要资料[①]。

满城铁农具（包括农具铁范）出土于刘胜墓的甬道和中室，窦绾墓的墓道、北耳室、中室、后室和墓门外堆积中。所出农具都属于挖土、翻土的工具，计有钁、铲、二齿耙、三齿耙和犁铧五种，铸范有钁、锄的内范和三齿耙的外范。其中除15件铁钁出于刘胜墓外，其余都是窦绾墓所出。现分别介绍如下。

一 铁农具

1. 钁 两墓共出17件，器形基本相同。钁作楔形，两面刃，顶部有长方形銎。多数已残断。器形和巩县铁生沟Ⅱ式钁相似[②]，但较为宽扁，与湖南长沙、衡阳战国墓中所出的一种器身较宽的钁也很近似[③]。窦绾墓出土的1件（M2∶008），銎的口部饰凸弦

---

① 《满城汉墓发掘报告》，文物出版社1980年版，上册第111、279—283页。
② 《巩县铁生沟》，文物出版社1962年版，第31—32页，图二二∶1。
③ 《长沙、衡阳出土战国时代的铁器》，《考古通讯》1956年第1期。

纹两周，长 11.5、宽 6.4、銎 5.5×1.5 厘米（图一：1）。其器形、纹饰和河南临汝夏店汉代炼铁遗址所出的大型铁䦆基本相同（图一：2）①，而且与河北兴隆所出战国铁䦆及其铸范的形式也极为相似②，说明此种铁䦆在战国时期已经出现。

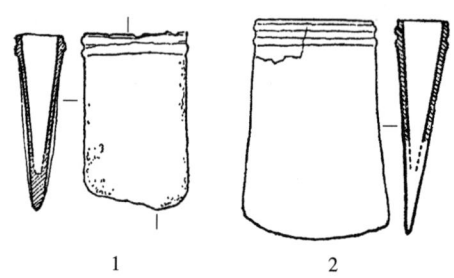

图一　铁䦆
1. 河北满城汉墓出土　2. 河南临汝夏店出土

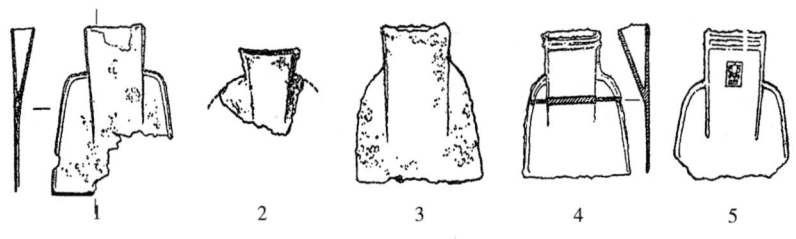

图二　铁铲
1. 河北满城汉墓出土　2. 河南洛阳烧沟出土　3. 河南洛阳中州路出土　4. 河南巩县铁生沟出土　5. 陕西陇县出土

2. 铲　7件。器形相同。作镈形，圆肩，肩以下逐渐加宽，刃部平直，銎为长方形。合范铸成。M2：001，长 14.2、肩宽 8.8、銎 4.6×1.6 厘米，刃部一角已残缺（图二：1）。铁铲在战国遗址、墓葬中就有出土，汉代的铁铲发现更多。满城汉墓所出铁铲的器形与洛阳烧沟汉墓第四型铲（图二：2）差别较大，而同洛阳中州路Ⅱ

---

① 《河南临汝夏店发现汉代炼铁遗址一处》，《文物》1960年第1期。
② 郑绍宗：《热河兴隆发现的战国生产工具铸范》，《考古通讯》1956年第1期。文中称为"铁斧"。

式铲（图二：3）、巩县铁生沟䦆形直刃铲（图二：4）和陕西陇县"东二"铲（图二：5）等相似①。《小校经阁金文拓本》（卷十三）著录的汉代农器中，有两件铸出"中山"二字铭文的铲子，未注明质料，可能也是铁铲。其中1件铭文为隶体，位于右侧肩部；另1件铭文为篆体，分铸于䤹的两侧。这两件带"中山"铭文的铲，应是铁业官营之后铸造的，所以铸出郡国名称。发掘出土的铁铲铭文多铸在䤹上，在肩部铸出铭文的少见。

3. 二齿耙　1件（M2：3116）。或称"双齿钁"。顶部有方穿，二齿略作"八"字形，系单范铸成，通长20.5厘米（图三：1）。器形和巩县铁生沟所出双齿耙大体相同而稍有差别②。巩县耙的双齿上宽下窄，齿端略向内敛（图三：2），而此器的双齿则略作外敞。从使用观点看，双齿内敛更适合于深挖土地，所以前者的器形可能是从后者发展而来的，当然也不排除地区性差别。

4. 三齿耙　1件（M2：3099）。或称"三齿钁"。顶部有长方形穿，三齿已残（图三：3）。单范铸成。汉代的三齿耙曾在辽阳三道壕、临淄齐故城、保定壁阳城、徐州利国驿等地出土过。三道壕耙为西汉时物，器形不详③。临淄耙虽出在齐故城内，但系采集所得，当为汉代器物④。壁阳城耙和利国驿耙则属东汉

---

① 《洛阳烧沟汉墓》，科学出版社1959年版，第188—189页，图版伍叁：6；《洛阳中州路（西工段）》，科学出版社1959年版，第51页，图版叁柒：5；《巩县铁生沟》，文物出版社1962年版，第33页，图二二：6、7，图版拾叁：2、3；《陕西省发现的汉代铁铧和䥕土》，《文物》1966年第1期。

② 《巩县铁生沟》，文物出版社1962年版，第33页，图二一：13。书中称为"双齿钁"。

③ 参见《新中国的考古收获》，文物出版社1961年版，第76页。

④ 《山东临淄齐故城试掘简报》，《考古》1961年第6期。

时期①。从器形观察，临淄耙（图三：5）和壁阳城耙（图三：4）与此器较为相似，而利国驿耙则差别较大（图三：6）。后者系在铁矿场内采集的，原报道认为是"采矿工具"，器形上的差别可能是由于用途不同的缘故。

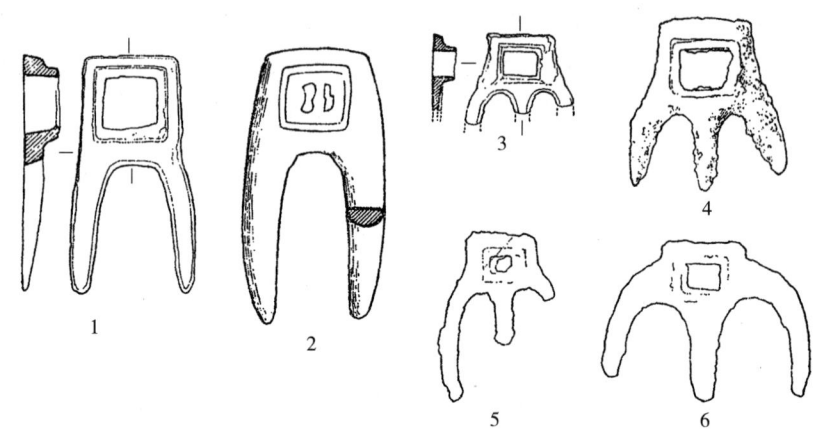

图三　铁耙
1. 河北满城汉墓二齿耙　2. 河南巩县铁生沟二齿耙　3. 河北满城汉墓三齿耙　4. 河北保定壁阳城三齿耙　5. 山东临淄齐故城三齿耙　6. 江苏徐州利国驿三齿耙

5. 犁铧　1件（M2：01）。全器略呈三角形，刃部弧形，当中起脊，后部为三角形銎，平底。脊长32.5、底宽30厘米，重3.25千克（图四），这种大型铁犁铧适用于牛耕和深耕，是当时较为进步的农具。这件犁铧是大型铁铧中有准确年代可考的最早的1件。类似的大铁铧，过去在陕西省西安市及富平、蓝田、蒲城、长安、礼泉、咸阳、陇县等地曾有出土，犁铧的长宽多在30厘米以上，重9千克左右，年代为西汉中期到东汉初期②。其他如辽阳三道壕和河北承德、石家庄等地也曾出土大型铁铧，但时

---

① 《保定东壁阳城调查》，《文物》1959年第9期，第82页，原报道作"三齿镢"；《利国驿古代炼铁炉的调查及清理》，《文物》1960年第4期。
② 《陕西省发现的汉代铁铧和镢土》，《文物》1966年第1期。

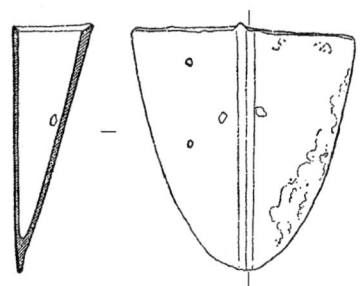

图四　河北满城汉墓出土铁犁铧

代都较晚，属于西汉晚期或东汉时期[①]。

二　农具铁范

1. 钁内范　共 11 件，可分为两型。

A 型　7 件。作长楔形，上宽下窄，下端呈 V 形或 ⊔ 形交角，又可分为三式。

Ⅰ式　5 件。两侧上部有一长条形凸起，下部有合范铸痕。M2∶4069，长 20.2 厘米（图五∶1）。

Ⅱ式　1 件（M2∶3117）。两面中部微鼓起，比Ⅰ式更加厚重，但已残断（图五∶2）。

Ⅲ式　1 件（M2∶4068）。一面上部凸起 0.3 厘米，在凸起的下部中间有三角形凹槽，可能是浇铸口。长 21.2 厘米（图五∶4）。

B 型　4 件。作长条钁形，一面略作弧形，另一面上部有梯形浇铸口，两侧面上部凸起。M2∶4073，长 25.3 厘米（图五∶3）。其形状与河北兴隆所出战国铁钁内范（图五∶7）相似[②]。

---

①　黄展岳：《近年出土的战国两汉铁器》，《考古学报》1957 年第 3 期。
②　郑绍宗：《热河兴隆发现的战国生产工具铸范》，《考古通讯》1956 年第 1 期。

2. 锄内范　8件。略作长方形。一面平直，另一面下部斜杀似刃，上部当中有一凹槽，可能是浇铸口，两侧有左右对称的长条形凸起各一。M2∶0011，长12.7、上宽14.2、下宽13.2厘米（图五∶5）。使用这种锄范铸出的应为长方形锄刃，锄的上部为木质，称为"铁口锄"，也有称之为"臿"者。铁口锄也是从战国时期就开始使用，河南辉县固围村1号墓出土铁口锄达28件之多，可见当时使用之普遍①。

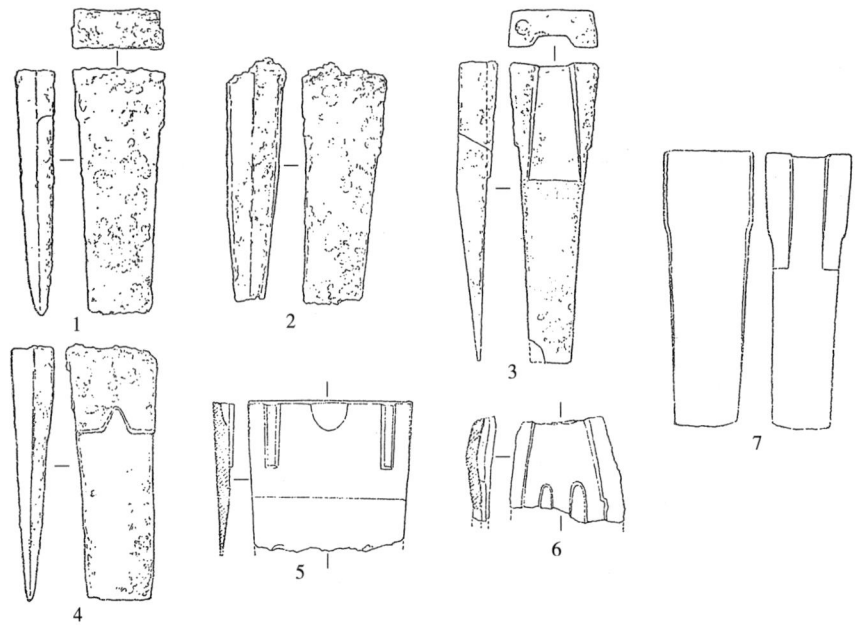

图五　铁范

1—4. 镢内范（A型Ⅰ式、A型Ⅱ式、B型、A型Ⅲ式）　5. 锄内范　6. 三齿耙范　7. 镢内范（除7为河北兴隆出土外，余皆河北满城汉墓出土）

3. 三齿耙范　1件（M2∶0010）。下部已残断，从残存的三条凹槽观察，似为三齿耙的铸范。但其形制和上述三齿耙不同，

---

① 中国科学院考古研究所编著：《辉县发掘报告》，科学出版社1956年版，第82页。

当为另一种三齿耙的铁范（图五：6）。

从以上铁农具和农具铸范的出土情况观察，除了刘胜墓的铁镬外，其他出于窦绾墓的农具和铸范可能不是作为随葬品埋入墓中的。例如，二齿耙和三齿耙应是修建墓室时遗留下来的工具。一部分锄、镬内范的下端有经过加工磨制的痕迹，可能是被用作开凿墓室的工具，后来遗弃在墓内的。另一部分内范上残存朽木，推测是作为垫置随葬器物用的。至于铲和镬都出在墓门外堆积中，这些铁器多数已残断，都是在墓道封门砖墙之间浇灌熔化的铁水时剩下的残料，而弃置在墓门附近的。大型铁犁铧则是在没有熔化的情况下被丢进砖墙之间的。

为了进一步了解满城汉墓铁器的质量，我们请有关单位对部分农具及铸范进行了科学的分析鉴定。金相分析结果表明：在铁镬中，有的是经过可锻化热处理的可锻铸铁，具有较好的韧性；有的是白口铁和灰口铁混合组织，即麻口铁铸件；有的则是亚共晶白口铁铸件。铁铲也是可锻铸铁，韧性较好。铁犁铧的显微组织为灰口铁和麻口铁，铧的尖端部分是麻口铁组织。三齿耙铸范的显微组织为亚共晶白口铁。锄内范的材质是灰口铁，它是我国目前发现的纯灰口铸铁中最早的器件之一。镬内范的显微组织和锄内范相似，也是灰口铁铸件[1]。灰口铁在冶炼过程中需要较高的温度和较低的冷却速度，它具有硬度比白口铁低、脆性较小、耐磨和润滑性能良好等特点。以上事实说明，西汉时期的冶铁手工业在战国的基础上有所发展和提高，特别是灰口铁的出现标志着冶铁工艺的新发展。

汉武帝为了从盐铁商贾手中夺取手工业利益，以增加政府的

---

[1] 《满城汉墓发掘报告》，文物出版社1980年版，附录三。

收入，于元狩四年（前119）实行盐铁官营政策，在产铁的郡国设置铁官，全国共设铁官近五十处，当时中山国的北平县（今河北满城县）也设有铁官。满城汉墓出土的铁农具，应该就是北平县铁官铸造的，铁器中有数量颇多的农具铸范，也说明当地冶铸手工业的存在。

满城汉墓出土器物中，与农业有关的还有一盘石磨（M1：3001）。这盘磨出于刘胜墓北耳室，磨下有一大型铜漏斗（M1：3002），磨旁还有一具用于推磨的牲畜遗骸。这是一套完整的农作物加工工具。石磨分上下两扇，上扇表面中心作圆形凹槽，周边凸起，当中有一道横梁，两侧各有一个长方形孔，底面满布圆窝状磨齿，中心稍内凹。下扇磨齿亦为圆窝状，表面微隆起，中心有一圆形铁轴。磨通高18、直径54厘米。铜漏斗上部大口，下腹收敛作小口，腰部外施宽带纹一道，上口径94.5、下口径29、高34厘米。自上口向下16厘米处，漏斗内壁平伸出四个支爪，两两相对，其跨度超过石磨直径。这说明四个支爪上原当置有承托石磨的木质器具，但已朽烂无存[1]。这套石磨和铜漏斗可以说是发掘出土的最为讲究的西汉农作物加工工具。这种铜漏斗在考古发掘中还是第一次发现，它在研究西汉农作物加工方面具有重要意义。因而有必要对石磨、铜漏斗的使用和安装进行探讨。

过去发现的石磨，时代早晚不一，但多数只有磨盘，能反映其装置情况的只有一些明器。例如陕西三原隋代李和墓所出的陶磨，磨盘系安置在一个上粗下细的圆形台座上[2]，但其时代比满

---

[1] 《满城汉墓发掘报告》，文物出版社1980年版，第143—144页。
[2] 《陕西省三原县双盛村隋李和墓清理简报》，《文物》1966年第1期。

城汉墓晚数百年，只能反映石磨台座的较晚的形式。时代与满城汉墓相近的有江苏江都西汉墓出土的石磨，也是明器。简报介绍该磨上片为圆形，下片为方形，底部四角突出座足[①]。报道很简略，所附照片也不甚清楚。我们认为，底部突出座足的方形下片并不是石磨的下扇，而应该是石磨的磨台，至于石磨本身，因系明器所以简化成一扇。如果以上看法是正确的，那么这个例子告诉我们，西汉石磨的安装方法是放置在一个带足的方形磨台上；同时由于是明器，其原料也不一定是真实的反映，磨台及其四足为木结构的可能性也是存在的。时代比满城汉墓晚些的有安徽亳县马园村2号墓所出的陶磨模型，从附图观察，该磨有上下两扇，磨的台座是一个方形架子，上部框架中间为凹槽，磨置槽中，下面由四足支撑，所有部件都较粗大，从形状看显系木结构[②]。该墓的时代为东汉晚期，但其磨的装置方法可能在西汉时期已经出现。

满城汉墓的石磨，出土时置于铜漏斗内，说明使用时必须将漏斗支撑到一定的高度，而出土时漏斗下未发现任何有关遗物，推测原来支撑漏斗的可能是个木架结构。当然，这种木架结构可以有不同的形式。为了具体表达我们的设想，我们试对石磨和铜漏斗的装置进行了复原（图六：左）。

复原时我们参考了上述江都西汉墓的石磨明器和亳县东汉墓陶磨模型，设计了四条腿的方形木架，其细部结构主要是参照同墓所出帐构和其他西汉木椁的榫卯结构。

漏斗内承托石磨盘的支架，既要考虑它的强度，又要考虑便

[①] 《江都凤凰河西汉木椁墓的清理》，《考古通讯》1956年第1期。
[②] 《亳县曹操宗族墓葬》，《文物》1978年第8期，第37页，图一三。

260　稽古文存

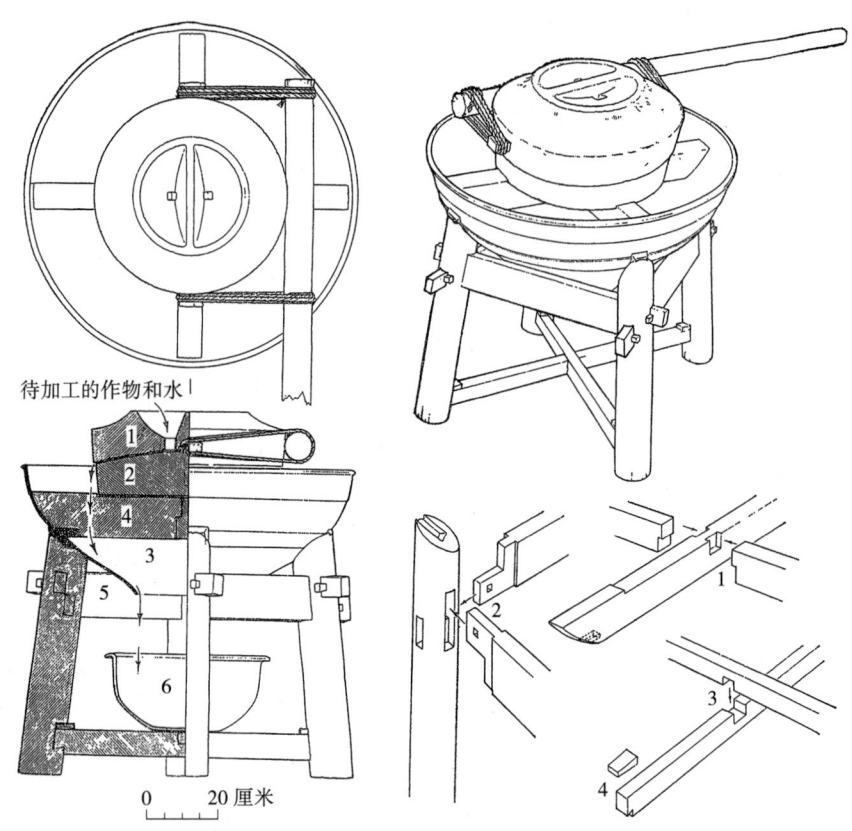

图六　满城汉墓出土石磨的复原及局部结构

左：1. 石磨上扇　2. 石磨下扇　3. 铜漏斗　4. 承托石磨的十字形支架　5. 支撑铜漏斗的木架　6. 接浆的容器　右：1. 承托石磨的十字形支架搭榫　2. 铜漏斗木架上层枨的半透榫　3、4. 铜漏斗木架下层枨的扣榫及头端不透榫

于发挥铜漏斗的功能，所以设计成用三根扁方木搭成的十字形支架形式，支架的四个端点开槽卧在四个铜支爪上，使其不能左右滑动，中间交叉处则用搭榫相接（图六：右1）。

漏斗支架四条腿的顶端支撑在上述十字形支架四个端点的位置，以便于承重，架子上层横枨交圈成方形，使用半透榫与腿相接，榫头外侧以木销钉固定（图六：右2）。上层枨稍低于腿的顶端，这样可以使架子有八个点与漏斗接触，不致形成以方套圆产生的四个空角。下层掌设在腿的根部,是按对角线的位置交叉成十字形,交叉点用扣榫使两根掌卧平(图六:右3),四端用不透榫加楔与腿拉紧,防止四腿受力外张(图六:右4)。

木架高度的设计主要是按照磨杠高度适于牲畜推动而定,而木架上下两层掌子的结构方式则是考虑了便于从漏斗下方取放容器。

通过以上复原工作,可以看出满城汉墓石磨和江都汉墓明器石磨在用途上有所不同。后者可能是西汉时期干磨的模型,它主要用于磨粉;而前者应是湿磨(或称水磨),它的主要用途是将农作物磨成流质的浆类,如麦浆、米浆、豆浆等,磨出的浆通过铜漏斗的下口顺利地流入放置在下方的容器。图六复原图上的容器,是依据墓中出土在石磨附近的Ⅱ型陶盆绘制的。

其次是磨齿问题。类似的石磨过去在陕西栎阳故城、河南洛阳中州路汉代遗址和汉河南县城都出土过[1]。栎阳故城为先秦至汉初的遗址,所出石磨(仅存下扇)的大小、形制和满城石磨十分相似,可能也是汉磨。洛阳中州路和汉河南县城所出石磨都属东汉时期。以上石磨的磨齿均为密布的小长方形或椭圆形小窝,与满城石磨的磨齿基本相同,但还难以得出这些磨都是湿磨的结论。安徽阜阳双古堆1号汉墓也出土一盘石磨,直径13、厚1.5厘米,当为明器。至于磨齿,原简报只说"齿不规则",没有详细描述[2]。该墓的年代属西汉文帝时期,比满城汉墓稍早。另外,

---

[1] 《秦都栎阳遗址初步勘探记》,《文物》1966年第1期;《洛阳中州路(西工段)》,第49页;《一九五五年春洛阳汉河南县城东区发掘报告》,《考古学报》1956年第4期。

[2] 《阜阳双古堆西汉汝阴侯墓发掘简报》。《文物》1978年第8期,第14页,表五。

洛阳烧沟汉墓也曾出土作为明器的石磨和陶磨，时代都晚于满城汉墓，属于西汉晚期至东汉中期，其磨齿为斜线形或辐射状沟槽①。这种磨齿比上述圆窝状磨齿较为进步，前者应是从后者发展而来的。看来，沟槽状磨齿从西汉晚期出现后，在东汉时期与圆窝状磨齿同时存在，以后逐渐代替了圆窝状磨齿，并且一直沿用到现在。

满城汉墓的时代明确，属于西汉社会经济高度繁荣的武帝时期。墓中所出的铁农具，有些是继承战国时期的器形，如铲、䦆等；有些则是西汉时期新出现的农具，如二齿耙、三齿耙、大型犁铧等。二齿耙和三齿耙都是当时较为进步的农具，适用于深挖土地和打碎土块。大型铁犁铧的出现是犁铧形制上的一大进步，它对提高耕作效率、促进农业生产的发展具有重要的作用。《盐铁论·水旱篇》记载，铁业官营之后，铁官鼓铸的铁器"大抵多为大器"。这种大型铁铧应即所谓"大器"。同时，对铁农具进行分析鉴定的结果表明，当时农具的铸造质量也是相当高的。这些都说明，西汉中期的铁农具，无论在种类或质量上都较前有所发展和提高，而农具的进步，又大大地促进了当时农业生产的发展。总之，满城汉墓所出的铁农具和农作物加工工具，对研究西汉中期的农业和冶铁手工业都具有重要的意义。

（本文系与张孝光合著，原载《农业考古》1982年第1期）

---

① 《洛阳烧沟汉墓》，科学出版社1959年版，第142、206页，图九〇：1，图版陆贰：2、4。

略论满城汉墓玉器与岫岩玉

满城1号、2号两座汉墓共出土160余件（套）玉器①，其数量之多，在已发掘的汉墓中仅次于广州南越王墓和徐州狮子山楚王墓。南越王墓出土玉器240多件②，狮子山楚王墓出土玉器200多件③。根据出土资料并且结合文献记载判断，满城1号和2号汉墓的墓主，分别为西汉中山王刘胜和王后窦绾。刘胜死于汉武帝元鼎四年（前113），窦绾之死稍晚于刘胜，前后相差应该不超过十年，两墓营造的年代都属西汉中期④。本文拟在概括介绍满城汉墓所出玉器的基础上，对玉料的来源问题，以及岫岩玉与中国玉文化多元一体架构问题，谈一些粗浅的认识，以就正于方家。

---

① 中国社会科学院考古研究所等：《满城汉墓发掘报告》上册，文物出版社1980年版，第81—84页、第101—104页、第133—143页、第234—246页。

② 广州市文物管理委员会等：《西汉南越王墓》上册，文物出版社1991年版，第340—343页。

③ 王恺：《浅说徐州狮子山楚王墓出土玉器》，《东亚玉器·2》，香港中文大学中国考古艺术研究中心，1998年。

④ 中国社会科学院考古研究所等：《满城汉墓发掘报告》上册，文物出版社1980年版，第336—337页。

一　满城汉墓玉器概况

满城汉墓所出的玉器中，除个别为前代遗留下来的旧玉外，已不见先秦风格的玉器。从器类、器形和艺术风格考察，属于典型的西汉中期玉器。按性质和功能的不同，满城汉墓出土的玉器可分为礼仪用玉、丧葬用玉、装饰用玉、日常生活用玉和厌胜辟邪用玉五大类。

1. 礼仪用玉

主要有圭（图一：1）和璧（图一：2）。玉圭只有3件，玉璧有69件（包括镶嵌在窦绾漆棺外壁的26件）。所出的1件玉琮，已被改造成九窍塞之一的男性生殖器罩盒，不属于礼仪用玉。

2. 丧葬用玉

有金缕玉衣、玉九窍塞、玉握（图一：3）、镶玉铜枕（图一：4）和镶玉漆棺。其中，保存完整的金缕玉衣和内镶玉版、外镶玉璧的漆棺是考古工作中首次发现的。还有玉衣内铺垫在死者胸、背的玉璧，也与丧葬习俗有密切的关系，应是先秦"疏璧、琮以敛尸"[①] 的遗制。

3. 装饰用玉

有带透雕附饰的玉璧、玉环、鲽形玉佩（图一：5、图一：6）以及以玉舞人为中心的玉串饰。刘胜墓出土的双龙卷云纹谷纹璧，在璧的上方有一组透雕的双龙卷云纹附饰，造型生动优美，代表了西汉中期新的艺术风格（图一：7）。此外还有铁剑、

[①] 《周礼·春官·典瑞》。郑注："璧在背，琮在腹。"

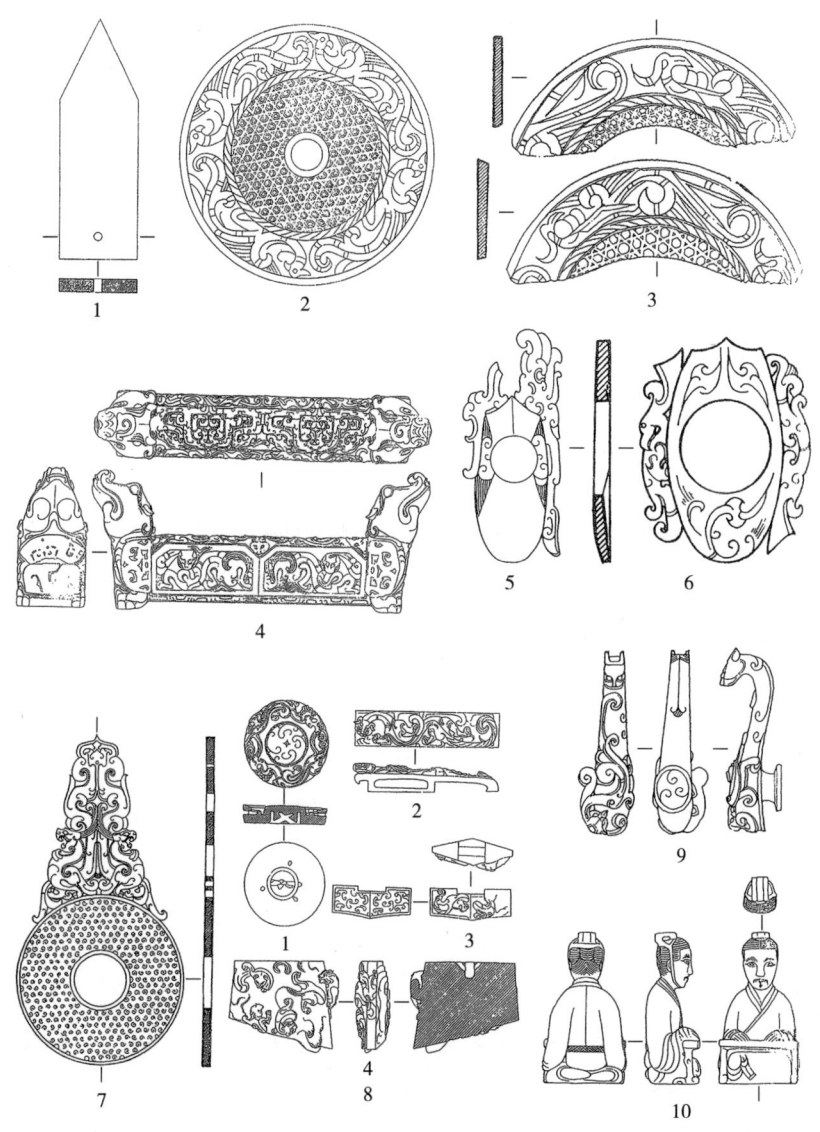

图一 满城汉墓出土玉器

1. 刘胜墓玉圭 2. 窦绾墓玉璧 3. 窦绾墓玉握 4. 刘胜墓镶玉铜枕 5. 刘胜墓瑑形玉佩
6. 窦绾墓瑑形玉佩 7. 刘胜墓双龙卷云纹谷纹璧 8. 刘胜墓玉剑饰（1 为剑首，2 为剑
璏，3 为剑格，4 为剑珌） 9. 刘胜墓玉带钩 10. 刘胜墓玉人

铜剑的玉剑饰，也应属装饰用玉。刘胜墓所出的一把铁剑，剑首、剑格、剑璏、剑珌4件玉饰齐备（图一：8），是考古工作中

首次发现的汉代玉具剑。

4. 日常生活用玉

有笄、带钩（图一：9）、印章等。

5. 厌胜辟邪用玉

只有刘胜墓出土的 1 件玉人。玉人作王公凭几而坐的形象，底部篆刻铭文："维古玉人王公延十九年"十个字（图一：10）。

二　满城汉墓部分玉器经鉴定为岫岩玉

为了解决满城汉墓玉器的玉料来源问题，我们在 20 世纪 70 年代整理资料、编写发掘报告的过程中，就挑选一些玉器的残片请国家地震局地质研究所的杨杰先生鉴定。当时挑选的标本共 10 件，包括 1 号墓玉衣片、2 号墓玉衣片各 3 件，2 号墓漆棺内壁镶嵌的玉版 2 件，2 号墓漆棺外壁镶嵌的玉璧 1 件，1 号墓白玉饰片 1 件。鉴定报告已作为发掘报告的附录发表[①]。其主要内容如下：

各标本的切片，经偏光显微镜检查，分为深玉化的玉质品和半玉化的玉质品两类。

1. 深玉化的玉质品

标本 1：1 号墓玉衣的玉片（编号：1 衣）。至少有一大部分属于叶蛇纹石类矿物——负光性鲍文石。

标本 2：1 号墓白玉饰片（编号：1 白）。玉化物同为鲍文石。

标本 3：2 号墓玉衣的玉片（编号：2E）。可肯定为鲍文石。

标本 4：2 号墓玉衣的玉片（编号：2J）。玉化物有负光性的

---

① 杨杰：《满城汉墓部分玉器的分析鉴定》，《满城汉墓发掘报告》附录九，载《满城汉墓发掘报告》，文物出版社 1980 年版。

鲍文石，也有少数为正光性的鲍文石。

标本5：1号墓玉衣的玉片（编号：1F）。属于鲍文石类矿物。

标本6：1号墓玉衣的玉片（编号：1E）。此玉片与标本5很接近。

2. 半玉化的玉质品

标本7：2号墓玉衣的玉片（编号：2B）。无疑也属鲍文石类矿物。

标本8a、b：2号墓漆棺外壁玉璧残片（编号：No.1）。属于蛇纹石类矿物——鲍文石。

标本9：2号墓漆棺内壁玉版残片（编号：123）。属于鲍文石类矿物。

标本10：2号墓漆棺内壁玉版残片（编号：155）。可能是辉石，也可能是别种硅镁质矿物。

鉴定报告最后将这些标本与辽宁岫岩玉和新疆和田玉进行对比，得出的结论是：上述标本的主要矿物都是从透闪石交代出的鲍文石（蛇纹石的特殊变种），其材料采自辽宁的岫岩地区。

20世纪80年代初，中国科学院地质研究所张培善先生又对上述部分标本进行矿物研究。他采用显微镜鉴定、化学分析和X射线粉晶分析鉴定等方法，对标本进行了岩矿鉴定；并将标本与辽宁岫岩玉进行比较，所分析鉴定的岫岩玉来自北京工艺美术工厂。经鉴定，该岫岩玉系由单一矿物蛇纹石组成。比较结果认为：满城标本为透闪石组成，工艺美术工厂岫岩玉为叶蛇纹石组成，故推测玉衣之玉的产地可能是新疆和田[①]。

---

① 张培善：《河北满城汉墓玉衣等的矿物研究》，《考古》1981年第1期。

综合以上两位地质学者的鉴定意见，可以得出以下几点认识。

第一，后一次鉴定认为，满城汉墓玉衣片等的矿物为透闪石组成，不是叶蛇纹石组成，所以不是岫玉。

第二，前一次鉴定认为，满城汉墓玉衣片等玉质品的主要矿物，都是从透闪石交代出的鲍文石（蛇纹石的特殊变种），其材料是采自辽宁的岫岩地区。

第三，现在已知，岫岩玉不是单一的矿物，既有蛇纹石，也有透闪石；蛇纹石矿中有一种硬绿蛇纹石，硬度较大，称为"鲍文石"[1]。所以，不是叶蛇纹石，并不能排除是岫岩玉的可能。

第四，两次鉴定的标本，包括玉衣片及漆棺内、外壁所镶的玉版、玉璧，都属丧葬用玉，其主要矿物为鲍文石，因而满城汉墓中与丧葬有关的部分用玉，其材料可能是岫岩玉的意见应该是可信的。

三　岫岩玉与中国玉文化多元一体架构

根据文献记载，古代许多地方都产玉（包括美石），各地所产的玉有不同的名称。《尔雅·释地》载："东方之美者，有医无闾之珣玗琪焉。"郭璞注："医无闾，山名，今在辽东。珣玗琪，玉属。"《说文解字·玉部》载："珣，医无闾之珣玗璂，周书所谓夷玉也。"段注："盖医无闾、珣玗璂，皆东夷语。"珣玗琪和珣玗璂，其义一也，大概都是东夷语"玉"的音译。

关于医无闾山的位置，郭璞云："今在辽东"。郭璞为晋人，《晋书·地理志》记载，辽东国的首府襄平，为东夷校尉所居。

---

[1] 古方主编：《中国古玉器图典》，文物出版社2007年版，第20页。

襄平位于辽河之东①。医无闾山当在辽河之东，应该是可信的，其地望与今岫岩相合②。

岫岩地区产玉，有着悠久的历史，在周代时称为"夷玉"。《尚书·顾命》记载，周成王病逝，在丧礼中陈设先王"所宝之器物"，其中有"越玉""大玉"和"夷玉"③。注云，越玉为"越地所献玉也"，夷玉为"东夷之美玉"。至于大玉，应为华夏之玉。《尚书·武成》载："华夏蛮貊，罔不率俾。"疏："夏，大也，故大国曰夏。华夏谓中国也。"称华夏之玉为大玉，是可以理解的。

中国是统一的多民族国家，多元一体架构是中华文化重要的传统和特征。具有中国特色的玉文化是中华文化的重要组成部分，也具有多元一体的发展过程。根据考古发掘出土的玉器资料判断，中国玉文化的起源是多元的，这可能是目前学术界的共识，但究竟有几个主要源头，学者意见不尽相同。一般认为至少有三个或四个源头，即燕山南北地带的红山文化、太湖流域的良渚文化、海岱区的大汶口—龙山文化以及华西地区的新石器文化④。有的学者曾提出中国古代玉器文化有东夷、苗蛮、华夏三大源头的理论⑤。我认为这符合历史实际。

---

① 参见《中国历史地图集》第三册，中华地图学社1975年版，第39—40页。

② 关于医无闾山的位置，《说文解字·玉部》段注："在今盛京锦州府广宁县西十里"。《汉书·地理志》辽东郡无虑县《补注》也说，在广宁县西十里。注①所引历史地图和现代的地图上，医无闾山都画在辽河之西、锦州以北处，这可能是根据清代以来的说法，是否可信，似需进一步探讨。

③ 《尚书·顾命》："越玉五重陈宝，赤刀、大训、弘璧、琬琰在西序；大玉、夷玉、天球、河图在东序。"

④ 费孝通：《中国古代玉器和传统文化》，《燕京学报》2001年新11期。

⑤ 邓淑苹：《"玉器时代"论辩平议》，《结网编》，（台湾）东大图书公司1998年版。

夷玉，也就是东夷之玉器，为中国古代玉器文化三大源头之一，在中国玉文化形成和发展过程中占有重要的地位。早在史前时期，海岱地区的大汶口—龙山文化的玉器，以及燕山南北的红山文化玉器，都属夷玉的范畴，当无疑义。此外，长江中游石家河文化晚期玉器，也与山东龙山文化玉器有着密切关系[1]。这可能是东夷族向南向西迁徙的结果[2]。

进入历史时期后，中国玉文化开始从多元逐渐走向一体化。玉文化一体化的过程相当漫长，可以分为初级阶段和高级阶段两个阶段。

玉文化一体化的初级阶段，应该从夏代开始。《左传·哀公七年》载："禹会诸侯于涂山，执玉帛者万国。"玉器为当时朝聘等礼仪活动中必执的礼物。殷墟妇好墓出土750余件玉器，其文化因素是多元的，首先是继承了二里头文化玉器的传统，但同时也具有较为明显的红山文化玉器和良渚文化玉器的因素[3]。还有个别玉器（如玉凤）的艺术风格与石家河文化玉器相似，彼此显然有渊源关系。这正是殷商时期不同玉器文化交流、交融的反映，也是中国玉文化发展中由多元走向一体的初步体现，在玉器群中仍然存在着不同玉器文化遗留下来的痕迹。这种现象一直延续到西周时期，上述周成王喜爱的玉器，除华夏传统的"大玉"外，还有"夷玉"和"越玉"，代表东夷文化的"夷玉"和代表越

---

[1] 张绪球：《长江中游新石器时代玉器》，《东亚玉器·1》，香港中文大学中国考古艺术研究中心，1998年。

[2] 杨建芳：《石家河文化玉器及其相关问题》，载《中国古玉研究论文集》上册，（台北）众志美术出版社2001年版。

[3] 郑振香：《殷墟玉器探源》，载《庆祝苏秉琦考古五十五年论文集》，文物出版社1989年版。

族文化的"越玉"，仍然作为两种特定文化的玉器而存在于周王室朝廷之中，说明当时的中国玉文化尚未发展到彻底一体化的阶段。

东周是我国历史上的动荡时期，频繁的兼并战争一方面加重了人民的痛苦，但另一方面也促进了各族间文化的融合，为秦朝的统一创造了必要的条件。秦朝建立了以汉族为主体的统一帝国，汉朝进一步加强和巩固了中央集权的封建统一国家。到西汉中期，政治、经济、文化发展到鼎盛阶段，主要为贵族阶层服务的玉器制造业也有很大的发展。

汉代玉器继承了先秦玉器的优良传统，但又有创新，出现了一些新的器类和器形，在造型艺术方面形成了新的风格，从而达到一体化的高级阶段，中国玉文化从多元走向一体的过程基本完成[①]。

满城汉墓营建于西汉中期，所出玉器具有汉代新的艺术风格。当时新疆地区的和田玉已大量输入中原，但如上文所述，墓中出土的一些丧葬用玉，其玉料可能还出自岫岩地区。

总之，岫岩玉和以岫岩玉为载体的东夷玉器（夷玉），在中国玉文化由多元走向一体的过程中，始终占有一席之地，是中国玉文化的重要组成部分。直至汉代，岫岩地区仍然是玉料的主要产地之一。

（本文原载《新世纪的中国考古学（续）——王仲殊先生九十华诞纪念论文集》，科学出版社2015年版）

[①] 卢兆荫：《中国玉文化多元一体架构刍议》，载《浙江省文物考古研究所学刊》第六辑，《第二届中国古代玉器与传统文化学术讨论会专辑》，杭州出版社2004年版。

徐州狮子山楚王墓玉器与广州南越王墓玉器比较研究

徐州狮子山楚王墓（以下简称"楚王墓"）和广州南越王赵昧墓（以下简称"南越王墓"）是迄今为止出土玉器数量最多的两座汉墓。南越王墓所出的玉器多达240多件[①]。楚王墓出土的玉器也达200多件[②]。这两座墓均属西汉时期诸侯王级的墓葬。楚国建立于高祖六年（前201），在当时是属于"夸州兼郡，连城数十"的大诸侯王国。南越国是岭南地区的地方割据政权，南越王赵昧虽自号为"文帝"，但上书西汉朝廷时仍自称"藩臣"[③]，其地位也相当于当时的诸侯王。由于墓葬的级别之高，所以出土大量的玉器就完全可以理解了。

楚王墓和南越王墓的时代虽然都属西汉时期，但在年代上却有早晚之别。楚王墓的墓主是谁？学术界的意见尚不一致。发掘者认为，"应是第二代楚王刘郢客或第三代楚王刘戊，下葬年代

[①] 广州市文物管理委员会等：《西汉南越王墓》，文物出版社1991年版。以下所引南越王墓资料，除特别注出的以外，其余皆出此书。

[②] 王恺：《浅说徐州狮子山楚王墓出土玉器》，载《东亚玉器·2》，香港中文大学出版社1998年版。

[③] 《史记·南越列传》。

为公元前175年至公元前154年"①。这个判断应该是可信的，其年代为文景时期，属于西汉前期的墓葬。关于南越王墓的墓主以及墓主是第几代南越王等问题，也曾有一些不同的意见②。发掘者在正式报告的第十一章"墓主和年代"中，针对主要的不同意见进行较为详细的论证、辩驳，同时根据出土资料并结合文献记载，判断"墓主是南越国文帝赵昧，也就是南越国第二代王赵胡。他大约死于元朔末元狩初，估计在公元前122年前后，入葬年代亦以死年或稍后一二年为宜"。依据发掘者的判断，南越王墓的年代为武帝前期，比楚王墓晚数十年，属于西汉中期前段的墓葬。

楚王墓和南越王墓的级别相同，时代相差不远，对这两座墓出土的玉器进行分析比较研究，对于认识西汉早期玉器的特点，从战国玉器向汉代玉器的过渡，以及汉代玉器风格的形成等问题，将具有一定的意义。但由于楚王墓曾遭盗掘，只有内墓道的三个耳室和外墓道北端的陪葬墓保存完好，因而对玉器的全貌、原来的位置和组合关系等的认识，受到很大的局限。所幸当时盗墓者似乎并未将玉器作为主要盗劫对象，其抽取玉衣的金丝而留下大量的玉衣片，也能说明这种现象。这可能是该墓的玉器能够较多地保存下来的原因。同时楚王墓的正式发掘报告目前尚未面世，已发表的发掘简报，也未将所出的玉器全部报道。由于上述原因，目前对楚王墓玉器的认识只能是初步的和不够全面的，因

---

① 狮子山楚王陵考古发掘队：《徐州狮子山西汉楚王陵发掘简报》，《文物》1998年第8期。以下所引楚王墓资料，除特别注出的以外，其余都出此简报。

② 关于不同的意见，多数发表在《西汉南越王墓》发掘报告出版之前。发掘报告出版后，也见到不同意见的文章，例如吴海贵《象岗南越王墓主新考》，《考古与文物》2000年第3期。

而对该墓玉器与南越王墓玉器的比较研究，也必然是初步的和不够深入的。只有等楚王墓的正式报告发表后，也就是见到有关玉器的详细报道后，比较研究工作或能进一步深化。现从四方面进行初步的比较研究。

（一）礼仪用玉的异同

玉璧是汉代主要的礼仪用玉，玉璜有时也可作为礼玉。雕琢纹饰的玉戈等兵器，显然不是实用的武器，而是作为表示贵族身份的仪仗用器，也应属礼仪用玉。

楚王墓被盗扰的墓室内共出土玉璧24件，其中白玉璧17件，青（碧）玉璧7件。白玉璧一般比青玉璧略小，但玉质精良，发掘者认为系"全用新疆和田玉做成"。璧的纹饰多为谷纹或蒲纹，雕琢细腻。其中1件璧的外缘还有透雕的龙凤纹附饰。这些白玉璧多数应属礼仪用玉，其中一些体形较小者，可能是成组玉佩的组成部分。该墓墓室及盗洞内出土的玉璜达97件之多。有些玉璜长达30厘米以上，有的还有透雕的附饰，这些大型玉璜应属礼仪用玉。其他多数玉璜则是组玉佩的构成部分，属于装饰用玉。

楚王墓还出土1件雕琢精美的玉戈和1件造型独特的螭虎纹玉饰（发掘简报称"螭龙玉饰"）。玉戈满饰浅浮雕勾连云纹，援、胡之间有透雕的螭虎纹附饰，戈内两面分别浮雕龙、凤图案，其显然是仪仗用器，应属礼仪用玉。螭虎纹玉饰的主体为上宽下窄的倒梯形框，框中透雕一只身躯弯曲的螭虎。螭虎长尾卷曲，头部伸出框外。在框的上端及一侧还有透雕的卷云纹附饰。框下有长方形榫，下部有一圆孔，可用于插销固定。发掘者认为，这件玉饰"看来是装在某种器物上的"。还有文章称之为

"玉钺"①。但从这件玉饰的形制考察，它可能是文献记载中的"玉梢"。《汉书·礼乐志》所载郊祀歌有"饰玉梢以舞歌，体招摇若永望"句。师古曰："梢，竿也。舞者所持玉梢，以玉饰之也。"所谓"玉梢"，就是古代祭祀结束时，歌舞者手中所持竿上的玉饰，也应属礼仪用玉。

南越王墓的礼仪用玉只有玉璧和玉璜。该墓共出土71件玉璧，发掘者认为，"可分别归入礼仪用玉、丧葬用玉和装饰用玉的三类之中"；棺椁"头箱"内的7件玉璧，"足箱"内的2件玉璧，西耳室出土的6件玉璧，"这些都是为墓主人置备的礼仪用物"②。上述看法是可信的。此外，原来放置在椁面四角的4件玉璧，以及分置于棺内两侧的3件玉璧和玉璜，应该都与丧葬礼俗有关，也可归属礼仪用玉。

两座墓在礼仪用玉方面，相同之处是都有部分玉璧和少数玉璜具有礼玉的功能；不同之处是楚王墓出土属于仪仗或仪式用玉的玉戈、玉梢，而南越王墓则付诸阙如。

（二）丧葬用玉的异同

汉代最有代表性的葬玉是玉衣。楚王和南越王都殓以玉衣。楚王墓的玉衣被盗墓者抽走大部分金丝，剩下4000多片玉衣片，从残存的少量金丝判断，原来是一套"金缕玉衣"。这套玉衣已由徐州博物馆复原，属于西汉早期的玉衣。南越王的玉衣，则"是用丝线和丝带连缀的，玉片间没有金属丝相连系"，可称"丝缕玉衣"。在制作工艺方面，两套玉衣也有明显的差别。楚王墓

---

① 王恺：《浅说徐州狮子山楚王墓出土玉器》，载《东亚玉器·2》，香港中文大学出版社1998年版。

② 麦英豪：《汉玉大观——象岗南越王墓出土玉器概述》，载《南越王墓玉器》，（香港）两木出版社1991年版。

的所有玉衣片，在玉质、玉的颜色以及制作的工艺水平等方面都是一致的。南越王墓的玉衣，情况有所不同。该玉衣的头套、手套和鞋三部分的玉片厚薄较均匀，表面抛光，边角部位有穿孔，加工较细致，制作的工艺水平较高；而玉衣其他部分的玉片大多是用废旧玉器或边角料切成，厚薄不均，无穿孔，加工也较粗糙。这些现象或能说明，该玉衣原来只制作头、手、足三部分，而上衣和裤筒则是埋葬时仓促补上的，因而工艺水平与上述三部分相比存在明显的差异。

南越王玉衣的胸腹部发现数以千计的玻璃珠以及许多玻璃贝、金泡、银泡和鎏金铜泡等，这些小珠等饰物原来都是缝缀在织物上的。发掘者认为，缝缀这些小珠饰的织物应是覆盖在玉衣胸部上的"珠襦"[1]。类似的"珠襦"在云南晋宁石寨山滇国王族墓地也有发现，出土"滇王之印"的滇王墓就曾出土由玉珠、料珠以及用玛瑙、绿松石、黄金制成的各式珠子组成的"珠襦"[2]。至于楚王墓是否有"珠襦"，从已发表的资料判断，似无"珠襦"此物。

"珠襦"见于汉代文献。《汉书·霍光传》载："太后被珠襦，盛服坐武帐中。"同书《董贤传》载："及至东园秘器，珠襦玉柙，豫以赐贤，无不备具。"可见珠襦既为皇室贵族生前举行隆重典礼时穿用的盛服，又可作为死时的殓服。以珠襦作为殓服，可能开始于东周时期。汉代文献中虽有关于珠襦的记载，但在中原地区的汉墓中却很少发现珠襦的实物。西汉时期高级贵族以玉

---

[1] 麦英豪：《汉玉大观——象岗南越王墓出土玉器概述》，载《南越王墓玉器》，（香港）两木出版社1991年版。

[2] 云南省博物馆：《云南晋宁石寨山古墓群发掘报告》，文物出版社1959年版。

衣作为殓服，殓以珠襦的习俗在中原地区已不流行，而在边远地区以及少数民族政权的贵族墓葬中尚有发现。

在其他葬玉方面，楚王墓是否有成套的玉九窍塞，因被盗扰而无法确知。该墓6号东耳室（E6）的地面高出甬道25厘米，似为棺床，室内出土玉璜、玉鼻塞以及墓主人的头骨、肋骨等骨骼。据此判断，楚王使用玉九窍塞的可能性还是存在的。南越王墓未发现玉九窍塞。南越王的口琀不是玉的，而是一团用丝绢包裹的珍珠。由此推想，南越王或系使用丝织物之类的九窍塞，因年久朽腐而不存，当然这只是一种推测。

楚王墓和南越王墓都有握玉出土，只是器类不同而已。南越王的握玉是龙形玉觿，两件玉觿同出于右手中。楚王的握玉有可能是玉璜。上述楚王墓6号东耳室（E6）内，与墓主人骨骼共出的遗物，除玉鼻塞外，还有玉璜，可能就是楚王的握玉。该墓外墓道有一座未被扰乱的陪葬墓，从出土的铜印得知，墓主是楚王的食官监，墓中出土两件玉璜，"分握于死者左右手中"。这也可以作为楚王的握玉可能是玉璜的旁证。

此外，南越王玉衣的上面、里面和底下共铺垫玉璧19块。这些玉璧显然与丧葬习俗有关，也应属于丧葬用玉。楚王墓的玉衣被盗墓者拉到甬道口并抽走金丝，玉衣散开为4000多片玉片，因而玉衣内原来是否有铺垫玉璧已不得而知。该墓出土的玉璧中，有7件青（碧）玉璧。这些玉璧一般比白玉璧稍大，纹饰多分为内外两区，雕琢的工艺水平不如白玉璧，可能属于丧葬用玉。

（三）装饰用玉的异同

楚王墓和南越王墓的装饰用玉，种类较多，主要有玉璜、龙形玉佩、玉觿、玉舞人和碟形玉佩等，其中数量最多的是玉璜。

楚王墓在盗洞和被盗掘的墓室中出土玉璜达97件之多，这在已发掘的汉墓中是首屈一指的。玉璜是成组玉佩（以下简称"组佩"）的主要构成部分，至迟从西周以来就是如此①。陕西长安张家坡西周墓②、河南三门峡虢国贵族墓③和山西曲沃北赵晋国贵族墓④都曾出土以玉璜为主体，其间连缀以珠玑和其他玉饰的多璜组佩。楚王墓出土近百件玉璜，说明西汉早期继承先秦的习俗，在贵族阶层中仍然流行佩戴多璜组佩之风。该墓因被盗掘扰乱，所出玉璜已失去原来的位置，其组合关系已不可考，但多数应属楚王组佩的佩玉，当无疑义。南越王墓出土的玉璜也不少，共33件。前已述及，置于棺内左侧与右侧3件玉璧相对应的3件玉璜应属礼仪用玉。其余30件玉璜可能都属装饰用玉，其中23件发掘者已确定属于组佩的构成部分，另7件虽未确定其属性，但也有可能是佩玉。

南越王墓的玉璜与楚王墓的相比，不仅数量较少，而且在组佩中的地位也有差异。楚王墓出土玉璜近百件，组佩应该是以玉璜为主体。南越王墓出土组佩11套，其中属于墓主人的1套，属于四位夫人的7套，属于殉葬人的3套⑤。每套组佩中虽然都有玉璜，数量为1至5件不等，除3套组佩玉璜超过玉饰总数的半

---

① 孙机：《周代的组玉佩》，《文物》1998年第4期。
② 中国社会科学院考古研究所：《张家坡西周墓地》，中国大百科全书出版社1999年版。
③ 河南省文物考古研究所三门峡市文物工作队：《三门峡虢国墓》第一卷，文物出版社1999年版。
④ 北京大学考古学系等：《天马—曲村遗址北赵晋侯墓地第二次发掘》，《文物》1994年第1期；山西省考古研究所等：《天马—曲村遗址北赵晋侯墓地第四次发掘》，《文物》1994年第8期。
⑤ 黄展岳：《丝缕玉衣和组玉佩》，载《南越王墓玉器》，（香港）两木出版社1991年版。

数外，其余8套玉璜都只占少数。这说明，以玉璜为主体的多璜组佩到西汉中期已不流行，组佩中除玉璜外，环、璧等玉饰的分量已有所增强。

楚王墓出土的龙形玉佩形式多样，有单体龙形佩和复合式龙形佩两类。其中，单体龙形佩根据造型和佩挂方式的不同，又可分为横式单体龙形佩和竖式单体龙形佩两种。横式单体龙形佩的龙身呈多曲状，龙尾内卷，龙身中部上方有一孔，穿系佩戴时作横置状。这种龙形佩流行于东周至西汉前期，西汉中期以后虽偶有发现，但已不是主要的佩玉了。竖式单体龙形佩的龙身弯曲成S形，龙首有小孔，佩挂时作竖立状。这种龙形佩以前很少发现。复合式龙形佩透雕成蟠曲对称的双龙，龙身连为一体，全器略作半圆形。这种类型的玉佩，在战国时期的楚墓中常有出土。楚王墓龙形玉佩的多样化，反映了西汉早期玉器的特征。

南越王墓的情况稍有差异，没有发现复合式龙形玉佩，只出土单体龙形玉佩。该墓共出土3件单体龙形玉佩，其中两件为横式龙形佩，另1件为竖式龙形佩。两件横式龙形玉佩的形制和大小基本相同，应为一对佩玉。龙体弯曲成弓形，龙首和龙尾均向上卷曲附于龙身，通体满饰涡纹，其造型风格和楚王墓横式龙形玉佩稍有不同，而与战国晚期楚墓所出的龙形玉佩十分相似，二者之间可能有渊源关系。至于该墓出土的竖式龙形玉佩，其器形则与楚王墓所出的基本相同，但玉龙的尾部已折断，被套上特制的虎头金钩，组合成金钩玉龙。可见，南越王墓的这件竖式龙形玉佩已被改制成具有另外用途的器物了。

其他装饰用玉，如玉觽、玉舞人和牒形玉佩等，因楚王墓的详细资料尚未发表，所以暂不作比较。

（四）玉酒器的比较

这两座墓在日常生活用玉方面，最值得比较的是玉制的酒器。楚王墓的玉酒器集中出土在内墓道西侧一号耳室（W1）内，计有玉卮1件、玉耳杯1件、玉高足杯2件。这4件玉酒器出土时放在一起，排列成一行。南越王墓也出土卮、耳杯、高足杯等酒器，但不都是整玉雕琢而成的。该墓的玉卮，器身由9块玉片嵌在一个鎏金铜框上组成，腹部附玉环形耳，底部为一圆形玉片，器盖为附玉饰的漆木圆盖。发掘者称之为"铜框玉卮"。该墓所出的高足杯，杯身、杯足和杯托用玉琢成，由三条银身金首的龙共衔杯托，杯下还有铜质的承盘，发掘者称之为"承盘高足杯"。这是汉代高足杯中结构最为复杂者。该墓所出的两件耳杯，都是滑石制成的，滑石应是玉的代用品。与滑石耳杯共出的还有玉角形杯和铜框玉盖杯各1件。玉角形杯造型奇特，雕琢的工艺水平很高。玉盖杯的铜框鎏金，杯身和杯盖都镶玉。这两件玉器应该也是南越王的酒器。

上述情况说明，两座墓的玉酒器，虽然在器类上基本相同，但在质料和制作工艺上却有明显的差别。楚王墓的玉酒器都用质地优良的玉雕琢而成。南越王墓的玉酒器有用玉雕琢的，也有用滑石制成的代用品。在制作工艺方面，南越王墓与楚王墓相比，则有明显的变化和发展。前者的玉卮、玉盖杯和承盘高足杯，都是玉和其他质料组合而成的复合体。尤其是承盘高足杯，是用玉与金、银、铜等多种质料配合制成的，结构复杂、精巧，在设计、制作上达到了很高的水平。

从以上几个方面的初步比较可以看出，楚王墓属西汉前期，其玉器具有西汉早期玉器的特征，有些玉器还有战国玉器的风格，汉代新的玉器风格尚未完全形成。南越王墓虽然属于西汉中期前段，但其所出玉器中仍有部分器物具有战国玉器的风格，与楚王墓玉器有某些相似之处。这可能是由于南越国地处南部边陲，与中原地区相距遥远，同西汉王朝的交往也不密切，因而在服饰器用（包括用玉制度）等方面还保留中原地区较早的文化面貌，存在"文化滞后"的历史现象[①]。

此外，南越王墓出土的一些玉器，在制作工艺方面比楚王墓玉器有所发展，即出现了玉与其他质料相结合的复合体玉器。这种玉器的结构较为复杂，既牢固又美观，应是汉代玉器制作方面的一种新工艺。

（本文原载《玉振金声——玉器·金银器考古学研究》，科学出版社2007年版）

---

① 卢兆荫：《南越王墓玉器与满城汉墓玉器比较研究》，《考古与文物》1998年第1期。

南越王墓玉器与满城汉墓玉器比较研究

广州南越王赵眜墓（以下简称"南越王墓"）和满城中山靖王刘胜及其妻窦绾墓（以下简称"满城汉墓"），都是通过科学发掘的汉代重要墓葬。这三座墓所出的玉器都较多，对这些玉器进行分析比较研究，对于认识从战国玉器向汉代玉器的过渡以及汉玉风格的形成和发展，将具有重要的意义。

一

南越王墓与满城汉墓具有可以进行比较的基础。首先是它们的时代相同。南越王赵眜死于汉武帝元朔末年至元狩初年之间，估计在公元前122年前后。中山王刘胜死于武帝元鼎四年，即公元前113年；中山王后窦绾死于元狩五年之后、太初元年之前，即公元前118至公元前104年之间。三座墓营建的时间都应在汉武帝时期，前后相差约20年，都属西汉中期的墓葬。

其次是三座墓均属诸侯王级的墓葬。南越国是岭南地区的地方割据政权，赵眜虽自号为"文帝"，但对西汉朝廷仍自称"藩臣"，其地位相当于诸侯王。满城汉墓当然也是诸侯王级的墓葬。

最后是三座墓都没有被盗掘，随葬品保存完好，出土的玉器不仅数量较多，而且都保留原来的位置，便于进行比较研究。南越王墓的前室、东耳室、西耳室、主棺室、东侧室和西侧室都有玉器出土，总数为240余件（套）。满城汉墓的玉器都出于中室和后室，两墓共出玉器160余件（套）。

二

南越王墓和满城汉墓的时代相同，墓主的身份、等级也相类似，都属于西汉中期的诸侯王墓葬，但二者所出的玉器既有相同或相似之处，同时也有差异和不同之处，现从下列三方面进行比较研究。

（一）丧葬用玉的异同

汉代葬玉中最具特色的是作为殓服的玉衣。南越王和中山靖王夫妇都殓以玉衣，其外观和人体形状一样，都属形制完备的玉衣。中山靖王的玉衣用金缕编缀而成，称为"金缕玉衣"[1]；南越王的玉衣，则"是用丝线和丝带连缀的，玉片间没有金属丝相连系"[2]，可称"丝缕玉衣"。该玉衣的头套、手套和鞋三部分的玉片厚薄较均匀，表面抛光，边角部位有穿孔，加工较细，制作的工艺水平较高；而其他部分的玉片大多是用废旧玉器或边角料切成，厚薄不均，无穿孔，加工也较粗糙。这种现象或能说明，该玉衣原来只制作头、手、足三部分，属于早期玉衣的形制；而上衣和裤筒则是死时仓促补上的，因而工艺水平与上述三部分相比存在明显的差异。

完整的"丝缕玉衣"在中原地区尚未发现。江苏徐州韩山1

---

[1] 中国社会科学院考古研究所等：《满城汉墓发掘报告》，文物出版社1980年版。以下所引满城汉墓资料，皆出此书。

[2] 广州市文物管理委员会等：《西汉南越王墓》，文物出版社1991年版。以下所引南越王墓资料，除特别注出的以外，其余皆出此书。

号汉墓出土玉衣片600余片，玉片"孔内未发现金属丝痕迹，仅有一些黑色炭化物，估计原应穿有丝线"。该墓早年被盗，现存玉片的数量不足以编缀一套完整的玉衣，发掘者认为，出土的这些"玉片可能是1件不完整的玉衣"。该玉衣"应由头、手、足三部分组成"，属于"玉衣的早期阶段"①。如果上述判断准确，该玉衣也可称为"丝缕玉衣"。韩山1号汉墓的墓主刘婳，为女性，应是西汉早期楚王的近亲。丝缕玉衣的出现，可能与西汉时期玉衣尚未形成严格的分级使用制度有关，当时使用玉衣着重在"玉"，而不重视编缀玉片用的是什么质料的"缕"，既可以用金缕、银缕或铜缕，也可以用丝缕。此外，近来有文章报道，云南晋宁石寨山出土金质"滇王之印"的滇王墓所出的玉衣片，是用丝缕穿缀并粘贴在织物上的，其制作工艺与南越王墓丝缕玉衣相近，也是一套丝缕玉衣②。但是滇王墓所出的玉衣片，发掘报告报道穿孔的玉片为66片③。从以后发表的补充报道得知，该墓的玉衣片有两种，一种是穿孔的玉衣片，为69片；另一种是利用玉璧等改制的坯片，为97片。发掘者认为"可能是1件玉衣的半成品"④。原发掘报告和以后发表的补充报道都没有关于玉衣片使用丝缕穿缀的记载，因而认为该玉衣是一套"丝缕玉衣"的说法，看来只是一种推测。

满城汉墓有玉衣，而未发现珠襦。南越王玉衣的胸腹部发现

---

① 徐州博物馆：《徐州韩山西汉墓》，《文物》1997年第2期。
② 蔡葵：《论云南晋宁石寨山第6号墓的史料价值》，《云南民族考古》1987年第一辑；古方：《关于南越王墓玉器的几个问题》，载《汉唐与边疆考古研究》第一辑，科学出版社1994年版。
③ 云南省博物馆：《云南晋宁石寨山古墓群发掘报告》，文物出版社1959年版。
④ 易学钟：《关于石寨山文物中滇王玉衣半成品及其有关问题的探讨》，《云南文物》第18期，1985年12月。

数以千计的玻璃珠以及许多玻璃贝、金泡、银泡和鎏金铜泡等。这些小珠等饰物原来都是缝缀在织物上的，可以分为上下两段，上段缝缀的是一串串的浅蓝色玻璃小珠；下段是三条横列纹带，每条纹带用玻璃贝、金花泡和素面的金泡、银泡、鎏金铜泡等组成许多菱形图案。发掘者认为，缝缀这些小珠饰的织物应为覆盖在玉衣胸部上的"珠襦"[①]。类似的"珠襦"在云南晋宁石寨山滇国王族墓地也有发现。例如上述滇王墓曾出土由玉珠、料珠以及用玛瑙、绿松石、黄金制成的各式珠子组成的"珠襦"[②]。

"珠襦"见于汉代文献。《汉书·霍光传》云："太后被珠襦，盛服坐武帐中"。同书《董贤传》载："及至东园秘器，珠襦玉柙，豫以赐贤，无不备具。"可见珠襦既为皇室贵族生前举行隆重典礼时穿用的盛服，又可作为死时的殓服。以珠襦作为殓服，可能开始于东周时期。江苏苏州春秋晚期吴国国君墓，在死者胸部发现数千粒穿孔小珠，应属珠襦一类的遗物[③]。汉代文献中虽有关于珠襦的记载，但在中原地区的汉墓中却很少发现珠襦的实物。西汉自文景时期以后，高级贵族以玉衣作为殓服，殓以珠襦的习俗在中原地区已不流行，而在边远地区以及少数民族政权的贵族墓葬中尚有发现。

在其他丧葬用玉方面，满城汉墓有成套的玉"九窍塞"，而南越王墓则付诸阙如。至于死者双手的握玉，满城汉墓为璜形玉器，南越王墓只在玉衣右手中发现两件龙形玉觹。这些说明在丧葬用玉

---

① 麦英豪：《汉玉大观——象岗南越王墓出土玉器概述》，载《南越王墓玉器》，（香港）两木出版社1991年版。

② 云南省博物馆：《云南晋宁石寨山古墓群发掘报告》，文物出版社1959年版。

③ 张照根：《苏州真山墓地出土大量珍贵文物》，《中国文物报》1995年11月19日。

制度上，处于边远地区的南越国不如中原地区诸侯王国完备。

此外，满城汉墓和南越王墓墓主的胸、背都铺垫许多玉璧。中山王刘胜的前胸和后背共铺垫玉璧18块，王后窦绾的前胸和后背共放置玉璧15块；南越王玉衣的上面、里面和底下共铺垫玉璧19块。《周礼·春官·典瑞》载："疏璧琮以敛尸"。郑玄注："璧在背，琮在腹"。汉代诸侯王死后，在胸、背铺垫玉璧，应是先秦的遗制。

（二）装饰用玉的差异

满城汉墓与南越王墓在装饰用玉方面的差异，主要表现在以下几方面。第一是玉璜数量的悬殊。满城中山王刘胜墓只出1件双龙首玉璜，且已残断，另外两件璜形玉器，是用玉璧改制而成的握玉，属于葬玉范畴，不是装饰用玉。王后窦绾墓只出两件璜形握玉，而未见玉璜。南越王墓的情况则大不相同，全墓共出玉璜33件，在玉器中其数量之多仅次于玉璧。在这些玉璜中，出于棺内左侧的3件谷纹璜，原来都用朱绢包裹，与棺内右侧的3件玉璧左右对应，应属礼仪用玉。其余30件玉璜可能都属装饰用玉，其中23件发掘者已确定属于成组玉佩（以下简称"组佩"）的构成部分；另7件虽未确定，但可能也是佩玉。

从考古资料考察，玉璜在新石器时代就已出现，应为随身佩戴的装饰品。至迟从西周时期开始，玉璜已成为组佩中的主要佩玉。河南三门峡西周虢国贵族墓[1]和山西曲沃北赵晋侯墓地[2]出土的组佩，就多以玉璜为主体，再配以珠玑及其他玉饰。春秋战国

---

[1] 河南省文物研究所等：《三门峡上村岭虢国墓地M2001发掘简报》，《华夏考古》1992年第3期。

[2] 北京大学考古学系等：《天马—曲村遗址北赵晋侯墓地第二次发掘》，《文物》1994年第1期；山西省考古研究所等：《天马—曲村遗址北赵晋侯墓地第四次发掘》，《文物》1994年第8期。

时期，玉璜也是组佩中的主要佩玉之一。营建于西汉前期的江苏徐州狮子山楚王陵，所出玉璜达90余件[①]。这说明，西汉前期仍然继承先秦的习俗，在贵族阶层中佩戴组佩之风甚盛。南越王墓所出玉璜的数量比中原地区同期的诸侯王墓都多，主要原因是以玉璜和玉环为主要构件的组佩多达11套，其中属于南越王的1套，属于四位夫人的7套，属于殉葬人的3套。满城中山王刘胜墓未发现成组的玉佩，而是以玛瑙串珠替代组佩；王后窦绾墓所出的组佩，由玉蝉、玉舞人、瓶形玉饰、花蕊形玉饰、联珠形玉饰以及玛瑙珠、水晶珠等组成，在器类上与南越王墓组佩有较大的差异，既无玉环也无玉璜。这些说明西汉中期以后，组佩可能已不像以前那么流行，其组合形式也有变化，玉璜在组佩中似已不占主要地位，其数量已明显减少。南越王墓所出组佩和玉璜的数量较多，具有西汉前期诸侯王墓的特点。

其次是鞢形玉佩。鞢形玉佩是汉代流行的一种佩玉。南越王墓共出7件鞢形玉佩，其中5件出在主棺室内墓主玉衣上，当为墓主生前的佩玉。另两件出于东侧室，1件出在右夫人棺位处，应为右夫人的佩玉；另1件似为半成品或变形的鞢形佩，发掘者认为是属于左夫人组佩的构成部分。满城中山王刘胜墓和王后窦绾墓都只出1件鞢形玉佩。刘胜墓的鞢形佩出在棺床上的棺椁之间，窦绾墓的鞢形佩出在玉衣内，都是死者生前佩戴的玉饰。

鞢形玉佩是从商周时期的玉鞢演变来的。玉鞢本是古人射箭时戴在右手拇指上用于钩弦的用具，属于实用器具。大约在东周时期，实用的玉鞢逐渐演变为装饰用的佩玉，因而称为鞢形玉佩。

[①] 王恺、邱永生：《徐州西汉楚王陵考古发掘侧记》，《中华文化画报》1996年第3、4期。

西汉前期鞢形玉佩的器形尚未定型，所以在造型上较为多样化。南越王墓所出的鞢形佩，有的只在鞢形主体的一侧有透雕的卷曲云纹，有的透雕附饰集中在鞢形主体的上端，多数则是两侧都有透雕的附饰，纹样不完全对称或基本上对称。满城汉墓的鞢形佩两侧都有透雕的附饰，刘胜墓的鞢形佩两侧的附饰不对称，窦绾墓的鞢形佩两侧的附饰基本上对称。两侧都有透雕附饰的鞢形玉佩在西汉前期就已出现，而盛行于西汉中期，属于典型的汉代鞢形佩。南越王墓既有典型的汉代鞢形佩，也有属于从战国鞢形佩到汉代鞢形佩过渡的器形，具有西汉前期鞢形玉佩的特征。

第三是外缘有透雕附饰的玉璧。南越王墓所出的玉璧中，有4件在璧的外缘有透雕的动物纹附饰。其中两件外缘有两组附饰。1件为双凤涡纹璧，在璧的下部两侧各有一凤鸟纹附饰，左右对称；另1件为龙凤涡纹璧，内孔透雕一龙，两侧各透雕一凤，也是左右对称。另外两件外缘有三组附饰，1件为三凤涡纹璧，一凤位于璧的上方，两凤在璧的下部两侧，同样也是左右对称；另1件已残损。满城刘胜墓所出的外缘有透雕附饰的玉璧只有1件，为双龙谷纹璧，在璧的上方有透雕的双龙卷云纹附饰，其造型风格与南越王墓的同类玉璧迥然不同。

外缘有透雕附饰的玉璧，出现于战国时期。当时的这类玉璧，外缘的附饰往往是两组或四组透雕的龙纹或凤鸟纹，多数作对称形式。南越王墓的这类玉璧，其透雕附饰不论是两组或三组，都具有左右对称的特点，仍然保留战国的遗风。其中龙凤涡纹璧的透雕双凤和曲阜鲁故城战国玉璧的透雕凤鸟在造型风格上颇为相似[①]。满

[①] 山东省文物考古研究所等：《曲阜鲁国故城》，齐鲁书社1982年版，第173页，图一二二，图版壹零陆：1。原报告称两侧附饰为"兽耳"，实为凤鸟纹。

城刘胜墓的双龙谷纹璧，透雕的附饰只有一组，主要由卷曲、对称的双龙组成，位于璧的上方，其雕琢的工艺水平明显超过战国时期的同类玉璧，代表了西汉时期的新的艺术风格。可见西汉中期以后，这类玉璧的透雕附饰在造型风格上有明显的变化，它是从战国时期外缘有多组动物纹透雕附饰的玉璧演变、发展来的。

第四是玉舞人。南越王墓共出玉舞人6件，不仅数量多，而且形制也较多样。其中1件为连体玉舞人，5件为单身玉舞人。在单身玉舞人中，有1件为圆雕，其他均为扁平片状，采用透雕和阴刻的技法琢成。圆雕的玉舞人头梳螺髻，身穿长袖衣，折腰曲膝而舞，小口微开，似在且歌且舞。这是目前考古发掘出土的唯一的圆雕玉舞人。扁平片状的玉舞人中有1件造型较为独特，有正、背面之分，舞人头顶簪花，翘袖折腰，腰间束带，下系组绶，佩挂环、璜各1件，背面以阴线刻出头发。其余3件平片式玉舞人两面雕琢相同的纹饰，无正、背面之分。满城汉墓只在中山王后窦绾墓中出土1件玉舞人，为扁平片状，透雕作翘袖折腰之舞姿，两面纹饰相同。

以玉舞人作为佩饰的组成部分，大约起源于战国时期。洛阳金村战国墓中就曾发现双人连体玉舞人和单身玉舞人[①]。汉代的玉舞人主要发现于诸侯王亲属的墓中。从其形制和制作工艺考察，西汉中期以前继承战国的传统，仍有连体玉舞人出土。河南永城芒山镇保安山西汉早期墓就曾出土双人连体玉舞人[②]。南越王墓所出的连体玉舞人，也属西汉前期玉舞人的造型，但因剥蚀

[①] 详见［日］梅原末治《洛阳金村古墓聚英》（增订本），图版第一〇六、一一一。

[②] 《中国玉器全集·4》，河北美术出版社1993年版，图版一七三。

严重，其面目、肢体及舞姿均模糊不清。西汉中期以后的玉舞人，一般都作单人独舞的形象。南越王墓的单身玉舞人，雕琢工艺较为粗糙、简朴，虽然也采用透雕和阴线刻划的技法，但只在外形轮廓上雕琢出粗具舞女的形象。满城窦绾墓所出的玉舞人虽然也是平片式，也是透雕加阴线琢成，但是工艺技术水平明显高于南越王墓的平片式玉舞人。这可能是由于佩戴者身份地位不同的缘故。窦绾是中山王王后，而南越王墓玉舞人的所有者是殉葬的妾媵，其身份地位自然低于王后。

南越王墓的玉舞人形式多样，尤其是连体玉舞人，具有西汉前期玉舞人的特征。满城汉墓的玉舞人代表西汉中期玉舞人的形象，虽然已表现出"翘袖折腰"的舞姿，但仍然不如西汉后期的玉舞人那样婀娜优美。

（三）日常生活用玉的比较

南越王墓出土的日常生活用玉种类和数量较多，计有印章、带钩、杯、盒、镶玉卮和六博棋子等。满城汉墓的日常生活用玉只有印章和带钩两种。满城刘胜墓还出土料盘和料耳杯，料器应为玉器的代用品，但毕竟不是玉器。所以可进行比较的只有印章和带钩两种。

首先是印章。南越王墓共出玉印章9枚，其中6枚出在南越王玉衣的胸腹位置，分装在3个小漆盒中。此外，东侧室出土两枚，西侧室出土一枚。满城汉墓共出6枚玉印。刘胜墓出4枚，两枚出于玉衣的左袖内，另两枚分别出在棺椁之间和棺床南侧；窦绾墓出两枚，都出在玉衣胸腹间。

南越王墓玉印章的形制，除一枚穿带印为长方形外，其余都为方形。方形玉印中只有一枚为螭虎纽，其余皆为覆斗形纽。刻有印文的玉印有3枚，螭虎纽玉印的印文为"帝印"，还有两枚覆斗纽玉印印文分别为"赵眜"和"泰子"。麦英豪先生判定，

"赵眜"玉印为第二代南越王的名章,"泰子"玉印和共出的"泰子"金印为赵佗儿子当太子时的官印,太子未及继位而死,这两枚印由其子赵眜接掌,因而成为赵眜墓的随葬品[①]。

满城汉墓所出的6枚玉印中,有3枚为螭虎纽,其余为覆斗形纽。螭虎纽玉印中有一枚为圆形,其余皆为方形。6枚玉印中刻有印文的只有两枚,一枚螭虎纽圆形玉印印文为"私信"二字,一枚覆斗纽玉印印文为一"信"字,都不是名章。

南越王玉衣上与6枚玉印共出的还有两枚金印,一枚为上述"泰子"金印,另一枚为"文帝行玺"金印。《史记·秦始皇本纪》:"九年……长信侯毐作乱而觉,矫王御玺。"《集解》引卫宏曰:"秦以前,民皆以金玉为印,龙虎纽,唯其所好。秦以来,天子独以印称玺,又独以玉,群臣莫敢用。"可见自秦以来,玉玺只有天子才能使用。汉承秦制,皇帝和皇后也以玉为玺。《汉书·霍光传》:"(昌邑王)受皇帝信玺、行玺大行前,就次发玺不封。"注引孟康曰:"汉初有三玺,天子之玺自佩,行玺、信玺在符节台。"卫宏《汉旧仪》载:"皇帝六玺。皆白玉,螭虎纽。文曰:皇帝行玺、皇帝之玺、皇帝信玺、天子行玺、天子之玺、天子信玺,凡六玺。""皇后玉玺文与帝同。皇后玉玺,金螭虎纽。"卫宏的记载比孟康之说详细而全面。咸阳渭河北塬狼家沟出土1件"皇后之玺"玉印,为白玉琢成,螭虎纽,印文和印纽与《汉旧仪》所载相符,此玉印出在长陵附近,应是汉高祖吕后的玉玺[②]。从出土以及传世的玺印资料考察,在西汉时期,不仅

---

① 麦英豪:《汉玉大观——象岗南越王墓出土玉器概述》,载《南越王墓玉器》,(香港)两木出版社1991年版。

② 秦波:《西汉皇后玉玺和甘露二年铜方炉的发现》,《文物》1973年第5期。

皇帝、皇后用玉玺，诸侯王也可使用玉质的玺印。按照当时的制度，南越王的玺印也应该是玉质的，而出土的"文帝行玺"却是用黄金铸刻而成，印纽又为龙纽，都不合汉代帝王玺印的形制。上述与"赵眜"玉印共出的螭虎纽玉印，印文为"帝印"二字，既称"帝"，又不称"玺"而称"印"，也与汉制不合。另外在该墓东侧室出土一枚龟纽"右夫人玺"金印，既称"玺"，又是用黄金铸成，同样也是不合汉制的。南越王墓玺印之所以存在这些问题，可能与其政权性质有关系。南越国是地处边陲的地方割据政权，南越王赵佗及其子孙虽为汉人，但长期处于越地，赵佗自号为南越武帝，赵眜也自称文帝，赵眜死后其子婴齐"即藏其先武帝、文帝玺"（《汉书·西南夷两粤朝鲜传》），以表示去其僭号。出土的"文帝行玺"金印显然是赵眜在世时自铸的，所以与汉代帝王以玉为玺等制度不全符合，是可以理解的。

  满城汉墓中山王刘胜为汉室诸侯王，其玺印制度与《汉旧仪》所载相符。墓中所出的两枚较大的印章，皆为玉质，螭虎纽。其中一枚不仅形制、纹饰与咸阳所出"皇后之玺"玉印相同，而且印的尺寸也一样，印面皆为 2.8 厘米见方；另一枚稍小，为 2.7 厘米见方。这两枚玉印与"皇后之玺"玉印不同之处是未刻印文。正式的中山王玺印是要世代相传，不能用于随葬。随葬的这两枚玉印应是按正式王印仿造的，也可能是中央朝廷赐予的[①]。因是用于随葬的明器，所以未刻印文；或原有朱书文字，因年久漫漶不存。

---

  ① 《续汉书·礼仪志下》："诸侯王、列侯始封、贵人、公主薨，皆令赠印玺、玉柙银缕。"《续汉书》所记为东汉事，而在西汉时期，诸侯王等高级贵族死后，朝廷可能也赐赠印玺、玉衣等物。

其次是玉带钩。满城汉墓共出玉带钩5件,其中刘胜墓出3件,窦绾墓出2件。这些带钩都是用整块玉料雕琢而成的小型带钩,长度都不超过6厘米,可能是腰带上用于悬挂饰物、刀剑等的小钩。南越王墓所出的玉带钩共4件,都是长15厘米以上的大型带钩,应是作为扣接腰带用的。从制作方法考察,其中3件是用整块玉料雕琢而成,钩的首、尾作龙首或虎头形;另1件是由八节玉块组成,当中用铁条贯穿连接在一起,雕琢成龙虎合体的形象。这种由多节玉块组合雕琢而成的带钩,可能渊源于战国时期。洛阳金村战国墓和曲阜鲁故城战国墓都曾发现这种玉带钩[①]。河南泌阳秦墓也出土1件由十节白玉雕琢组合而成的龙首形玉带钩,当中以金属扁柱贯穿成器[②]。南越王墓的龙虎合体玉带钩的结构与泌阳秦墓玉带钩相似,钩身分节制成,雕琢较为方便,当中贯穿金属条,又比较牢固,其制作工艺较为复杂。这种结构的玉带钩流行于战国至西汉前期,西汉中期以后似已不再制作。

三

通过从丧葬用玉、装饰用玉和日常生活用玉三方面对南越王墓与满城汉墓所出玉器进行的比较研究,可以看出,它们在时代上虽然都属西汉中期的墓葬。但所出的玉器在器类、器形以及艺术风格等方面,既有相同之处,而彼此之间的差异也十分明显。相同之处主要是葬玉在玉器中占有重要的地位,玉剑饰及部分镙

---

① [日]梅原末治:《洛阳金村古墓聚英》(增订本),图版第九六:2;山东省考古研究所等:《曲阜鲁国故城》,齐鲁书社1982年版,第170页,图一九九(甲):1;图版壹零叁:3。

② 驻马店地区文管会等:《河南泌阳秦墓》,《文物》1980年第9期。

形玉佩的造型和纹饰风格类似；存在的差异主要是珠襦、玉九窍塞的有无，玉璜及组佩数量的悬殊，玉舞人、外缘有透雕附饰的玉璧以及部分牒形玉佩造型风格的差异，玉印章的形制和玉带钩制作工艺的不完全相同，等等。

从上述差异可以看出，南越王墓玉器往往具有先秦玉器的遗风，代表了从战国风格向汉代风格的过渡，具有西汉前期玉器的特征。满城汉墓的玉器虽然也是从战国玉器发展演变来的，但已形成了新的艺术风格，属于典型的汉玉。

埋葬于西汉中期的南越王墓，所出玉器之所以具有西汉前期玉器的特征，可能主要是由于南越国是地处南部边陲的地方割据政权，与当时政治、经济、文化中心的中原地区相距遥远，秦末战乱之后与中原隔绝，汉朝建立后，虽有使节相通，但交往并不密切，因而在服饰器用（包括用玉制度）等方面还保留中原地区较早的文化面貌，这应是边远地区与中心地区相比往往存在"文化滞后"的历史现象。

此外，南越王墓随葬两套铜编钟和两套石编磬，并有4个夫人殉死、11人殉葬。这些说明南越王墓在丧葬制度方面，与中原地区相比，也存在"文化滞后"现象。

（本文原载《考古与文物》1998年第1期）

满城汉墓玉器与大葆台汉墓玉器比较研究

满城汉墓和大葆台汉墓都是科学发掘的汉代重要墓葬。满城1、2号汉墓和大葆台1、2号汉墓都属"同坟异藏"的夫妇并穴合葬墓。这4座墓所出的玉器比较多,对这些玉器进行分析、比较研究,将有助于了解西汉中期汉玉风格的形成及其发展演变的轨迹。

一

满城汉墓与大葆台汉墓出土的玉器具有可以进行比较的基础。首先是墓葬的级别相同。满城1、2号汉墓的墓主是西汉中山靖王刘胜和王后窦绾[1]。大葆台1、2号汉墓的墓主是西汉广阳顷王刘建和他的王后[2]。它们均属诸侯王级的墓葬。

其次是墓葬的时代相近。中山王刘胜死于汉武帝元鼎四年(前113);王后窦绾死于武帝元狩五年之后、太初元年之前,即公元前118年到公元前104年之间。两墓营建的时间都应在汉武帝时期,属于西汉中期的墓葬。广阳王刘建死于元帝初元四年(前45),王后墓营建的时间稍晚于刘建墓。从墓葬形制和

---

[1] 中国社会科学院考古研究所等:《满城汉墓发掘报告》,文物出版社1980年版。以下所引满城汉墓资料,皆出此书。

[2] 大葆台汉墓发掘组:《北京大葆台汉墓》,文物出版社1989年版。以下所引大葆台汉墓资料,皆出此书。

随葬品判断，这两座墓的年代与西汉中晚期相吻合。与满城汉墓相比，大葆台汉墓的营建时间虽然晚数十年，但都属西汉时期。

最后是墓中都出土一定数量的玉器。满城汉墓共出土125件玉器（玉剑饰不计在内），其中包括礼仪用玉、丧葬用玉、装饰用玉、日常生活用玉和玉艺术品等，此外还有水晶、玛瑙制品。大葆台汉墓共出土玉器75件，虽然数量相对较少，但在器类上与满城汉墓玉器有类似之处，有礼仪用玉、丧葬用玉和装饰用玉等类。

二

满城汉墓未被盗掘，随葬品保存完好，出土的玉器不仅数量较多，而且都保留原来的位置，便于进行研究。大葆台汉墓所出的玉器，数量和种类都比满城汉墓少，而且不少玉器已被移动，离开了原位。这主要是由于两座墓都遭盗掘，贵重的随葬品多被盗走，所出的玉器只是劫后幸存的部分，因而对大葆台汉墓玉器的全貌以及原来的组合关系等的认识，受到很大的局限。这无疑会给比较研究带来不可克服的困难。现依据现有资料，对满城汉墓玉器与大葆台汉墓玉器进行比较研究如下。

（一）礼仪用玉的异同

汉代的礼仪用玉主要是璧和圭。满城汉墓共出土玉璧69件。其数量之多仅次于河南永城僖山梁王墓和广州西汉南越王墓。梁王墓出土玉璧70多件[1]，南越王墓出土玉璧71件[2]。满城汉墓所

---

[1] 河南省文物考古研究所：《永城西汉梁国王陵与寝园》，中州古籍出版社1996年版，第13页。

[2] 广州市文物管理委员会等：《西汉南越王墓》，文物出版社1991年版；麦英豪：《汉玉大观——象岗南越王墓出土玉器概述》，载《南越王墓玉器》，（香港）两木出版社1991年版。

出的玉璧不仅数量较多，而且纹饰也较多样化。有单一纹样的谷纹璧、蒲纹璧；也有纹饰分为内外两区的夔龙谷纹璧、夔龙蒲纹璧和凤鸟纹蒲纹璧；还有外缘有透雕附饰的双龙卷云纹谷纹璧，这是西汉中期出现的具有汉代新的艺术风格的玉璧（图一）。除玉璧外，满城1号墓还出土了3件玉圭，其中两件为下部有孔的大型玉圭，1件为小型玉圭。

大葆台汉墓出土的礼仪用玉，只有玉璧，没有玉圭。两墓共出土5件玉璧，其中素面璧和谷纹璧各1件，另3件则饰透雕动物纹。透雕动物纹玉璧的纹饰风格与汉代传统的玉璧迥然不同，应是西汉中期以后新出现的玉璧纹饰。3件透雕动物纹玉璧中，1件已残缺，另两件分别透雕双象纹（图二）和龙凤心形纹（图三）。后者璧的中间雕出䪵形玉佩的心形主体，两侧的龙凤纹象征䪵形玉佩两侧的透雕附

图一　满城1号墓出土的双龙卷云纹谷纹玉璧

饰，这是玉璧与䪵形玉佩两种器类相互结合的一种新的艺术风格。也有学者认为，这件玉器属于西汉中期䪵形玉饰的一种形式[①]，亦可备一说。

汉代的玉圭多数出土在与祭祀有关的窖藏中。据《续汉书·礼仪志》记载，皇帝死后"梓宫"中安放"圭璋诸物"。汉代皇帝的陵墓目前尚未进行考古发掘，棺椁中是否都安放玉圭和玉璋，未能证实。徐州东甸子1号汉墓出土1件玉圭、2件玉璋，

---

① 杨建芳：《玉䪵及䪵形玉饰——一种玉器演变的考察》，《中国古玉研究论文集》，（台北）众志美术出版社2001年版，下册。

图二　大葆台1号墓出土的　　图三　大葆台1号墓出土的
　　　双象纹玉璧（拓片）　　　　　　龙凤心形纹玉璧（拓片）

墓中还发现玉衣残片，墓主应为楚王国贵族①。陕西长安茅坡村汉墓出土4件玉圭②，墓主不详。在已发掘的诸侯王陵墓中，玉圭出土不多。满城中山王刘胜墓出土3件玉圭，巨野昌邑王刘髆墓出土1件玉圭③，永城梁王墓据报道也出土青玉圭④，但详细资料尚未发表。多数诸侯王墓并未发现玉圭，大葆台汉墓也是如此，当然也不排除被盗走的可能。

（二）丧葬用玉的差异

汉代的丧葬用玉，在继承先秦葬玉的基础上，有了进一步的发展，成为汉代玉文化的重要组成部分。未被盗掘的汉代诸侯王墓往往出土玉衣、玉九窍塞、玉握以及与玉衣配套的镶玉铜枕。

玉衣是汉代最具特色的葬玉。满城1号、2号汉墓各出土一套保存完整的金缕玉衣。大葆台1号汉墓墓主尸骨旁出土两片玉衣残

---

① 徐州博物馆：《徐州东甸子西汉墓》，《文物》1999年第12期。
② 《中国出土玉器全集》第14卷，科学出版社2005年版，第124页。
③ 山东省菏泽地区汉墓发掘小组：《巨野红土山西汉墓》，《考古学报》1983年第4期。
④ 河南省文物考古研究所：《永城西汉梁国王陵与寝园》，中州古籍出版社1996年版，第13页。

片，从而可以判断墓主原来也是殓以玉衣，而且可能还是金缕玉衣。因为是金缕玉衣，所以盗掘者将整套玉衣全部盗走，只遗留两片残碎的玉衣片。大葆台2号墓虽未出土有孔的玉衣片，但在棺床西侧和北侧以及盗洞内，发现方形、长方形等形状的玉片十余片。考虑到满城中山王王后窦绾的玉衣，其上衣的前、后片结构特殊，玉片之间不是以金丝编缀，而是以织物、丝带粘贴编连而成。这种结构的玉衣片，没有穿孔，埋藏日久，很容易散开。大葆台2号墓的墓主应是广阳王王后，其玉衣上衣的前、后片如果也是这种结构，在被盗过程中，玉衣片散落在棺床上和盗洞内则是完全可能的，至于其他以金丝编缀的部分，则全部被盗走。如果这种推断正确的话，那么广阳王王后也是殓以金缕玉衣，其上衣前、后片的结构与满城中山王王后窦绾的玉衣相类似。当然，这只是一种推测而已。

所谓玉九窍塞，就是用于填塞或盖住死者九窍的玉制品。晋代葛洪《抱朴子内篇·对俗》云："金玉在九窍，则死人为之不朽。"汉代贵族使用玉九窍塞的目的，大概也是想保护死者的尸体不朽。形制完备的玉九窍塞往往出在使用玉衣作为殓服的墓中，属于汉代高级贵族丧葬习俗的用玉。满城中山王刘胜和王后窦绾墓中各出土一套玉九窍塞，其制作工艺较为简朴，表面抛光而未雕琢纹饰。其中刘胜墓的生殖器罩盒是用玉琮改制而成的，该琮应是前代遗留下来的旧玉。大葆台汉墓未发现形制完备的玉九窍塞；但从2号墓墓主尸骨附近出土1件耳塞考虑，不能排除这两座墓原来也有玉九窍塞的可能性，只不过因被盗而仅存1件耳塞。玉握是死者手中的握玉。满城刘胜墓和窦绾墓的玉握是分别用夔龙蒲纹璧和凤鸟蒲纹璧改制而成的璜形玉器，而大葆台汉墓则未见玉握，可能也是被盗走的缘故。

此外，还有与玉衣配套的玉枕或镶玉铜枕。满城1号汉墓的镶玉铜枕，出土在金缕玉衣头部下面。枕身长方形，两端为高昂的鎏金龙首，枕面和枕的两侧都镶嵌雕琢纹饰的玉片，两端的龙首也镶嵌各种形式的玉饰，多数为透雕花纹，装饰十分华丽（图四）。大葆台1号汉墓后室北侧内椁底板上出土1件嵌玉的铜龙头，它与玉衣残片同出在墓主人骨附近。龙头鎏金，作张口吐舌状，用水晶作出圆眼，牙、舌和双角用青玉琢成。发掘者已参照有关资料，复原成1件嵌玉的龙头铜枕。这件铜枕虽然枕身和另一端龙首已不存，但可看出其造型风格与上述满城汉墓的镶玉铜枕基本相同，两端的龙首也是鎏金并镶嵌玉饰，如果保存完整，其华丽程度可能不亚于刘胜墓的镶玉铜枕。

图四 满城2号墓出土的镶玉铜枕

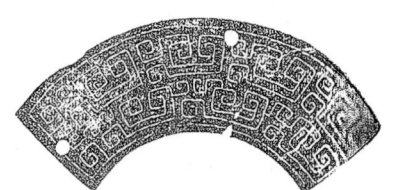

图五 大葆台1号墓出土的玉璜（拓片）

（三）装饰用玉的比较

自西周以来，装饰用玉主要是以玉璜为主的多璜组玉佩[①]。贵族阶层佩戴多璜组玉佩的习俗，一直流行至西汉早期。西汉中期以后，多璜组玉佩逐渐消失。满城1号汉墓只在中室出土1件双龙首玉璜，且已残断；而在玉衣内发现48颗玛瑙珠。可见满城1号汉墓没有随葬多璜组玉佩，而是以玛瑙珠组成的串饰代替组玉佩。大葆台1号汉墓的情况有所不同，在后室北面内椁底板上

---

① 孙机：《周代的组玉佩》，《文物》1998年第4期。

出土2件玉璜和1件玉环，在前室和北面内回廊中也各出土1件玉环。两件玉璜的器形基本相同。其中1件为素面，两端及中部上方各有一穿孔。另1件刻有纹饰，左端和中部上方各有一穿孔，从器形和纹饰观察，其右端应有残缺，因而少了一个穿孔。所刻纹饰，发掘报告称为"阴刻回纹"（图五）。关于这件玉璜的纹饰和制作年代，学界有不同的看法。有的学者认为，其纹饰为"秦式龙纹"，并指出"应为战国遗物"[①]。还有学者称其纹饰为"方折几何形状的秦式龙纹"，并认为该器"应定名为春秋秦式龙纹玉璜"[②]。看来这件玉璜应是前代遗留下来的旧玉。该墓所出的3件玉环，大小不一，其中1件孔内嵌红色玛瑙珠一颗，背面残留阴刻涡纹，边缘饰弦纹一周。上述这些玉璜和玉环，因被盗扰而失去原来的位置，其组合关系不得而知，但属于组玉佩构成部分的可能性很大。这种以玉环和玉璜为主要构件的组玉佩，与先秦时期以玉璜为主体的多璜组玉佩还是有所不同，而与广州南越王墓所出组玉佩的构成类似[③]。

在装饰用玉方面，满城2号汉墓与大葆台2号汉墓则有相似之处。满城2号汉墓玉衣内胸部出土玉舞人、玉蝉、瓶形玉饰、连珠形玉饰、花蕊形玉饰以及水晶珠、玛瑙珠和石珠等。推测这些玉饰和各种珠子原当为编缀在一起的串饰，佩戴在死者的胸前。玉舞人作翘袖折腰之舞姿，上、下部各有一个小孔，应系编缀在串饰当中、起着承上启下作用的主要佩玉（图六）。大葆台2

[①] 杨建芳：《春秋秦式玉雕及其相关问题》，《中国古玉研究论文集》，（台北）众志美术出版社2001年版，上册。

[②] 刘云辉：《西汉墓葬中出土的秦式玉器》，《故宫文物月刊》第17卷第3期。

[③] 黄展岳：《丝缕玉衣和组玉佩》，载《南越王墓玉器》，（香港）两木出版社1991年版。

号汉墓墓主尸骨附近出土透雕螭虎纹玉佩、玉舞人、玉觽（图七）、玉鸽和火炬形玉饰。其中玉舞人也是翘袖折腰，窄袖更为修长，舞姿更为婀娜优美，上、下也各有一个小孔（图八）。所谓火炬形玉饰，其器形与窦绾墓串饰中的花蕊形玉饰基本相同。上述这些玉饰都有可供穿系佩挂的小孔，也是一组以玉舞人为主要构件的玉串饰，与满城 2 号汉墓（窦绾墓）的串饰类似。

图六　满城 2 号墓出土的玉舞人　　图七　大葆台 2 号墓出土的玉觽（拓片）　　图八　大葆台 2 号墓土的玉舞人（拓片）

从考古资料考察，汉代玉舞人主要出在诸侯王配偶或其亲属的墓中，它是汉代贵族妇女喜爱的一种佩玉。玉舞人之所以成为汉代贵族妇女串饰的主要构成部分，与当时的社会历史背景有着密切的关系[①]。汉代是中国历史上音乐舞蹈繁荣发达的时期，当时帝王的后妃多能歌善舞。广阳王刘建之父燕王刘旦，在他畏罪自杀前，华容夫人还为之悲歌起舞[②]。汉代贵族阶层不仅欢乐时以歌舞助兴，而且悲哀时也以歌舞表达诀别之情，可见当时歌舞

---

① 卢兆荫：《玉德·玉符·汉玉风格》，《文物》1996 年第 4 期。
② 《汉书·武五子列传》："（刘旦）置酒万载宫，会宾客、群臣、妃妾坐饮。……华容夫人起舞曰：'发纷纷兮寘渠，骨籍籍兮亡居；母求死子兮，妻求死夫；裴回两渠间兮，君子独安居。'坐者皆泣。"

之盛，而玉舞人正是汉代妇女翩翩起舞的真实写照。

此外，剑和剑鞘上的玉饰（或称"玉具"），也应属于装饰用玉。玉剑饰包括剑上的玉剑首和玉剑格，以及剑鞘上的玉剑璏和玉剑珌。满城1号汉墓棺椁之间出土的一把铁剑，上述四种玉剑饰俱全（图九），是考古工作中首次发现的保存完整的"玉具剑"。该墓还出土属于两把铜剑的玉剑璏和玉剑珌各两件。大葆台汉墓未发现剑和玉剑饰，而在1号墓中出土两件螭虎纹玉饰件，其中1件作长条形，上面浮雕一只曲身回首的螭虎，从器形和纹饰观察，或系由玉剑璏改制而成的饰件。

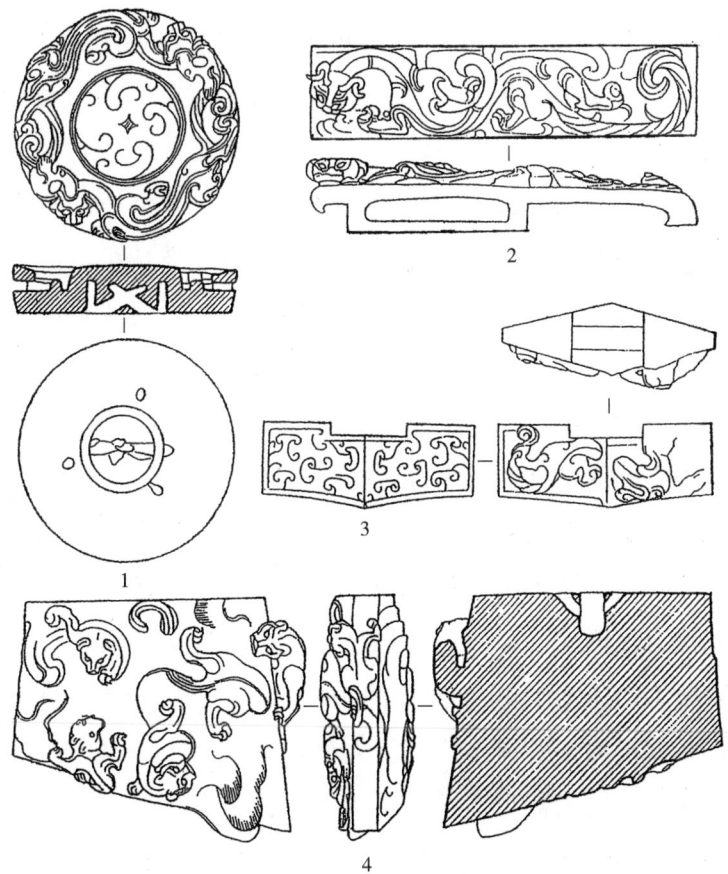

图九　满城1号墓出土的玉剑饰
1. 剑首　2. 剑璏　3. 剑格　4. 剑珌

三

通过以上从礼仪用玉、丧葬用玉和装饰用玉三方面对满城汉墓和大葆台汉墓所出玉器进行的比较研究，可以看出，以满城汉墓玉器为代表的西汉中期玉器，具有不同于先秦玉器的一些特点，形成了汉代新的艺术风格。

首先是礼仪用玉较以前简化了，只出土玉璧和玉圭，而先秦的玉琮已被改造为生殖器罩盒，成为九窍塞之一的葬玉。

其次是丧葬用玉有了进一步的发展。先秦时期的"缀玉面幕"和"缀玉衣服"发展成为外观与人体形状相同的玉衣；同时还有完备的玉九窍塞、玉握以及与玉衣配套的镶玉铜枕。

最后是装饰用玉有了明显的演变。西周以来流行的多璜组玉佩，到西汉中期趋于消失。满城1号汉墓以玛瑙珠组成的串饰代替多璜组玉佩；大葆台1号汉墓以玉环和玉璜为主要构件的组玉佩与多璜组玉佩也有区别，其中的刻纹玉璜可能是先秦旧玉。满城2号汉墓和大葆台2号汉墓都出土以玉舞人为主要构件的玉串饰，这种串饰的构件及其组合状况与多璜组玉佩也大不相同。

总之，满城汉墓营建于西汉中期，当时的社会生产力有了很大的发展，给玉器手工业的繁荣发达创造了良好的经济基础，在玉器制作方面形成了新的艺术风格，墓中出土的金缕玉衣、外缘有透雕附饰的玉璧、翘袖折腰的玉舞人以及雕琢精美的玉剑饰等，都是汉玉风格的突出代表。大葆台汉墓属于西汉中晚期的墓葬，墓中出土的玉器与满城汉墓玉器相比，有了一定的变化和发展。例如，除了传统的谷纹璧外，出现了透雕动物纹的玉璧，这是西汉中期以后玉璧纹饰的一种创新；又如玉舞人的姿态，与满城汉墓玉舞人相比更为优美，具有西汉中晚期玉舞人的风格。虽然大葆台汉墓的玉器只是劫后残余，但仍然可以看出西汉中晚期玉器发展演变的若干轨迹。

（本文原载《汉代文明国际学术研讨会论文集》，北京燕山出版社 2009 年版）

玉德·玉符·汉玉风格

中华民族使用玉器的历史十分悠久。在原始社会人们使用石器作为主要生产工具的过程中，有的地区也就地取材，制作并使用了玉器。我们的祖先至晚在新石器时代早期就利用真玉琢磨成装饰品或生产工具。目前发现的时代最早的玉质装饰品，出土在我国辽宁西部到内蒙古东部地区，距今已有七八千年之久。

从原始社会到汉代，在玉器发展史上出现过四个高峰。第一个高峰是以红山文化玉器和良渚文化玉器为代表的新石器时代晚期的玉器。第二个高峰是以殷商玉器为代表的奴隶社会时期的玉器。第三个高峰是以战国玉器为代表的从奴隶社会向封建社会过渡时期的玉器。第四个高峰是以西汉玉器为代表的早期封建社会的玉器。以礼仪用玉和丧葬用玉为主体的中国古典玉器，随着东汉王朝的覆亡而基本上结束了。

汉代是中国玉器发展史上承前启后的重要时期，探讨汉代人对于玉的思想观念以及汉玉的艺术风格，对研究中国古代玉器将具有一定的意义。本文拟就玉德、玉德与玉符的关系以及代表汉玉风格的主要器类等问题，提出一些初步的看法。不妥之处，敬祈指正。

一　玉德学说的发展

汉代以前人们对玉的认识，大致可分为三个阶段，也可以说是人们对玉的思想观念的三次升华。在原始社会后期，先民们便赋予玉以特定的性质和特殊的社会功能，使玉器与意识形态、原始宗教信仰和权威权力观念等结合在一起，玉被神化了。这是玉在古人思想意识中的第一次升华。人类的历史从原始社会发展到奴隶社会，随着社会上等级制度的形成，玉也被人们等级化了。这是玉在古人思想意识中的第二次升华。从奴隶社会向封建社会过渡的春秋战国时期，在文化思想上出现了"诸子争鸣"的局面，政治上主张"德治"和"仁政"的儒家学派，提倡"君子比德于玉"。玉在这个时期又被人格化、道德化了，被赋予许多美德。这是玉在古人思想意识中的第三次升华。

玉的道德化有一个发展演变的过程，因而玉德的内容前后有所变化。在先秦文献中，就有关于玉德的记载。据《礼记·聘义》载，孔子回答弟子子贡关于"君子贵玉而贱碈"的问题时说，君子所以"贵玉"的原因是由于玉具有十一种"德"。所说的"十一德"是："温润而泽，仁也；缜密以栗，知也；廉而不刿，义也；垂之如队，礼也；叩之其声清越以长，其终诎然，乐也；瑕不掩瑜，瑜不掩瑕，忠也；孚尹旁达，信也；气如白虹，天也；精神见于山川，地也；圭璋特达，德也；天下莫不贵者，道也。"从十一德的具体内容考察，所谓仁、知、义、礼、乐、忠诸德，主要是根据玉的色泽、质地、透明度以及敲击时发出的声音等物理性能而加以道德化。至于所谓信、天、地、德、道诸德的涵义，则纯属抽象溢美之词，缺乏实质性的内容和根据。

《礼记》一书虽为汉儒所编定，但其内容多采自先秦旧籍。

《管子·水地》记载："夫玉之所贵者，九德出焉。夫玉温润以泽，仁也；邻以理者，知也；坚而不蹙，义也；廉而不刿，行也；鲜而不垢，洁也；折而不挠，勇也；瑕适皆见，精也；茂华光泽，并通而相陵，容也；叩之，其音清抟彻远，纯而不杀，辞也。"《管子》所载的"九德"，与《礼记》的"十一德"相比较，虽有相同之处，但显然前进了一步。省去了一些抽象的、形而上的"德"，而增加的几种"德"，其具体内容仍然和玉的各种物理性能有关系。

《荀子·法行》也记载孔子答子贡关于君子"贵玉"的原因，但所说的不是"十一德"，而是"七德"。即："温润而泽，仁也；栗而理，知也；坚刚而不屈，义也；廉而不刿，行也；折而不挠，勇也；瑕适并见，情也；扣之，其声清扬而远闻，其止辍然，辞也。"《荀子》所说的"七德"，与《管子》听说的"九德"相比，除了减少"洁"和"容"两德外，其余七德不仅名称大致相同，而且内容也基本一致。《荀子》的"七德说"，显然是源自《管子》的"九德说"，只是前者稍作精减罢了。可见在春秋战国时期，玉德思想也有发展演变，其趋势是从繁杂到逐步精简，形而上的内容也相对地逐渐减少。

到了汉代，儒家"贵玉"的思想得到继承，玉德思想也得到继承和发展。玉德的内容进一步精练，去虚存实，达到较为成熟的地步。西汉刘向著《说苑》，在该书《杂言》篇中云："玉有六美。""望之温润者，君子比德焉；近之栗理者，君子比智焉；声近徐而闻远者，君子比义焉；折而不挠、阙而不荏者，君子比勇焉；廉而不刿者，君子比仁焉；有瑕必见之于外者，君子比情焉。"《说苑》所说的"六美"，实际上也就是"六德"。"六美"

与"七德"相比,省去了难于理解的"辞"德,将"辞"德的具体内容移入"义"德,又将原来"义"德的内容合并于"勇"德。"六美"虽省去一德,但基本上概括了"七德"的具体内容。

东汉许慎在《说文解字》一书中,总结了东周以来的玉德思想,提出了玉有仁、义、智、勇、絜五种德的"五德说"。《说文解字·玉部》载:"玉,石之美有五德者。润泽以温,仁之方也;鰓理自外,可以知中,义之方也;其声舒扬,专以远闻,智之方也;不挠而折,勇之方也;锐廉而不忮,絜之方也。""五德"与"六美"相比,又省去一德,德的名称也稍有出入,但所包含的内容基本上是一致的。"五德说"是汉代人在继承先秦玉德思想的基础上,进行总结归纳得来的,突出了玉德的基本内容,集中代表了汉代人贵玉的思想观念。"五德"概括了玉的质感、质地、透明度、敲击时发出的声音以及坚韧不挠等物理性能。五德中最主要的德是"仁",是"润泽以温"的玉的质感。"仁"是儒家思想道德的基础,所以儒家学派用"仁"来代表玉的质感和本质。可见玉德学说有一个发展演变、归纳提高的过程,它渊源于东周,而成熟于汉代。

二 玉德与玉符关系的嬗变

古人辨玉,首德而次符。所谓"德",是指玉的质地或本质;所谓"符",是指玉的颜色。辨别玉的真伪,主要是依据玉的质地,而不是依据玉的颜色。所以章鸿钊云:"言德尚矣,言符末也。"[1] 先秦文献只谈玉德,不谈玉符。上文所引《礼记》的

---

[1] 章鸿钊:《石雅》,上编,玉类第三卷。

"十一德"、《管子》的"九德"、《荀子》的"七德"，其内容基本上是以儒家学派的道德信条附会于玉的各种物理性能，范围只限于玉的质地，都未涉及玉的颜色、玉的外观美。这就是先秦论玉贵德不贵符的思想表现。

两汉时期不仅玉德思想发展到较前成熟的地步，而且在玉的质地与玉的外观美的关系，也就是玉德与玉符的关系方面，在人们的思想观念上也有明显的变化。如上所述，西汉刘向《说苑》云"玉有六美"，不称"六德"，而云"六美"，或可说明西汉时期人们已认识到玉的"德"与"美"是统一的、不可分割的。到了东汉时期，玉的外观美进一步被人们所认识。《说文解字》云："玉，石之美有五德者。"这说明当时人们认为，"玉"之所以区别于"石"者，有两条必要的条件，第一条是"美"，第二条是"有五德"，二者缺一不可。这就将玉的外观美提高到与玉德并重的地步，也就是说"首德次符"的传统观念到汉代有了明显的变化和发展，由"首德次符"发展为"德符并重"。

关于玉符，东汉文献已有具体的阐述。王逸《正部论》云："或问玉符，曰：赤如鸡冠，黄如蒸栗（一作"粟"），白如脂肪，黑如淳漆，此玉之符也。"[①] 魏文帝曹丕为太子时，得钟繇玉玦，他在《与钟大理书》中说："窃见玉书，称美玉白如截肪，黑譬纯漆，赤拟鸡冠，黄侔蒸栗"[②]。王逸和曹丕论述玉或美玉，不云玉德，而只叙玉符，指出美玉有白、黑、赤、黄诸色，对玉的颜色美给予很高的评价。可见，东汉后期在玉德与玉符的关系上有

---

① 王逸：《正部论》，玉函山房辑本。
② 《文选》卷四十二。

了更为显著的变化，人们认识美玉已离不开它的颜色，离不开它的外观美，因而在某种意义上说，重"符"似乎已更甚于重"德"。

三　代表汉玉风格的主要器类

汉玉是在先秦玉器的基础上发展起来的，它继承了先秦玉器的优秀传统，但又有所创新，从而形成了自己的独特的新风格。西汉早期的玉器，主要是继承战国玉器的风格。经过汉初七八十年的休养生息，到了西汉中期，社会经济有了很大的发展，给玉器手工业的繁荣发达提供了良好的经济基础。在玉器制作方面，出现了一些新的器类和器形，逐渐形成新的艺术风格。代表汉玉风格的玉器，种类不少，数量很多，兹举出较为突出的几种如下。

（一）作为贵族殓服的玉衣

汉代人继承并发展了先秦儒家"贵玉"的思想，皇室贵族生前佩戴玉饰，死后随葬大量的玉器；同时汉代人还迷信玉能保护尸体不朽，因而用于丧葬的玉器在汉玉中占有重要的地位。在汉代的葬玉中最引人注目的是玉衣。玉衣是两汉皇帝和皇室贵族死时穿用的殓服，也是汉代特有的葬玉。玉衣的前身是东周时期的"缀玉面幕"和"缀玉衣服"。从西汉前期的社会经济情况分析，玉衣可能出现于文景时期，武帝时开始盛行。满城中山王刘胜夫妇墓出土的两套金缕玉衣，是考古工作中首次发现的形制完备的玉衣。这两套玉衣的外观和人体形状相同，由头部、上衣、裤筒、手套和鞋五大部分组成。每套玉衣都由2000多片玉片构成，玉片之间用金丝加以编缀①。

西汉的玉衣，除用金缕编缀的以外，还有用银缕、铜缕编缀的，南越王赵眜的玉衣用丝缕编缀，是仅有的一例②。东汉时期对玉衣的使用规定了严格的等级制度，皇帝用金缕玉衣，诸侯王、列侯始封、贵人、公主用银缕玉衣，大贵人、长公主用铜缕玉衣③。曹魏黄初三年（222）曹丕（魏文帝）作《终制》，禁止使用玉衣。皇帝和皇室贵族殓以玉衣的制度从此被废除了，在考古工作中迄今也未发现东汉以后的玉衣④。

（二）外缘有透雕附饰的玉璧

战国时期就已出现外缘有透雕动物纹附饰的玉璧。湖北随县曾侯乙墓、河北平山战国中山王墓、山东曲阜鲁城战国墓、河南淮阳平粮台楚墓、洛阳金村战国墓和孟津战国墓等，都出过这类玉璧⑤。战国时期的这类玉璧，外缘的附饰往往是两组或四组透雕的龙纹或凤鸟纹，多数作对称的形式。

汉代带动物纹透雕附饰的玉璧，是在战国同类玉璧的基础上

---

① 中国社会科学院考古研究所等：《满城汉墓发掘报告》，文物出版社1980年版，上册第36、37、244页。

② 广州市文物管理委员会等：《西汉南越王墓》，文物出版社1991年版，上册第154—158页。

③ 《续汉书·礼仪志》。

④ 卢兆荫：《试论两汉的玉衣》，《考古》1981年第1期；卢兆荫：《再论两汉的玉衣》，《文物》1989年第10期。

⑤ 湖北省博物馆：《曾侯乙墓》，文物出版社1989年版，上册第405页；《中国玉器全集·3》，河北美术出版社1993年版，第287页，图二四一；山东省文物考古研究所等：《曲阜鲁国故城》，齐鲁书社1982年版，第173页，图一二二，原报告称两侧附饰为"兽耳"，实为凤鸟纹；河南省文物研究所等：《河南淮阳马鞍冢楚墓发掘简报》，《文物》1984年第10期，原简报称"鼓形玉佩"；[日]梅原末治《洛阳金村古墓聚英》（增订本），图版第一一七；洛阳文物工作队：《洛阳出土文物集粹》，朝华出版社1990年版，第54、55页，图33。

发展起来的。西汉前期的这类玉璧，基本上承袭战国时期的风格。南越王墓出土四件外缘有透雕动物纹附饰的玉璧①。其中两件外缘有两组附饰，1件为双凤涡纹璧，在璧的下部两侧有对称的凤鸟纹附饰；另1件为龙凤涡纹璧，璧的内孔透雕一龙，两侧各透雕一凤。还有两件外缘有三组附饰，1件为三凤涡纹璧，两凤位于璧的下部，左右对称，一凤在璧的上方；另1件透雕附饰已残。在这四件玉璧中，龙凤涡纹璧的透雕对称双凤与曲阜鲁城战国玉璧的凤鸟十分相似；双凤涡纹璧和三凤涡纹璧的凤鸟也都具有左右对称的特点。这几件带透雕附饰的玉璧，在造型上还保留战国的遗风。此外，属于西汉中期的河北定县40号墓出土的1件玉璧，两侧的附饰亦为对称的透雕凤鸟纹，其风格也和鲁城战国玉璧相似②。以上这些带透雕动物纹附饰的汉代玉璧，都具有战国玉璧的风格，主要出于西汉前期的南越王墓，西汉中期以后虽偶有发现，但已不是当时流行的样式了。

代表汉代新的艺术风格的这类玉璧，出现于西汉中期。中山王刘胜墓出土的透雕双龙谷纹璧，在璧的上方有双龙卷云纹附饰，造型生动优美，纹样玲珑剔透（图一：1）。这件玉璧的透雕动物纹附饰只有一组，位于璧的上方，与战国时期外缘有多组对称附饰的造型风格迥然不同，代表了汉代新的艺术风格。东汉时期的这类玉璧，基本上继承西汉的风格，一般也只有一组附饰，位于璧的上方。例如河北定县北庄汉墓所出的1件玉璧，上方的透雕动物纹附饰为双螭卷云纹，但纹样较上述中山王刘胜墓玉璧

---

① 广州文物管理委员会等：《西汉南越王墓》，文物出版社1991年版，上册第197、241、244页。

② 河北省文物研究所：《河北定县40号汉墓发掘简报》，《文物》1981年第8期。

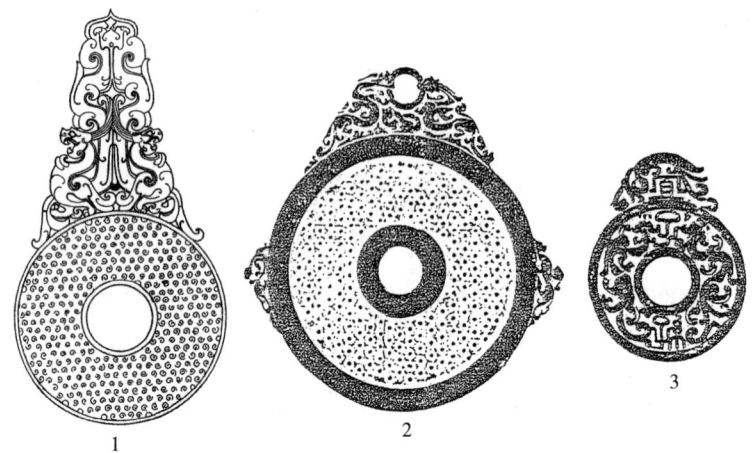

图一　汉墓出土的玉璧

1. 河北满城中山王刘胜墓出土的玉璧　2. 河北定县43号汉墓出土的玉璧（拓片）　3. 江苏甘泉老虎墩汉墓出土的玉璧（拓片）

的附饰宽广而低平（图二）。定县43号汉墓出土的1件这类玉璧，形制稍有不同，璧的上方有透雕的龙、螭衔环附饰，两侧对称部位还有一龙一螭（图一：2）。这件玉璧的附饰虽然共有三组，但其中主要的仍然是位于玉璧上方的那一组，两侧的附饰只起点缀的作用，在风格上和战国玉璧的多组附饰仍然有明显的区别。东汉时期的这类玉璧，

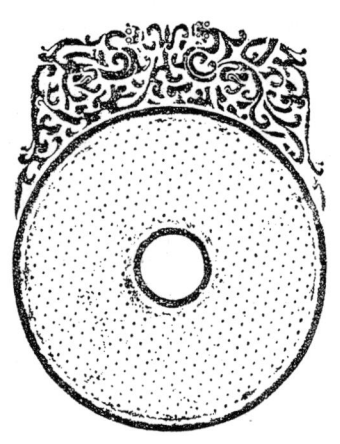

图二　河北定县北庄汉墓出土的玉璧（拓片）

有的在透雕动物纹附饰中，还有吉祥语铭文，如"长乐""益寿""延年""宜子孙"等（图一：3）。

（三）翘袖折腰的玉舞人

汉代承袭东周以来"君子必佩玉"的思想，佩戴玉饰的习俗在贵族阶层中也广泛流行。汉代的成组玉佩一般不像东周玉佩那

样繁杂，而且在组合形式上也有所创新，玉舞人在佩饰中的盛行，便是显著的例子。

以玉舞人作为佩饰的组成部分，可能渊源于战国时期。《韩非子·五蠹》云："长袖善舞，多钱善贾。"传洛阳金村战国墓出土的玉舞人，即作穿长袖舞衣的形象，有双人舞和单人舞两种形式，舞人一袖上扬，一袖下垂或置于腰际[①]。以玉舞人作为佩饰的习俗，在两汉时期更为盛行。汉代玉舞人的形象，皆作长袖、折腰，比战国玉舞人更为婀娜多姿。西汉前期也有双人舞和单人舞两种玉舞人，西汉中期以后多为单身玉舞人。舞人着长袖衣，一袖高扬至头上，另一袖下垂或横于腰际，长裙曳地，细腰束带，作"翘袖折腰"之舞姿（图三：1）。玉舞人多数为平片状，两面雕琢相同的纹饰，无正、背面之分。南越王墓所出的两件玉舞人，造型和雕琢技法较为特殊。1件为透雕扁平体玉舞人，但纹饰有正、背面之分，为成组玉佩饰的组成部分（图三：2）。另1件为圆雕玉舞人，舞者头梳螺髻，身穿长袖衣，折腰曲膝而舞，似为且歌且舞的越女形象（图三：3）[②]。

从考古资料考察，两汉玉舞人主要出在诸侯王亲属等贵族阶层的墓中，墓主人多为女性。由此可见，玉舞人应是汉代贵族妇女所喜爱的一种佩玉。汉代是我国历史上音乐舞蹈繁荣发达的时期，当时皇帝的后妃有些就是歌舞能手。例如，汉高祖的宠姬戚夫人"善为翘袖折腰之舞，歌出塞入塞望归之曲"（《西京杂记》）；武帝宠爱的李夫人，也"妙丽善舞"（《汉书·外戚传

---

① 参见［日］梅原末治《洛阳金村古墓聚英》（增订本），图版第一〇六、一一一。

② 广州西汉南越王墓博物馆等：《南越王墓玉器》，（香港）两木出版社1991年版，图版141、142、234、235。

上》);成帝的赵皇后,"学歌舞,号曰飞燕"(《汉书·外戚传下》),"能掌上舞"(《太平御览》卷五七四)等。东汉崔骃《七依》云:"振飞縠以舞长袖,褎细腰以务抑扬。""长袖"和"细腰"是汉代舞蹈的两个重要特点。玉舞人的形象充分表现了这两个特点,应是汉代妇女翩翩起舞的真实写照。

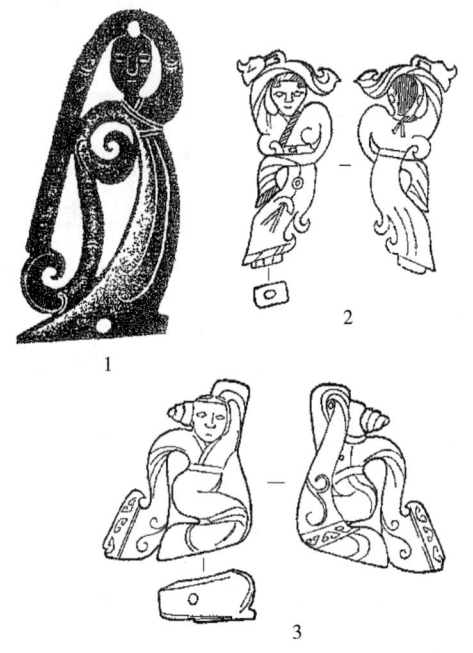

图三　汉墓出土的玉舞人

1. 大葆台2号汉墓出土的玉舞人(拓片)　2. 南越王墓出土的玉舞人　3. 南越王墓出土的圆雕玉舞人

图四　中山王刘胜墓出土的鞢形玉佩

(四)玲珑剔透的鞢形玉佩

鞢形佩是汉代流行的佩玉,亦称鸡心佩或心形玉佩。它是由先秦的玉鞢演变来的。鞢,又称射决或扳指,是古代射箭时戴在右手拇指上作为钩弦用的。《诗经·卫风·芄兰》:"芄兰之叶,童子佩鞢;虽则佩鞢,能不我甲。"童子能骑马射箭时就佩鞢。

古时有用兽骨制成的骨鞢，也有用玉雕琢而成的玉鞢①。

玉鞢在商殷时期就已出现，安阳殷墟妇好墓出土的 1 件玉扳指，是目前所见最早的玉鞢②。该玉鞢中空，可套入拇指，正面雕饰兽面纹，背面有用于钩弦的凹槽，应是实用物。从实用的玉鞢演变为装饰用的鞢形玉佩，可能开始于东周时期③。汉代的鞢形玉佩，是在春秋战国玉鞢（或鞢形玉佩）的基础上进一步发展来的。

汉代鞢形玉佩的主体为椭圆形，器体扁平，上部呈三角形尖状，中部有圆孔，正面微鼓起，背面略内凹，一侧或两侧有透雕的附饰，显然都是装饰用的佩玉。西汉早期的鞢形玉佩，有的只在上部一侧有突出的附饰，具有较明显的战国玉鞢风格。西汉中期的鞢形佩，具有典型的汉代风格，两侧都有透雕的附饰。而纹饰多不对称（图四）。西汉中期以后，出现一种鞢形佩和玉觽两种器形相结合的玉佩饰。河北定县 40 号汉墓④、河南永城僖山汉墓⑤、江苏扬州"妾莫书"墓⑥所出的鞢形玉佩，其一侧透雕附饰的上端延长呈尖状，类似玉觽的尖端部分，而鞢的心形主体的形象则相对减弱。东汉时期的鞢形玉佩，器形有较大的变化，鞢

---

① 郭宝钧：《古玉新诠》，《历史语言研究所集刊》第 20 本，下册，第 41 页。文中所谓骨（或玉）鞢背面嵌韦之说，似可商榷。

② 中国社会科学院考古研究所：《殷墟妇好墓》，文物出版社 1985 年版，第 194 页。

③ 杨建芳：《玉鞢及鞢形玉饰——一种玉器演变的考察》，《中国文物世界》第 47 期，1989 年 7 月。

④ 河北省文物研究所：《河北定县 40 号汉墓发掘简报》，《文物》1981 年第 8 期。

⑤ 《中国玉器全集·4》，河北美术出版社 1993 年版，第 285 页，图一八〇。

⑥ 扬州市博物馆：《扬州西汉"妾莫书"木椁墓》，《文物》1980 年第 12 期。

的主体部分虽然尚有痕迹可寻，但已由竖置改为横置，当中的圆孔演变为圆角长方形或椭圆形，原来牒形佩两侧的附饰发展成为环绕全器的透雕纹饰，形象颇为优美。牒形佩是汉代较常见的一种玉佩，男女都可佩戴，与组玉佩似无组合关系，是可以单独佩戴的一种玉饰。

（五）四种玉饰齐备的"玉具剑"

以玉饰剑在我国有悠久的历史，至少可以上溯到西周晚期。河南三门峡虢国墓地2001号西周晚期墓出土一把铁剑，剑柄为铜

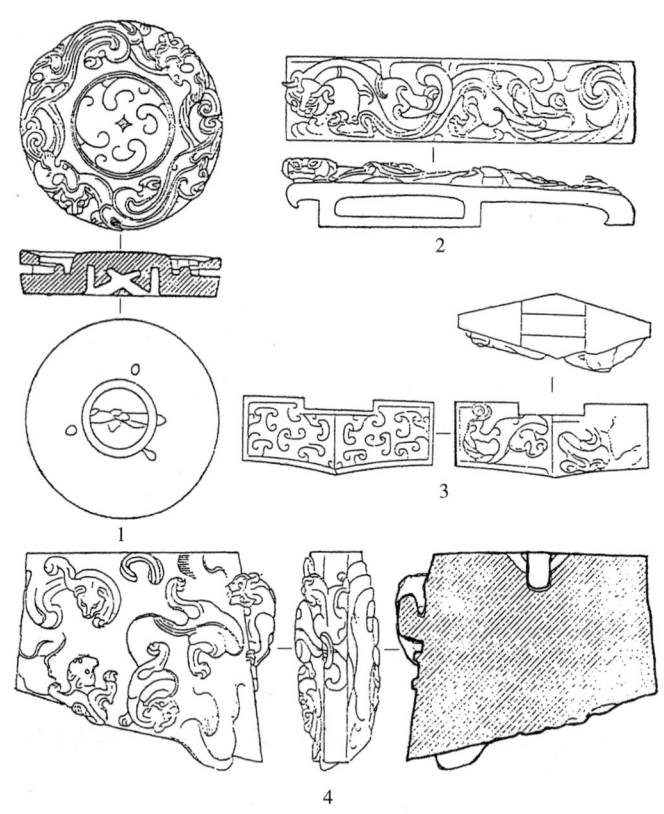

图五　中山王刘胜墓出土的玉剑饰
1. 剑首　2. 剑璏　3. 剑格　4. 剑珌

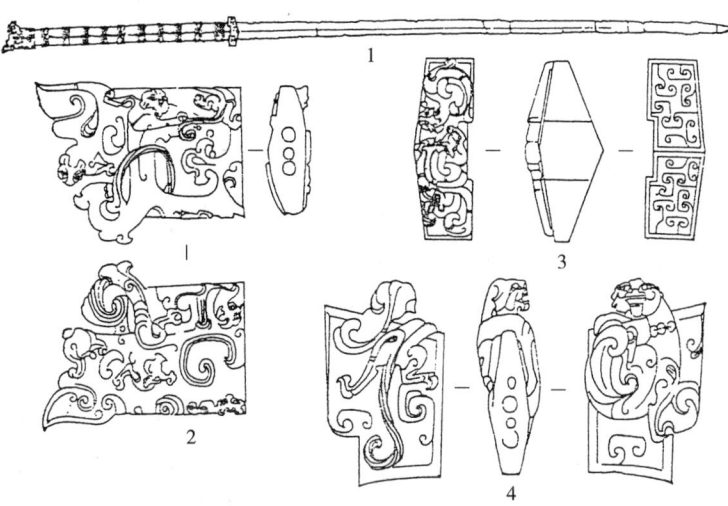

图六　山东巨野红土山汉墓出土的玉具剑及其玉饰
1. 铁剑　2. 玉剑首　3. 玉剑格　4. 玉剑珌

芯玉茎，剑首及茎身接合部均镶以绿松石[1]。严格意义上的玉剑饰出现于东周时期。在剑和剑鞘上装有四种玉饰的"玉具剑"，到西汉时期才流行。《汉书·匈奴传下》记载："单于正月朝天子于甘泉宫……赐以冠带衣裳，黄金玺戾绶、玉具剑。"（颜师古注引孟康曰："摽首镡卫尽用玉为之也。"）玉具剑的四种玉饰（或称"玉具"）为：（1）剑茎顶端的玉剑首；（2）剑茎与剑身之间的玉剑格，又称剑镡或剑珥；（3）剑鞘上用于穿带佩挂的剑鼻玉，即玉剑璏，或称剑卫；（4）剑鞘下端的玉饰，一般称玉剑珌，有的学者认为应定名为摽[2]。玉剑首一般为圆形，玉剑格略作菱形，玉剑璏为长方形，玉剑珌多数作梯形。

西汉时期典型的玉具剑，剑首、剑格、剑璏、剑珌的纹饰题

---

① 河南省文物研究所等：《三门峡上村岭虢国墓地 M2001 发掘简报》，《华夏考古》1992 年第 3 期。

② 孙机：《玉具剑与璏式佩剑法》，《考古》1985 年第 1 期。

材和雕琢技法往往是一致的。例如中山王刘胜墓出土的一把铁剑，是考古工作中首次发现的玉具剑，四件玉具的纹饰主题皆为螭虎纹，采用浮雕和阴刻的技法雕琢而成（图五）①。山东巨野红土山汉墓所出的一把铁剑，4件玉具的纹饰主题也是螭虎纹，其中玉剑首的造型很特别，作不规则长方形，运用浮雕和透雕相结合的技法，雕琢出五只螭虎盘绕于云气中（图六）②。湖北光化五座坟6号墓也出土一把玉具剑，除剑璏饰谷纹外，剑首、剑格、剑珌皆为素面③。南越王墓出土五把带玉具的铁剑，但四种玉具齐备的只有两把。其中一把剑的玉具有纹饰，但题材和雕琢技法并不一致。剑首的内区饰勾连云纹，外区饰凸起的涡纹；剑格和剑珌都饰兽面、卷云纹；剑璏则饰浮雕的熊、虎和螭虎相嬉戏的形象。另一把玉具剑的四种玉具都为素面④。该墓还出土43件玉剑饰，这些剑饰原系集中放置在漆盒内，其中剑首10件、剑格16件、剑璏9件、剑珌8件⑤。这些尚未安装在剑上的玉剑饰，可能来自中原地区，其造型风格和纹饰题材与中原汉墓所出的玉剑饰基本一致。西汉时期的玉剑饰不仅造型优美、纹饰多样，雕琢技艺也十分精湛，是汉玉中弥足珍贵的瑰宝。

东汉继承西汉的习俗，也使用装有玉饰的玉具剑。《后汉书》

---

① 中国社会科学院考古研究所等：《满城汉墓发掘报告》上册第101、103页。

② 山东省菏泽地区汉墓发掘小组：《巨野红土山西汉墓》，《考古学报》1983年第4期。

③ 湖北省博物馆：《光化五座坟西汉墓》，《考古学报》1976年第2期。

④ 广州市文物管理委员会等：《西汉南越王墓》上册，文物出版社1991年版，第167—173页。

⑤ 广州市文物管理委员会等：《西汉南越王墓》，文物出版社1991年版，上册第122—129页。

中也有关于"玉具剑""玉具刀剑"的记载。发掘出土的东汉玉剑饰数量不多，也未见四种玉饰齐全的玉具剑，这说明，在东汉时期玉具剑可能已不像西汉时期那样流行了。

  总之，汉代的玉器虽然是在继承先秦玉器优良传统的基础上发展起来的，但在器物种类以及造型、纹饰等方面都有所创新。经过"文景之治"到西汉中期，形成了汉玉特有的、新的艺术风格。东汉的玉器基本上承袭西汉的传统，没有什么新的发展。魏晋南北朝是个过渡时期。隋唐以后的玉器，在造型、纹饰题材以及社会功能等方面，都有明显的变化和发展，光辉灿烂的中国玉器又进入一个新的时期。

（本文原载《文物》1996年第4期）

玉德学说初探

中国玉文化源远流长。随着社会历史的发展，古人对玉的认识也不断演变。从原始社会到汉代，古人对玉的认识和看法，大致可分为三个发展阶段，也可以说是玉在古人思想观念中的三次升华。在史前时期，先民们便赋予玉以特定的性质和特殊的社会功能，使玉器与原始宗教信仰和权威、权力观念结合在一起，认为玉是"神物"，将玉神圣化、神秘化。这是玉在古人思想意识中的第一次升华。到氏族社会发展演变为有阶级的文明社会后，形成了等级制度，这时玉也被等级化了，并为等级制度服务。这是玉在古人思想意识中的第二次升华。春秋战国时期，随着社会、经济的大变革，学术思想方面出现了"诸子争鸣"的局面。政治上主张"德治"的儒家学派，赋予玉许多美德，于是玉又被人格化、道德化了。这是玉在古人思想意识中的第三次升华。

玉在古人思想意识中的这三次升华，对玉文化在中国的形成和发展具有重要的意义，特别是第三次升华，影响尤其深远。儒家选择玉作为其道德观念的载体，主张"君子比德于玉"，这是玉文化所以在中国连绵不绝的重要原因之一。儒家思想是中国封建文化的主体，因而儒家学派的玉德学说不仅是研究玉文化必须探讨的课题，同时也是中国传统文化的重要组成部分。

一　玉德学说产生的历史背景

玉德学说的产生与古人佩玉的习俗有着密切的关系。在史前时期，人类就佩戴由玉璜等组成的雏形组玉佩，当时佩戴组玉佩的目的，除表示其特殊身份外，可能主要还是起装饰的作用。夏、商时期的组玉佩，目前还缺乏考古发掘出土的典型标本；而西周时期的组玉佩已出土不少。例如，山西曲沃[①]、陕西长安张家坡[②]、河南三门峡[③]以及陕西宝鸡茹家庄[④]等地的西周墓中，都曾出土以玉璜为主体的组玉佩。关于周代的这类组玉佩，孙机先生称之为"多璜组玉佩"，并认为郑玄在《礼记·玉藻》的注中所说的"德佩"，指的就是这类组玉佩[⑤]。

西周时期贵族阶层佩戴的组玉佩，与史前时期相比，结构更为复杂；当时佩玉已制度化，成为贵族身份的象征。《礼记·玉藻》所说的"古之君子必佩玉"，应即反映两周贵族阶层盛行佩戴多璜组玉佩的历史事实。当时人们佩玉已具有更深层次的意义，即上升到"以玉比人"或"以人比玉"的高度。《诗经》中

[①] 北京大学考古学系等：《天马—曲村遗址北赵晋侯墓地第二次发掘》，《文物》1994年第1期；山西考古研究所等：《天马—曲村遗址北赵晋侯墓地第三次发掘》、《天马—曲村遗址北赵晋侯墓地第四次发掘》，《文物》1994年第8期；北京大学考古学系等：《天马—曲村遗址北赵晋侯墓地第五次发掘》，《文物》1995年第7期。

[②] 中国社会科学院考古研究所：《张家坡西周墓地》，中国大百科全书出版社1999年版。

[③] 河南省文物考古研究所、三门峡市文物工作队：《三门峡虢国墓》第一卷，文物出版社1999年版。

[④] 卢连成、胡智生：《宝鸡强国墓地》，文物出版社1988年版。

[⑤] 孙机：《周代的组玉佩》，《文物》1998年第4期。

有不少这类的诗句，例如：

> 生刍一束，其人如玉①。
> 白茅纯束，有女如玉②。
> 言念君子，温其如玉③。

所谓"如玉"，主要不是指人的容貌如玉，更重要的是指人的道德、品质要像玉那样洁白、美好。《礼记·玉藻》说得很明确，就是"君子无故，玉不去身，君子于玉比德焉"。这就将佩玉提高到"比德"的高度。《礼记·聘义》记载，孔子谈"君子贵玉"时说："夫昔者，君子比德于玉焉。"这也说明"比德于玉"的思想，在孔子以前就已产生。所以有的学者认为，"比德于玉"的思想"早在周初已流行，春秋时更为普遍而已"④。

孔子生活在东周后半期，当时"周室微而礼乐废"（《史记·孔子世家》）。孔子很想复兴周道，他曾说："周监于二代，郁郁乎文哉，吾从周"⑤。他很崇拜"制礼作乐"的周公旦。西周时期组玉佩的流行和"比德于玉"思想的萌芽，成为儒家玉德学说产生的历史背景。

二 玉德学说的演变和发展

以孔子为创始人的儒家学派，继承并发扬了西周以来"比德

---

① 《诗·小雅·白驹》。
② 《诗·召南·野有死麕》。
③ 《诗·秦风·小戎》。
④ 张永山：《从〈诗经〉看古人观念中的玉》，《海峡两岸古玉学会议论文专辑》Ⅱ，台湾大学理学院地质科学系印行，2001年。
⑤ 《论语·八佾》。

于玉"的思想，给"君子必佩玉"的说法提供进一步的理论根据，选择玉作为其道德观念的载体，赋予玉许多美德，将玉道德化，因而逐渐形成具有中国特色的玉德学说。

玉的道德化有一个发展演变的过程，玉德的具体内容前后也有变化。根据先秦和汉代的文献记载，儒家学派赋予玉的美德，计有十一德、九德、七德、六美（德）、五德诸说。

"十一德说"见于《礼记》。《礼记·聘义》记载："子贡问于孔子曰：'敢问君子贵玉而贱碈者，何也？为玉之寡而碈之多与？'孔子曰：'非为碈之多，故贱之也，玉之寡，故贵之也。夫昔者，君子比德于玉焉。温润而泽，仁也；缜密以栗，知也；廉而不刿，义也；垂之如队，礼也；叩之其声清越以长，其终诎然，乐也；瑕不掩瑜，瑜不掩瑕，忠也；孚尹旁达，信也；气如白虹，天也；精神见于山川，地也；圭璋特达，德也；天下莫不贵者，道也。'"孔子认为君子之所以"贵玉"，是由于玉具有仁、知、义、礼、乐、忠、信、天、地、德、道十一种德。这些"德"，多数是儒家提倡的道德信条。十一德之首的"仁"，象征玉质的温润而有光泽。儒家学说的主要内容是礼乐和仁义，而礼乐的基础是"仁"，如果没有"仁"，礼乐将形同虚设，所以孔子说："人而不仁，如礼何！人而不仁，如乐何！"[①]"仁"是儒家思想道德的基础，所以儒家学派用"仁"来代表玉的质感和本质。其次是"知"（智），象征玉质的致密。"知"往往与"仁"相对应，如"知者乐水，仁者乐山；知者动，仁者静；知者乐，仁者寿"[②]。除仁、知二德外，其他如义、礼、乐、忠诸德，主要

---

① 《论语·八佾》。
② 《论语·雍也》。

也是依据玉的质地、透明度以及敲击时发出的声音等物理性能而加以道德化。义、礼二德，常与仁、智并提。孟子认为"仁、义、礼、智根于心"①，是人类固有的道德②，称之为"四端"③。仁、义、忠、信四德，孟子称之为"天爵"，并以之与"人爵"相对比④。至于十一德中的信、天、地、德、道五种德的涵义，则纯属对玉的抽象溢美之词，缺乏实质性的内容。

"九德说"见于《管子》。《管子·水地》载："夫玉之所贵者，九德出焉。夫玉温润以泽，仁也；邻以理者，知也；坚而不蹙，义也；廉而不刿，行也；鲜而不垢，洁也；折而不挠，勇也；瑕适皆见，精也；茂华光泽，并通而不相陵，容也；叩之，其音清抟彻远，纯而不杀，辞也。是以人主贵之，藏以为宝，剖以为符瑞，九德出焉。"《管子》所说的"九德"与《礼记》的"十一德"相比，省去了缺乏实质性内容的信、天、地、德、道五种德，有的德改了名称，增加了洁、勇、容三种德。"九德"的主要内容仍与玉的各种物理性能有关，但显然比"十一德"前进了一步。

"七德说"见于《荀子》。《荀子·法行》也记载孔子答子贡关于君子"贵玉"的原因，但所说的不是"十一德"，而是"七德"。即"温润而泽，仁也；栗而理，知也；坚刚而不屈，义也；廉而不刿，行也；折而不挠，勇也；瑕适并见，情也；扣之，其

---

① 《孟子·尽心上》。
② 《孟子·告子上》："仁义礼智，非由外铄我也，我固有之也。"
③ 《孟子·公孙丑上》："恻隐之心，仁之端也；羞恶之心，义之端也；辞让之心，礼之端也；是非之心，智之端也。人之有是四端也，犹其有四体也。有是四端而自谓不能者，自贼者也。"
④ 《孟子·告子上》："孟子曰：有天爵者，有人爵者。仁义忠信，乐善不倦，此天爵也；公卿大夫，此人爵也。"

声清扬而远闻,其止辍然,辞也"。《荀子》所载的"七德"与《管子》的"九德"相比,减少了"洁"和"容"两德,将"精"德改为"情"德,其余六德不仅名称相同,而且内容也基本一致。《荀子》的"七德说"显系源于《管子》的"九德说",只是前者稍作精简而已。

"六美说"亦即"六德说",见于西汉刘向《说苑》。《说苑·杂言》云:"玉有六美,君子贵之。……望之温润者,君子比德焉;近之栗理者,君子比智焉;声近徐而闻远者,君子比义焉;折而不挠、阙而不荏者,君子比勇焉;廉而不刿者,君子比仁焉;有瑕必见之于外者,君子比情焉。"《说苑》的"六美"与《荀子》的"七德"相比,省去了不易理解的"辞"德,将原来"辞"德的具体内容移入"义"德,又将原来"义"德的内容合并于"勇"德。"六美"虽省去一德,但基本上包括了"七德"的具体内容。

"五德说"见于东汉许慎《说文》。《说文·玉部》载:"玉,石之美有五德者。润泽以温,仁之方也;䚡理自外,可以知中,义之方也;其声舒扬,专以远闻,智之方也;不挠而折,勇之方也;锐廉而不忮,絜之方也。""五德说"省去"六美说"中的"情"德,将其内容与"智"德合并,改称为"义"德,其他德的名称也作了一些改动。"五德说"虽然比"六美说"减少了一种德,但包含的内容是一致的。"五德说"是汉代人在继承先秦玉德思想的基础上,总结归纳得来的,突出了玉德的基本内容,概括了玉的各种物理性能,集中代表了汉代人对玉的思想观念。

此外还有一种说法,认为玉的五德是:仁、义、礼、智、信。这种说法应系源于孔颖达《毛诗正义》。《诗·秦风·小戎》:"温其如玉。"郑玄笺:"玉有五德。"孔颖达疏引《礼记·聘义》

关于玉德的记载，而从"十一德"中挑选仁、义、礼、智、信五种德作为"玉之五德"，并说这五种德是"人之常，故举五常之德言之耳"。这显然是主观臆测、断章取义，也是对郑笺"玉有五德"的错误解释。郑玄所说的"五德"，应即《说文》所载的仁、义、智、勇、洁。同时孔颖达所引《聘义》内容，还漏掉"天下莫不贵者，道也"一句，因而误称"十一德"为"十德"。

由上可见，先秦玉德学说的内涵只限于玉的质地，未涉及玉的外观美，即所谓"首德而次符"。两汉时期，对玉的质地与玉的外观美的关系问题，在人们的思想观念上有了变化。上述西汉刘向《说苑》说"玉有六美"，而不说"玉有六德"，这或能说明西汉时期人们认为玉的"德"与"美"是统一的、不可分割的。到东汉时期，人们对玉的外观美有进一步的认识，《说文》记载"玉"是"石之美有五德者"。这说明，当时人们认为，"玉"之所以不同于"石"者，有两条必要的条件，第一条是"美"，第二条是"有五德"，二者缺一不可。这就将玉的外观美提高到与玉德并重的地步，对玉的认识也就更全面了。

从上述文献资料可以看出，在春秋战国时期玉德学说就不断发展演变，其趋势是从繁杂到逐步精简，形而上学的内容也相对地逐渐减少。到了汉代，玉德学说继续发展，玉德的内容进一步精练，去虚存实，达到较为成熟的地步。

玉德学说的基本内容，是儒家学派以其道德信条附会于玉的各种物理性能，从而使玉成为儒家道德观念的载体。孔子主张"为政以德"，他最高的政治理想是"道之以德，齐之以礼"[1]。所谓德，首先是"仁"，其次是"义"，"五德说"中为首的就

---

[1] 《论语·为政》。

这两种德,可见玉德学说的中心内容,恰好与主张"德治"和"仁政"的儒家政治思想相印证。

三 玉德学说与中国玉文化

儒家学派继承并发扬了古人爱玉、崇玉的传统,选择玉作为其道德观念和政治思想的载体,赋予玉许多美德,将玉道德化、人格化,提倡"君子比德于玉",创立了玉德学说。这就大大提高了玉的文化含量,从而使玉文化在中国传统文化中占有重要的地位。

在中国玉文化发展过程中,由于"比德于玉"思想的萌芽和发展,使玉器从主要为原始宗教活动的"法器"、祭祀神灵祖先的原始礼器,发展为贵族阶层用于表示身份、地位的佩饰,这在玉器发展史中是很大的进步。儒家学派将西周以来的佩玉习俗给予理论上的肯定,使佩玉进一步制度化,因而使玉器从主要为"神"服务转变为主要为"人"服务。这个转变过程,与孔子"敬鬼神而远之"[①] 和"未能事人,焉能事鬼"[②] 等含有唯物论因素的中庸思想有一定的因果关系。

玉德观念萌芽于西周时期。玉德学说形成于东周,而成熟于汉代。东汉以后玉德观念似乎趋于淡化,但是与"玉德"有直接关系的佩玉制度在中国封建社会中一直保留下来,"君子必佩玉"的思想影响长期存在。

东汉末年因长年战乱,佩玉形制一度失传,曹魏侍中王粲重

[①] 《论语·雍也》。
[②] 《论语·先进》。

新设置佩玉①，因而魏晋以后的玉佩，出现了新的形制。这在考古发掘出土的资料中也得到证实。

隋唐以后，中国玉器的发展进入一个新的历史时期，但佩玉制度在封建贵族阶层仍然存在。《隋书·礼仪七》记载："佩，案《礼》，天子佩白玉。董巴、司马彪云：'君臣佩玉，尊卑有序，所以章德也。'"隋代沿袭魏晋制度，贵族阶层佩玉是为了表彰德行，也就是"比德于玉"的意思。考古发掘出土的唐代佩玉，基本上也是继承魏晋佩玉的形制。

直至明代，在帝王陵墓中仍然随葬成组的玉佩。虽然玉佩的形制有了新的发展，但在"比德于玉"的思想观念上和以往是一致的。由于儒家学派创立了玉德学说，从而玉文化与中国传统文化融合在一起，两千多年来历久而不衰，这在世界其他古代文明中是绝无仅有的。

（本文原载《中国玉文化玉学论丛续编》，
紫禁城出版社2004年版）

---

① 《三国志·魏书·王粲传》："时旧仪废弛，兴造制度，粲恒典之。"注引挚虞《决疑要注》曰："汉末丧乱，绝无玉佩。魏侍中王粲识旧佩，始复作之。今之玉佩，受法于粲也。"

论儒家与中国玉文化

中国玉文化有着十分悠久的历史。原始社会时期，人类就地取材，用石料制作生产工具和武器。在产玉的地区，除使用石料外，同时也用玉材雕琢成工具、武器。在人类历史中，很长的时间内是处在玉石不分的阶段。经过漫长的生产实践，古人才逐渐发现玉的质地不同于石头，玉质温润，抛光后富有光泽，因而开始用玉制成装饰品，在制作工艺及其用途上都不同于石器，玉器逐渐从石器中分化出来。

从文献记载考察，古代许多地方都产玉，各地所产的玉有不同的名称。《尚书·禹贡》记载，九州中扬州所产的玉或美石称瑶、琨①，梁州所产的玉称璆②，雍州所产的玉石称球、琳、琅玕，球或作璆③。《尔雅·释地》载："东方之美者，有医无闾之珣玗琪焉。"郭注："医无闾，山名，今在辽东。珣玗琪，玉属。"又载："西方之美者，有霍山之多珠玉焉；西北之美者，有昆仑

---

① 《尚书·禹贡》："淮海惟扬州……厥贡惟金三品，瑶琨篠簜。"传曰："瑶琨皆美玉。"正义曰："美石似玉者也。"《说文解字》（下简称《说文》）释瑶、琨为"石之美者"。

② 《尚书·禹贡》："华阳黑水惟梁州……厥贡璆铁。"传曰："璆，玉名。"

③ 《尚书·禹贡》："黑水西河惟雍州……厥贡惟球琳琅玕。"传曰："球琳皆玉名，琅玕石而似玉。"《说文·玉部》："球，玉也……球，或从翏"；"琳，美玉也。"

虚之璆琳琅玕焉。"郭注:"璆琳,美玉名;琅玕,状似珠也。"珣玕琪,《说文解字》(以下简称《说文》)作"珣玗琪",即《尚书》所谓"夷玉"①,可能就是岫岩玉。昆仑之墟的璆琳,被称为"美玉",应是久负盛名的和阗玉(又名和田玉)。以上只是举其要者,实际上产玉的地方还有很多。

根据中国的实际情况,玉的定义应该有狭义的和广义的两种。侠义的玉,只包括软玉(nephrite)和硬玉(jadeite)。广义的玉,除软玉和硬玉外,还包括水晶、玛瑙、绿松石、蛇纹石、孔雀石、汉白玉石等美石或彩石。从考古发掘出土的资料判断,古人制作玉器所用的材料,除软玉外,还有美石和彩石。研究中国古代的玉器,其对象应该是广义的玉。至于硬玉(俗称翡翠),一般认为是明代以后开始使用的,所以不包括在古玉之内。

古人使用广义的玉作装饰品,可追溯到旧石器时代晚期;至于开始利用透闪石软玉和阳起石软玉雕琢成装饰品或生产工具,距今也有近万年的历史。新石器时代晚期,玉器的制作工艺和器类有很大的发展,出现了动物形玉雕,象征身份、权力的玉武器,以及与原始宗教信仰——巫术有密切关系的雏形玉礼器。这时玉被赋予特定的性质和特殊的社会功能。玉被认为是"神物"②,能够在人和神灵、祖先之间起沟通的作用,成为巫觋用于"事神"的"法器"③。人们将玉神秘化、神圣化,这是玉在古人思想意识中的第一次升华。

---

① 《尚书·顾命》:"大玉、夷玉、天球、河图在东序。"《说文·玉部》:"珣,医无闾之珣玗琪,周书所谓夷玉也。"

② 《越绝书·外传记宝剑》:"至黄帝之时,以玉为兵,以伐树木,为宫室,凿地,夫玉亦神物也。"

③ 《说文·玉部》:"灵,巫也,以玉事神。"

氏族社会发展演变为有阶级的文明社会后，等级制度也随着形成了，玉也被等级化了，并为等级制度服务。这是玉在古人思想意识中的第二次升华。春秋战国时期，随着社会、经济的大变革，学术思想空前活跃，出现了"诸子争鸣"的局面。政治上主张"德治"的儒家学派，赋予玉许多美德，玉又被人格化、道德化了。这是玉在古人思想意识中的第三次升华。

儒家选择玉作为其道德观念的载体，主张"君子贵玉"，这是玉文化在中国连绵不绝的重要原因之一。本文拟根据文献记载，并结合考古资料，探讨有关儒家学派与中国玉文化之间的若干问题。

一　儒家的"贵玉"思想是先民"崇玉"观念的继承和发展

儒家的创始人孔子，在学术文化上的重要贡献之一，是删订六经，保存了许多三代旧典。六经即易、书、诗、礼、乐、春秋，其中乐经已亡佚，这些经书成为儒家学派的经典著作。孔子订定六经的主要原则是"述而不作"[①]。他在整理六经的过程中，虽然从儒家的政治理想出发，删去一些重复芜杂的篇章，但基本上是叙述旧文，"追迹三代之礼"[②]。

六经中与玉文化关系最为密切的是礼经，即《周礼》《仪礼》和《礼记》，合称《三礼》。20世纪中叶以来，古代玉器大量出土，学者曾结合考古发掘出土的资料，对《三礼》中有关玉器的

[①] 《论语·述而》："子曰：述而不作，信而好古，窃比于我老彭。"

[②] 《史记·孔子世家》："孔子之时，周室微而礼乐废，诗书缺。追迹三代之礼，序书传，上纪唐虞之际，下至秦缪，编次其事。"

记载进行研究。有的学者认为，《三礼》所载玉器名称如玉圭类便有十几种，这些圭的名称"有的是出于杜撰，未必都有实物根据。它们的用途，也有许多是儒家为了系统化与理论化而硬派用途的"①。有的学者看到《周礼》所载与考古资料之间存在差异，因而提出"玉器自玉器，文献自文献，分之两真，合之两舛"，认为《周礼》所载属于"学人空想"②。《周礼》一书是战国儒者搜集周王室和战国时代各国官制，加上儒家的政治理想，编排而成的官制汇编。从总体上考察，《周礼》所载不是全无根据，既不是全属虚构，也不是全部符合历史事实，书中确有儒者理想化、系统化的内容。只要我们采用考古学的方法，以考古资料为出发点，结合文献进行对比研究，就不仅能加深对文献资料的认识，而且还能补充、纠正文献记载的不足或不实之处。

结合考古资料考察，作为儒家经典之一的《周礼》，书中所载除周代礼制外，还涉及从新石器时代以来的一些用玉习俗，可以说是战国以前用玉制度的汇编。有的学者认为："《周礼》一书所述，并非全为周代之礼，实有许多为新石器时代巫教盛行时的礼俗。"③ 这种说法是可信的。

在葬玉方面。《周礼·天官·玉府》记载："大丧，共含玉。"同书《春官·典瑞》载："大丧，共饭玉、含玉、赠玉。"死者口含玉石的习俗在新石器时代就已存在。例如，山东胶县三里河大

---

① 夏鼐：《汉代的玉器——汉代玉器中传统的延续和变化》，《考古学报》1983年第2期。

② 郭宝钧：《古玉新诠》，《历史语言研究所集刊》第20本，下册。

③ 邓淑苹：《古玉名家吴大澂评介——为纪念〈古玉图考〉出版一百年而作》，《故宫文物月刊》第7卷第8期，总号80。

汶口文化和龙山文化的墓葬中就有玉琮出土，琮多作镞形[1]。《周礼·春官·典瑞》又载："疏璧琮以敛尸。"郑注："疏璧琮者，通于天地。"从考古资料可以看出，以璧、琮敛葬的习俗盛行于新石器时代晚期，商周时期玉琮已趋于衰落[2]。良渚文化墓葬中，璧琮共出的现象屡见不鲜。江苏武进寺墩良渚文化墓地3号墓共出璧、琮57件，其中玉璧24件，玉琮33件[3]。这种以随葬璧、琮等玉器为主的良渚文化墓葬，有的学者称之为"玉敛葬"[4]。

在瑞玉方面。《周礼·春官·大宗伯》载："以玉作六瑞，以等邦国。王执镇圭，公执桓圭，侯执信圭，伯执躬圭，子执穀璧，男执蒲璧。"考古资料证实，圭和璧在史前就已出现，并在三代以前成为瑞玉。《尚书·舜典》载："辑五瑞，既月，乃日觐四岳群牧，班瑞于群后。"《史记·五帝本纪》记载："於是帝尧老，命舜摄行天子之政，以观天命。舜乃在璿玑玉衡，以齐七政。……揖五瑞，择吉月日，见四岳诸牧，班瑞。"按"五瑞"，即指公、侯、伯、子、男之瑞圭璧。《周礼》所载之"六瑞"，应是从尧舜时期的"五瑞"发展来的。

在装饰用玉方面。《礼记·玉藻》载："古之君子必佩玉。""君子无故，玉不去身，君子于玉比德焉。"早在原始社会时期，人们就佩戴用玉材雕琢而成的装饰品。"如环而缺"的玉玦是新

---

[1] 中国社会科学院考古研究所：《胶县三里河》，文物出版社1988年版，第35、85页。

[2] 参见邓淑苹《由考古实例论中国崇玉文化的形成与演变》，载"中央研究院"历史语言研究所编《中国考古学与历史学之整合研究》，1997年，第805页。

[3] 南京博物院：《1982年江苏常州武进寺墩遗址的发掘》，《考古》1984年第2期。

[4] 南京博物院汪遵国：《良渚文化"玉敛葬"述略》，《文物》1984年第2期。

石器时代主要的装饰品之一。兴隆洼文化的先民双耳佩戴玉玦，其时代距今 8000 年左右①。儒家学派提倡"君子必佩玉"，显然是继承了古人爱玉的传统，并将佩玉提高到"比德"的高度。

总而言之，《三礼》中有关玉的记载，是长期积累下来的古代用玉习俗的总结，并加以制度化、系统化的结果。儒家学派的"贵玉"思想是古人爱玉、崇玉观念的继承和发展，有其深远的历史根源。

二 玉德学说与儒家的政治思想

从东周至汉代，儒家学派赋予玉许多美德，本来已被神秘化的玉，从此又被道德化了，因而逐渐形成具有中国特色的玉德学说。

玉的道德化有一个发展演变的过程，因而玉德的具体内容前后也有变化。根据先秦和汉代的文献记载，儒家学派赋予玉的美德，计有十一德、九德、七德、六美（德）、五德诸说②。

"十一德说"见于《礼记》。《礼记·聘义》记载："子贡问于孔子曰：'敢问君子贵玉而贱碈者，何也？为玉之寡而碈之多与？'孔子曰：'非为碈之多，故贱之也，玉之寡，故贵之也。夫昔者，君子比德于玉焉。温润而泽，仁也；缜密以栗，知也；廉而不刿，义也；垂之如队，礼也；叩之其声清越以长，其终诎然，乐也；瑕不掩瑜，瑜不掩瑕，忠也；孚尹旁达，信也；气如

---

① 中国社会科学院考古研究所内蒙古工作队：《内蒙古敖汉旗兴隆洼聚落遗址 1992 年发掘简报》，《考古》1997 年第 1 期。

② 卢兆荫：《玉德·玉符·汉玉风格》，《文物》1996 年第 4 期。

白虹，天也；精神见于山川，地也；圭璋特达，德也；天下莫不贵者，道也。诗云：言念君子，温其如玉，故君子贵之也。'"孔子认为君子之所以"贵玉"，是由于玉具有仁、知、义、礼、乐、忠、信、天、地、德、道等十一种"德"。这些"德"，多为儒家提倡的道德信条。玉德之首的"仁"，象征玉质的温润而有光泽。儒家学说的主要内容是礼乐与仁义，而礼乐的基础是"仁"，如果没有"仁"，礼乐将形同虚设，故孔子说："人而不仁，如礼何！人而不仁，如乐何！"[①]

"仁"是儒家思想道德的基础，所以儒家学派用"仁"来代表玉的质感和本质。其次是"知（智）"，象征玉质的致密。"知"往往与"仁"相对应，如"知者乐水，仁者乐山；知者动，仁者静；知者乐，仁者寿。"[②] 除仁、知二德外，其他如义、礼、乐、忠诸德，主要也是依据玉的质地、透明度以及敲击时发出的声音等物理性能而加以道德化。义、礼二德，常与仁、智并提，孟子认为"仁、义、礼、智根于心"[③]，是人类固有的道德[④]，称之为"四端"[⑤]。仁、义、忠、信四德，孟子称之为"天爵"，并以之与"人爵"相对比[⑥]。至于玉德中的信、天、地、德、道诸德的涵义，则纯属对玉的抽象溢美之词，缺乏实质性的内容。

---

① 《论语·八佾》。
② 《论语·雍也》。
③ 《孟子·尽心上》。
④ 《孟子·告子上》："仁义礼智，非由外铄我也，我固有之也。"
⑤ 《孟子·公孙丑上》："恻隐之心，仁之端也；羞恶之心，义之端也；辞让之心，礼之端也；是非之心，智之端也。人之有是四端也，犹其有四体也。有是四端，而自谓不能者，自贼者也。"
⑥ 《孟子·告子上》："孟子曰：有天爵者，有人爵者。仁义忠信，乐善不倦，此天爵也；公卿大夫，此人爵也。"

"九德说"见于《管子》。《管子·水地》载:"夫玉之所贵者,九德出焉。夫玉温润以泽,仁也;邻以理者,知也;坚而不蹙,义也;廉而不刿,行也;鲜而不垢,洁也;折而不挠,勇也;瑕适皆见,精也;茂华光泽,并通而不相陵,容也;叩之,其音清搏彻远,纯而不杀,辞也。是以人主贵之,藏以为宝,剖以为符瑞,九德出焉。"《管子》所说的"九德",与《礼记》的"十一德"相比,省去了缺乏实质性内容的信、天、地、德、道诸德,有的德改了名称,并增加了洁、勇、容三德。"九德"的主要内容仍和玉的各种物理性能有关系,但显然比"十一德"前进了一步。

"七德说"见于《荀子》。《荀子·法行》也记载孔子答子贡关于君子"贵玉"的原因,但所说的不是"十一德",而是"七德"。即"温润而泽,仁也;栗而理,知也;坚刚而不屈,义也;廉而不刿,行也;折而不挠,勇也;瑕适并见,情也;扣之,其声清扬而远闻,其止辍然,辞也。"《荀子》所载的"七德"与《管子》的"九德"相比,减少了"洁"和"容"两德,将"精"德改为"情"德,其余六德不仅名称相同,而且内容也基本一致。《荀子》的"七德说"显系源于《管子》的"九德说",只是前者稍作精简而已。

"六美说"亦即"六德说",见于西汉刘向《说苑》。《说苑·杂言》云:"玉有六美,君子贵之。……望之温润者,君子比德焉;近之栗理者,君子比智焉;声近徐而闻远者,君子比义焉;折而不挠、阙而不荏者,君子比勇焉;廉而不刿者,君子比仁焉;有瑕必见之于外者,君子比情焉。"《说苑》的"六美"与《荀子》的"七德"相比,省去了不易理解的"辞"德,将"辞"德的具体内容移入"义"德,又将原来"义"德的内容合并于"勇"德。"六美"虽省去一德，但基本上包括了"七德"的具体内容。

"五德说"见于东汉许慎《说文》。《说文·玉部》载："玉，石之美有五德者。润泽以温，仁之方也；䚡理自外，可以知中，义之方也；其声舒扬，专以远闻，智之方也；不挠而折，勇之方也；锐廉而不忮，絜之方也。""五德"省去"六美"中的"情"德，将其内容与"智"德合并，改称为"义"德，其他德的名称也作了一些改动。"五德说"虽然比"六美（德）说"减少了一种德，但所包含的内容是一致的。"五德说"是汉代人在继承先秦玉德思想的基础上，进行总结归纳得来的，突出了玉德的基本内容，概括了玉的各种物理性能，集中代表了汉代人贵玉的思想观念。

从上述文献资料可以看出，在春秋战国时期，玉德学说就不断发展演变，其趋势是从繁杂到逐步精简，形而上学的内容也相对地逐渐减少。到了汉代，儒家"贵玉"的思想得到继承，玉德学说也继续发展。玉德的内容进一步精练，去虚存实，达到较为成熟的地步。

另一方面，先秦玉德学说的内涵只限于玉的质地，未涉及玉的外观美。两汉时期，对玉的质地与玉的外观美的关系问题，在人们的思想观念上有了明显的变化。如上所述，西汉刘向《说苑》云："玉有六美。"不称"六德"，而云"六美"，或可说明西汉时期人们已认识到玉的"德"与"美"是统一的、不可分割的。到东汉时期，人们对玉的外观美有进一步的认识。《说文》云："玉，石之美有五德者。"这说明当时人们认为，"玉"之所以不同于"石"者，有两个必要的条件，第一个是"美"，第二个是"有五德"，二者缺一不可。这就将玉的外观美提高到与玉德并重的地步，对玉的认识也就更全面了。

玉德学说的基本内容，是儒家学派以其道德信条附会于玉的各种物理性能，从而使玉成为儒家道德观念的载体。孔子主张"为政以德"，他最高的政治理想是"道之以德，齐之以礼"①。所谓德，首先是"仁"，其次是"义"，"五德说"中为首的就是这两种德，可见玉德学说的中心内容，恰好与主张"德治"和"仁政"的儒家政治思想相印证。

三 儒家思想与玉文化的结合是中国传统文化的特色之一

儒家学派继承并发扬了古人爱玉、崇玉的传统，选择"玉"作为其政治思想和道德观念的载体，提倡"君子比德于玉"，将玉道德化、人格化，大大提高了玉的文化含量，使玉文化在中国传统文化中占有重要的地位。

在中国玉文化发展过程中，由于儒家思想的介入，玉器从主要为原始宗教活动的"法器"、祭祀鬼神的原始礼器，发展为贵族阶层用以表示身份、地位的佩饰，这在玉器发展史中是很大的进步。根据考古资料判断，贵族阶层佩戴成组玉饰的习俗在西周时期就已盛行。陕西张家坡西周墓②、河南三门峡虢国贵族墓③和山西曲沃北赵晋侯墓地④，都曾出土以玉璜为主体的成组玉佩饰。

---

① 《论语·为政》。

② 中国社会科学院考古研究所：《张家坡西周墓地》，中国大百科全书出版社1999年版，第260—261页。

③ 河南省文物考古研究所、三门峡市文物工作队：《三门峡虢国墓》（第一卷）上册，文物出版社1999年版，第151—157、275—278页。

④ 北京大学考古学系、山西省考古研究所：《天马—曲村遗址北赵晋侯墓地第二次发掘》，《文物》1994年第1期；山西省考古研究所、北京大学考古学系：《天马—曲村遗址北赵晋侯墓地第三次发掘》、《天马—曲村遗址北赵晋侯墓地第四次发掘》，《文物》1994年第8期。

儒家学派将这种佩玉习俗在理论上给予肯定，提倡以玉比德，使佩玉制度化，因而玉从主要为"神"服务转变为主要为"人"服务。这个转变过程，与孔子"不语怪、力、乱、神"①，"敬鬼神而远之"②，以及"未能事人，焉能事鬼"③ 等含有唯物论因素的中庸思想有一定的因果关系。

玉德学说起源于东周，成熟于汉代。唐代以后玉德观念趋于淡化，但是"君子必佩玉"的思想影响依然长期存在。明代的帝王陵墓中还有成组的玉佩饰出土④。具有中国特色的玉文化几千年来历久而不衰，并与中国传统文化融合在一起，这在世界其他古代文明中是绝无仅有的。

（本文原载《燕京学报》2001 年 11 月新 11 期）

---

① 《论语·述而》。
② 《论语·雍也》。
③ 《论语·先进》："季路问事鬼神。子曰：'未能事人，焉能事鬼。'曰：'敢问死。'曰：'未能知，焉知死。'"
④ 中国社会科学院考古研究所、定陵博物馆、北京市文物工作队：《定陵》上册，文物出版社 1990 年版，第 209—211 页；杨伯达：《中国玉器全集·5》，河北美术出版社 1993 年版，图版二〇二（明鲁王朱檀"青玉金龙纹佩"）；江西省文物工作队：《江西南城明益宣王朱翊鈏夫妇合葬墓》，《文物》1982 年第 8 期。

中国玉文化多元一体架构刍议

中国是统一的多民族国家，又是历史悠久的文明古国，具有独特的文化传统。中华文化源远流长，历经五千多年连绵传承，并不断发扬光大。新中国成立后，费孝通先生曾到西南少数民族地区考察，"当时就得出了一个看法——即中华民族多元一体的观点"[①]。多元一体架构是中华文化重要的传统和特征。"这种文化上的多元性与一体性，是个性与共性、特殊性与同一性的辩证统一关系。多元是基础，一体是前提，两者相互依存，相互促进，共同创造、丰富、繁荣和发展了绚丽灿烂的中华文化，也使中华文化成为维系全体中国人民的精神纽带和团结全体中国人民共同奋进的民族凝聚力。"[②]

一

中华文化多姿多彩，内涵十分丰富，具有中国特色的玉文化是中华文化的重要组成部分。中国玉文化的萌芽，可以上溯到原

[①] 费孝通：《中国古代玉器和传统文化》，《燕京学报》新11期，北京大学出版社2001年版。

[②] 中国社会科学院王洛林副院长在海峡两岸"中华文化多元一体架构"研讨会上的讲话，见《中国社会科学院院报》2002年9月17日第1版。

始社会时期。古人从爱玉、崇玉的观念出发，从用玉作为装饰品发展到以玉作为沟通神灵、祖先的原始礼器，使玉神秘化、神圣化。氏族社会发展演变为文明社会后，形成等级制度，玉也被等级化了，出现了用于祭祀的祭玉和用于朝聘等礼仪活动的瑞玉。春秋战国时期，学术思想空前活跃，出现了"诸子争鸣"的局面，政治上主张"德治"的儒家学派，赋予玉许多美德，因而玉又被道德化了，为"君子必佩玉"提供了理论根据。由于儒家思想的介入，使玉文化与中国传统文化融合在一起，"君子必佩玉"的思想在封建社会中长期存在。这是中华文化不同于世界其他古代文明的特色之一。

几千年绵延不绝的中国玉文化，与多姿多彩的中华文化一样，也具有"多元一体"的发展过程。根据考古发掘出土的玉器资料判断，玉器、玉文化的起源是多元的，这可能是目前学术界的共识。但究竟有几个主要源头，学者意见不尽相同，一般认为至少有三个或四个源头，即燕山南北地带的红山文化、太湖流域的良渚文化、海岱区的大汶口—龙山文化以及华西地区新石器时代的玉器[1]。

20世纪90年代，邓淑苹女士依据考古资料所归纳的玉器区域风格，结合传说史料和文献记载的氏族集团分布情况，多次提出中国古代玉器文化有：东夷、苗蛮、华夏三大源头的理论[2]。海岱地区是东夷的地盘，大汶口—龙山文化的玉器属于东夷的遗存，当无疑义。东北地区的红山文化虽有其独特风貌，但根据《汉书·地理志》《尔雅·释地》及《说文解字》等文献记载，

---

[1] 费孝通：《中国古代玉器和传统文化》，《燕京学报》新11期，北京大学出版社2001年版。

[2] 邓淑苹：《"玉器时代"论辩平议》，载《结网编》，（台北）东大图书公司1998年版。

红山文化的主人，"应亦属广义的东夷族群"①。红山文化玉器和大汶口—龙山文化玉器应即《尚书·顾命》中所载的"夷玉"②，当为中国古代玉器的源头之一。

良渚文化的玉器，应是古越族的文化遗存。越文化属于苗蛮文化中的一支③。良渚文化的玉器，应即《尚书·顾命》中所称的"越玉"，注作："越地所献玉也"④。良渚文化玉器也应是中国古代玉器的源头之一。

《尚书·顾命》记载，周成王病逝，在丧礼中陈设成王生前"所宝之器物"，其中除"越玉""夷玉"外，还有"大玉"。邓淑苹女士认为，"大玉"系指属于华夏集团文化传统的玉器。此说可信。《尚书·武成》载："华夏蛮貊，罔不率俾。"疏："夏，大也。故大国曰夏。华夏谓中国也。"称华夏族的玉器为"大玉"，是可以理解的。

华夏集团分为黄帝和炎帝两个氏族。"黄帝氏族的发祥地大约在今陕西北部"，"炎帝氏族的发祥地在今陕西境内渭水上游一带"。总之，"华夏集团发祥于今陕西省的黄土原上，在有史以前已经渐渐地顺着黄河两岸散布于中国的北方及中部的一部分地方"⑤。《越绝书》卷十一记载风胡子与楚王的对话中说："至黄

---

① 邓淑苹：《由考古实例论中国崇玉文化的形成与演变》注释⑤，载"中央研究院"历史语言研究所编《中国考古学与历史学之整合研究》，1997年。

② 《尚书·顾命》："大玉、夷玉、天球、河图在东序。"注："夷玉，马云东夷之美玉。《说文》夷玉即珣玗琪。"

③ 邓淑苹：《"玉器时代"论辩平议》，载《结网编》，（台北）东大图书公司1998年版。

④ 《尚书·顾命》："越玉五重。"注："越玉、马云越地所献玉也。"

⑤ 徐旭生：《中国古史的传说时代》（增订本），文物出版社1985年版，第40—48页。

帝之时,以玉为兵,以伐树木为宫室、凿地,夫玉亦神物也。""黄帝之时",一般认为相当于原始社会后期。分布在陕西地区及黄河中游一带的仰韶文化,应属华夏集团黄帝和炎帝氏族的范畴。陕西南郑龙岗寺仰韶文化遗址出土的玉器,应该是华夏集团玉器的主要代表。

龙岗寺遗址的仰韶文化半坡类型中、晚期墓葬,共出土玉器26件,其器类有斧、铲、锛、刀、镞等五种,为生产工具和武器[①]。这些玉质生产工具和武器的时代,属于原始社会后期,与传说时代的"黄帝之时"相当。上述《越绝书》中所说"黄帝之时,以玉为兵","兵"应是工具和武器的通称。墓葬中出土的斧、铲、锛、刀等,应是用于"伐树木为宫室"和"凿地"的生产工具,镞是用于狩猎的武器。玉质的生产工具一般器形较大,这或是《尚书》称华夏集团文化传统的玉器为"大玉"的原因之一。仰韶文化的玉器具有明显的特点,也应是中国古代玉器的源头之一。

此外,主要分布于黄河上游甘青地区的齐家文化也出土许多玉器,近年来逐渐引人注目。但是齐家文化的时代相对较晚,一般认为约距今4000年左右。有的学者认为,"齐家文化和龙山文化晚期及二里头文化的年代相当","齐家文化玉石器是受到东部地区玉器文化的强烈影响而出现的"。也就是说,齐家文化的玉器间接受到良渚文化玉器的影响,直接受到黄河流域的中原文

---

① 陕西省考古研究所:《龙岗寺——新石器时代遗址发掘报告》,文物出版社1990年版。该书报道所出玉器为斧、铲、锛、凿、镞五种,共24件;魏京武:《龙岗寺遗址出土的仰韶文化玉质生产工具》,载《出土玉器鉴定与研究》,紫禁城出版社2001年版。该文报道所出玉器为斧、铲、锛、刀、镞五种,共26件,今从之。

化，即龙山文化玉器和二里头文化玉器的影响①。由此可见，齐家文化玉器是华夏集团玉器影响下的产物，而不属中国古代玉器的另一源头。

二

中国玉文化从多元走向一体化是一个漫长而复杂的发展过程，它与中国历史从氏族社会发展到华夏族文化的形成，以及以后汉族文化的形成和发展有着密不可分的关系。也就是说，玉文化的一体化过程可以分为初级的和高级的两个阶段。

玉文化一体化的初级阶段，应该从夏代开始。《左传·哀公七年》载："禹会诸侯于涂山，执玉帛者万国。"在古史传说中，尧、舜、禹时期实行的是"禅让"制度②，他们应是部落联盟解体前最后的三个大酋长。禹兴修水利，发展农业，占有黄河中游两岸的中原地区，势力最大。禹死后，传位给儿子启，启开始居大夏（汾浍流域），史称夏启或夏后启。这说明氏族社会已经解体，进入《礼记·礼运篇》所说的"小康"时代，即中国历史上的第一个朝代——夏朝。

夏、商、周三代属于一脉相承的华夏文化。夏朝帝王的陵墓尚未发现，因而缺乏具有代表性的夏代玉器群。殷墟妇好墓是殷王武丁配偶的墓葬，墓中出土750余件玉器，代表了殷商时期玉器发展的高度水平。

---

① 叶茂林：《齐家文化的玉石器》，载《考古求知集》，中国社会科学出版社1997年版，第251—261页。

② 参见《尚书》的《尧典》《舜典》等篇以及《史记·五帝本纪》。

妇好墓玉器群的文化因素是多元的。首先是继承了二里头文化玉器的传统，在器类上有戈、钺、方首圭和柄形饰等华夏文化常见的玉器。同时也具有较为明显的红山文化玉器和良渚文化玉器的文化因素[1]。

妇好墓所出玉器中与红山文化有密切关系的主要有兽形玦、玉龙和钩形器等。兽形玦卷曲呈圆形，身躯粗短，头、尾之间有一窄小的缺口，其造型风格与红山文化的兽形玦基本相同，仅在纹饰方面稍有差别。红山文化的兽形玦只在头部刻出眼、耳、鼻、嘴的形象，身躯平素无纹饰；而妇好墓的兽形玦除头部刻出五官外，有的身躯也刻有纹饰。后者显然是从前者演变来的。妇好墓所出的玉龙作卷曲状，与红山文化玉龙在轮廓上有近似之处，后者的造型和纹饰较为古朴，无角无足，而前者周身刻有纹饰，有的还有角和足。二者当有渊源关系，但前者比后者已有很大的发展。妇好墓出土的钩形器，一端较直，有小孔，另一端呈弧形钩状，中部有一道浅槽[2]。这种玉器与红山文化钩形器的器形很相似，所以发掘者认为"大概来自红山文化"。

妇好墓出土的玉器，有些在器类和器形上具有较明显的良渚文化因素。良渚文化最有代表性的玉礼器是璧和琮，这两种玉器在妇好墓中都有出土。尤其是玉琮，良渚文化各种类型的琮，在妇好墓中几乎都能找到相应的类型，有些玉琮的器形和纹饰可能是从良渚玉琮发展演变来的。在装饰品方面，妇好墓所出的玉镯、玉项饰和动物形玉雕等，与良渚文化同类玉器也有相近之处。妇好墓还出土

---

[1] 郑振香：《殷墟玉器探源》，载《庆祝苏秉琦考古五十五年论文集》，文物出版社1989年版，第315—325页。

[2] 中国社会科学院考古研究所：《殷虚妇好墓》，文物出版社1980年版，第194—195页。原书作"玉柄形器"。

1件玉"瑗形器",略呈椭圆形,外缘有5个间距相等的长方形凸起[①]。其造型风格与良渚文化瑶山墓地所出的龙首纹玉镯形器颇为相似,长方形凸起应是龙首纹的简化形式。

此外,妇好墓出土的1件玉凤,为片状透雕,短翅长尾,尾羽分叉,其艺术风格与湖北天门石家河罗家柏岭出土的玉凤相类似[②],所不同者仅是前者凤体弯曲呈弧形,后者首尾衔接作环形。二者之间显然有渊源关系。有的学者认为,"妇好墓出土的玉凤,并非中原玉工的作品,应属石家河文化玉雕系统,其年代早于晚商,也许与石家河文化同时或稍晚";并认为石家河文化与向南、向西迁徙的古代东夷族群有关[③]。牛河梁遗址第十六地点红山文化积石冢M4的资料,已在《中国文物报》(2003年9月5日第1版)上发表。该墓出土的8件玉器中,有1件玉凤。凤作卧姿,弯颈,回首,高冠,圆眼,长喙,背羽上扬,尾羽下垂,其造型风格与天门石家河玉凤有类似之处。红山文化的主人属于广义的东夷族群,已如上述。这件玉凤的出土,应是石家河文化与东夷族群有关的又一例证。因而石家河文化的玉器,或可称为广义的"夷玉"。

殷墟妇好墓玉器群存在良渚文化、红山文化以及石家河文化的因素,决不是偶然的巧合,而是不同文化交流、交融的反映,也是中国玉器发展由多元走向一体的初步体现。但在一体化的过程中,当时还处在初级的阶段,在玉器群中仍然存在不同文化遗

---

① 中国社会科学院考古研究所:《殷墟妇好墓》,文物出版社1980年版,第122页。

② 石龙过江水库指挥部文物工作队:《湖北京山、天门考古发掘简报》,《考古通讯》1956年第3期,《简报》称"凤凰饰环形器";张绪球:《石家河文化的玉器》,《江汉考古》1992年第1期,原文作"凤鸟环"。

③ 杨建芳:《石家河文化玉器及其相关问题》,载《中国古玉研究论文集》上册,(台北)众志美术出版社2001年版。

留下来的痕迹。这种现象一直延续到西周时期。如前所述，周成王生前喜爱的玉器，除传统的"大玉"外，还有"夷玉"和"越玉"。这说明，西周前期，代表东夷文化的"夷玉"和代表越族文化的"越玉"，仍然是作为两种特定文化的玉器而存在于周王室朝廷之中，当时的中国玉文化尚未发展到彻底一体化的阶段。

东周是我国历史上的动荡时期，频繁的兼并战争，一方面加重了人民的痛苦，但另一方面也推动了社会的进步，促进了各族间文化的融合，为秦朝的统一创造了必要的条件。秦朝建立了以汉族为主体的统一大国，汉朝进一步加强和巩固了中央集权的封建统一国家。汉代经过"文景之治"的休养生息，到武帝时期，政治、经济、文化发展到鼎盛阶段。主要为皇室、贵族服务的玉器制造业，在西汉中期有很大的发展，并逐渐形成新的艺术风格。

汉代玉器是在先秦玉器的基础上发展起来的，它继承了先秦玉器的优秀传统，但又有所创新，出现了一些新的器类和器形。例如作为皇室贵族殓服的玉衣，外缘有透雕附饰的玉璧，翘袖折腰的玉舞人，玲珑剔透的牒形玉佩，以及成套的玉剑饰等[①]。汉代玉器发展并形成了新的艺术风格，从而达到一体化的高级阶段，中国玉文化"多元一体"架构的发展过程至此告一段落。

（本文原载《浙江省文物考古研究所学刊》第六辑，即《第二届中国古代玉器与传统文化学术讨论会专辑》，杭州出版社2004年版）

[①] 卢兆荫：《玉德·玉符·汉玉风格》，《文物》1996年第4期。

论玉文化在汉代的延续和发展

考古资料证实，中国使用玉器有着十分悠久的历史。玉文化从新石器时代形成后，经过青铜器时代到铁器时代，几千年间不断发展、演变，始终绵延不绝，成为中华文明特有的和重要的组成部分。探究玉文化在不同历史时期所表现的不同特点，对研究中华文明史具有很重要的意义。

汉代是中国历史上的鼎盛时期。西汉前期，为了恢复长期战乱后的经济，实行清静无为、与民休息政策，黄老刑名之学在政治上居指导地位；但在学术上，从汉高祖起就承认儒学的正统地位。经过六七十年的休养生息，到西汉中期经济有了很大的发展，中央集权也进一步加强；在学术思想上"罢黜百家，独尊儒术"。由于儒学在汉代占统治地位，因而儒家"贵玉"的思想得到了继承和发扬。

源远流长的中国玉文化，发展至汉代至少已有五六千年的历史。汉代玉文化在继承先秦玉文化的基础上，又有所发展，涉及祭祀、朝聘、丧葬制度、日常生活以及装饰佩戴诸方面，它是汉代文明的重要构成部分。本文拟依据考古发掘出土的资料，并且结合文献记载，对两汉时期玉文化的延续和发展进行探讨和研究。

一　玉文化在汉代礼制中的延续

礼制活动主要包括祭祀、朝聘以及其他礼仪活动。礼制活动中的用玉称为"礼玉"，按其不同功能又可称为"祭玉"或"瑞玉"。先秦的礼制用玉，根据成书于战国时期的儒家经典《周礼》记载，主要是璧、琮、圭、璋、琥、璜六种玉器。《周礼·春官·大宗伯》载："以玉作六瑞，以等邦国。王执镇圭，公执桓圭，侯执信圭，伯执躬圭，子执谷璧，男执蒲璧。"又载："以玉作六器，以礼天地四方。以苍璧礼天，以黄琮礼地，以青圭礼东方，以赤璋礼南方，以白琥礼西方，以玄璜礼北方。"但从大量考古发掘出土的资料考察，《周礼》的上述记载，有的符合历史事实，有的则是儒家学派将用玉制度理想化、系统化、等级化的结果，未必都有史实根据。

礼制用玉是玉文化的主要载体之一。汉代在礼制用玉方面部分继承先秦时期的用玉制度，在器类上趋于简化。汉代用于祭祀、朝聘等礼仪活动的玉器主要是玉圭和玉璧。玉琮、玉璋和玉琥已很少见。玉璜在汉代除少数可能与祭祀或丧葬仪式有关外，绝大多数都是成组玉佩的组成部分，属于装饰用玉。

在祭祀方面的用玉，可称为祭玉。根据《史记》《汉书》《后汉书》等历史文献记载，汉代皇室贵族在祭祀活动中，相当广泛地使用玉璧和玉圭。西汉时期皇帝祭祀"上帝宗庙"用玉圭[1]，

---

[1]《史记·孝文本纪》："春，上曰：'朕获执牺牲珪币以事上帝宗庙，十四年于今，历日（绵）长，以不敏不明而久抚临天下，朕甚自愧。其广增诸祀埠场珪币。'"《汉书·文帝纪》所载基本相同。

祭祀诸祠也使用玉圭①。汉代继承先秦"以苍璧礼天"的习俗，皇帝祭天神泰一使用直径为6寸的玉璧②。祭黄河、汉水等大川及诸祠用玉璧、玉圭③。汉武帝时黄河决口，则投入白马、玉璧以祭水神④。东汉承袭西汉的用玉制度，皇帝祭祀天地时执玉圭、玉璧⑤。

在考古发掘工作中，也曾发现用于祭祀的汉代玉璧和玉圭。山东荣成成山曾出土两组玉器。其中一组为3件，包括1件玉璧（图一）和2件玉圭，出土时璧居中，圭置两侧；另一组为4件，包括1件玉璧（图二）、2件玉圭和1件玉璜，出土时也是璧居中，圭置两侧，璜在上方。研究者认为，前一组玉器的年代属战国末至西汉初，可能是秦始皇奉祀成山日主的遗物；后一组的年代为西汉前期，应属汉武帝祠日的遗物⑥。这两组玉器均为祭玉，当无疑义。陕西华阴华山曾出土9件西汉时期的玉璧。《汉书·地理志》记载，华阴有集灵宫，汉武帝所建。这些玉璧可能是集灵宫奠基时埋藏在地下的祭玉。陕西咸阳北原汉昭帝平陵与上官皇后陵之间，曾发现东西向排列的成组玉器，组与组之间的距离约为两米，每组都由1件玉璧和7件或8件玉圭组成，璧在中间，

---

① 《史记·封禅书》："及诸祠，各增广坛场，珪币俎豆以差加之。"

② 《史记·孝武本纪》："皇帝始郊见泰一云阳，有司奉瑄玉嘉牲荐飨。"集解引孟康曰："璧大六寸谓之瑄。"索隐："音宣，璧大六寸也。"

③ 《史记·封禅书》："其河、湫、汉水加玉各二；及诸祠，各增广坛场，珪币俎豆以差加之。"正义："言二水祭时各加玉璧二枚。"

④ 《史记·河渠书》："（汉武帝）自临决河，沈白马、玉璧于河，令群臣从官自将军已下皆负薪填决河。"《汉书·沟洫志》作"湛白马玉璧"。师古曰："湛读曰沈。沈马及璧以礼水神也。"

⑤ 《后汉书·明帝纪》："朕以暗陋，奉承大业，亲执珪、璧，恭祀天地。"

⑥ 王永波：《成山玉器与日主祭——兼论太阳神崇拜的有关问题》，《文物》1993年第1期。

圭环绕在璧的周围，圭首均朝向玉璧①。这些成组埋藏、排列有规律的璧和圭，显然与汉代帝陵的祭祀仪式有关系②。这些玉璧和玉圭的形体很小，应是专为祭祀活动而制作的祭玉。在平陵之东的成帝延陵陵园南门附近，也曾出土排列整齐的玉圭③，这些玉圭也属于祭祀用的小型玉圭④。

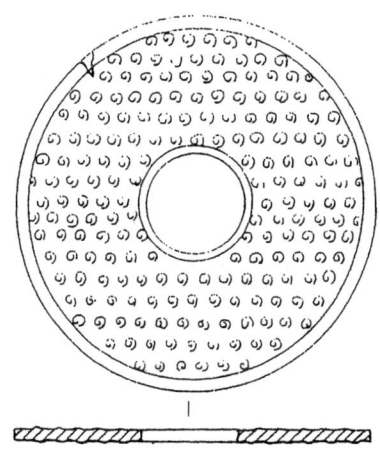

图一　山东荣成成山出土的玉璧

图二　山东荣成成山出土的玉璧

在朝聘方面的用玉，可称为瑞玉。西汉时期以玉璧作为主要的瑞玉。皇帝招聘特殊人才用玉璧，例如汉武帝曾以"束帛加璧"迎申公⑤。玉璧又可作为馈赠、贡献的礼品。项羽与刘邦宴

---

① 咸阳市博物馆：《汉平陵调查简报》，《考古与文物》1982年第4期。
② 刘庆柱、李毓芳：《西汉十一陵》，陕西人民出版社1987年版，第72页。
③ 刘庆柱、李毓芳：《西汉十一陵》，陕西人民出版社1987年版，第115页。
④ 邓淑苹：《故宫博物院所藏石器时代玉器研究之三——工具、武器及相关的礼器》，注101，台北《故宫学术季刊》第八卷第1期。
⑤ 《汉书·儒林·申公传》："武帝初即位……于是上使束帛加璧，安车以蒲裹轮，驾驷迎申公，弟子二人乘轺传从。"同书《武帝纪》所载基本相同："遣使者安车蒲轮，束帛加璧，征鲁申公。"

于鸿门，刘邦离席后，托张良赠"白璧一双"给项羽[1]。汉文帝时陆贾使南越，南越王赵佗托使者进献的物品中，第一项就是"白璧一双"[2]。可见用白玉琢成的璧在当时属于珍贵礼品，而且往往是成双赠送或进献。

东汉时期玉璧也是主要的瑞玉。皇帝纳聘皇后用玉璧。《后汉书·皇后纪下》记载，桓帝纳梁皇后，"悉依孝惠皇帝纳后故事，聘黄金二万斤，纳采雁、璧、乘马、束帛，一如旧典"。《集解》引惠栋曰：《汉杂事》云："以黄金二万斤、马十二匹、元（玄）纁谷璧，以章典礼"。《周礼·冬官考工记·玉人》载："谷圭七寸，天子以聘女。"汉代皇帝纳聘皇后，已不用谷圭，而改用谷璧。古时朝会，侯、伯执圭，子、男执璧。汉代每年正月朔旦朝贺，诸侯王、列侯等都执玉璧，不执玉圭[3]。按当时规定，诸侯王所执的玉璧是由少府发给的。汉章帝建初七年（82），东平王刘苍正月朔旦入贺，当时的少府卿阴就"贵骄"，少府主簿竟敢不按规定发给刘苍玉璧，因而刘苍的部属朱晖只好从主簿手中骗取玉璧，交给了刘苍[4]。

从上述文献资料可以看出，玉圭在汉代主要用于祭祀活动，而作为瑞玉的一些功能已被玉璧所替代，因而其用途不如玉璧宽广。在考古发掘出土的资料中，玉圭的数量也比玉璧少得多。

玉琮在汉代可能已不再制作，汉墓中偶然发现的玉琮也是先

---

[1] 《史记·项羽本纪》。
[2] 《汉书·西南夷两粤朝鲜传》。
[3] 《续汉书·礼仪志中》："每岁首正月，为大朝受贺。……及贽，公、侯璧。"注引《决疑要注》曰："古者朝会皆执贽，侯、伯执圭，子、男执璧……汉魏粗依其制，正旦大会，诸侯执玉璧，荐以鹿皮。"同书《百官志五》载："（大夫）掌奉王使至京师，奉璧贺正月……列土、特进、朝侯贺正月执璧云"。
[4] 《后汉书·朱晖传》。

秦遗留下来的旧玉,并非当时的礼仪用玉。满城1号汉墓中山王刘胜的玉衣上有1件被改造了的小玉琮[①]。该玉琮的四个方角已被磨圆,并于上端加上一个用玉片做成的盖,作为男性生殖器的罩盒,成为"玉九窍塞"之一,应属于葬玉。江苏涟水西汉墓出土的1件玉琮,琮的上面被加上鎏金的银盖,琮的下面加鎏金的银底座,银座下的四足作出展翅雄鹰的形象[②]。这件被加上器盖、器座的玉琮,已成为1件精美华丽的工艺品(图三)。从这两个例子可以看出,玉琮在汉代已不是神圣的礼仪用玉,而是可以任意将它改制成为具有其他性质和用途的一般玉器了。上述两件被改造了的玉琮,都是前代遗留下来的旧玉。

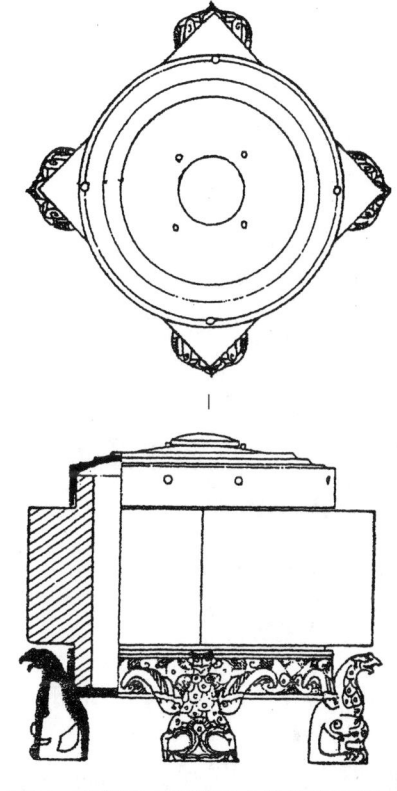

图三　江苏涟水汉墓出土的鹰座玉琮

此外,在汉代少数诸侯王墓中,还发现用玉雕琢而成的兵器。早在新石器时代,就有象征军权的玉钺出土。在商周奴隶主贵族的墓中,也常出土作为仪仗用的玉兵器。西汉时期承袭先秦的习俗,在少数诸侯王墓中也随葬玉兵器,但种类和数量都很

[①] 中国社会科学院考古研究所、河北省文物管理处:《满城汉墓发掘报告》,文物出版社1980年版,上册第139—140页。

[②] 南京博物院:《江苏涟水三里墩西汉墓》,《考古》1973年第2期。

图四 徐州狮子山楚王墓出土的玉戈（拓片）

少。徐州狮子山楚王墓出土1件玉戈，戈的援、胡饰勾连云纹，戈内两面分别浮雕龙、凤纹，援、胡之间有透雕的龙纹附饰，纹饰精致优美（图四）[1]。曲阜九龙山鲁王墓出土的1件玉戈，一面刻有纹饰，援的前部浮雕龙纹，中部饰谷纹，后部饰阴线花纹及浮雕夔龙纹[2]。永城僖山梁王墓出土玉戈、玉钺各1件，玉戈饰勾连云纹，玉钺的銎部饰卷云纹[3]。这些雕琢纹饰的玉戈、玉钺，显然不是实用的武器，而是作为显示贵族身份的仪仗用器，也应属于礼仪用玉[4]。

二　玉文化在汉代丧葬习俗中的发展与演变

以玉随葬的习俗，在中国有着悠久的历史，因而丧葬用玉成

---

[1] 狮子山楚王陵考古发掘队：《徐州狮子山西汉楚王陵发掘简报》，《文物》1998年第8期；韦正、李虎仁、邹厚本：《江苏徐州市狮子山西汉墓的发掘与收获》，《考古》1998年第8期。

[2] 山东省博物馆：《曲阜九龙山汉墓发掘简报》，《文物》1972年第5期，原文作"玉圭饰"。

[3] 《中国玉器全集·4》，河北美术出版社1993年版，图版一九〇、一九一。

[4] 卢兆荫：《略论汉代礼仪用玉的继承与发展》，《文物》1998年第3期。

为中国玉文化的重要组成部分。早在原始社会时期，就出现了以大量玉礼器随葬的所谓"玉敛葬"。殷纣王自己认为"有命在天"，当他被周武王打败后，"衣其宝玉衣，赴火而死"①。这大概也是由于他迷信穿缀玉衣服自焚，死后灵魂能升天的缘故。东周时期儒家学派提倡孝道，主张"事死如生"，因而厚葬之风盛行。汉代确立儒学的正统地位，继承先秦儒家"贵玉"的思想，加上汉代人迷信玉能保护尸体长期不朽，甚至认为死者口中含玉能使尸体千年不腐②。由于上述这些原因，玉文化在汉代丧葬习俗中有较大的发展，葬玉在汉代玉器中占有重要的地位③。汉代的丧葬用玉主要有玉覆面、玉衣、玉九窍塞、玉琀、玉握以及镶玉棺等类，现逐类考察其发展演变情况如下。

（一）从缀玉幎目到玉覆面

所谓"幎目"，是覆盖在死者脸上的织物。《仪礼·士丧礼》记载："幎目用缁，方尺二寸，赪里，著组系。"郑注："幎目，覆面者也。"可见幎目本是用一尺二寸见方的黑色织物制成，里面衬以红色织物，汉代称之为覆面。周代贵族阶层所用的幎目，上面缝缀象征人脸五官的玉饰片，可称为"缀玉幎目"或"玉覆面"。

玉覆面在汉墓中发现不多，只在西汉中期以前的墓中偶有出土。时代为西汉早期的徐州子房山汉墓④和后楼山汉墓⑤各出土一

---

① 《史书·殷本纪》。

② 《汉书·杨王孙传》："口含玉石，欲化不得，郁为枯腊。千载之后，棺椁朽腐，乃得归土，就其真宅。"

③ 卢兆荫：《略论汉代丧葬用玉的发展与演变》，《东亚玉器·2》，香港中文大学中国考古艺术研究中心1998年版。

④ 徐州博物馆：《江苏徐州子房山西汉墓清理简报》，《文物资料丛刊·4》，文物出版社1981年版。

⑤ 徐州博物馆：《徐州后楼山西汉墓发掘报告》，《文物》1993年第4期。

副玉覆面。这两副玉覆面有学者研究复原，称之为玉面罩①。子房山汉墓出土的玉覆面由 22 件穿孔玉片和 1 件未穿孔玉片组成，象征额、眼、鼻、嘴、颊、耳及耳珰等部分（图五），其造型风格和制作方法与周代的缀玉瞑目有明显的渊源关系。后楼山汉墓的玉覆面原来应由 34 片玉片组成，出土时缺 1 片，复原后其轮廓上部平齐，下部内收呈弧形，很像人的脸部，但只具象征性的额、嘴、双耳以及下垂的耳珰（图六）。这件玉覆面的外形和制作方法与先秦的缀玉瞑目有较大差异，而和玉衣的脸盖颇为相似，可视作由缀玉瞑目向玉衣脸盖发展的过渡形式。

 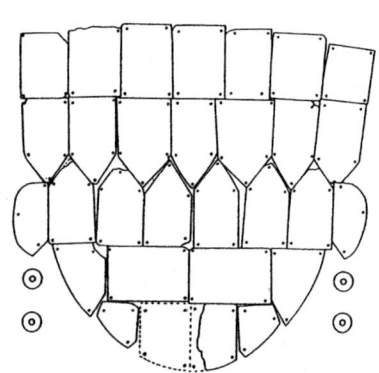

图五　徐州子房山汉墓出土的玉覆面　　图六　徐州后楼山汉墓出土的玉覆面

时代属于西汉中期的山东长清双乳山 1 号汉墓也出土一副玉覆面，形制较为特殊。该覆面略作椭圆形，由 17 块玉片和 1 块玉鼻罩组成，五官俱全，鼻子隆起，小口微开（图七）②。经发掘者考证，该墓墓主为济北王刘宽③。刘宽于汉武帝后元二年（前

---

① 李银德：《徐州出土西汉玉面罩的复原研究》，《文物》1993 年第 4 期。

② 山东大学考古系、山东省文物局、长清县文化局：《山东长清县双乳山 1 号汉墓发掘简报》，《考古》1997 年第 3 期。

③ 任相宏：《双乳山 1 号汉墓墓主考略》，《考古》1997 年第 3 期。

87）畏罪自杀，他作为诸侯王，本应敛以玉衣，但因系畏罪自杀，不能享用诸侯王的葬制，故特制与玉衣脸盖相类似的玉覆面，这是符合济北王刘宽特殊身份的。

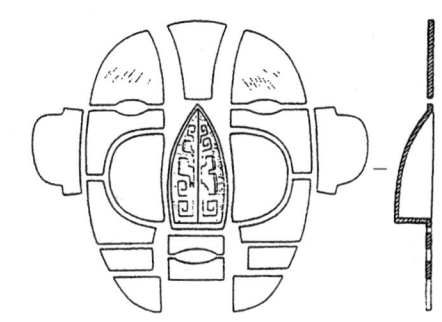

图七　山东长清双乳山 1 号汉墓出土的玉覆面

（二）"缀玉衣服"发展为形制完备的"玉衣"

玉衣是汉代皇帝和皇室贵族的殓服，在古文献中又称"玉匣""玉柙"或"玉椟"。它是汉代最具特色的葬玉，也是玉文化在汉代丧葬制度中进一步发展的产物。汉代的玉衣可能是从战国时期的"缀玉衣服"发展起来的①，洛阳战国墓中发现有些死者身上穿有缀玉的衣服②。这种缀玉衣服应该就是《吕氏春秋》中所说的"鳞施"③。

从先秦的"鳞施"发展为汉代的玉衣，有一个逐步完善的过程。山东临沂刘疵墓出土用金缕和玉片编缀而成的玉面罩、玉帽、左右手套和左右鞋④，属于形制不完备的"玉衣"。1968 年

---

① 史为：《关于"金缕玉衣"的资料简介》，《考古》1972 年第 2 期。
② 中国科学院考古研究所：《洛阳中州路（西工段）》，科学出版社 1959 年版，第 116—124 页。
③ 《吕氏春秋·节丧篇》："国弥大，家弥富，葬弥厚，含珠鳞施。"
④ 临沂文物组：《山东临沂刘疵墓出土的金缕玉面罩等》，《文物》1980 年第 2 期；临沂地区文物组：《山东临沂西汉刘疵墓》，《考古》1980 年第 6 期。

河北满城中山靖王刘胜和其妻窦绾的墓中各出土一套金缕玉衣①。作为保存完整、形制完备的汉代玉衣，这是第一次发现。江苏徐州狮子山楚王墓出土的金缕玉衣，共发现玉衣片4000余片，玉质精良，属于西汉早期的玉衣。

形制完备的玉衣，其外观和人体形状一样，从头到脚覆盖死者全身。西汉时期用于编缀玉衣玉片的主要是金缕，也有用银缕或铜缕的，还有个别用丝缕的，可见，当时尚未形成分级使用不同缕线玉衣的制度②。到了东汉时期，确立了分级使用金缕、银缕或铜缕玉衣的制度。根据《续汉书·礼仪志下》记载，只有皇帝才能使用金缕玉衣，诸侯王、列侯始封、贵人、公主使用银缕玉衣，大贵人、长公主使用铜缕玉衣③。考古发掘出土的资料，与《续汉书》所载相符。

汉代皇帝和皇室贵族以特制的玉衣作为殓服，除表示其特殊身份外，迷信玉衣能够保护尸体长期不朽可能也是原因之一。《后汉书·刘盆子传》记载："乃复还发掘诸陵……凡贼所发，有玉匣殓者，率皆如生。"所载虽然不是事实，但也反映汉代人对玉衣确实存在迷信思想。殓以玉衣的制度一直延续到东汉末年。曹魏黄初三年（222）魏文帝（曹丕）作《终制》，禁止使用"珠襦玉匣"④，玉衣从此被废除了。考古发掘中迄今也未发现东汉以后的玉衣。

---

① 参见《满城汉墓发掘报告》，文物出版社1980年版，上册第36、37、244、344—357页。

② 卢兆荫：《试论两汉的玉衣》，《考古》1981年第1期；卢兆荫：《再论两汉的玉衣》，《文物》1989年第10期。

③ 《续汉书·礼仪志下》："登遐……金缕玉柙如故事。""诸侯王、列侯始封、贵人、公主薨，皆令赠印玺、玉柙银缕；大贵人、长公主铜缕。"

④ 《三国志·魏书·文帝纪》："（黄初三年十月）作终制曰：……饭含无以珠玉，无施珠襦玉匣，诸愚俗所为也。"

（三）玉九窍塞

所谓九窍，系指双眼、双耳、双鼻孔、口、肛门、阴茎或阴户。用于填塞或盖住九窍的玉制品，称为"玉九窍塞"。古人葛洪《抱朴子内篇·对俗》认为，"金玉在九窍，则死人为之不朽"。汉代贵族使用玉九窍塞的目的，大概也是想保护死者的尸体不朽。

形制完备的玉九窍塞往往出在使用玉衣作为殓服的墓中，属于汉代高级贵族丧葬习俗的用玉。例如，在满城中山靖王刘胜和其妻窦绾的墓中各出土一套玉九窍塞。刘胜的玉九窍塞，眼盖作圆角长方形；耳瑱略作八角锥台形；鼻塞为圆锥体；口塞的主体略呈新月形，外侧有覆斗形凸起，内侧有三角形凸起；肛门塞作锥台形；生殖器罩盒为圆筒形，系用玉琮改制成的，上已述及。玉九窍塞的制作工艺较为简朴，表面抛光，但均未刻纹饰。窦绾的玉九窍塞也都是素面的[1]。

（四）玉琀和玉握逐渐定型

在死者口中放置玉制品的习俗起源很早，在原始社会时期就有发现。根据成书于战国时期的《周礼》记载，含玉已成为丧葬制度之一，并设有管理机构[2]。西汉前期的玉琀，还没有一定的造型。徐州奎山汉墓出土的玉琀作龙形[3]（图八），子房山三号汉墓出土的玉琀为透雕的变形玉龙[4]，山东临沂银雀山汉墓所出的

---

[1] 参见《满城汉墓发掘报告》上册，文物出版社1980年版，第139—140、295页。

[2] 《周礼·天官·玉府》："大丧，共含玉"；同书《春官·典瑞》："大丧，共饭玉、含玉、赠玉。"

[3] 徐州博物馆：《江苏徐州奎山西汉墓》，《考古》1974年第2期。

[4] 徐州博物馆：《江苏徐州子房山西汉墓清理简报》，《文物资料丛刊·4》，文物出版社1981年版。

玉琀为带柄的圆形玉器①。徐州米山汉墓②和后楼山汉墓③所出的玉琀都作蝉形,但只琢出蝉的模样,造型简朴(图九)。西汉中期以后流行蝉形玉琀,并逐渐定型。西汉后期和东汉的玉蝉,蝉体宽扁,双目突出,用阴线刻出头部、双翅和腹部,形象比较逼真。汉代为何流行以玉蝉作为口琀,有的学者认为,可能是汉代人看到蝉的生活史中,其幼虫在地下生活许多年后才钻出地面蜕变为成虫,口琀雕琢成蝉形,以象征死者灵魂的复活④。

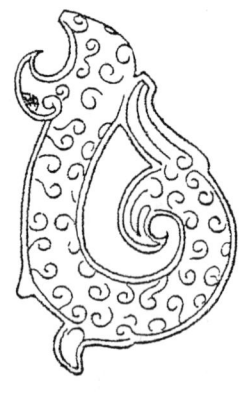 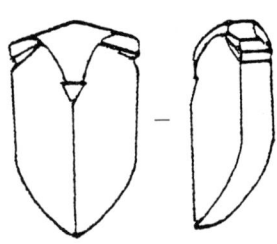

图八 徐州奎山汉墓　　　图九 徐州后楼山汉墓
　　　出土的玉琀　　　　　　　　出土的玉琀

玉握亦称握玉,是死者手中所握的玉器。与玉琀的情况相似,玉握在西汉前期也较多样化。徐州后楼山汉墓出土的玉握为

---

① 山东省博物馆、临沂文物组:《临沂银雀山四座西汉墓葬》,《考古》1975年第6期。
② 徐州博物馆:《江苏徐州市米山汉墓》,《考古》1996年第4期。
③ 徐州博物馆:《徐州后楼山西汉墓发掘报告》,《文物》1993年第4期。
④ 夏鼐:《汉代的玉器——汉代玉器中传统的延续和变化》,《考古学报》1983年第2期。

双龙首玉璜①（图一〇）。广州南越王墓出土的玉握为两件器形略有不同的龙形玉觿②（图一一、图一二）。徐州奎山汉墓出土的玉握为玉猪，但雕琢十分简朴，只在轮廓上略具猪形③。西汉中期以后，盛行以玉猪作为握玉的习俗，这种习俗一直延续到南北朝时期。作为握玉的玉猪一般作卧伏状，表面琢磨光滑，以阴线刻饰细部，线条简练而形象逼真。

图一〇　徐州后楼山汉墓出土的玉握（拓片）

图一一　广州南越王墓出土的玉握（拓片）

（五）镶玉棺与灵魂升天思想

徐州狮子山楚王墓的木棺，棺板一面髹漆，并绘有图案；另一面镶贴玉片、玉版。玉片有菱形、长方形、三角形等，部分玉

---

①　参见《徐州后楼山西汉墓发掘报告》，《文物》1993年第4期。从两件玉璜出土的位置判断，应为玉握。

②　广州市文物管理委员会、中国社会科学院考古研究所、广东省博物馆：《西汉南越王墓》，文物出版社1991年版，上册第204页。

③　徐州博物馆：《江苏徐州奎山西汉墓》，《考古》1974年第2期。

图一二　广州南越王墓出土的玉握（拓片）

片出土时仍然粘连在一起，组成不同的图案。玉版长方形，表面刻有玉璧的图形①。这具原已散乱的镶玉棺，现已由徐州博物馆复原展出。满城中山王王后窦绾的墓中，也出土一具镶玉棺。棺的内壁镶满玉版，形成一具玉棺；棺的外壁镶嵌26块玉璧，棺盖及两侧各8块，作两行排列，每行4块，前、后挡各嵌大型玉璧1块②。

上述镶嵌玉片、玉版、玉璧的镶玉棺，或可称为"玉棺"。《后汉书·王乔传》记载，王乔为叶令时，"天下玉棺于堂前，吏人推排，终不能动。乔曰：'天帝独召我邪？'乃沐浴服饰寝其中，盖便立覆"。从这则带有神话色彩的记载看，汉代少数皇室贵族使用镶玉棺的目的，除了想保护尸体不朽外，可能还与迷信以镶玉棺葬能使死者灵魂升天的想法有关系。

此外，在汉代皇室贵族的丧葬礼仪中，还有使用玉圭、玉璋

---

① 狮子山楚王陵考古发掘队：《徐州狮子山西汉楚王陵发掘简报》，《文物》1998年第8期；韦正、李虎仁、邹厚本：《江苏徐州市狮子山西汉墓的发掘与收获》，《考古》1998年第8期。

② 参见《满城汉墓发掘报告》，文物出版社1980年版，上册第234—244页。

和玉璧的礼俗。《续汉书·礼仪志下》记载，皇帝死后，梓宫中安放"圭璋诸物"。汉代皇帝的陵墓目前还没有发掘，是否有玉圭、玉璋随葬，尚未得到证实。徐州东甸子1号汉墓出土1件玉圭和两件玉璋，该墓还发现玉衣残片，墓主应为楚王国贵族[①]。中山王刘胜墓出土3件玉圭，位于棺椁之间[②]。昌邑王刘髆墓出土1件玉圭，位于死者头部[③]。永城梁王墓也出土青玉圭[④]，但详细资料尚未发表。上述玉圭、玉璋应与贵族阶层的丧葬礼仪有关。

在一些葬以玉衣的汉代贵族墓中，死者的胸、背往往铺垫许多玉璧。中山王刘胜的前胸和后背共铺垫玉璧18块，王后窦绾的胸、背共放置玉璧15块[⑤]。南越王赵眜玉衣的上面、里面和底下共铺垫玉璧19块[⑥]。《周礼·春官·典瑞》载："疏璧琮以敛尸。"郑玄注："璧在背，琮在腹。"汉代贵族阶层在死者胸、背铺垫玉璧，应是先秦的遗制。

---

① 徐州博物馆：《徐州东甸子西汉墓》，《文物》1999年第12期。

② 参见《满城汉墓发掘报告》，文物出版社1980年版，上册第134页。

③ 山东省菏泽地区汉墓发掘小组：《巨野红土山西汉墓》，《考古学报》1983年第4期。

④ 河南省文物考古研究所：《永城西汉梁国王陵与寝园》，中州古籍出版社1996年版，第13页。

⑤ 参见《满城汉墓发掘报告》，文物出版社1980年版，上册第37、245、246页。

⑥ 广州市文物管理委员会、中国社会科学院考古研究所、广东省博物馆：《西汉南越王墓》，文物出版社1991年版，上册第155页。

三　玉文化在汉代贵族日常生活中的体现

汉代贵族阶层不仅在礼仪活动中继续使用玉礼器，而且在日常生活中也广泛使用玉器。汉代继承先秦儒家"君子必佩玉"的思想，佩戴玉饰的习俗依然存在。在日常生活方面，如玉酒器和成套的玉剑饰，也成为颇具特色的汉代玉文化。

（一）成组佩玉的演变

佩戴以玉璜为主体的成组玉佩（简称"组佩"），在西周时期已相当盛行，春秋战国时期，玉璜也是组佩中的主要佩玉之一[①]。徐州狮子山楚王墓出土的玉璜，多达97件[②]。这说明西汉早期继承先秦的习俗，在贵族阶层中仍然流行佩戴多璜组佩之风。该墓因被盗掘扰乱，所出玉璜已失去原来的位置，其组合关系已不可考，但多数应属楚王组佩的佩玉，当无疑义。

营建于汉武帝前期的广州南越王墓出土的玉璜也较多，共33件，其中23件属于组佩的构成部分。该墓所出的组佩多达11套，其中，属于南越王的1套（图一三），属于四位夫人的7套，属于殉葬人的3套，主要构件为玉璜和玉环[③]。南越王墓所出玉璜和组佩的数量之多，仍具有西汉前期玉器的特点。满城中山王刘胜墓未发现成组的玉佩，而是以玛瑙串珠代替组佩；王后

[①] 孙机：《周代的组玉佩》，《文物》1998年第4期。
[②] 狮子山楚王陵考古发掘队：《徐州狮子山西汉楚王陵发掘简报》，《文物》1998年第8期；韦正、李虎仁、邹厚本：《江苏徐州市狮子山西汉墓的发掘与收获》，《考古》1998年第8期。
[③] 黄展岳：《丝缕玉衣和组玉佩》，载《南越王墓玉器》，（香港）两木出版社1991年版，第61—70页。

窦绾墓出土一套组佩，由玉蝉、玉舞人和其他玉饰等组成，既无玉璜也无玉环①。这说明西汉中期以后，组佩已不像前期那么流行，其组合形式也有变化，玉璜在组佩中逐渐消失。

（二）韘形玉佩与玉舞人

韘形玉佩是从实用的玉韘演变来的，玉韘又称射决或扳指，是古代射箭时戴在右手拇指上作为钩弦用的。春秋战国时期，实用的玉韘逐渐演变为装饰用的韘形玉佩。到了汉代，韘形玉佩成为当时流行的佩玉，其主体为椭圆形，上部呈三角形尖状，中部有圆孔，正面微鼓起，背面略内凹，一侧或两侧有透雕的附饰。中山王王后窦绾墓出土的韘形玉佩，心形主体较短，当中的圆孔较大，两侧的透雕附饰基本对称，纹样稍有不同，一侧为变形卷云纹，另一侧作鸟兽相搏状②（图一四）。韘形玉佩不属于组佩的构成部分，而是单独佩戴的佩玉，而且男女都可佩戴。

玉舞人也是汉代流行的佩玉。佩戴玉舞人的习俗，可能起源于战国时期。汉代的玉舞人，绝大多数为扁平片状，雕琢工艺有精粗、繁简之分，这可能与

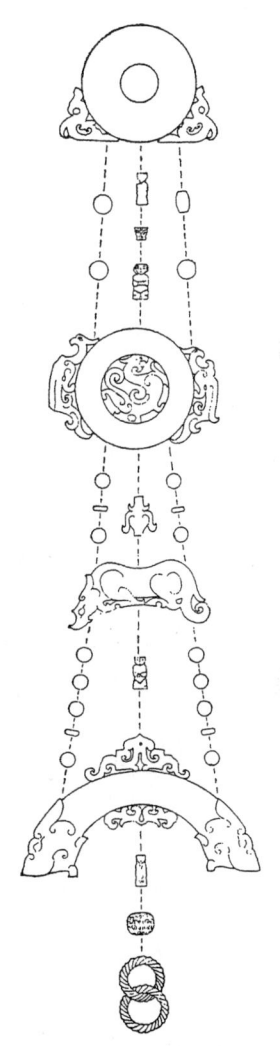

图一三 广州南越王墓出土的成组玉佩

---

① 参见《满城汉墓发掘报告》，文物出版社1980年版，上册第143、295—298页。

② 参见《满城汉墓发掘报告》，文物出版社1980年版，上册第294页。

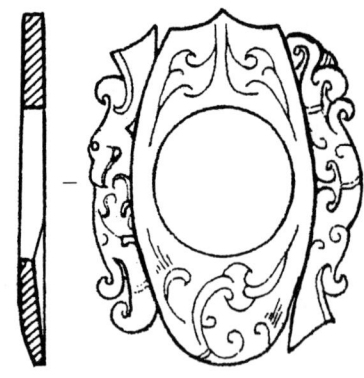

图一四 满城中山王王后窦绾墓出土的鲽形玉佩

佩戴人的身份、地位高低有关系。西汉中期以后，出现雕琢精细、姿态优美的玉舞人。北京大葆台2号汉墓出土的玉舞人，舞者着长袖衣，一袖高扬过头项，另一袖下垂至足部，长裙曳地，细腰束带，作"翘袖折腰"之舞姿①（图一五）。圆雕的玉舞人只在广州南越王墓出土1件。舞者头梳螺髻，小口微开，身穿长袖衣，折腰屈膝而舞，似为且歌且舞的越女形象②（图一六）。

图一五 北京大葆台二号汉墓出土的玉舞人（拓片）

图一六 广州南越王墓出土的玉舞人

玉舞人多数出于女性墓葬中，应是汉代贵族妇女喜爱的佩玉。玉舞人在汉代的流行，与当时的社会历史背景有着密切的关系。汉代是中国历史上音乐舞蹈繁荣发达的时期，皇帝的后妃有些就是歌

---

① 大葆台汉墓发掘组：《北京大葆台汉墓》，文物出版社1989年版，第17—20页。

② 广州市文物管理委员会、中国社会科学院考古研究所、广东省博物馆：《西汉南越王墓》，文物出版社1991年版，上册第120页。

舞能手。例如汉高祖的宠姬戚夫人，就"善为翘袖折腰之舞，歌出塞入塞望归之曲"①；武帝宠爱的李夫人，也"妙丽善舞"②。玉舞人的造型充分表现了汉代贵族妇女"翘袖折腰"、翩翩起舞的形象，不仅是优美的艺术品，而且是研究汉代舞蹈艺术的重要实物资料。

（三）玉酒器与玉剑饰

汉代皇室贵族最喜欢使用的玉酒器是玉卮。《史记·高祖本纪》载："未央宫成。高祖大朝诸侯群臣，置酒未央宫前殿。高祖奉玉卮，起为太上皇寿"。刘邦当时所奉的玉卮，可能就是所谓"千金之玉卮"（《韩非子·外储说右上》）。考古发掘出土的玉卮，以安徽巢湖北山头汉墓所出的1件最为精美。该玉卮高12厘米，口径8厘米，一侧高浮雕一朱雀，朱雀昂首展翅，嘴衔活环，站立在张口、翘尾的螭虎背上；另一侧为立兽环形耳，两边为浅浮雕的凤鸟纹。卮身满饰谷纹、勾连云纹等，下有三兽首形足。该墓出土的另1件玉卮，器形略小，带盖。卮盖中央饰四叶纹，周围饰勾连云纹，边缘有三纽。卮身一侧浮雕一昂首挺胸的朱雀，身躯拱曲形成环形卮耳，平底，有三足③。徐州狮子山楚王墓也出土1件玉卮，有盖而无耳，通体饰勾连云纹④。广州南越王墓出土1件铜框玉卮，卮身镶九块玉片，上饰勾连谷纹⑤（图一七）。

---

① 《西京杂记》卷上，关中丛书本。
② 《汉书·外戚传上》。
③ 李晓东、钱玉春：《中国巢湖文化精华》，五洲传播出版社1999年版，第17—20页。
④ 狮子山楚王陵考古发掘队：《徐州狮子山西汉楚王陵发掘简报》，《文物》1998年第8期；韦正、李虎仁、邹厚本：《江苏徐州市狮子山西汉墓的发掘与收获》，《考古》1998年第8期。
⑤ 广州市文物管理委员会、中国社会科学院考古研究所、广东省博物馆：《西汉南越王墓》，文物出版社1991年版，上册第269页。

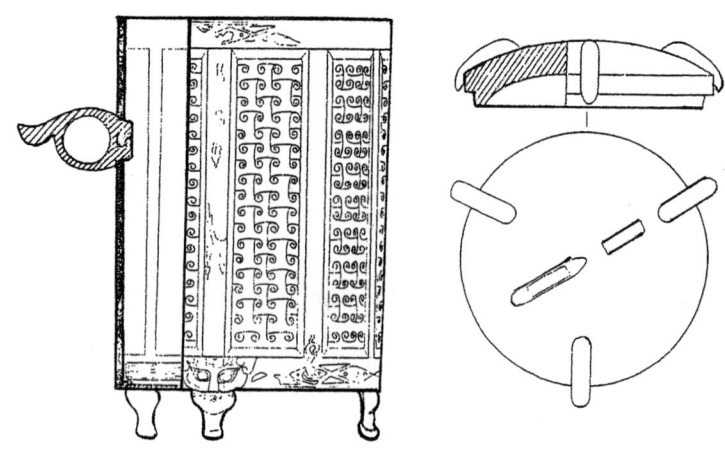

图一七　广州南越王墓出土的铜框玉卮

狮子山楚王墓的玉卮出土在未被盗扰的耳室中，与玉卮共出的还有1件玉耳杯和2件玉高足杯，4件玉器排成一列，显然是楚王生前使用的一组玉酒器。耳杯在汉代，既可作为酒器，也可用作食器，这件玉耳杯与玉卮等伴出，当为酒器无疑。玉高足杯在汉墓中屡有发现。广西贵县罗泊湾1号汉墓[1]和广州南越王墓都曾出土刻有纹饰的玉高足杯。后者所出的高足杯由杯身、杯托和承盘三部分组成，是这类玉杯中结构最为复杂者[2]。

在剑和剑鞘上安装玉饰的剑，称为"玉具剑"。典型的玉具剑具有玉剑首、玉剑格、玉剑璏、玉剑珌四种玉饰。玉剑首是剑茎顶端的玉饰，一般为圆形；玉剑格是剑茎与剑身之间的玉饰，略作菱形；玉剑璏为剑鞘上用于穿戴佩挂的玉饰，俯视为长方形；玉剑珌为剑鞘下端的玉饰，多数作梯形或近似梯形。中山王

---

[1] 广西壮族自治区博物馆：《广西贵县罗泊湾汉墓》，文物出版社1988年版，第54页。

[2] 广州市文物管理委员会、中国社会科学院考古研究所、广东省博物馆：《西汉南越王墓》，文物出版社1991年版，上册第202、203页。

刘胜墓出土的一把铁剑,是考古工作中首次发现的汉代玉具剑,四件玉饰的纹饰主题都是螭虎纹,采用浮雕和阴刻的技法雕琢而成(图一八)①。

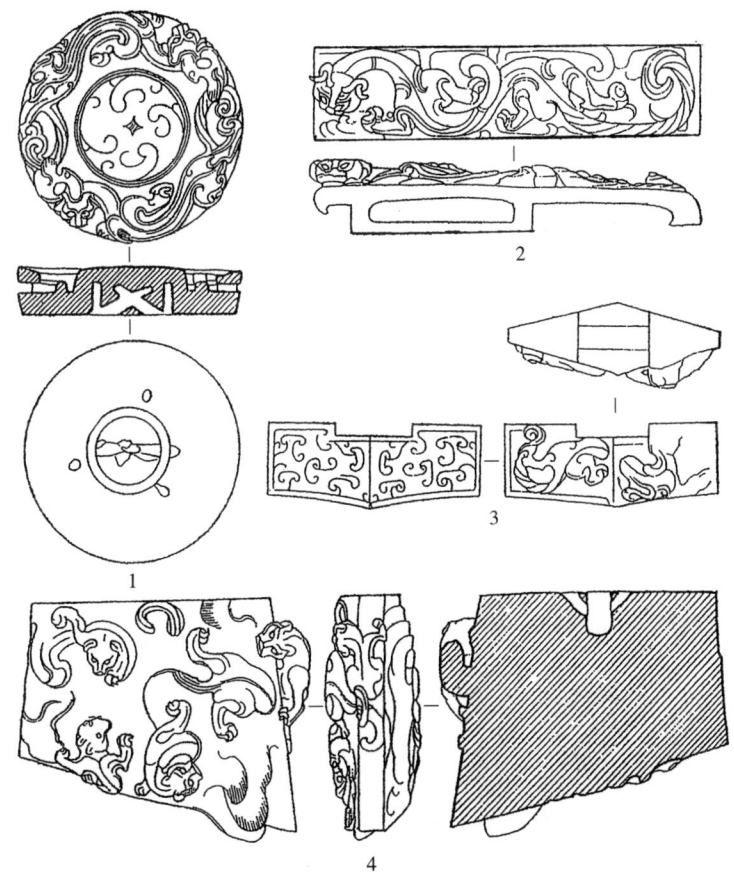

图一八 满城中山王刘胜墓出土的玉剑饰
1. 剑首 2. 剑璏 3. 剑格 4. 剑珌

汉代的玉剑饰,不仅造型优美、纹饰多种多样,而且雕琢技艺也十分精湛,在汉玉中占有重要的地位,是汉代玉文化中不可

---

① 参见《满城汉墓发掘报告》,文物出版社1980年版,上册第101—103页。

忽视的构成部分。汉代的玉具剑多为铁剑，它是皇室贵族和富家子弟喜欢佩戴的武器①。王莽篡位前，曾送玉具剑给孔休，表示友好，孔休不肯接受②。两汉皇帝还曾以玉具剑作为贵重礼品，赏赐给匈奴单于③。可见，玉具剑在汉代皇室贵族的政治活动中具有重要的作用。

（本文原载《海峡两岸古玉学会议论文专辑》Ⅱ，台湾大学理学院地质科学系印行，2001年）

---

① 《史记·田叔列传》："其后有诏募择卫将军舍人以为郎，将军取舍人中富给者，令具鞍马绛衣玉具剑，欲入奏之。"

② 《汉书·王莽传上》："（王）莽疾，休侯之。莽缘恩意，进其玉具宝剑欲以为好，休不肯受。"

③ 《汉书·匈奴传下》："单于正月朝天子于甘泉宫，汉宠以殊礼，位在诸侯上，赞谒称臣而不名，赐以冠带衣裳、黄金玺戾绶、玉具剑。"《后汉书·南匈奴传》："大将军窦宪上书，立於除鞬为北单于，朝廷从之。（永元）四年，遣耿夔即授玺绶，赐玉剑四具，羽盖一驷。"集解刘攽曰："按玉剑四具非是，当云玉具剑四，又衍一驷字。"又："（汉安二年）赐青盖驾驷、鼓车、安车、驸马骑、玉具刀剑、什物。"

略论汉代玉文化的传承与创新

中国玉文化有着十分悠久的历史，几千年来绵延不绝。随着社会历史的发展演变，玉文化的发展时快时慢，但总的趋势是不断向前推进，而且高峰迭起。尤其是儒家思想介入后，形成了玉德学说，玉文化从此与传统文化融合在一起，成为中国传统文化的重要组成部分，历久而不衰。

一

纵观中国玉文化的发展历程，始终离不开"传承"和"创新"这两个主题。传承是玉文化发展的基础，创新则是玉文化发展的必要条件。传承是熟悉并继承前人玉雕艺术的优良传统；创新是根据社会历史的发展和人们思想、爱好的变化，创造出具有新的艺术风格的玉雕作品，包括器类、器形、纹饰、工艺技术以及对玉的思想、观念等方面的发展和创新。只有在充分继承并发扬优良传统的基础上，才能创造出新的并具有更高艺术水平的玉制品。因此，传承与创新在玉文化发展过程中是相辅相成、缺一不可的。在中国玉器发展史上，凡是高峰时期的玉器，都是成功地解决了传承与创新相结合的问题，因而在玉雕作品中形成了新的艺术风格，创造出具有新的时代气息的作品，促成了玉文化的进一步发展。

二

汉代的玉雕艺术在中国玉文化发展史上达到了一个新的高峰，汉玉在中国古典玉器中占有十分重要的地位。究其原因，主要是它很好地处理了传承与创新相结合的问题。汉玉继承了先秦玉器的优秀传统，并又有所创新，形成了新的玉雕风格——汉玉风格。下文拟从玉器的器类和玉德观念两个方面，阐述汉代玉文化传承与创新的历程。

（一）玉器器类方面的传承与创新

第一，玉衣的出现与使用。玉衣是汉代皇室贵族死时使用的殓服。学者认为，战国时期死者脸上覆盖的缀玉面幕和身上穿的缀玉衣服是汉代玉衣的前身[1]。缀玉面幕也称缀玉幎目或缀玉覆面。从考古资料考察，陕西沣西的西周墓中就曾出土形似五官的缀玉覆面[2]。洛阳中州路西段的战国墓中，死者除了脸上覆盖缀玉面幕外，身上还穿缀玉衣服[3]。这种缀玉衣服应该就是《吕氏春秋》中所说的"鳞施"[4]。西汉时期，承袭并发展了先秦缀玉面幕和缀玉衣服的制作技艺，进一步创造了以玉片覆盖死者全身的玉衣，玉片之间以金缕、银缕、铜缕或丝缕加以编缀，其外

---

[1] 史为：《关于"金缕玉衣"的资料简介》，《考古》1972年第2期。

[2] 张长寿：《西周的葬玉——1983—1986年沣西发掘资料之八》，《文物》1993年第9期。

[3] 中国科学院考古研究所：《洛阳中州路（西工段）》，科学出版社1959年版，第116—124页。

[4] 《吕氏春秋·节丧篇》载："国弥大，家弥富，含珠鳞施。"

观与人体形状一样。到了东汉时期,皇室贵族殓以玉衣的制度进一步完善,规定皇帝死后使用金缕玉衣,诸侯王、列侯始封、贵人、公主使用银缕玉衣,大贵人、长公主使用铜缕玉衣①,从而确立了分级使用玉衣的制度。由上可见,作为两汉时期最具标志性的葬玉——玉衣②,就是传承与创新相结合的产物。

第二,玉璧造型、纹饰的传承与创新。玉璧早在新石器时代就已出现,良渚文化时期,璧已成为玉礼器的一种。商周时期,玉璧多出土于贵族阶层的墓中。西周时期,璧与圭都是沟通祖宗神灵的玉礼器③。战国时期,玉璧的制作有很大的发展,在造型和雕琢技法方面都有新的突破,出现了一种在内孔和外缘有透雕附饰的玉璧,其雕琢之精美为其他玉璧所不及。

汉代的玉璧,是在战国玉璧的基础上发展来的,战国时期各种形式的玉璧汉代几乎都继承下来,而且又有明显的发展和创新④。例如,外缘有透雕附饰的玉璧,战国时期的这类玉璧,其外缘附饰往往是两组或四组透雕的龙纹或凤纹,多数作对称形式。从西汉中期开始,这类玉璧的造型风格有了新的变化和发展。满城1号汉墓出土的双龙卷云纹谷纹璧⑤,透雕的附饰只有一组,主要由

---

① 《续汉书·礼仪志下》载:"登遐……金缕玉柙如故事。""诸侯王、列侯始封、贵人、公主薨,皆令赠印玺、玉柙银缕;大贵人、长公主铜缕。"

② 卢兆荫:《玉振金声——玉器·金银器考古学研究》,科学出版社2007年版,第3—23页。

③ 《尚书·金縢》载:"既克商二年,(武)王有疾,弗豫。……(周)公乃自以为功,为三坛同墠,为坛于南方北面,周公立焉。植璧秉珪,乃告大王、王季、文王。……尔之许我,我其以璧与珪,归俟尔命;尔不许我,我乃屏璧与珪。"

④ 卢兆荫:《略论汉代的玉璧》,载《玉振金声——玉器·金银器考古学研究》,科学出版社2007年版。

⑤ 中国社会科学院考古研究所等:《满城汉墓发掘报告》,文物出版社1980年版,上册第133—135页。

卷曲的双龙组成，位于璧的上方，其雕琢的工艺水平明显高于战国时期的同类玉璧，代表了汉代新的艺术风格（图一：1）。

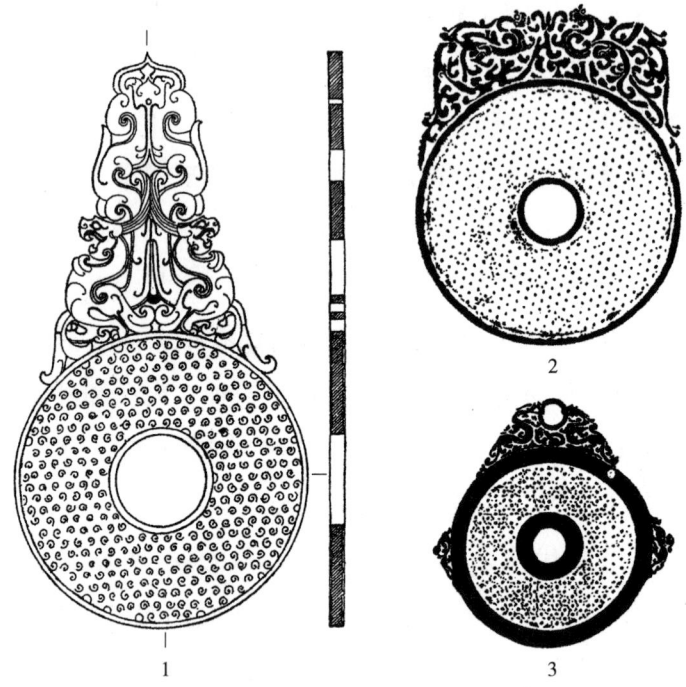

图一　汉墓出土玉璧

1. 河北满城1号汉墓出土双龙卷云纹璧　2. 河北定县北庄汉墓出土双螭卷云纹璧（拓片）3. 河北定县43号汉墓出土龙、螭衔环纹璧（拓片）

东汉时期的这类玉璧，一般也只有一组透雕附饰，并且位于璧的上方。河北定县（今定州）北庄汉墓出土的1件谷纹璧，上方透雕附饰的纹样为双螭卷云纹（图一：2）①。定县43号汉墓出土的1件同类玉璧，形制稍有差异，这件璧的上方有透雕的龙、螭衔环附饰，在两侧对称部位，还有透雕的一龙一螭（图

---

① 河北省文化局文物工作队：《河北定县北庄汉墓发掘报告》，《考古学报》1964年第2期。

一：3)①。这件谷纹璧的附饰虽然共有三组，但其中主要的仍然是位于玉璧上方的那一组，两侧的龙、螭附饰只起点缀的作用，与战国同类玉璧的多组附饰在风格上迥然不同②。

外缘有透雕附饰的汉代玉璧，有的还刻有吉祥语铭文，如"长乐""益寿""延年""宜子孙"③"宜子孙日益昌"④等。这类带吉祥语铭文的玉璧主要流行于东汉时期，也是汉代玉璧的一种创新。由于汉代玉璧在造型、纹饰等方面的不断创新，使玉璧的社会功能也比以前多样化，达到玉璧发展史上的最高峰。

第三，玉觿和䚢形玉佩的传承与创新。《诗经·卫风·芄兰》有"芄兰之支，童子佩觿"和"芄兰之叶，童子佩䚢"诗句。所谓"觿"，是古人用于解开绳结的用具；所谓"䚢"，是古人射箭时戴在右手拇指上用于钩弦的用具。

觿，最初可能是用兽骨制成的。商代晚期出现了用玉制成的觿，形如锥子，上端有穿孔，可以穿系佩戴，可能是实用器⑤。陕西张家坡西周墓曾出土形似冲牙的龙纹玉觿，器形较宽，龙嘴下和尾部各有一穿孔，似已演变为佩玉⑥。由实用的玉觿演变而

---

① 定县博物馆：《河北定县43号汉墓发掘简报》，《文物》1973年第11期。
② 卢兆荫：《剔透玲珑玉宝璧——汉玉漫谈》，载《玉振金声——玉器·金银器考古学研究》，科学出版社2007年版。
③ 卢兆荫：《略论汉代礼仪用玉的继承与发展》，载《玉振金声——玉器·金银器考古学研究》，科学出版社2007年版。
④ 蒋廷瑜、彭书琳：《广西先秦两汉玉器略说》，载《东亚玉器·2》，香港中文大学中国考古艺术研究中心1998年版。
⑤ 陈志达、方国锦主编：《中国玉器全集·2》，河北美术出版社1993年版，图版四七、一七六。
⑥ 陈志达、方国锦主编：《中国玉器全集·2》，河北美术出版社1993年版，图版二〇二；中国社会科学院考古研究所：《张家坡西周玉器》，文物出版社2007年版，第65页、彩版346。

来的冲牙，盛行于东周时期。《诗经·郑风·女曰鸡鸣》载："知子之来之，杂佩以赠之。"毛传云："杂佩者，珩、璜、琚、瑀、冲牙之类。"可见，玉冲牙是杂佩的组成部分。

汉代的玉觹为扁平片状，作弯曲尖爪形，是从东周的玉冲牙发展演变来的。西汉前期的徐州狮子山楚玉墓既出土玉冲牙，也出土玉觹，二者并存①。西汉中期的江苏铜山小龟山汉墓出土5件玉觹，其中1件雕作龙首形，器身饰勾连云纹，背脊上有透雕的螭虎、凤鸟纹饰（图二：1）②。西汉后期的北京大葆台2号汉墓出土的玉觹，被雕成凤鸟形，凤尖嘴、高冠，作回首状，形象优美生动（图二：2）③。玉觹是汉代流行的佩玉之一，它是组玉佩的构成部分，其造型和纹饰都有明显的发展和创新。

韘，又称射决④，俗称扳指。安阳殷墟妇好墓出土的1件玉扳指⑤，是目前所见最早的玉韘，应是实用器。大概从战国时期开始，实用的玉韘已逐渐演变为装饰用的佩玉——韘形玉佩。也有学者认为，东周时期的玉韘不可能用于钩弦，也不是套在拇指

---

① 韦正等：《江苏徐州市狮子山西汉墓的发掘与收获》，《考古》1998年第8期。

② 南京博物院：《铜山小龟山西汉崖洞墓》，《文物》1973年第4期。该墓原未编号，后补编为"龟山1号墓"，参见南京博物院等《铜山龟山二号西汉崖洞墓》，《考古学报》1985年第1期。

③ 大葆台汉墓发掘组等：《北京大葆台汉墓》，文物出版社1989年版，第71页。

④ 《说文解字·韦部》云："韘，射决也，所以拘（钩）弦，以象骨，韦系，箸右巨指。"

⑤ 中国社会科学院考古研究所：《殷墟妇好墓》，文物出版社1980年版，第194、195页。

图二　汉墓出土玉觿拓片
1. 江苏铜山小龟山汉墓出土　2. 北京大葆台2号汉墓出土

上使用，所以不是实用器而系纯粹的装饰品①。

汉代的䚢形玉佩，是从先秦的玉䚢演变来的，因其主体部分形如心脏，所以也称鸡心佩或心形玉佩。从西汉到东汉，䚢形玉佩的主体和附饰有较为明显的演变，不仅西汉的䚢形玉佩与东汉的不一样，而且西汉前、中、后期的䚢形玉佩也互有差别。

西汉早期的䚢形玉佩，是从战国风格到汉代风格的过渡，所以形式较为多样。少数还具有明显的战国䚢形佩的特征，仅在心形主体上端一侧有柄状突起；而多数在两侧都有附饰，但附饰多不对称，大小相差较大。西汉中期的䚢形玉佩，基本上已经定型，在心形主体的两侧都有透雕的附饰，附饰较前期繁缛，虽不是完全对称，但大小差不多，风格也基本相同，例如满城2号汉

---

① 杨建芳：《玉䚢及䚢形玉饰——一种玉器演变的考察》，《中国古玉研究论文集》下册，（台湾）众志美术出版社2001年版。

墓出土的鞢形玉佩（图三：1）①。中期偏晚的鞢形玉佩器形有所变化，心形主体较为瘦长，两侧及上部都有透雕的附饰，其中一侧附饰的上端延长呈尖状，类似玉觿的尖端部分，应是鞢形玉佩与玉觿相结合的初步形式。西汉后期的鞢形玉佩，器形有进一步的变化，心形主体更为狭长，两侧及上部的透雕附饰更为发达，一侧附饰的前端突出而呈尖状，鞢与觿的结合更为明显。例如，扬州"妾莫书"墓出土的1件鞢形玉佩，心形主体在画面中进一步缩小，而透雕的附饰则得到较大程度的夸张，一侧附饰的前端突出而呈尖状，以致发掘者误称之为"玉觿"（图三：2）②。在西汉末至东汉初的时候，鞢形玉佩的器形又有新的发展变化，心形主体在全器中的地位进一步减弱，而透雕附饰则更加发展，包围在心形主体的四周。东汉后期的鞢形玉佩，器形变化更大，全器略呈扇形。河北定县43号汉墓出土的1件鞢形玉佩，心形主体略带弧度，四周的透雕附饰优美生动，发掘者称之为"扇面形玉饰"③。

从考古资料考察，汉代的鞢形玉佩不属于组玉佩的组成部分，而是单独佩戴的佩玉，男女都可佩戴。它是汉代最流行的一种佩玉。

第四，"翘袖折腰"的玉舞人。汉代的玉舞人继承了战国玉舞人的传统，并有所发展和创新。洛阳金村战国墓出土的玉舞人有双人连体舞人和单身舞人两种④。汉代的玉舞人中，双人连体

---

① 中国社会科学院考古研究所等：《满城汉墓发掘报告》，文物出版社1980年版，上册第294—297页。
② 扬州市博物馆：《扬州西汉"妾莫书"木椁墓》，《文物》1980年第12期。
③ 定县博物馆：《河北定县43号汉墓发掘简报》，《文物》1973年第11期。
④ ［日］梅原末治：《洛阳金村古墓聚英》（增订本），图版一〇六、一一一。

的为数不多,绝大多数为单身玉舞人。汉代玉舞人的造型,从总体上看是一致的,一般穿长袖衣,一袖上扬于头上,另一袖下垂或横于腰际,长裙曳地,细腰束带,作"翘袖折腰"之舞姿。例如北京大葆台2号汉墓出土的1件玉舞人,其舞姿之优美,远远超过战国的玉舞人(图四:1)①。

图三　汉墓出土蝶形玉佩
1. 河北满城2号汉墓出土　2. 扬州"妾莫书"汉墓出土(拓片)

汉代玉舞人一般为平片式,透雕作舞女形象,两面纹饰相同,上下各有一小孔用于穿系佩挂,是成组玉佩的主要构成部分。广州西汉南越王墓出土的玉舞人中,有两件造型较为特殊。其中1件为圆雕的玉舞人,舞者着右衽长袖衣,广袖轻舒,折腰屈膝,小口微开,似正在且歌且舞(图四:2);另1件虽然是扁平体,但玉舞人有正面和背面之分(图四:3),它是南越王右夫人组玉佩的构成部分②。

从考古资料考察,汉代玉舞人多出土于女性墓葬中,应是当时贵族妇女喜爱的佩玉。汉代皇帝的后妃中,有不少是歌舞能

---

① 大葆台汉墓发掘组等:《北京大葆台汉墓》,文物出版社1989年版,第71页。
② 广州市文物管理委员会等:《西汉南越王墓》,文物出版社1991年版,上册第120、121、242—244页。

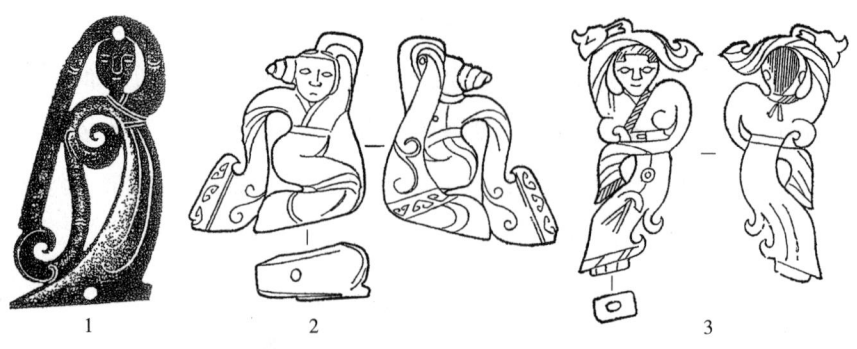

图四 汉墓出土玉舞人
1. 北京大葆台 2 号汉墓出土（拓片） 2、3. 广州南越王墓出土

手。例如，汉高祖的宠姬戚夫人"善为翘袖折腰之舞，歌出塞入塞望归之曲"（《西京杂记》卷上）；汉武帝的李夫人"妙丽善舞"；汉成帝的赵皇后"学歌舞，号曰飞燕"（《汉书·外戚传》），"能掌上舞"（《太平御览》卷五七四）。在当时贵族阶层歌舞盛行的历史背景下，汉代玉工雕琢出舞姿婀娜优美的玉舞人，应该说是一项反映时代气息的重要创新。

第五，"玉具剑"的流行。以玉饰剑在我国有着很长的历史，至少可以上溯到西周晚期。河南三门峡虢国墓地 2001 号西周晚期墓出土的一把铁剑，剑柄为铜芯，外面套以玉茎，剑首及茎身接合部均镶以绿松石①。东周时期以玉饰剑的工艺进一步发展，出现了玉剑首、玉剑格、玉剑璏、玉剑珌等玉剑饰（玉剑具），但尚未发现在一把剑上同时安装四种玉饰（玉具）的"玉具剑"。

四种玉饰（玉具）齐备的玉具剑出现并流行于西汉时期。《史记》和《汉书》都有关于玉具剑的记载。《汉书·匈奴传》颜师古注"玉具剑"引孟康曰："摽首镡卫尽用玉为之也。"

---

① 河南省文物研究所等：《三门峡上村岭虢国墓地 M2001 发掘简报》，《华夏考古》1992 年第 3 期。

关于玉具剑四种玉饰（玉具）的名称，除玉剑首外，玉剑格又称玉剑镡或玉剑珥，玉剑璏或称玉剑卫，玉剑珌或称玉剑摽①。

西汉时期典型的玉具剑，剑首、剑格、玉璏、剑珌的纹饰题材和雕琢技法往往是一致的。例如满城1号汉墓出土的一把铁剑，是考古工作中首次发现的保存完整的玉具剑，4件玉饰（玉具）的纹饰主题皆为螭虎纹，采用浮雕和阴刻的技法雕琢而成（图五）②。在已发掘的汉墓中，出土玉具剑和玉剑饰最多的是广州南越王墓，出土5把带玉具的铁剑③和43件尚未装配的玉剑饰④。汉代的玉剑饰是在继承东周玉剑饰的基础上发展起来的，但在造型、纹饰和雕琢技法等方面都有明显的创新。

(二) 玉德学说的传承与创新

第一，玉德内涵的演变。玉德学说的产生与古人佩玉习俗有着密切的关系。西周时期贵族阶层盛行佩戴多璜组玉佩，佩玉成为贵族身份的象征。《礼记·玉藻》载："古之君子必佩玉"，就是这种习俗的真实反映。当时人们佩玉的目的是"以玉比人"，提倡"君子比德于玉"。东周时期儒家学派继承并发扬了西周以来"比德于玉"的思想，赋予玉许多美德，将玉道德化，因而逐渐形成具有中国特色的玉德学说。

玉的道德化有一个发展演变的过程，玉德的具体内容前后也

---

① 孙机：《玉具剑与璏式佩剑法》，《考古》1985年第1期。
② 中国社会科学院考古研究所等：《满城汉墓发掘报告》，文物出版社1980年版，上册第101—104页。
③ 广州市文物管理委员会等：《西汉南越王墓》，文物出版社1991年版，上册第167—173页。
④ 广州市文物管理委员会等：《西汉南越王墓》，文物出版社1991年版，上册第122—129页。

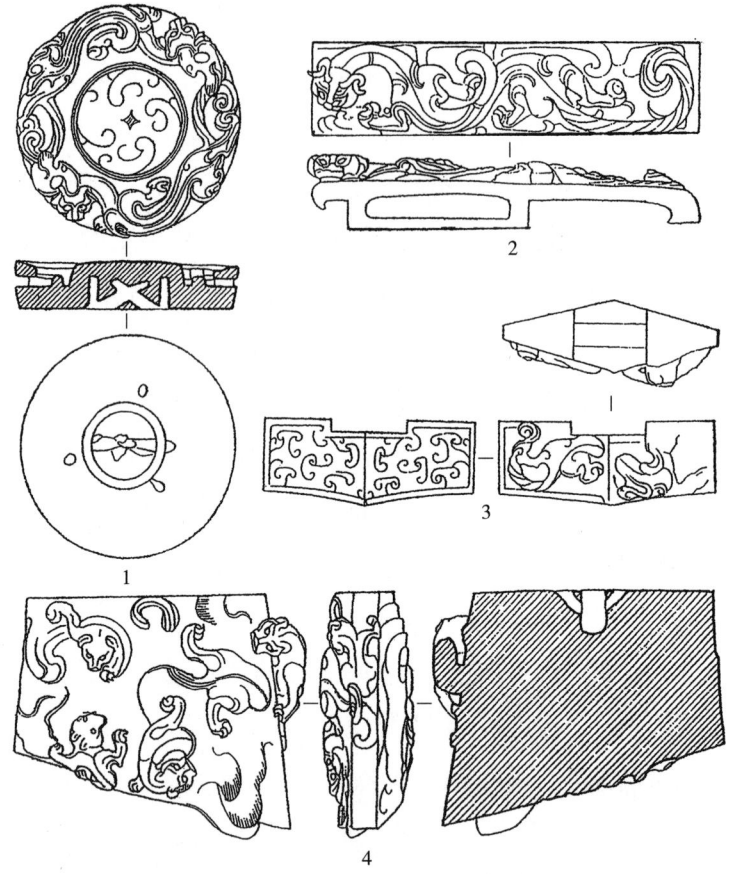

图五 满城1号汉墓出土玉剑具
1. 首 2. 璏 3. 格 4. 珌

有变化。根据先秦和汉代的文献记载,儒家学派赋予玉的美德计有十一德、九德、七德、六美(德)、五德诸说。

《礼记·聘义》载,玉具有仁、知(智)、义、礼、乐、忠、信、天、地、德、道十一种美德。《管子·水地》载,玉具有仁、知(智)、义、行、洁、勇、精、容、辞九种美德。《荀子·法行》载,玉具有仁、知(智)、义、行、勇、情、辞七种美德。西汉刘向《说苑·杂言》载:"玉有六美",也就是玉具有德、智、义、勇、仁、情六种美德。东汉许慎《说文解字·玉部》

载："玉，石之美有五德者"，玉具有仁、义、智、勇、洁五种美德。从上述文献资料可以看出，在春秋战国时期玉德学说就不断发展演变，其趋势是从繁杂到逐步精简。汉代继承了先秦的玉德学说，并在具体内容方面进一步精练，去虚存实，达到较为成熟的地步，也就是有所发展和创新①。

第二，从"首德而次符"到"德""符"并重的创新。古人辨玉，首德而次符。所谓"德"，是指玉的质地；所谓"符"，是指玉的颜色。先秦时期玉德的内容基本上是以儒家学派的首德信条附会于玉的各种物理性能，范围只限于玉的质地，而未涉及玉的外观美，这就是先秦论玉贵德不贵符的具体表现。

两汉时期不仅在玉德观念上有所发展，而且在玉德与玉符的关系方面，在思想认识上也有明显的变化。如上所述，刘向《说苑》云"玉有六美"。不称"六德"，而云"六美"，这或能说明西汉时期人们已认识到玉的"德"与"美"是统一的、不可分割的。到了东汉时期，玉的外观美进一步被重视。上引《说文》解释"玉"所以不同于"石"者有两点，一是"美"，二是"有五德"，这就将玉的外观美提高到与玉德并重的地步，也就是既重"德"又重"符"，人们对玉的认识比以前更全面了②。这也是汉代玉文化有所创新的另一方面。

总之，汉代充分继承了先秦玉雕艺术的优良传统，并在玉器的造型、纹饰和玉德观念以及玉德与玉符的关系等方面都有所发

---

① 卢兆荫：《玉德学说初探》，载《玉振金声——玉器·金银器考古学研究》，科学出版社2007年版。

② 卢兆荫：《玉德学说初探》，载《玉振金声——玉器·金银器考古学研究》，科学出版社2007年版。

展和创新，因而在西汉中期以后，形成了汉玉特有的、新的艺术风格，达到了中国古典玉器的高峰。

(本文原载《汉代陵墓考古与汉文化》，科学出版社2016年版)

关于闽越历史的若干问题

闽越是我国古代越人的一支，主要分布在浙江南部和福建的大部分地区。《汉书·严助传》载："会稽东接于海，南近诸越。"师古曰："越种非一，故曰诸。"位于会稽之南的闽越族，也有一些分支。在秦始皇统一全国之前，主要有闽越王无诸和闽君摇两个分支，相传他们都是越王勾践的后裔①。《史记·东越列传》载："孝惠三年，举高帝时越功，曰闽君摇功多，其民便附，乃立摇为东海王，都东瓯，世俗号为东瓯王。"

关于东瓯的地望，裴骃《史记集解》引徐广曰："今之永宁也"。司马贞《史记索隐》引韦昭曰："今永宁。"《续汉书·郡国志》记载，永宁属会稽郡，永和三年（347）以章安县东瓯乡为县。《宋书·州郡志》载，永宁为永嘉属县。永嘉县在明清时为浙江温州府治。可见东海王（或东瓯王）为居住在今浙江南部一带的闽越族的首领，因都东瓯，故亦称瓯越。关于瓯越的历史，本文不拟详考。本文讨论的范围，拟限于居住在福建境内的闽越族。

---

① 《史记·东越列传》："闽越王无诸及越东海王摇者，其先皆越王勾践之后也"。

一　闽越与东越

福建古称"闽"或"七闽"。《周礼·秋官司寇》载："闽隶百有二十人。"又载："闽隶掌役畜养鸟，而阜蕃教扰之。"可见闽隶是掌管"役畜养鸟"的小官。同书《夏官司马·职方氏》载："职方氏掌天下之图，以掌天下之地，辨其邦国、都鄙、四夷、八蛮、七闽、九貉、五戎、六狄之人民。"所谓"七闽"，大概是指闽人分为七族。《周礼》成书于战国时期，当时闽越族可能尚未建立统一的政权。

战国中期，楚大败越国后，"越以此散，诸族子争立，或为王，或为君，滨于江南海上，服朝于楚"①。所云"江南海上"，应指今钱塘江以南的浙江南部和福建北部地区。闽君摇和闽越王无诸都是散居"江南海上"的越国贵族的后裔。大约在战国晚期，无诸统一了"七闽"的越人，号为越（《汉书》作"粤"）王，世奉越祀②。秦始皇统一全国后，无诸被废为"君长"，以其地为闽中郡③。秦朝末年，农民起义，豪杰蜂起，无诸率闽中兵归鄱阳令吴芮，参与推翻秦朝的战争④。在秦汉之际刘邦与项羽的斗争中，无诸又率越人助刘邦。汉五年，刘邦即位后，立即封

---

① 《史记·越王勾践世家》。
② 《汉书·高帝纪》："（五年诏曰）故粤王亡诸，世奉粤祀，秦侵夺其地，使其社稷不得血食。"
③ 详见《史记·东越列传》和《汉王·闽粤王传》。
④ 《史记·东越列传》："及诸侯畔秦，无诸、摇率越归鄱阳令吴芮，所谓鄱君者也，从诸侯灭秦。"《汉书·吴芮传》："吴芮，秦时鄱阳令也，其得江湖间民心，号曰番君。……因率越人举兵以应诸侯。"

无诸为闽越王,王闽中故地,都东冶①。

闽越国在西汉初年曾附属于南越国②,到文景时期,力量也还很弱小。汉文帝时,闽越虽号称王国,但只有千人或数千人之众,国力远不如南越国③。汉景帝前元三年(前154)吴王濞反,刘濞曾派使者往闽越、东瓯,要求派兵参加叛乱,而闽越不敢发兵④。直到汉武帝时,闽越的国力才开始强大。武帝建元三年(前138),闽越曾发兵围东瓯,东瓯举国迁徙到江淮之间,其地便为闽越所并。建元六年,闽越又出兵进攻南越。《汉书·严助传》记载,当时闽越国"又数举兵侵陵百越,并兼邻国,以为暴强,阴计奇策,人燔寻阳楼船,欲招会稽之地,以践勾践之迹。今者边又言闽王率两国击南越。"可见这时闽越国的势力已相当强大,西面"人燔寻阳楼船",拓展到江西西北部;北面"欲招会稽之地",进逼浙江南部地区。所谓"率两国击南越"者,王先谦《补注》认为指闽越并东瓯后,率闽越、东瓯两国的兵力攻南越,但误称"东瓯"为"东粤"。

南越被闽越攻击,求救于西汉朝廷。朝廷派兵从豫章、会稽两路进攻闽越。闽越王郢企图据险抵抗,而郢弟余善惧怕汉兵强大,遂与闽越"相、宗族"合谋杀郢降汉,西汉朝廷另立无诸孙繇君为越繇王,"奉闽越先祭祀",意即由越繇王承担祭祀闽越祖先事宜。

---

① 《史记·东越列传》和《汉书·闽粤王传》作"都冶",应从《史记》。
② 《史记·南越列传》:"(赵)佗因此以兵威边,财物赂遗闽越、西瓯、骆,役属焉,东西万余里。"
③ 《史记·南越列传》:"(文帝元年赵佗称)其东闽越千人众号称王。"《汉书·西南夷两粤朝鲜传》:"东有闽粤,其众数千人,亦称王。"
④ 详见《史记·东越列传》和《汉书·闽粤王传》。

余善杀闽越王郢后，势力逐渐强大，"威行于国，国民多属，窃自立为王"。繇王无力控制他，汉武帝又不想再派兵征讨，于是采取分而治之的办法，另立余善为东越王，"与繇王并处"。从此在原闽越国内存在两个统治集团，一为奉闽越祭祀的繇王，一为新立的东越王。繇王应仍都东冶，东越王当另有王城，两王并处于闽中故地。

汉武帝元鼎六年（前111）秋，在"汉兵临境"的形势下，东越王余善终于造反，"发兵距汉道，号将军驺力等为'吞汉将军'，入白沙、武林、梅岭，杀汉三校尉。"并刻印文为"武帝"的玉玺，自立为皇帝。于是汉兵分为三路，于元封元年攻入东越。在汉兵的强大压力下，繇王居股与原东越将领衍侯吴阳、建成侯敖等合谋，杀死余善，投降汉朝，东越灭亡（以上均见《史记·东越列传》）。从汉武帝建元六年（前135）立余善为东越王，至元封元年（前110）余善被杀，东越前后只存在二十余年。

繇王居股是越繇王丑之子①，越繇王是闽越族中比较亲汉廷的政治势力。在闽越王郢攻南越与汉朝廷对抗时，只有繇君丑没有参与，因而被汉武帝封为越繇王。在平定东越王余善的过程中，繇王居股虽然立了功，但却被改封为东成侯，实际上是降了一级。东成侯的封地在江西九江②，居股因而也离开闽中故地，原来闽越族占据的地盘从此全归汉朝统治。

在史书记载中，对东瓯、闽越、东越、南越常有相互混淆的现象。例如：《史记·吴王濞列传》载："七国之发也……发二十

---

① 《史记会注考证附校补》下册引中井积德曰："居股，盖丑之子。"上海古籍出版社1986年版，第1854页。

② 《史记·东越列传》："故封繇王居股为东成侯，万户。"《索隐》韦昭曰："（东成）在九江。"

余万人。南使闽越、东越，东越亦发兵从。"所载"东越"显系"东瓯"之误。同书《西南夷列传》载："建元六年，大行王恢击东越，东越杀王郢以报。"所云"东越"则是"闽越"之误。同书《韩长孺列传》载："建元中……闽越、东越相攻，安国及大行王恢将。未至越，越杀其王降，汉兵亦罢。"此处的"东越"则是"南越"之误。《汉书》所载亦多承袭其误。出现这种错误的原因，可能是由于东瓯、闽越、东越及南越都属越族，因而易于混淆的缘故。这给研究闽历史无疑增加了许多困难。

二 闽越都城东冶与汉冶县的地望

关于闽越王无诸的都城，《史记·东越列传》载："都东冶"；《汉书·闽粤王传》则作"都冶"。《宋书·州郡志》载："建安太守，本闽越，秦立为闽中郡。汉武帝世，闽越反，灭之，徙其民于江、淮间，虚其地。后有遁逃山谷者颇出，立为冶县，属会稽。"可见，冶县是汉武帝灭闽越、东越，并改封繇王居股为东成侯之后，在原闽越王都城东冶故地建立的。所以闽越的都城应从《史记》，称"东冶"。《汉书》作"冶"，是班固"因后日之名书之"[1]，即用后来建立的"冶县"称原来的"东冶"。

汉代的冶县是在闽越都城东冶的基础上建立的。东冶究竟在何处，《史记》《汉书》无明文记载，因而史学界意见纷纭。要解决这个问题，只能根据文献记载并结合考古资料进行探讨。

关于东冶的地望，历代注家多有注述。《史记·东越列传》《集解》《索隐》引徐广曰："今（本）建安侯官是。"案：侯官

---

[1] 参见《汉书·闽粤王传》王先谦《补注》。

为闽州。《正义》:"今闽州又改为福也。"《汉书·地理志》记载,会稽郡有冶县。师古曰:"本闽越地。"《续汉书·郡国志》无冶县,有东部侯国。注家认为,"东部侯国"应系"东侯官"或"东候官"之误。《旧唐书·地理志》记载,福州中都督府闽县为"汉冶县,属会稽郡,秦时为闽中郡,汉高立闽越王都于此。武帝诛东越,徙其人于江淮,空其地,其逃亡者自立为冶县,后更名为东冶县,后汉改为侯官都尉,属会稽郡。……开元十三年改为福州,皆治闽县"。这是对汉冶县的沿革较全面的叙述,基本上是可信的。汉代的冶县是在闽越都城东冶的基础上建立的,已如上述,其地望在今福州附近的记载,应该是符合历史事实的。早在20世纪30年代,劳幹先生就曾著文,认为"西汉之冶,东汉之侯官除今福州市附近以外,更无适宜之地矣"①。其论断是正确的。

以上是根据文献记载对东冶(冶县)地望进行的论证,为了判断论证是否无误,尚须结合考古资料作进一步的探讨。福建省文化厅文物处与福建省博物馆组成的考古队在福州市北郊新店古城遗址进行考古发掘的结果证明,该古城的城墙可分为三期,"一期城墙始建于战国晚期至汉初;二期城墙补筑于汉初,宽达23米;三期城墙补筑于唐宋时期"。在古城内发现汉初建筑基址,在古城东南的浮仓山和南面的屏山也曾发现汉初的建筑遗址。发掘者认为这两处遗址可能是闽越王无诸兴建的王城附属建筑的遗迹②。此外。在屏山汉初建筑遗址中,出土龙凤纹"万岁"瓦当、

---

① 劳幹:《汉晋闽中建置考》,《历史语言研究所集刊》第五本第一分册,1935年。
② 欧潭生:《南方古城考古有重大发现》,《中国文物报》1997年6月15日第1版。

"万岁未央"瓦当、云纹瓦当以及带"闽"字初文戳印的瓦片等①。

上述考古发掘成果说明,新店古城的始建年代正是无诸立为闽越王之时。二期城墙有可能是汉高祖五年(前202)复立无诸为闽越王,东冶作为闽越国都城时补筑的。三期城墙的存在说明,汉武帝改东冶为冶县后,冶县古城可能一直被沿用至唐宋时期。位于屏山的汉初建筑遗址出土与汉长安城遗址相类似的文字瓦当、云纹瓦当等,发掘者推测为闽越王宫所在地。这种可能性也是存在的。

今后还需进一步探明新店古城的形制和布局,取得更丰富的考古资料,以便证实该古城确系闽越都城东冶和汉冶县的旧址。

此外,在闽侯庄边山先后发现9座战国晚期至西汉初年的墓葬②。这些墓葬的形制、随葬品中陶器的组合及器形特征等,具有浓厚的楚文化遗风,同时墓中也出土越式陶器③。有的学者进一步认为这几座墓为战国楚墓,是当时楚人势力到达福建的确切证据④。战国后期,楚威王杀越王无强后,南迁于江南海上的越国人皆"服朝于楚",已如上述。闽越王无诸为越人的后裔,与楚人有较密切的关系。闽侯庄边山战国楚墓的发现,也可作为东

---

① 欧潭生:《福州闽越古城发现一批文字瓦当》,《中国文物报》1997年12月21日第1版。

② 福建省文管会:《闽侯庄边山新石器时代遗址试掘简报》,《考古》1961年第1期;福建省博物馆庄边山遗址发掘队:《闽侯庄边山遗址82—83年考古发掘简报》,《福建文博》1984年第2期。

③ 《文物考古工作十年》(1979—1989),文物出版社1990年版,第145—146页。

④ 欧潭生:《闽侯庄边山汉墓应为战国楚墓》,《福建文博》1990年第1期。

冶在福州地区的佐证。

三　崇安汉城可能是东越王余善的王城

崇安汉城从20世纪50年代末发现以后，经过30多年来的勘探、发掘，取得了丰富的资料，基本上查明城址范围、形制和城内外遗迹遗物的分布状况[1]。关于崇安汉城遗址的年代和性质，虽有不少学者曾著文探讨，但仍存在不同的意见，恕不一一介绍。

关于崇安汉城的年代，发掘者前后有不同的意见。20世纪60年代初发表的简报认为，城址可能早到西汉，废弃于东汉末期[2]。80年代随着考古工作的进一步开展，在发表的简报中提出，城址的始建年代应为"西汉前期，即闽越国时期，可能还早到秦晚期"，"下限可能延长到西汉末或东汉初年"[3]。1985年至1986年发掘了北岗一号建筑遗址，在90年代初发表的发掘报告中，"通过对遗址中出土的器物和建筑材料的分析类比，判断遗址的时代为西汉前期[4]"。可见随着考古工作的不断进行，发掘者对城址的年代也逐步提出了更明确的意见。

---

[1] 福建省文物管理委员会：《福建崇安城村汉城遗址试掘》，《考古》1960年第10期；福建省博物馆：《崇安城村汉城探掘简报》，《文物》1985年第11期；福建省博物馆等：《崇安汉城北岗一号建筑遗址》，《考古学报》1990年第3期；福建省博物馆等：《崇安汉城北岗二号建筑遗址》，《文物》1992年第8期。

[2] 福建省文物管理委员会：《福建崇安城村汉城遗址试掘》，《考古》1960年第10期。

[3] 福建省博物馆：《崇安城村汉城探掘简报》，《文物》1985年第11期。

[4] 福建省博物馆等：《崇安汉城北岗一号建筑遗址》，《考古学报》1990年第3期。

关于城址的年代和性质,杨琮先生发表的文章认为,"城址的时代应是西汉前期及西汉中期的前段。其绝对年代的上限不超过汉高祖五年(前202),下限则止于武帝元封元年(前110)。城址的性质应是闽越国都中的王城(宫城)"①。杨文关于城址年代的论断基本可信,至于城址的性质为王城的看法也是正确的,但究竟是闽越王的王城还是东越王的王城似有进一步探讨的必要。

崇安汉城南北长约860米,东西宽约550米,城墙周长2896米,总面积共48万平方米。杨琮先生认为"若作为闽越国都城看,规模显然太小。作为王城(宫城)则比较合适"②。这个意见是正确的。城址内有集中的大型宫殿建筑群,并出土"常乐""万岁""乐未央""常乐万岁"等文字瓦当,因而废弃之前应是王城无疑。

根据文献记载,无诸在秦统一全国之前,即自立为闽越王,从考古资料考察,崇安汉城年代的上限不超过西汉初年,因而不大可能是闽越王无诸的都城东冶。闽越国在汉文帝、景帝时期,国力还很弱小,无力向外派兵。到汉武帝时期,闽越国的势力逐渐强大,并向外扩张,曾先后派兵围东瓯、击南越,闽越国此时可能已在闽西北的崇安、浦城等地设立军事据点。建元六年(前135),汉武帝派王恢、韩安国两将军帅兵分别从江西、浙江进攻闽越,"兵未逾岭,闽越王郢发兵距险"(《史记·东越列传》)。所谓"岭",应指武夷山脉,郢凭借武夷山脉为屏障以守险。崇安汉城修建于群山之中,城墙大多沿小山脊修筑,有利于防守。

---

① 杨琮:《论崇安城村汉城的年代和性质》,《考古》1990年第10期。
② 杨琮:《论崇安城村汉城的年代和性质》,《考古》1990年第10期。

城址内出土箭镞、弩机、刀、剑、矛、钺等铜、铁兵器。这些都说明崇安汉城在军事上具有重要的意义，是闽越国西北部的军事据点和门户。

崇安汉城至迟在闽越郢时已成为"发兵距险"的军事据点，至于由军事据点发展成为王城，可能是在余善被立为东越王之时。余善与闽越相及宗族合谋杀郢降汉后，汉武帝先立无诸孙繇君丑为越繇王，"奉闽越先祭祀"；后又立余善为东越王，"与繇王并处"。越繇王成为闽越国的合法继承人，当仍都东冶。余善立为东越王后，可能就将崇安汉城改建成为他的王城。元封元年（前110）冬，余善被谋杀，东越灭亡。《史记·东越列传》载："于是天子曰东越狭多阻，闽越悍，数反覆，诏军吏皆将其民徙处江淮间。东越地遂虚。"《汉书·闽粤王传》所载基本相同。所谓"东越狭多阻"，应即指修建于闽西北山区的东越军事据点（包括崇安汉城）。崇安汉城的"城墙、宫室及内外周围的建筑物均毁于一次大规模的兵燹"[1]。这说明汉武帝灭东越，不仅徙其民，而且城垣宫室也付之一炬。考古发掘资料与文献所载"东越地遂虚"，二者可以相互印证。

（本文原载《冶城历史与福州城市考古论文选》，
海风出版社1999年版）

---

[1] 杨琮：《论崇安城村汉城的年代和性质》，《考古》1990年第10期。

从考古发现看唐代的金银"进奉"之风

唐代是我国金银器手工业蓬勃发展的时期,皇室贵族日常生活中大量使用金银器皿,朝廷赏赐、臣下贡奉以及唐王朝和周围少数民族政权之间的交往等,也往往以金银及其制品作为主要物品。金银器在当时上层社会生活中占有重要的地位。

新中国成立以来,由于考古工作的迅速发展,各地唐代的遗址、墓葬,特别是一些窖藏遗址,出土了数量相当可观的金铤、银铤和金银制品,其中有的还刻有铭文。这些金银器不仅是研究唐代金银手工业发展情况的珍贵资料,而且对研究唐代某些社会、经济情况来说也是不可缺少的实物例证。本文拟根据发掘出土的金银器物,并结合文献记载,对唐代"进奉"弊政的发生、发展情况及其对人民的危害等问题,进行初步的探讨。不妥之处,敬请指正。

一 考古发现中与"进奉"有关的金银器物

所谓"进奉",是指中央和地方高级官僚向皇帝的额外贡献,也称"进献"或"贡奉"。它既不同于法定的赋税,也不同于各地的常贡。赋税收入的钱帛和各州常贡的杂物(包括金、玉、珠、贝、玩好之物)储藏于左藏库和右藏库。左、右藏库是国库，以供国用，从国库取出财物有一套严密的出纳手续[①]。进奉的财物则纳入内库，即琼林、大盈二库，以供皇帝私人使用。进奉物品种类繁多，包括金银、钱帛、器服、珍玩、骏马等，其中金银占很大的数量。

发掘出土的唐代金银器中，从其所刻铭文可以判断为进奉器物的有金铤、银铤、银盘、银碟等。现按出土先后介绍如下。

（1）1956年12月西安东北郊出土银铤4件和大小银盘各1件。银铤刻有铭文。第一铤正面刻铭文一行："专知诸道铸钱使兵部侍郎兼御史中丞臣杨国忠进"。背面刻铭文三行，第一行："中散大夫使持节信安郡诸军事检校信安郡太守上柱国尉迟岩"，第二行："信安郡专知山官丞（承）议郎行录事参军智庭上"，第三行："天宝十载正月日税山银一铤五十两正"。第二铤正面刻："专知诸道铸钱使兵部侍郎兼御史中丞知度支事臣杨国忠进"，背面刻三行铭文，第一行："宣城郡和市银壹铤五拾两"，第二行："专知官大中大夫使持节宣城诸军事守宣城郡太守上柱国臣苗奉倩"，第三行："天宝十载四月二十九日"。第三铤正面中间刻："岭南采访使兼南海郡太守臣彭杲（果）进"，右上角刻："银五十两"。第四铤从所刻铭文判断，系地方官常贡银铤，与进奉无关[②]。

从银铤刻文看出，第一、二银铤原是地方官上缴国库的"税山银"和"和市银"，而被"专判度支"的杨国忠进奉给皇帝。

[①] 《唐六典》卷二十。
[②] 《西安东北郊挖掘出天宝年间杨国忠等进献的遗物》，《文物参考资料》1957年第2期，第82—83页；李问渠：《弥足珍贵的天宝遗物》，《文物参考资料》1957年第4期，第11页。前者系简短的报道，所录铭文不全，且有错漏，现据后者所录铭文。

银铤背面所刻的"天宝十载正月"和"天宝十载四月二十九日",当为地方官上缴银铤的时日。《新唐书》载,杨国忠于天宝七载擢给事中兼御史中丞、专判度支,天宝十一载六月为御史大夫。而铭文都作"御史中丞",由此可知进献的时间应在天宝十载至十一载六月之间。第三铤的进奉者,原报道作"彭杲",唐长孺先生认为"彭杲"应为"彭果"之误,并考证彭果进奉此银铤应在天宝三载四月至天宝五载之间①。

(2)1958年春陕西耀县柳林背阴村出土涂金刻花五曲银碟1件,底部刻:"盐铁使臣敬晦进十二"9字②。敬晦在宣宗大中年间历任御史中丞、刑部侍郎、诸道盐铁转运使、浙西观察使等职③,而任"盐铁使"一职系在崔璪之后、裴休之前④。崔璪罢盐铁使是在大中三年四月或稍后⑤,裴休任此职始于大中五年二月⑥。所以敬晦任盐铁使、进献银碟的时间,应在大中三年四月至五年二月之间。日本学者桑山正进根据严耕望的研究,认为敬晦任盐铁使约当大中四年(850)⑦,其论断基本上是正确的。

---

① 唐长孺:《跋西安出土唐代银铤》,《学术月刊》1957年第7期。

② 《陕西省耀县柳林背阴村出土一批唐代银器》,《文物》1966年第1期。

③ 参见《新唐书·敬晦传》。

④ 《唐方镇年表考证》卷下,《唐方镇年表》第三册,中华书局《二十四史研究资料丛刊》本,第1401页。

⑤ 《二十五史补编·唐将相大臣年表》。《旧唐书·崔璪传》:"大中初改兵部侍郎,充诸道盐铁转运使。崔铉再辅政,罢璪使务。"按崔铉再度入相系在大中三年四月(见新、旧《唐书·宣宗本纪》),崔璪罢盐铁转运使应当也在此时或稍后。

⑥ 裴休任盐铁转运使事,《资治通鉴》卷二百四十九系于大中五年正月之后、三月之前,《唐方镇年表》(见注④)据此作:"大中五年正月兵部侍郎裴休为盐铁使。"《旧唐书·食货志下》载:"大中五年二月以户部侍郎裴休为盐铁转运使。"今从之。

⑦ [日]桑山正进:《1956年来出土的唐代金银器とその编年》,《史林》60卷6号。

(3) 1962年3月西安北郊坑底村出土唐代金花银盘1件，盘底刻铭文："浙东道都团练观察处置等使大中大夫守越州刺史兼御史大夫上柱国赐紫金鱼袋臣裴肃进"，另有"点过讫"三字①。根据《旧唐书·德宗本纪》记载，裴肃任越州刺史、浙东观察使系在贞元十四年九月至十八年正月之间②。《唐太守题名记》载，裴肃于"（贞元）十五年五月加御史大夫"（见孔延之《会稽掇英总集》卷十八）。银盘铭文已有"御史大夫"官职，故知裴肃进奉此盘的时间当在贞元十五年（799）五月之后、十八年正月之前。

(4) 1962年陕西蓝田西南巩村公社吴村庙康庄出土银铤1件，正面刻铭文两行，第一行："容管经略使进奉广明元年贺冬银壹铤重贰拾两"，第二行："容管经略招讨处置等使臣崔焯进"③。《唐方镇年表》卷七载，崔焯任容管经略使在中和元年至二年，而银铤铭文说明，广明元年（880）崔焯已任此职，此银铤为该年冬进奉的。所谓"贺冬银"应即冬至节进献给皇帝的银铤。

(5) 1970年春河南洛阳隋唐宫城遗址出土银铤2件、银饼1件。其中1件银铤刻有铭文，正面为"专知采市银使右相兼文部尚书臣杨国忠进"。背面上部为"安边郡和市银壹铤伍拾两"，下部三行，第一行："专知官监太守宁远将军守左司卿（御）率府

---

① （陕西博物馆）李长庆、黑光：《西安北郊发现唐代金花银盘》，《文物》1963年第10期，第60页；朱捷元：《西安北郊出土唐金花银盘铭文的校勘》，《文物》1964年第7期，第37页。前者所录铭文有错漏，后者作了更正。

② 卢兆荫：《关于西安北郊所出唐代金花银盘》，《考古》1964年第3期。

③ 周伟州：《陕西蓝田出土的唐末广明元年银铤》，《文物资料丛刊·1》，文物出版社1977年版，第201—202页。

副率",第二行:"充横野军营田等使赐紫金鱼袋郭子昂",第三行:"天宝十二载十二月日"。另 1 件银铤无铭文。至于银饼,则为地方官上缴的"税口银",与进奉无涉①。

这件带铭文的银铤,与上述西安东北郊所出银铤中的第二铤性质相同,原为地方官上缴国库的"和市银",而被杨国忠进奉给唐明皇。《旧唐书》的《玄宗本纪》《杨国忠传》记载,杨国忠于天宝十一载十一月为右相兼文部尚书(吏部尚书),凡领四十余使,十三载二月进位司空。铭文中的"采市银使",当系他所领"四十余使"之一。杨国忠进献此银铤,当在天宝十二载(753)十二月之后、十三载二月进位司空之前。

(6)"文化大革命"期间,西安南郊出土银铤 1 件,正面刻铭文两行,第一行:"河南府伊阳县天宝十二载窟课银壹铤伍拾两",第二行:"天宝十三载五月日使光禄大夫守司空兼右相文部尚书崇文馆大学士集贤院学士修国史上柱国卫国公臣杨国忠进"②。

所谓"窟课银",即官府向银矿窟征收的税银。此银铤系天宝十二载向伊阳县银矿窟征收的,次年五月被杨国忠进献给皇帝。杨国忠于天宝十三载(754)二月进位司空,三个月后进奉此银铤。

(7)1976 年 4 月,辽宁昭盟喀喇沁旗哈达沟门出土鎏金錾花银器 6 件。其中Ⅲ式金花银盘的底部有铭文一行:"朝议大夫使持节宣州诸军事守宣州刺史兼御史中丞充宣歙池等州都团练观察处置采石军等使彭城县开国男赐紫金鱼袋臣刘赞进",其余银器

---

① 苏健:《洛阳隋唐宫城遗址中出土的银铤和银饼》,《文物》1981 年第 4 期。

② 秦波:《西安近年来出土的唐代银铤、银板和银饼的初步研究》,《文物》1972 年第 7 期。

都无铭文①。

刘赞任宣州刺史、宣歙池观察使，系从德宗贞元三年八月开始，直至十二年六月死时为止，前后共约十年②。《册府元龟·帝王部·姑息》载，贞元十二年二月刘赞兼御史大夫③。从银盘铭文作"兼御史中丞"判断，刘赞进献此盘时尚未兼御史大夫，进奉的时间应在贞元三年（787）八月至十二年（796）二月之间。

（8）1979年4月，山西平鲁县平鲁公社屯军沟村出土一批金铤，其中有五铤刻有铭文，可以判断为进奉之物的有两铤。甲铤字迹模糊不清，正面铭文为："□朝议郎□□□□御□赐紫金鱼袋臣□□进"。背面铭文三行，第一行："乾元元年岁僧钱两金贰拾两"，第二行只认出第一字可能是"铤"字，第三行为："□□□官朝议郎□□□司马赐□鱼袋臣张昂"。乙铤有铭文一行："柱国魏国公臣张通儒进"④。唐肃宗即位之初，因财政困难，也曾采用"纳钱度僧尼道士"的办法以广开财路⑤，甲铤可能就是乾元元年（758）这方面的收入，主办官吏为朝议郎张昂，而由另一朝议郎向皇帝进奉的。至于乙铤，原报道认为应是天宝十五年（756）至上元二年（761）之间张通儒进献给安禄山或史思

---

① 喀喇沁旗文化馆：《辽宁昭盟喀喇沁旗发现唐代鎏金银器》，《考古》1977年第5期。

② 《旧唐书·德宗本纪下》。《新唐书·刘赞传》："（韩）滉辅政，分所统为三道，以（刘）赞为宣州刺史、都团练观察使，治宣十年。"《旧唐书》本传作："（刘）赞在宣州十余年。"

③ 《册府元龟》"刘赞"误作"刘瓒"。参见《唐方镇年表》卷五，中华书局《二十四史研究资料丛刊》本，第二册，第802页。

④ 陶正刚：《山西平鲁出土一批唐代金铤》，《文物》1981年第4期。

⑤ 《新唐书·食货志》："肃宗即位……明年，郑叔清与宰相裴冕建议，以天下用度不充，诸道得召人纳钱，给空名告身授官勋邑号、度道士僧尼不可胜计。"

明的金铤,此说是可信的。

(9) 1980年12月陕西蓝田汤峪公社杨家沟村出土一批唐代金银器,其中有1件鸳鸯绶带纹银盘,盘底圈足内錾"桂管臣李杆进"6字,并刻"七两半""捌两""捌""美""小贞"等字,外壁刻"小贞"2字①。《新唐书·方镇表》载,高宗开耀年间后置桂管经略使,昭宗光化三年(900)升桂管经略使为静江军节度使。李杆之名未见于史传,原报道认为可能是桂管经略使或其下属。与此盘共出的1件凤衔绶带纹银盒,底部有"咸通七年"纪年铭文,因而李杆进奉银盘的时间可能也在晚唐时期。

此外,还有1件流入日本的传世唐银铤,上刻铭文两行,第一行:"端午进奉银壹铤重伍拾两",第二行:"浙江西道都团练观察处置等使大(太)中大夫检校礼部尚书使持节润州诸军事兼润州刺史御史大夫上柱国赐紫金鱼袋臣崔慎由进"②。崔慎由任浙西观察使,根据以往学者考证,应在宣宗大中八年至十年之间③,这也是他进奉银铤的时间。此银铤是为庆贺端午节而进奉的。

上述幸存的金银器,当然只是唐代用于进奉的金银器中很少的一部分,更多的进奉金银器可能没有保存下来,或尚未被发现。各地(尤其是西安地区)已发现的大量金银器中,除了少数器物如西安西郊出土的"宣徽酒坊"银酒注等,从所刻铭文可以

---

① 樊维岳:《陕西蓝田发现一批唐代金银器》,《考古与文物》1982年第1期。

② 罗振玉:《崔慎由端午进奉银铤影本跋》,《辽居稿》;[日]加藤繁:《支那古金银の形制に就いて》,载《支那经济史考证》下卷,第752—758页。

③ 罗振玉:《崔慎由端午进奉银铤影本跋》,《辽居稿》;[日]加藤繁:《支那古金银の形制に就いて》,载《支那经济史考证》下卷,第752—758页;《唐方镇年表》卷五,载《二十四史研究资料丛刊》,第二册,中华书局1980年版,第760页。

明显看出是朝廷少府监中尚署所属金银作坊院所造的以外①，其他没有刻文的金银器中，可能还有相当一部分是各地官僚进奉的，因无铭文记载，所以难以识别。

二 "进奉"之风的兴起与发展

唐代进奉之风，究竟起于何时，必须结合文献记载和考古资料进行探索。《旧唐书·食货志》载："先是兴元克复京师后，府藏尽虚，诸道初有进奉以资经费，复时有宣索。其后诸贼既平，朝廷无事，常赋之外，进奉不息。"从这节记载看来，进奉之风似乎是从兴元元年（784）德宗收复长安后兴起的。另外还有人认为，进奉的风气是从肃宗收复两京后才稍盛②。其实不然。在上述13件进奉金银器中，属于兴元元年以后的只有6件，而兴元元年之前的却有7件，其中有5件是天宝年间进奉的。《新唐书·食货志》记载，天宝时"王𫓧为户口色役使，岁进钱百亿万缗，非租庸正额者积百宝大盈库，以供天子燕私"。储藏进奉财物以供皇帝私用的琼林、大盈二库，可能就是玄宗开元年间创建的③。

---

① 朱捷元等：《西安西郊出土唐"宣徽酒坊"银酒注》，《考古与文物》1982年第1期。《唐会要》卷六十六记载："中尚署……开元已来，别置中尚使，以检校进奉杂作，多以少府监及诸司高品为之。"银酒注的铭文有"使高品臣宋师贞"，"宋师贞"应即负责查核进奉杂作的"中尚使"，其等级为"高品"。《新唐书·百官志》中尚署条注："有金银作坊院。"

② ［日］加藤繁：《唐宋时代金银之研究》上册，第53页。后由中华书局2006年出版。

③ 《唐陆宣公翰苑集·奉天请罢琼林、大盈二库状》："今之琼林、大盈，自古悉无其制，传诸耆旧之说，皆云创自开元。贵臣贪权，饰巧求媚，乃言郡邑贡赋，所用盍各区分，税赋当委之有司，以给经用，贡献宜归于天子，以奉私求。玄宗悦之，新是二库。"

由此可见，在唐玄宗统治时期，进奉的风气就已相当盛行①。

根据两《唐书》记载，地方官进奉金银器的事例，早在高宗、武则天时期即已有之。《旧唐书·李敬玄传》载："敬玄弟元素，亦有吏才。初为武德令，时怀州刺史李文暕将调率金银，造常满樽以献，百姓甚弊之，官吏无敢异议者。元素抗词固执，文暕乃损其制度，以家财营之。"（《新唐书》本传作："横调民黄金造常满尊以献"）李元素为武德令系在武则天延载元年（694）之前。可见进奉之风由来已久。《新唐书·食货志》云："常州刺史裴肃，鬻薪炭案纸为进奉，得迁浙东观察使。刺史进奉自肃始也。"（《旧唐书·食货志》所载略同）裴肃为常州刺史，当在德宗贞元年间（见《旧唐书·德宗本纪》），他的进奉要比李文暕进献常满樽晚100年左右。新、旧《唐书·食货志》所载"刺史进奉自（裴）肃始"，显然是不对的。

开元之前，虽然亦有关于进奉的记载，但毕竟不多。经过了所谓"开元盛世"，随着经济的发展和社会财富的增多，封建统治阶级享乐的欲望也更加膨胀，加上"贵臣贪权，饰巧求媚"，进奉之风因而迅速发展起来。上述考古资料表明，从天宝十载至十三载，杨国忠一人就四次进奉银铤，而他实际进奉的次数可能远远超过此数。

安史之乱后的肃宗时期，社会动荡，进奉可能较前稍减，实物资料目前只有上述乾元元年朝议郎某某进献的金铤1件。至于白水军使王难得扈从肃宗至灵武，进绢三千匹及金银器等②，《新

---

① 参见万斯年《关于西安市出土唐天宝间银铤》，《文物参考资料》1958年第5期。

② 《旧唐书·王子颜传》。《册府元龟·邦计部·济军》中，"王难得"误作"王难德"。

唐书》本传作："难得上家赀助军。"如所载属实，其性质和"饰巧求媚"的进奉有所不同。代宗即位后，进奉之风又炽。每逢元旦、冬至、端午和皇帝生日，地方官都要贡献财物，号为"四节进奉"，这种习俗从代宗时期一直延续到五代[1]。上述崔焯、崔慎由进献的"贺冬银""端午进奉银"铤，就是属于"四节进奉"的金银器物。《资治通鉴·唐纪》记载："（大历元年）冬十月乙未上生日，诸道节度使献金帛器服珍玩骏马为寿，共直缗钱二十四万。"（卷二百二十四）大历二年（767）二月，汴宋等八州节度使田神功入朝，献马十匹、金银器五十床、缯彩一万匹[2]。同年六月，山南、剑南副元帅、剑南西川节度使杜鸿渐自成都入朝，献金银器五十床、锦罗十五床、麝香脐五石[3]。可见当时除了四节进奉外，节度使入朝也往往进献金银财物。

德宗时期，进奉之风发展到登峰造极的地步。早在兴元元年（784）正月，德宗还在奉天避难的时候，就在行宫庑下设内库，并沿用琼林、大盈二库之名，以贮藏诸道贡献的财物。此事受到考功郎中陆贽的强烈反对，他在《奉天请罢琼林、大盈二库状》（《唐陆宣公翰苑集》卷十四）中提出"凡在二库货贿，尽令出赐

---

[1] 《资治通鉴》卷二百二十六："代宗之世，每元日、冬至、端午、生日，州府于常赋之外，竞为贡献，贡献多者则悦之。武将奸吏，缘此侵渔下民。"胡注："自代宗迄于五代，正至端午降诞，府州皆有贡献，谓之四节进奉。"按"元日"《唐书》亦作"元正"，即元旦。日本人加藤繁在《支那古金银の形制に就いて》一文中，称上元、端午、冬至、生月为"四节"（见《支那经济史考证》下卷，第七五五页），"上元""生月"应系"元日""生日"之误。

[2] 《册府元龟·帝王部·纳贡献》。《旧唐书》本传作"大历三年三月朝京师"，恐系误载。

[3] 《册府元龟·帝王部·纳贡献》。《新唐书》本传作"献宝器五床、罗锦十五床、麝脐五石"。

有功"的建议，德宗不得已，只好把二库的牓题撤掉①。但是陆贽的谏诤并不能扭转此风。德宗回长安后，由于他"属意聚敛"，进奉之风愈演愈烈。根据史书记载，当时剑南西川节度使韦皋有日进，江西观察使李兼有月进。淮南节度使杜亚，宣歙观察使刘赞，镇海节度使王纬、李锜，皆竞为进奉，以固恩泽。常州刺史裴肃以进奉迁浙东观察使，宣歙判官严绶以进奉征为刑部员外郎，幕僚进奉从严绶开始②。在上述考古资料中，就有刘赞进奉的鎏金錾花银盘和裴肃被提升为浙东观察使后再次进奉的金花银盘。贞元十一年（795），江西都团练观察使齐映"尝自以为相无大过，当复入用，乃多进献及为金银器以希旨。先是禁中银瓶大者高五尺余，及李兼为江西观察使，又献高六尺者。是年德宗降诞日及端午，映献高八尺余者"③。齐映用进奉特大银器的手段，祈求恢复宰相职位，虽因当年七月死去而没有达到目的，但也可以看出当时进奉之风的盛行。

从德宗以后一直到唐王朝覆亡，进奉金银器的事例仍然层出不穷。宪宗时期，从元和十年（815）讨伐淮西以后，度支、盐铁以及诸道节度使以"助军""贺礼""助赏"等名义进奉财物。例如，元和十一年淮南节度使李鄘进绢三万匹、金五百两、银三千两以助军，十二年又进助军绢三万匹④；十四年五月泾原节度使王潜进银三千两、熟绢绫五千匹⑤；十四年七月宣武军节度副

---

① 《资治通鉴》卷二百二十九。新、旧《唐书》本传所载大致相同。
② 参见《新唐书·食货志》《旧唐书·食货志》，另见《资治通鉴》卷二百三十五。
③ 《册府元龟·牧守部·邪佞》。同书《帝王部·纳贡献》中，"齐映"误作"齐暎"。两《唐书》本传所载基本相同。
④ 《册府元龟·邦计部·济军》。
⑤ 参见《册府元龟》的《帝王部·纳贡献》和《邦计部·济军》。

大使知节度事韩弘进绢三十五万匹、绝三万匹、银器二百七十件①。除诸道节度使外，朝廷掌管"钱帛库藏"的户部侍郎也要照例进奉银帛②。穆宗长庆二年（822）十二月，韩弘、孙绍宗进银二千锭等物③。敬宗是一个"颇事奢靡"的皇帝，即位的当年（长庆四年）七月就要浙西观察使李德裕进银盝子妆具二十件，用银一万三千两、金一百三十两④；八月淮南节度使王播进宣索银妆奁二，十月淮南、淮西又各进宣索银妆奁三⑤。宝历二年（826）七月，令户部侍郎崔元略将贮藏在左藏库的银锭及银器十万两、金器七千两转入内库，以供赏赐之用⑥。文宗是被称为"性恭俭、恶侈靡"的皇帝，但在他统治时期也不乏进奉金银器的事例。大和元年（827）五月，淮南节度使王播又"进大小银盝三千四百枚、绫绢二十万匹"⑦；同年六月，"司空兼门下侍郎

---

① 《旧唐书·韩弘传》。同书《宪宗本纪》载："进绝绢二十八万匹、银器二百七十事。"《册府元龟·帝王部·纳贡献》作"进绢二十五万匹"，余同旧传。

② 李绛：《上处分旧例户部有进奉事》："元和六年，户部侍郎李绛延英对毕。上曰：'旧例户部有进奉，近张宏靖进银二千两，卫次公进绢十万匹，卿独不进，何也？'绛对曰：'凡是方镇土地则有财赋出入，或俭省节用，或货易羡余，则有进奉，亦非正道，是将货利结主恩。今户部侍郎是掌陛下钱帛库藏之官，准勒征入，准勒支出，不合分外更有剩钱，臣岂敢将陛下钱物充臣进奉。'"参见《李相国论事集》卷五，《畿辅丛书》本。

③ 《册府元龟·帝王部·纳贡献》。

④ 《旧唐书·李德裕传》。《新唐书》本传作："今所须脂盝妆具，度用银二万三千两、金百三十两。"

⑤ 《册府元龟·帝王部·纳贡献》。

⑥ 《册府元龟·邦计部·经费》："户部侍郎崔元略，进准宣索见在左藏库挺银及银器十万两、金器七千两。旧制户部所管金银器，悉贮于左藏库，时帝意欲使于赐与，故命尽输内藏。"

⑦ 《旧唐书·王播传》。《新唐书》本传作："（王播）自淮南还，献玉带十有三、银盝数千、绫绢四十万。"

平章事判度支裴度进金六十八挺"①。大和二年五月敕"诸道进奉内库"和四节进奉的"金花银器"以及"纂组文缬杂物",一律折为"铤银及绫绢"②。大和四年二月尚书左丞王起进银壶瓶百枚等③。关于"金花银器"(应即鎏金的银器)一律折为银铤的诏令,可能只在文宗时短期生效。王起所进的"银壶瓶"是否鎏金不得而知,但为银器则不成问题。在上述出土的和传世的进奉金银中,属于宣宗大中年间进奉的有两件,1件为盐铁使敬晦进献的涂金刻花五曲银碟,另1件为浙西观察使崔慎由进奉的银铤。涂金刻花五曲银碟应即所谓"金花银器"。昭宗乾宁元年(894),威胜军节度使董昌每旬进奉金万两、银五千铤、越绫一万五千匹以及其他财物,其数量之多,达到惊人的程度④。

从上述考古资料和文献记载考察,用于进奉的金银器物种类相当多,除金铤、银铤外,还有银盘、银碟、金樽、银瓶、银盏子妆具、银妆奁、银盌、银壶、银瓮、银盆等⑤。在出土资料中,贞元之前进奉的只有银铤和金铤,贞元以后除银铤外,还有银盘和银碟。文献中关于进奉金银器皿的记载多数也在贞元之后。由此推测,进奉金银器皿的风气可能是从德宗以后盛行起来的。

---

① 《册府元龟·邦计部·经费》。
② 《旧唐书·文宗本纪》:"(太和二年五月)庚子,敕应诸道进奉内库,四节及降诞进奉金花银器,并纂组文缬杂物,并折充铤银及绫绢。……帝性恭俭,恶侈靡,庶人务敦本,故有是诏。"
③ 《册府元龟·帝王部·却贡献》。
④ 《资治通鉴》卷二百五十九。
⑤ 《新唐书·李绛传》:"襄阳裴均违诏书,献银壶、瓮数百具。"李绛:《论裴均进银器状》:"元和二年……其夏季襄阳节度使裴均,素交结内官,恃其援助,遂进银瓮、银盆之类万余两。"参见《李相国论事集》卷一,《畿辅丛书》本。

三 "进奉"对人民的危害

唐代高级官僚向皇帝进奉金银财物，往往说是出自"税外方圆"或"用度羡余"。其实这些都是骗人的借口。所谓"羡余"之说，宪宗时李绛曾在《论盐铁月进事》中说："若奉公无私，安得有余羡之月进？纵有余羡，亦是官钱，固非割其禄俸，亦非贡其家财。即所进之钱，尽是官物"①。

根据《资治通鉴·唐纪》记载，诸道藩镇进奉的财物，往往来自"割留常赋""增敛百姓""减刻利禄""贩鬻蔬果"等方面②，其中"割留常赋"和"增敛百姓"是其主要来源。杨国忠进奉"税山银""和市银"和"窟课银"铤也属于"割留常赋"的性质。德宗时，"户部钱物，所在州府及巡院皆得擅留"③。地方官把应该上缴国库的财物，进奉给皇帝私用，直接影响国家的收入。国库的收入减少，其结果必然要加重对人民的剥削。至于"增敛百姓"，更是直接增加对人民的压榨。根据《唐书》记载，地方官为了进奉，商旅经过通津大道者税之，栽种蔬菜果树者税之，甚至老百姓死亡也要纳税④。而这些苛捐杂税的收入，用于进奉的往往只占十分之一或二，而十之八九则进入了节度使、观察使、刺史等的私囊。各级地方官僚以进奉求"恩宠"，无不加

---

① 《李相国论事集》卷六，《畿辅丛书》本。
② 《资治通鉴》卷二百三十五："藩镇多以进奉市恩，皆云税外方圆，亦云用度羡余，其实或割留常赋，或增敛百姓，或减刻利禄，或贩鬻蔬果，往往私自入，所进才什一二。"
③ 《新唐书·食货志》。
④ 《旧唐书·食货志》："诸道有谪罚官吏入其财者，刻禄廪。通津大道者税之，莳蔬艺果者税之，死亡者税之。"《新唐书·食货志》所载略同。

重对人民的剥削。

在德宗时期，浙东团练副使齐总"以横赋进奉希恩"①；李实为京兆尹，"为政猛暴，方务聚敛，进奉以固恩宠"②；卢徵为同华刺史，端午、降诞进奉，"遂竭其财赋，每所进献，辄加常数，人不堪"③。宪宗时期，李修为京兆尹，"颛务聚敛贡献，以希恩宠"④。

敬宗时期，王播再度为盐铁转运使，"重赋取，以正额月进为羡余，岁百万缗"⑤。可见王播"月进"的财物是通过加重征税而取得的。盐铁使进奉"月进钱"，在顺宗永贞元年（805）之前即已有之，他们月进的所谓"羡余"，则是从常赋中割留的，"月进"的财物越多，国家的正常赋税收入就越少，因此顺宗曾"罢盐铁使月进"⑥。至于观察使的"月进钱"，则是直接从老百姓身上搜刮来的。王建《送吴谏议上饶州》诗有"养生自有年支药，税户应停月进银"的句子⑦。饶州属江西观察使管辖，诗句说明，江西观察使为了"月进"，向境内百姓按户征收所谓"月进银"。

官僚们的"月进"或"日进"，给人民带来很大的灾难，白居易在《重赋》（一作《无名税》）一诗中作了生动的描述："奈何

---

① 《旧唐书·德宗本纪下》。
② 《册府元龟·牧守部·酷虐》。
③ 《册府元龟·牧守部·邪佞》。
④ 《册府元龟·牧守部·邪佞》。
⑤ 《新唐书·王播传》。《旧唐书》本传所载略同。
⑥ 《资治通鉴》卷二百三十六："（永贞元年二月）乙丑，罢盐铁使月进钱。先是盐铁月进羡余，而经入益少，至是罢之。"《新唐书·顺宗本纪》："（贞元二十一年二月）乙丑，罢盐铁使月进。"按贞元二十一年即永贞元年。
⑦ 《全唐诗》卷三百。

岁月久，贪吏得因循。浚我以求宠，敛索无冬春。织绢未成匹，缲丝未盈斤，里胥迫（一作'逼'）我纳，不许暂逡巡。……昨日输残税，因窥官库门。缯帛如山积，丝絮如（一作'似'）云屯。号为羡余物，随月（一作'日'）献至尊。夺我身上煖，买尔眼前恩。进入琼林库，岁久化为尘。"①进入皇帝内库的进奉财物，主要是地方官吏从劳动人民身上无情榨取的。

"进奉"弊政的危害，当时朝野有识之士议论纷纷，公开抵制的也颇有人在。德宗时，浙西布衣崔善贞曾向朝廷"上封事"，陈述"进奉"等的弊病，结果被押回原籍，活埋在路边②。宪宗时宰相李绛、敬宗时浙西观察使李德裕等也曾上疏论述"进奉"的危害③。唐代的一些皇帝迫于舆论，有时也颁发禁止进奉的诏敕，但是这些敕令或诏书都是些官样文章，而且违背这些禁令的往往是皇帝本人。例如，宪宗元和三年（808）"罢诸道受代进奉钱"后，山南西道节度使柳晟、浙西观察使阎济美"格诏输献"，宪宗竟以"所献皆家财"为借口而收下他们进奉的财物④。敬宗即位之年，三月赦文称"诸道常贡之外，毋得进奉"⑤，而七月就"诏浙西造银盝子妆具二十事进内"⑥。在这种情况下，进奉越多，越得到皇帝的恩宠。昭宗时，威胜军节度使董昌，"贡奉为天下

---

① 《全唐诗》卷四百二十五。
② 《资治通鉴》卷二百三十六："浙西布衣崔善贞，诣阙上封事，言宫市、进奉及盐铁之弊……上览之不悦，命械送（李）锜。锜闻其将至，先凿坑于道旁。己亥，善贞至，并锁械内坑中生瘗之。"
③ 李绛：《论裴均进银器状》《上处分旧例户部有进奉事》，《李相国论事集》卷一、五；《旧唐书·李德裕传》。
④ 参见《新唐书》的《宪宗本纪》和《卢坦传》。
⑤ 《资治通鉴》卷二百四十三。
⑥ 《旧唐书·李德裕传》。

最，由是朝廷以为忠，宠命相继，官至司徒、同平章事，爵陇西郡王"①。由于进奉而升官的事例，史书记载颇多，不胜枚举。晚唐时期此风愈演愈烈，直至王朝的覆亡。

（本文原载《考古》1983年第2期）

---

① 《资治通鉴》卷二百五十九。

试论唐代的金花银盘

在考古发现中，秦汉以前的金银器为数很少。西汉时期，官营手工业中每年用于制作金银器的费用已相当可观①，但是发掘出土的汉代金银器皿仍然不很多。到了隋唐时期，金银器的使用，在封建统治阶级中已很普遍，这在文献记载和考古发现中，都得到了充分的证实。

在唐代文献中，关于皇帝赏赐大量金银器给大臣以及官僚进奉巨额金银器给皇帝的记载，屡见不鲜。永徽六年（655），高宗将立昭仪武氏为皇后，密赐长孙无忌"金银宝器各一车、绫锦十车，以悦其意"②。先天二年（713），玄宗诛太平公主，"赐功臣金银器皿各一床"③。大和元年（827）五月，淮南节度使王播一次就进奉"大小银盌三千四百枚"④。王建《宫词一百首》诗有"一样金盘五千面，红酥点出牡丹花"句⑤。尽管诗人可能有些夸张，但当时宫廷中金盘数量之多是可以肯定的。由此可见，金银

---

① 《汉书·贡禹传》："蜀、广汉主金银器，岁各用五百万。"
② 《旧唐书·长孙无忌传》。
③ 《旧唐书·王琚传》。
④ 《旧唐书·王播传》。
⑤ 《全唐诗》卷三百二。

器在唐代皇室贵族的日常生活以及政治活动中占有何等重要的地位[①]。

新中国成立以来，考古发掘出土的唐代金银器，数量颇多，器类也不少，计有盘、杯、碗、碟、盆、盒、壶、罐、熏炉、唾壶、酒注、茶托、锅、铛、鼎、瓿、熏球等类，此外还有盛舍利的金棺和银椁。

金银器中刻饰鎏金花纹的银器，称为"金花银器"，其中饰有鎏金花纹的各类银盘，称为"金花银盘"。天宝九载（750），唐明皇赐给安禄山的金银器中有金花银盘四件[②]。贺知章《答朝士》诗有"鈒镂银盘盛蛤蜊，镜湖莼菜乱如丝"句[③]。李肇《唐国史补》释"鈒镂"为"银质金饰也"[④]。所谓"鈒镂银盘"，可能也是指有鎏金纹饰的银盘。考古发现的金花银盘的数量相当多，在唐代金银器中占有相当重要的地位。本文拟就唐代金花银盘的类型、纹饰以及断代分期等问题，进行初步的探讨。所用资料以发掘出土的金花银盘为主，国外收藏的传世品作为参考资料。有不妥之处，敬请指正。

一　金花银盘的类型

唐代金花银盘的造型颇为多样化，根据盘口的形状可分为圆形、菱花形、葵花形、桃形、海棠形五类。

[①] 韩伟：《唐代社会生活中的金银器》，《考古与文物》1980年创刊号。
[②] （唐）姚汝能：《安禄山事迹》卷上，《藕香零拾》本。
[③] 《全唐诗》卷一百一十二。
[④] 李肇：《唐国史补》卷上："太原王氏四姓得之为美，故呼为鈒镂王家，喻银质而金饰也。"《津逮秘书》本。

1. 圆形银盘

圆形银盘共 5 件（表一）。陕西耀县柳林背阴村出 1 件（编号为圆 1）①，西安东南郊曲江池村出 1 件（编号为圆 2）②，内蒙古敖汉旗李家营子出 1 件（编号为圆 3）③，西安南郊出 2 件（编号分别为圆 4、圆 5；图一：1）④。盘口皆为圆形，圆 1 腹部作四曲形。圆 1、圆 3 有圈足，圆 2、圆 4 为平底，圆 5 为圜底。圆 1 盘缘刻铭文五字："十""十二""长命"。圆 4 盘底刻铭文 4 行 53 字："朝议大夫使持节都督洪州诸军事守洪州刺史兼御史中丞充江南西道观察处置都团练守捉及莫徭等使赐紫金鱼袋臣李勉奉进。"《旧唐书·代宗本纪》载，广德二年九月"己酉江南西道观察洪州刺史张镐卒"，辛酉"仍命洪州刺史李勉副知选事"，大历二年"夏四月己亥以江南西道都团练观察等使洪州刺史李冕为京兆尹，刑部侍郎魏少游为洪州刺史"（"冕"应作"勉"）。可见，李勉任洪州刺史充江南西道观察等使，系从广德二年（764）九月至大历二年（767）四月⑤，这也是他进奉银盘的时间。

---

① 陕西省博物馆：《陕西省耀县柳林背阴村出土一批唐代银器》，《文物》1966 年第 1 期。

② 保全：《西安市文管会收藏的几件唐代金银器》，《考古与文物》1982 年第 1 期。

③ 敖汉旗文化馆：《敖汉旗李家营子出土的金银器》，《考古》1978 年第 2 期。

④ 保全：《西安出土唐代李勉奉进银器》，《考古与文物》1984 年第 4 期。

⑤ 参见吴廷燮《唐方镇年表》，《二十五史补编》第六册，中华书局 1986 年版。

表一　圆形银盘登记表

编号	出土时间	地点	纹饰	尺寸（厘米）	原名	出处
圆 1	1958 年春	陕西耀县柳林背阴村	盘心为狮子云山纹，鱼子纹地，周围有一圈花瓣纹。外腹面饰宝相花四簇	口径 23.6，高 5	涂金刻花银盘	《文物》1966，1
圆 2	1972 年	陕西西安东南郊曲江池村	盘心模压六瓣折枝团花一朵	口径 15.5，高 1	凸花鎏金银盘	《考古与文物》1982，1
圆 3	1975 年春	内蒙古敖汉旗李家营子	盘心捶雕一狻猊状兽纹	口径 18，高 4	鎏金银盘	《考古》1978，2
圆 4	1975 年	陕西西安南郊	内区为并列双鱼，绕以折枝花叶。外区亦为折枝花叶。内外区之间以一圈莲瓣相隔	口径 17，高 1.6	双鱼宝相莲瓣纹银盘	《考古与文物》1984，4
圆 5	1975 年	陕西西安南郊	盘心为黄鹂团花，周围相同纹样的阔叶小团花六组。盘缘饰一圈云朵纹	口径 24，高 3	黄鹂折枝花纹银盘	《考古与文物》1984，4

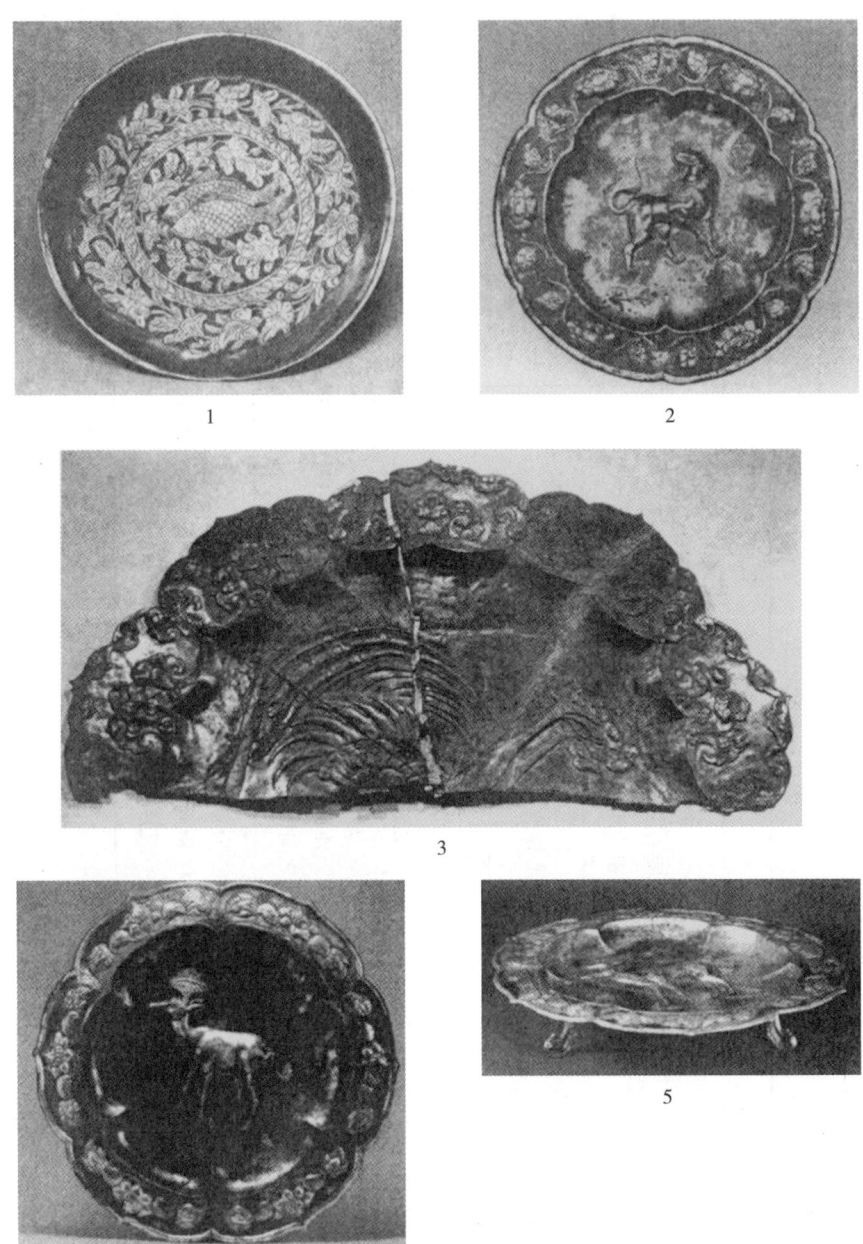

图一　圆形、菱花形、葵花形银盘

1. 圆4（西安南郊出土双鱼纹银盘）　2. 菱1（西安东北郊八府庄出土立狮纹银盘）　3. 菱1（西安东郊韩森寨出土鸾鸟纹银盘）　4、5. 菱2（河北宽城出土立鹿纹银盘）俯视、侧视

2. 菱花形银盘

菱花形银盘共2件（表二）。西安东郊韩森寨出1件（编号为菱1；图一：3）[①]，河北宽城峪耳崖乡大野峪村出1件（编号为菱2；图一：4、5）[②]。盘口皆为菱花形。菱1出土时已残，从保存部分观察，应为十瓣菱花形。菱2为六瓣菱花形，有3个卷叶形足。

3. 葵花形银盘

葵花形银盘共17件，其中大多数为六瓣葵花形，五瓣和四瓣葵花形为数不多。现分述如下（表三）。

（1）六瓣葵花形银盘

11件。西安东北郊八府庄出1件（编号为葵1；图一：2）[③]，西安北郊坑底村出1件（编号为葵2；图二：1）[④]，西安南郊何家村出3件（编号分别为葵3、4、5）[⑤]，西安东南郊曲江池村出2件（编号分别为葵6、7）[⑥]，内蒙古喀喇沁旗哈达沟门出4件（编号分别为葵8、9、10、11；图二：2、图三：1）[⑦]。葵1、2、

[①] 阎磊：《西安出土的唐代金银器》，《文物》1959年第8期。

[②] 宽城县文物保护管理所：《河北宽城出土两件唐代银器》，《考古》1985年第9期。

[③] 李问渠：《弥足珍贵的天宝遗物》，《文物参考资料》1957年第4期。

[④] 陕西省博物馆李长庆、黑光：《西安北郊发现唐代金花银盘》，《文物》1963年第10期；卢兆荫：《关于西安北郊所出唐代金花银盘》，《考古》1964年第3期；朱捷元：《西安北郊出土唐金花银盘铭文的校勘》，《文物》1964年第7期，第37页。

[⑤] 陕西省博物馆等：《西安南郊何家村发现唐代窖藏文物》，《文物》1972年第1期。

[⑥] 保全：《西安市文管会收藏的几件唐代金银器》，《考古与文物》1982年第1期。

[⑦] 喀喇沁旗文化馆：《辽宁昭盟喀喇沁旗发现唐代鎏金银器》，《考古》1977年第5期。

表二　菱花形银盘登记表

编号	出土时间	地点	纹饰	尺寸（厘米）	原名	出处
菱1	新中国成立后	陕西西安东郊韩森寨	盘心为一只站在云彩上的鸾鸟，盘缘为卷草莲瓣纹	已残	鎏金鸾鸟大银盘	《文物》1959，8
菱2	1984年3月	河北宽城峪耳崖乡大野峪村	盘心为立鹿纹，盘缘饰六组花卉	口径50，高10	鎏金银盘	《考古》1985，9

表三　葵花形银盘登记表

编号	出土时间	地点	纹饰	尺寸（厘米）	原名	出处
葵1	1956年12月	陕西西安东北郊八府庄	盘心为立狮纹，盘缘饰花朵纹6组	口径34，高6.7	镀金花纹银盘	《文物参考资料》1957，4
葵2	1962年3月	陕西西安北郊坑底村	盘心为对凤团花，周围饰六朵宝相花。盘缘为两种不同纹样相间排列的花卉6组，并以雀衔花蝶纹点缀其间	口径55	金花银盘	《文物》1963，10
葵3	1970年10月	陕西西安南郊何家村	盘内饰鸾（凤）鸟纹	口径16.3，高1.4	鸾鸟纹六瓣银盘	《文物》1972，1
葵4	1970年10月	陕西西安南郊何家村	盘内饰翼牛纹	口径15.8，高1.4	翼牛纹六瓣银盘	《文物》1972，1

续表

编号	出土时间	地点	纹饰	尺寸（厘米）	原名	出处
葵5	1970年10月	陕西西安南郊何家村	盘内饰熊纹	口径14.3，高1	熊纹六瓣银盘	《文物》1972，1
葵6	1972年	陕西西安东南郊曲江池村	盘内饰折枝团花	口径15.5，高1	六瓣凸花鎏金银盘	《考古与文物》1982，1
葵7	1972年	陕西西安东南郊曲江池村	盘内饰折枝团花	口径15.5，高1	六瓣凸花鎏金银盘	《考古与文物》1982，1
葵8	1976年4月	内蒙古喀喇沁旗哈达沟门	盘心双鱼纹，周饰双花6朵。盘缘为两种不同纹样相间排列的花卉6组	口径47.8，残高2	Ⅰ式银盘	《考古》1977，5
葵9	1976年4月	内蒙古喀喇沁旗哈达沟门	盘心双鱼纹，周饰双花6朵。盘缘为两种不同纹样相间排列的花卉6组	口径47.8，残高2	Ⅰ式银盘	《考古》1977，5
葵10	1976年4月	内蒙古喀喇沁旗哈达沟门	盘心为蹲狮纹，周围和盘缘各为两种不同纹样相间排列的花卉6组，盘缘和腹部之间有一圈花瓣纹	口径46.6，残高2.4	Ⅱ式银盘	《考古》1977，5

续表

编号	出土时间	地点	纹饰	尺寸（厘米）	原名	出处
葵11	1976年4月	内蒙古喀喇沁旗哈达沟门	盘心为卧鹿团花，周围饰不同纹样的花卉6组。盘缘纹饰为两种不同纹样相间排列的6组花卉	口径46.6，残高2.2	Ⅲ式银盘	《考古》1977，5
葵12	1958年春	陕西耀县柳林背阴村	盘心为花叶组成的团花，周围为5簇花叶纹。盘缘饰连续花瓣纹	口径17.7，高3	涂金刻花五曲"敬晦进"银碟	《文物》1966，1
葵13	1977年11月	陕西西安东郊新筑公社枣园村	盘内底部为双凤衔绶团花，周围有相间排列的扁形小团花和三角形小花各5朵。内壁饰花鸟纹	口径22.2，高3.2	双凤衔绶五曲银盘	《考古与文物》1984，4
葵14	1980年12月	陕西蓝田杨家沟村	盘内底部为一对鹦鹉和花叶组成的团花，周围有一圈变形同心结纹饰。内壁饰花卉5组，盘缘饰连瓣纹一周	口径21，残高3.5	鹦鹉团花纹银盘	《考古与文物》1982，1

续表

编号	出土时间	地点	纹饰	尺寸（厘米）	原名	出处
葵15	1958年春	陕西耀县柳林背阴村	盘内底部刻双鱼纹，周围饰连瓣纹。内壁饰4簇扁形团花、鱼子纹地	长径16.5，短径12.1，高4.5	涂金刻花四曲银碟	《文物》1966，1
葵16	1958年春	陕西耀县柳林背阴村	盘内底部为双鸾（凤）和缠枝花草纹、鱼子纹地，外饰一圈花瓣纹。盘外壁有4簇扁形团花。盘边缘饰花瓣纹	长径18.5，短径15.4，高4.5	涂金刻花四曲银碟	《文物》1966，1
葵17	1980年12月	陕西蓝田杨家沟村	盘内底部为花叶组成的团花。内、外壁四周各饰鸳鸯绶带纹扁形团花4朵。盘边缘饰鸿雁34只	口径20.3，残高3	鸳鸯绶带纹银盘	《考古与文物》1982，1

8、9、10、11为大型银盘，口径34—47.8厘米；葵3、4、5、6、7为小型银盘，盘径13.4—16.3厘米。大型银盘一般有三足，但多已脱落，葵1的三足为卷叶。小型银盘为平底。葵2的背面刻铭文："浙东道都团练观察处置等使大中大夫守越州刺史兼御史大夫上柱国赐紫金鱼袋臣裴肃进"，另有铭文"点过讫"三字。根据铭文所记官职，并结合文献记载进行考证的结果，裴肃进奉此银盘当在贞元十五年（799）五月至十八年（802）正月之间①。葵11盘底有铭文一行："朝议大夫使持节宣州诸军事守宣州刺史兼御史中丞充宣歙池等州都团练观察处置采石军等使彭城县开国男赐紫金鱼袋臣刘赞进"。经考证，刘赞进奉此银盘的时间，应在贞元三年（787）八月之后、十二年（796）二月之前②。

1　　　　　　　　　　　　　　　　2

图二　葵花形银盘

1. 葵2（西安北郊坑底村出土双凤纹银盘）　2. 葵10（内蒙古喀喇沁旗出土蹲狮纹银盘）

---

① 卢兆荫：《从考古发现看唐代的金银"进奉"之风》，《考古》1983年第2期。

② 卢兆荫：《从考古发现看唐代的金银"进奉"之风》，《考古》1983年第2期。

六瓣葵花形银盘是金花银盘中最主要的一类，它和菱花形银盘都属典型的唐代金花银盘。

（2）五瓣葵花形银盘

3件。陕西耀县柳林背阴村出1件（编号为葵12）①，西安东郊新筑公社枣园村出1件（编号为葵13）②，陕西蓝田杨家沟村出1件（编号为葵14）③。盘口皆为五瓣形。除葵13为平底外，其余两件（葵12、14）有圈足，葵14的圈足已脱落，但仍留有焊痕。葵12盘底刻铭文："盐铁使臣敬晦进十二"9字。敬晦任盐铁使、进奉银盘的时间应在大中三年（849）四月至五年（851）二月之间④。葵14盘底錾有"林"字。

（3）四瓣葵花形银盘

3件。陕西耀县柳林背阴村出2件（编号分别为葵15、16）⑤，陕西蓝田杨家沟村出1件（编号为葵17）⑥。盘口为四瓣形，盘底附圈足。葵15、16的盘口为四瓣组成的椭圆形，与一般葵花形稍有差别。葵17的圈足已脱落，底部刻铭文："桂管臣李杆进""七两半""捌两""捌""美""小贞"，外壁刻"小贞"二字。

4. 桃形银盘

桃形银盘共2件（表四），都系西安南郊何家村所出（编号分别

---

① 陕西省博物馆：《陕西省耀县柳林背阴村出土一批唐代银器》，《文物》1966年第1期。

② 保全：《西安东郊出土唐代金银器》，《考古与文物》1984年第4期。

③ 蓝田县文管会樊维岳：《陕西蓝田发现一批唐代金银器》，《考古与文物》1982年第1期。

④ 卢兆荫：《从考古发现看唐代的金银"进奉"之风》，《考古》1983年第2期。

⑤ 陕西省博物馆：《陕西省耀县柳林背阴村出土一批唐代银器》，《文物》1966年第1期。

⑥ 蓝田县文管会樊维岳：《陕西蓝田发现一批唐代金银器》，《考古与文物》1982年第1期。

为桃1、2）①。盘的平面作桃形，其中桃1为单桃形，桃2为双桃形。

5. 海棠形银盘

海棠形银盘共2件（表五）。西安城区出1件（编号为海棠1）②，江苏丹徒丁卯桥出1件（编号为海棠2；图三：2）③。盘口作近似海棠形，底部附圈足，海棠1的圈足已脱落。

图三　葵花形银盘和海棠形银盘
1. 葵11（内蒙古喀喇沁旗出土卧鹿纹银盘）　2. 海棠2（江苏丹徒丁卯桥出土双鸾纹银盘）

此外，1980年1月陕西铜川市陈炉公社林场曾出土唐代银盘3件，盘口作菱形，下有圈足，因无鎏金纹饰，不属金花银盘④。还有1件和上述葵1共出的小银盘，也无鎏金花纹。另外，上述西安南郊何家村窖藏金银器中还有1件涂金裹银盘，因未发表详细资料，不便分类。

---

① 陕西省博物馆等：《西安南郊何家村发现唐代窖藏文物》，《文物》1972年第1期。

② 保全：《西安市文管会收藏的几件唐代金银器》，《考古与文物》1982年第1期。

③ 丹徒县文教局等：《江苏丹徒丁卯桥出土唐代银器窖藏》，《文物》1982年第11期。

④ 卢建国：《铜川市陈炉出土唐代银器》，《考古与文物》1981年第1期。

表四 桃形银盘登记表

编号	出土时间	地点	纹饰	尺寸（厘米）	原名	出处
桃1	1970年10月	陕西西安南郊何家村	盘内饰一龟纹	口径12.3、高1	龟纹桃形银盘	《文物》1972，1
桃2	1970年10月	陕西西安南郊何家村	盘内饰二弧纹	口径22.5、高1.9	双弧纹双桃形银盘	《文物》1972，1

表五 海棠形银盘登记表

编号	出土时间	地点	纹饰	尺寸（厘米）	原名	出处
海棠1	1968年	陕西西安城区	盘内底部为抚琴舞鹤图像，点缀以假山花草，周围有菱形和如意头云纹带各一圈。盘缘饰石榴、仙桃花枝纹	长径21、短径15	海棠形奏琴舞鹤银盘	《考古与文物》1982，1
海棠2	1982年1月	江苏丹徒丁卯桥	盘内为双鸾（凤）纹，盘缘饰缠枝花鸟，鱼子纹地	长径21、短径15.3、高4.8	涂金四出腰形双鸾盘	《文物》1982，11

二　年代可考的金花银器及其纹饰的主要特点

了解纪年银器的纹饰特点，对研究金花银盘的分期断代具有重要的意义。根据现有资料，在唐代金银器中有准确纪年的为数很少，年代明确的金花银盘以及纹饰可供断代参考的其他银器，只有以下数件。

1. 圆 4

根据上文考证，此银盘进奉于唐代宗广德二年（764）九月至大历二年（767）四月之间，其制作年代约为 8 世纪中叶，相当于中唐前期。纹饰的主要特点是，盘内中心的主体花纹已形成团花，写实的双鱼前后并列，而不是处在对称的地位，环绕双鱼的折枝花是连续成株的（图四：2）；外区的纹饰也是连续成株的折枝花叶，尚未形成分离的小团花或花卉图案。

2. 葵 11

经考证，此银盘进奉的时间在唐德宗贞元三年（787）八月至十二年（796）二月之间，其制作年代约为 8 世纪末叶，属中唐后期。盘内中心主体花纹的特点和圆 4 相似，只是以卧鹿代替了双鱼，以折枝石榴花纹代替了折枝花叶（图四：1）；外区则为六组不同纹样的花卉，与圆 4 所饰连续成株的折枝花大不相同。花纹层次分明，比圆 4 更加优美，这种纹饰布局与器形有着密切的关系。

3. 葵 2

经考证，此银盘进奉于唐德宗贞元十五年（799）五月至十八年（802）正月之间，稍晚于葵 11 进奉的时间，其制作年代也属中唐后期。盘内中心团花的双凤处在对称的位置，在构图上比

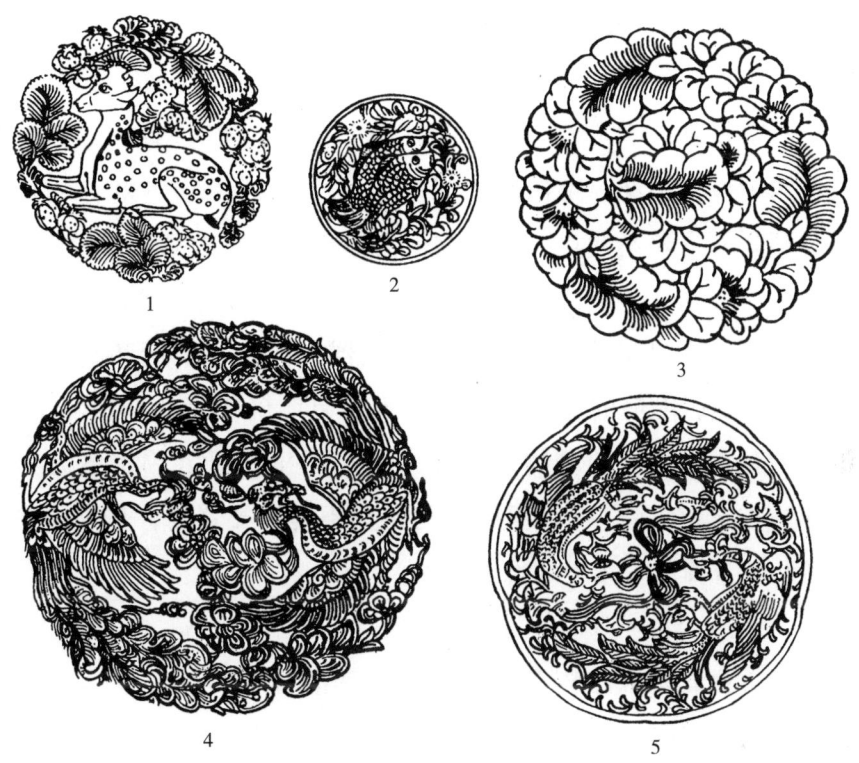

图四　年代可考的银器纹饰

1. 葵 11（内蒙古喀喇沁旗出土）盘心卧鹿团花　2. 圆 4（西安南郊出土）盘心双鱼团花　3. 葵 12（陕西耀县柳林背阴村出土）花叶团花　4. 葵 2（西安北郊坑底村出土）盘心对凤团花　5. 咸通七年银盒（陕西蓝田杨家沟村出土）盖面双凤衔绶团花

圆 4 前后并列的双鱼纹显然有所发展（图四∶4）；中心团花周围的六组扁形花卉图案，不是纹样各异，而是两种纹样相间排列，这是和葵 11 不同之处。

4. 葵 12

经考证，此银盘为唐宣宗大中三年（849）四月至五年（851）二月间所进奉，其制作年代当为 9 世纪中叶，属晚唐时期。盘内中心的团花单纯由花叶组成，没有动物纹饰，似为上述银盘主体团花的简化形式（图四∶3）；中心团花周围的五簇小团花，纹样完全相同，也是简化了的形式。

5. 凤衔绶带五瓣银盒

此银盒与葵14、17两银盘共出。根据盒底铭文记载，该盒造于唐懿宗咸通七年（866）十一月十五日，属晚唐时期①。盖面花纹为凤衔绶带团花，空白处填以蔓草纹（图四：5）。对称的双凤和葵2的主要不同点，是凤嘴衔有四出绶带，故其年代较葵2为晚。

以上这些纪年的和年代可考的银器，都属于中唐和晚唐时期，缺少盛唐以前的器物。在已发现的有明确年代的金银器中，虽然也有盛唐时期的器物，如甘肃泾川所出属于武周延载元年（694）的金棺和银椁②，但因其与银盘不是同类器物，其纹饰在银盘断代方面可资参考的价值不大。

三 金花银盘主体花纹的分类及其相对年代

银盘的纹饰一般都在盘内，中心部位的花纹为主体花纹；大型银盘在主体花纹的周围和盘缘，往往还有辅助的图案花纹。银盘的主体花纹大致可分为以下五类。第一类，单个动物花纹，如狮子（葵1、10）、鸾凤（葵1、葵3）、猞猁（圆3）、鹿（菱2）、熊（葵5）、狐（桃2）、龟（桃1）、翼牛（葵4）。第二类，单纯由花叶或折枝花组成的团花（圆2，葵6、7、12、17）。第三类，以单个动物纹为中心的团花，如狮子团花（圆1）、黄鹂团花（圆5）、卧鹿团花（葵11）。第四类，以并列或对称的成对动

---

① 蓝田县文管会樊维岳：《陕西蓝田发现一批唐代金银器》，《考古与文物》1982年第1期。

② 甘肃省文物工作队：《甘肃省泾川县出土的唐代舍利石函》，《文物》1966年第3期。

物纹为中心的团花，如双鱼团花（圆4、葵8、9、15）、双凤团花（海棠2，葵2、13、16）、双鹦鹉团花（葵14）。第五类，人物图像（海棠1）。

在上述第一类花纹中，属于大型银盘者有两种情况，一种在动物纹的周围有辅助的花卉图案（如葵10）；另一种则没有，只在盘缘有纹饰（如葵1，菱1、2）。从花纹布局看，前者应是从后者发展而来。葵1盘缘的花朵纹疏落有致，与中唐以后密集的花卉图案迥然不同，而与日本正仓院所藏唐代花鹿纹银盘的盘缘纹饰相似，原田淑人氏也曾指出，此盘的制作工艺和正仓院银盘十分相近（图五）[1]。此盘与天宝二年、十年纪年银铤同出，从纹饰特点看，其制作年代应属盛唐时期。葵10与中唐后期的葵11同出，二者的花纹布局基本相同，也应为中唐器物。菱1仅存半面，盘内残存的立鸟纹，其形象和景云元年（710）李仁墓石门楣花纹中的凤鸟纹颇为相似（图六：1）[2]，盘缘的卷草莲瓣纹也呈现盛唐风格，其时代应属盛唐时期。桑山正进氏认为，此银盘为8世纪中叶以前的器物[3]；秋山进午氏从盘缘纹饰和制作方法等进一步论证，该盘应属8世纪初期[4]，二人的看法是正确的。菱2和上述正仓院银盘相比，虽然前者为菱花形，后者为葵花形，但在整体造型上仍然类似，都有3个卷叶形足，盘心鹿纹和盘缘

---

[1] ［日］原田淑人：《中国考古学的新资料の二、三》，《东京国立博物馆美术志》78号，1957年9月。

[2] 中国科学院考古研究所：《西安郊区隋唐墓》，科学出版社1966年版，第11页，图一一。

[3] ［日］桑山正进：《一九五六年来出土の唐代金银器てその编年》，《史林》60卷6号。

[4] ［日］秋山进午：《唐代の银盘についこ》，《展望アジアの考古学——樋口隆康教授退官纪念论集》。

1　　　　　　　　　　　　2

图五　日本正仓院所藏花鹿纹银盘
1. 俯视　2. 侧视

花纹也近似，两盘的制作年代可能相差不远，都属盛唐时期。此类花纹中的小型银盘，除动物纹外没有其他辅助纹饰，这也可能和盘的面积小有关系。圆3出于时代较晚的墓（原报道认为是早期辽墓），但为唐代器物无疑。夏鼐先生认为，此盘的风格和何家村动物纹银盘相似，当属同一时代①。葵3、4、5和桃1、2为何家村动物纹银盘，有的学者认为这些银盘的花纹较特殊，尚难确定其具体年代②。但从整体看，动物纹银盘的纹饰简洁，与中唐以后的花纹风格不同，葵3的鸾鸟纹和上述景云元年墓石刻凤纹也颇相类，所以它们可能都是盛唐时期的器物。

第二类花纹的银盘，时代早晚差别较大。其中圆2（图六：2）、葵6（图六：3）、葵7的盘心团花由单株折枝花构成，似为早期团花的形式，其造型风格也和何家村动物纹银盘近似，时代似属盛唐时期。葵12的年代，上文考证为9世纪中叶，属晚唐时

---

① 夏鼐：《近年中国出土的萨珊朝文物》，《考古》1978年第2期。
② 段鹏琦：《西安南郊何家村唐代金银器小议》，《考古》1980年第6期。

图六　唐代凤鸟纹和花卉纹图案
1. 景云元年李仁墓石门楣上的凤鸟纹　2. 圆2盘心六瓣团花（西安东南郊曲江池村出土）3. 葵6盘心折枝团花（西安东南郊曲江池村出土）

期。葵17与咸通七年银盒共出，团花周围的鸳鸯绶带图案与盒盖上的凤衔绶带纹风格基本相同，且有卍符号出现，也应为晚唐器物。上述两银盘的盘心团花，当为中唐时期团花的简化形式，团花中心以花叶纹代替了动物纹。

第三类花纹的银盘，都属中、晚唐时期。葵11的年代，如上所述，约为8世纪晚期，属中唐后期。圆5盘心团花的格调和葵11有相似之处，但团花周围的六组花卉图案纹样完全一致，这和葵11团花周围的六组花卉纹样各异的情况不同，其时代可能和葵11相近或稍晚。圆1的器形特点是圆口而腹部有四曲，这应是从一般的圆形圈足盘发展而来的。圆1的中心团花有鱼子纹地，外腹面饰四簇纹样相同的宝相花，其纹饰特点和共出的晚唐银盘葵12有共同之处，其时代也应属晚唐时期。

第四类花纹的银盘，时代上也有早晚的区别。圆4为较早的类型，属中唐前期，团花中心的双鱼为前后并列。葵15的双鱼纹虽然也是前后并列，但刻工粗略，其周围也已简化为莲瓣纹，时代应比圆4为晚，属晚唐时期。葵2、8、9、13、14、16和海棠2盘心团花中的双鱼、双凤或双鹦鹉纹，都呈对称形式。其中时代明确的葵2，属中唐后期。葵8、9的造型和纹饰的风格和共出的葵10、11差别不大，也应是中唐器物。葵14的器形虽和共出的葵17相似，但无绶带纹，其年代可能稍早，而属于中唐时期。

葵13的双凤嘴衔绶带纹饰，纹样风格和上述咸通七年五瓣银盒盖面的凤衔绶带图案十分相像，共出的有乾符六年（879）银铤，故其年代属晚唐时期当无疑义。葵16和葵15的器形相同，发表的资料纹饰不清，据报道盘心饰双凤，周围有缠枝花草纹，鱼子纹地，从器形和纹饰考察，也应为晚唐器物。海棠2盘心为对称的双鸾（凤）戏珠纹，盘缘饰缠枝花鸟纹，鱼子纹地。有的学者认为，此盘的制作年代在公元760年以前①。此说值得商榷。从器形和纹饰考察，此盘似应为晚唐器物。

英国不列颠博物馆收藏的一批据说是西安（或洛阳）附近一座墓出土的银器，其中有的刻有"乾符四年"（877）纪年铭文。这批银器中的两件海棠形或近似海棠形银盘（图七），器形和纹饰的风格与海

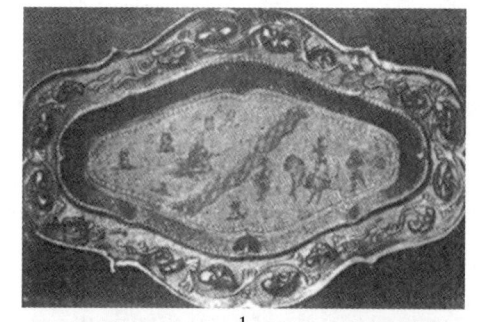

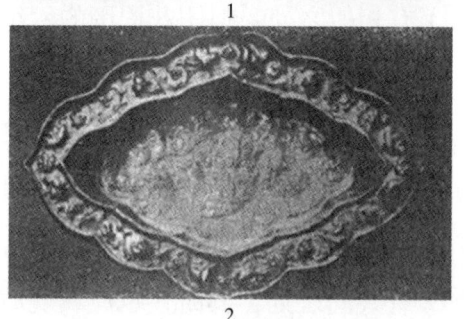

图七　英国不列颠博物馆所藏银盘

---

① 陆九皋等：《丹徒丁卯桥出土唐代银器试析》，《文物》1982年第11期。

棠 2 盘颇为相似①。秋山进午氏认为，出海棠 2 盘的丁卯桥窖藏应和背阴村、蓝田两窖藏一样，属 9 世纪中叶②。其说是可信的。

第五类花纹的银盘只有 1 件（海棠 1），其器形和上述不列颠博物馆所藏银盘中的 1 件完全相同，主体花纹也都是人物图像（图七：1）。所以此盘的年代应属晚唐时期。

四 金花银盘的分期

关于唐代金银器的分期问题，学者们做过不少研究。俞伯曾将唐代金银器分为初唐、盛唐、中唐、晚唐四期，但所据资料主要是传世品③。桑山正进将 20 世纪 50—70 年代出土的唐代金银器，划分为属于 8 世纪中叶以前、8 世纪末至 9 世纪初、9 世纪中叶以后的三大群④。秋山进午曾专就唐代银盘的出土情况、制作年代等问题进行了研究⑤，该文发表于 1983 年出版的论文集中，因而未能收进 1982 年以后发表的资料。下文拟以年代可考的银盘为纲，根据上文从造型和纹饰方面对银盘的年代进行考察的结果，试将唐代的金花银盘分为盛唐、中唐、晚唐三期，并归纳出

---

① R. L. Hobsorn, 1926, "A T'ang Silver Hoard", *The British Museum Quarterly*, Vol. 1, No. 1.

② ［日］秋山进午：《唐代の銀盤についこ》，《展望アジアの考古学——樋口隆康教授退官纪念论集》，附记 1。

③ Bo Gyllensvard, 1957, "T'ang Gold and Silver", *The Museum of Eastern Antiquities*, No. 29.

④ ［日］桑山正进：《一九五六年来出土の唐代金银器てその编年》，《史林》60 卷 6 号。

⑤ ［日］秋山进午：《唐代の銀盤についこ》，《展望アジアの考古学——樋口隆康教授退官纪念论集》。

每期的主要特点。

第一期 盛唐时期，公元7世纪后期至8世纪中叶。大型银盘为菱花形或葵花形，多数有三足。纹饰简洁，往往只有鸾（凤）、鹿、狮子等单个动物纹，周围无辅助花卉，盘缘花卉图案也较为疏散。菱1、2和葵1是这一期的代表器物。小型银盘器形较为多样化，除葵花形外，还有圆形、桃形等，多数为平底。纹饰也较简单，为单个动物纹或由单株折枝花构成的团花或六瓣花。

第二期 中唐时期，公元8世纪中叶至9世纪初期。这期年代可考的金花银盘有3件，1件（圆4）属中唐前期，两件（葵2、11）属中唐后期。器形以葵花形为主，少数为圆形，菱花形已消失。纹饰布局比上一期匀称而丰满，盘内除主体花纹外，还有辅助的花卉图案。主体花纹有狮、鹿、黄鹂等单个动物纹和双鱼、双凤、双鹦鹉等组成的团花或圆形图案，成双的动物纹多数为对称形式。盘缘的花卉纹饰，结构比第一期紧密，更趋于图案化。

第三期 晚唐时期，公元9世纪初期至10世纪初期。这期年代可考的银盘只有1件（葵12）。菱花形和葵花形的三足大型银盘都已消失，多数为带圈足的小型银盘。盘口的形状，虽然多数仍作葵花形，但瓣数减少，有的作四瓣椭圆形。个别的为圆形。海棠形则是这期新出现的器形。盘内中心的团花，主要有两种形式：一种由单纯的花叶组成，没有动物纹；另一种为衔绶带的双凤图案。前者应是第二期银盘盘心图案的简化形式，后者则是第二期双凤图案的发展。也有少数银盘的主体花纹为简化的双鱼、双鸾（凤）纹，部分银盘的纹饰有鱼子纹地。人物图像是这期银盘中新出现的装饰题材。

在考古发掘中，尚未发现唐代以前的金花银器。在银器上装饰鎏金的花纹，应是唐代新兴的一种金银工艺。这种新工艺的出现，可能和外来金银器的影响有关系。山西大同市南郊北魏建筑遗址曾出土1件带有希腊化风格的鎏金刻花银碗①，这件银器应是从西亚或中亚输入的②。在大同市小站村花圪塔台北魏墓中出土的1件萨珊银盘，盘内的纹饰也是鎏金的③。唐代银器上的花纹鎏金，可能是受到萨珊金银器等西亚、中亚金银器工艺的启示。天宝年间，唐明皇和杨贵妃赐给安禄山的金银器中，除金花银盘外，还有金花（银）盌、金花大银盆、金镀银盖碗、金镀银盒子等④。可见盛唐时期，金花银器已相当流行。上述代宗时洪州刺史李勉、德宗时宣州刺史刘赞和越州刺史裴肃进奉的金花银盘，应该是洪州（治豫章）、宣州（治宣城）、越州（治会稽）当地制造的。由此判断，至少到中唐时期，江南地区制造金花银器的手工业已相当发达。与刘赞所进银盘共出的葵8、9两银盘，盘心双鱼图案中的"龙首鱼"纹（图八：1）和江苏丹徒丁卯桥所出鎏金鱼化龙纹银盆内底图案中的"龙首鱼"纹（图八：2）十分相像，只是后者的胸鳍发展成双翼⑤。丹徒在唐代属润州，润州与宣州相

---

① 《大同南郊北魏遗址》，《文物》1972年第1期，第83—84页；《文化大革命期间出土文物》第一辑，文物出版社1972年版，图版一五二下。

② 夏鼐：《近年中国出土的萨珊朝文物》，《考古》1978年第2期；孙培良：《略谈大同市南郊出土的几件银器和铜器》，《文物》1977年第9期。孙文认为，此银碗原来很可能是高足杯，应系来自伊朗东部呼罗珊的萨珊器。

③ 大同市博物馆马玉基：《大同市小站村花圪塔台北魏墓清理简报》，《文物》1983年第8期。

④ （唐）姚汝能：《安禄山事迹》卷上，《藕香零拾》本。

⑤ 丹徒县文教局等：《江苏丹徒丁卯桥出土唐代银器窖藏》，《文物》1982年第11期。喀喇沁旗银盘的鱼纹，有的学者认为是华化的摩竭纹（见岑蕊《摩竭纹考略》，《文物》1983年第10期），但丁卯桥银盆中的"鱼化龙"纹，已有双翼，和摩竭水兽似有较大区别。所以这两件银器的龙首鱼纹也可能是汉晋以来大鱼化龙传说的反映。"摩竭"今多写作"摩羯"。

邻，两地所造银器的纹样风格相类，是可以理解的。这进一步说明，内蒙古喀喇沁旗所出的这两件双鱼纹银盘也系来自江南地区。

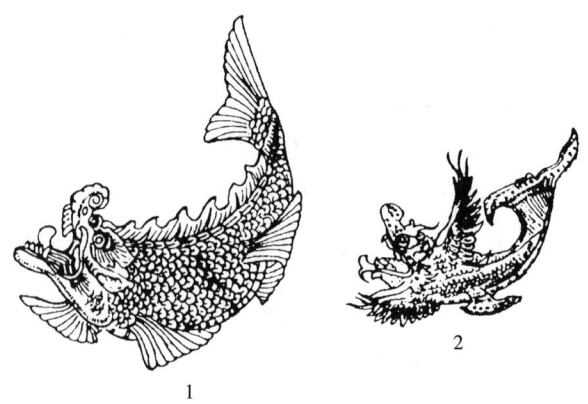

图八　银盘和银盆的龙首鱼纹
1. 葵 8（内蒙古喀喇沁旗出土）龙首鱼纹　2. 鎏金鱼化龙纹银盆（江苏丹徒丁卯桥出土）龙首鱼纹

唐文宗大和二年（828）五月，敕命诸道进奉内库和四节进奉的金花银器一律折充铤银[①]。这可能是由于当时内库收藏的金花银器积压过多，所以暂时规定以进奉银铤代替银器。这从另一角度反映了晚唐时期金花银器的制造和使用，已经更为普遍了。

（本文原载《中国考古学研究——夏鼐先生考古五十年纪念论文集》，文物出版社 1986 年版）

---

① 《旧唐书·文宗本纪》："（大和二年五月）庚子，敕：'应诸道进奉内库，四节及降诞进奉金花银器并篡组文缬杂物，并折充铤银及绫绢。其中有赐与所须，待五年后续有进止。'"

关于金银器的几个问题

一

第一个问题：我国金银器是怎样发展起来的？何时进入鼎盛时期？封建贵族为什么热衷于使用金银器皿？

我国究竟从什么时候开始使用金银器？要解答这个问题，首先必须弄清金银器的含义。什么是金银器，答案有狭义的和广义的两种。狭义的金银器，只是指用金银制成的器皿，如杯、盘、碗、碟等；广义的金银器，除器皿外，还包括各种用金银制成的装饰品。金在自然界中大都是以游离状态存在，也就是不与其他物质化合而单独存在，即所谓自然金。但自然金是极为稀少的。银则不同。银在自然界中是很少单独存在的，多数必须经过冶炼才能取得。正因为这样，人类用黄金做装饰品的历史比用银早。然而长期以来，人们却把黄金看得比白银贵重。为什么会如此呢？原来，金不生锈，不溶于酸和碱，延展性在金属中又是最大的（1克重的金可延长到4000米，锤薄可到1毫米的五十万分之一），这些都为银所不及。除此而外，银矿要比金矿的储量大得多，人们一旦掌握了冶炼银的技术，银比金要多得多。这样，金便由于比银稀有而贵于银。

我们的祖先至迟在奴隶社会的商周时代就以黄金作饰物了。

图一　湖北随县曾侯乙墓出土的金盏

在河南郑州、安阳和河北藁城的商代遗址中，都出土过金块或金片，这是迄今已发现的我国最早的黄金饰品，但还不是黄金器皿。周代最高统治者乘用的名为"金路"的车舆也是用黄金装饰的。最晚从战国时期开始，诸侯贵族不但已使用金质服饰，也使用金质器皿了。在湖北随县战国初期曾侯乙的墓中，除出土了金带钩外，还出土了金盏（图一）、金杯、金器盖等黄金器皿。迄今已知的最早的银质器皿，出现在战国时期的楚国。故宫博物院收藏的楚国银匜和长沙郊区出土的楚怀王二十九年（前300）的银皿，就是目前见到的最早的银质器皿。尽管目前还没有发现楚国的黄金器皿，但是曾国在政治上是楚国的附庸，两国之间的文化关系非常密切，上述曾侯乙墓出土的黄金器皿，很可能来自楚国，或者其制作技术是从楚国传来的。所以有的学者认为，我国首先掌握金银器皿制作技术和使用金银器皿的，可能是战国时代南方的楚人。当时中原地区流行的鎏金银器和错金银器，不过是利用金银以加强装饰效果的青铜器，本身还不是金银器皿。

汉代以后，金银器的制造有了新的发展。西汉时官营手工业中每年用于制作金银器的费用已相当可观。《汉书·贡禹传》记载："蜀、广汉主金银器，岁各用五百万。"可见当时设在四川地区的蜀郡和广汉郡的工官，每年用于制造金银器的费用共达一千万铜钱之多。但是当时只有宫廷中的皇室和少数贵族才能使用金银器，一般的贵族官僚就连有金银装饰的漆器都不许使用。汉武帝的庶兄中山靖王刘胜的墓中，随葬许多镀金银和错金银的青铜器，但金器只有金医针和金饰物，而没有发现黄金器皿，银质器皿也只有小银盒（图二）和小漏斗各1件。长沙马王堆轪侯利仓的墓中，1件金银器也没有。东汉时期，能使用金银器的也只是一些皇室贵族，如光武帝郭皇后的弟弟郭况，由于受到皇帝的宠幸，家中以玉器为饮食用具，以黄金为器皿。当时京城的百姓称郭家为"琼厨金穴"，可见这是十分特殊的例子。据史书记载，汉代赐金的数量是很大的。但一般认为，史书上所说赐金的"金"，往往是指铜钱。如《史记·平准书》所载"赏赐五十万金"，可能就是指价值五十万铜钱的铜币，只有写明"黄金"的才是真金。如《汉书·东方朔传》所载："上乃拜朔为太中大夫给事中，赐黄金百斤。"这里已写明为"黄金"，自然就是真金了。东汉末年，曹操曾向朝廷进献金香炉、金唾壶、银香炉、银匣、银奁等，而自己还不敢使用银器。在东汉时期的墓葬中，发现金银器皿的数量也很少。魏晋南北朝时期，贵族官僚在日常生活中使用金银器已比较普遍，但是金银器的制造仍由官营手工业作坊垄断。北魏时，仍然规定上自王公下至百姓不许私养"金银工巧之人"，私造金银器是非法的。在这种情况下，金银器的使用必然受到很大的限制。

我国金银器的制造和使用，到了唐代才进入鼎盛时期。其主要标志有三。

首先，在中央政府中设立了制造金银器的专门机构，即在少府所属的中尚署下有一个金银作坊院，专门为皇室贵族制造金银

图二　河北满城刘胜墓出土的银盒

器。当时的金银器制造业和其他官营手工业一样，对产品的质量有一套严格的管理和考核的制度。除了京都长安城有官营的金银器作坊外，有些地方也有私营的金银手工业存在，如晚唐时期苏州城内就有金银行和金银铺。从官府垄断转向允许私人经营，给金银手工业的迅速发展提供了有利条件。

其次，使用金银器的范围较前扩大了。到了唐代，不仅皇室大量使用金银器，官僚贵族也普遍使用。例如边将安禄山，由于受到唐明皇的宠幸，生活极度奢侈，连厨房所用的筅篱和马棚中所用的箩筐也是用银丝编成的。当时一些官衙也使用金银器皿。发掘出土的文物说明，晚唐时期左神策军使宅茶库就使用鎏金的银质茶托子，宣徽院酒坊也使用刻花银碗和银酒注（图三）。可见当时使用金银器，已从宫廷扩大到一般的官署衙门了。

再次，金银器的数量大增。唐王建《宫词》诗有"一样金盘五千面，红酥点出牡丹花"句。诗人可能有些夸张，但也说明当时宫廷中金盘的数量确实很多。皇帝赐给大臣的金银器，往往不是一两件，而是一车或一床（安置器物的架子）。地方官僚进献给皇帝的金银器，其数量之大更是惊人。《册府元龟·帝王部·纳贡献》记载，唐代宗时节度使田神功和杜鸿渐各进奉金银器五十床。

《旧唐书·王播传》记载，唐文宗时节度使王播一次就进奉大小银碗3400件。发掘出土的唐代金银器，数量也很多。西安南郊何家村出土的窖藏金器和银器共270件，包括食器、饮器、盥洗器、日用品、装饰品和药用器具等，几乎应有尽有。1982年镇江市丁卯桥出土的窖藏银器多达950余件。可见唐代金银器的数量之多，已大大超过前代，进入金银器的鼎盛时期。

图三　陕西西安西郊出土的"宣徽酒坊"银酒注

宋代以后，统治阶级继续使用金银器，但器物的造型和纹饰没有什么新的发展，在艺术水平方面似乎还有下降的趋势。这可能和以下情况有关系：宋代以后，瓷器的制造技术有了显著的进步，原料易得、价格较为低廉的瓷器在人们日常生活中所占的地位越来越重要，因而价格昂贵的金银器在许多领域已被瓷器所取代。明清时期，宫廷内也大量使用金银器，发掘出土的也有一些珍品。但是，总的说来，这些金银器多着重于实用性，艺术性并不高。明定陵出土的金银器，也多为实用的器皿。万历皇帝的金冠则是1件十分珍贵的文物，通体用纤细的金丝编制而成，上面还装饰两条戏珠的金龙，表现了当时金银细工方面最高的工艺技术水平（图四）。

古代的皇帝和贵族官僚为什么热衷于使用金银器皿？一般认为，金银是贵金属，封建统治阶级为了炫耀其财富，追求穷奢极欲的生活，所以喜欢使用金银器。也有人认为，魏晋以后金银器渐趋流行，是受佛教涂金佛像和佛寺涂金装饰的影响。有人认为更重要的原因可能是封建统治者认为使用黄金做成的饮食器具可以益寿延年。这种思想早在西汉时期就已萌芽。汉武帝

图四　明定陵出土的万历皇帝金冠

相信五行家，方士李少君曾对他说：丹沙能化为黄金，"黄金成以为饮食器则益寿"。到了唐代，统治阶级继承并发展了这种迷信思想，认为以金银为食器不仅能益寿，而且能长生不死。《旧唐书·李德裕传》记载，浙西观察使李德裕就曾以这种思想力劝唐敬宗不要饵食方士炼成的"黄金"（即丹药），而应该以黄金作饮食器具。可见，认为金银器皿能益寿延年的迷信思想，会促使人们对金银器的广泛使用。

另外，唐代金银器的发达可能还受到萨珊金银器工艺的影响。北魏以后，波斯（今伊朗）萨珊朝的金银器通过"丝绸之路"逐渐传入中国，到了唐代初期输入更多。我国境内发现的萨珊式金银器不少，如1970年山西大同出土的海兽纹八曲银洗，1970年西安何家村出土的八棱鎏金银杯（图五）和刻花高足银杯（图六），1975年内蒙古敖汉旗出土的带柄银执壶（图七）等。

关于金银器的几个问题　445

图五　陕西西安何家村出土的八棱银杯

图六　陕西西安何家村出土的刻花高足银杯

从这些萨珊式金银器观察，其中洗为多瓣椭圆形、底部有浮起的写生动物纹；八棱杯的足部和杯身有连珠装饰；高足杯为喇叭形足，足部和杯身有凸棱；带柄执壶底部外缘有连珠一周，柄部还饰以胡人半身像，此即文献记载中的"胡瓶"。波斯萨珊金银器的输入，在造型和纹饰方面带来了新的气息，对中国金银器的进一步发展起了促进的作用。

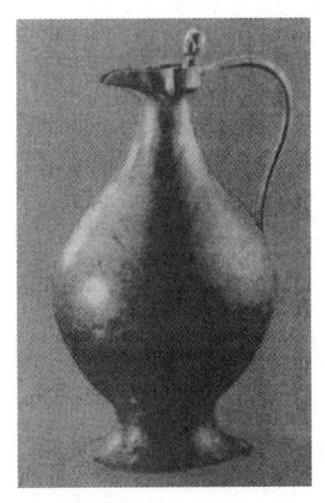

图七　内蒙古敖汉旗出土的银执壶

二

第二个问题：唐代金银器有哪些种类？其纹饰的主要题材是什么？

从发掘出土的资料看，唐代金银器的种类很多，可分为如下几类。(1) 食器。有碗（图八）、碟、盘、锅、箸、匕、勺等。其中的银盘，造型多种多样，有圆形、菱形、菱花形、葵花形、桃形和海棠形等。刻饰鎏金花纹的银盘，称为"金花银盘"。西安北郊出土的1件金花银盘，盘内饰衔花双凤纹，纹饰鎏金。根据盘底所刻铭文得知，此盘为越州刺史裴肃所献（图九）。(2) 饮器。包括饮茶和饮酒的器皿，出土的有杯、壶、铛、瓶、酒注和茶托子等。西安何家村出土的八棱鎏金银杯（图五），八个棱面都有浮雕的乐工或舞伎；有的杯柄上饰高鼻深目的胡人头像，具有明显的波斯萨珊式特征。陕西咸阳出土的金壶，壶盖和壶身满饰莲瓣、蔓草和花鸟纹，装饰十分华丽（图一〇）。(3) 日常用品。有盆、盒、罐、熏球、熏炉、唾壶、锁等。西安南郊出土的1件鎏金六瓣银盒、盒盖上饰七组人物图案，分别铭刻"崑崙王国""婆罗门国""土番国""疏勒国""高丽国"等7个国名，这种纹饰题材的银盒过去还没有发现过，可能是宫廷内使用的器物（图一一）。(4) 装盛舍利的金棺和银椁。例如江苏镇江甘露寺塔基所出的金棺、银椁，是晚唐名臣李德裕施舍的，纹饰纤细精美，是唐代金银器中难得的珍品（图一二）。(5) 装饰品。有钗、钏、梳等。此外，镇江市丁卯桥出土的涂金龟负酒筹筒（图一三）以及酒令筹和酒令旗，是一套十分罕见的唐代酒令银器，也是研究民俗学的重要实物资料。

图八　陕西西安何家村出土的刻花金碗

图九 陕西西安北郊出土的裴肃
所进双凤纹银盘

图一〇 陕西咸阳出土的金壶

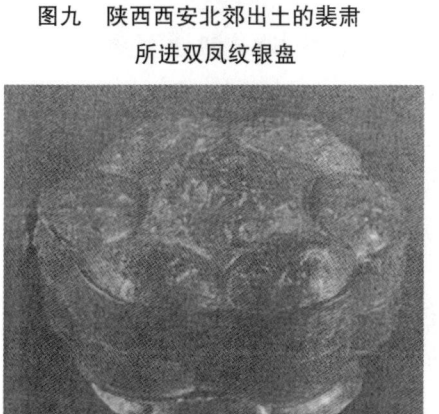

图一二 江苏镇江出土的舍利金棺

图一一 陕西西安出土的六瓣银盒
(上:侧视 下:俯视)

图一三 江苏丹徒出土的
涂金龟负酒筹筒

唐代金银器纹饰的题材十分广泛，大致可分为人物、动物、植物三大类。

1. **人物类**

有仕女、猎人、胡人、童子、鼓琴者、乐工、舞伎以及子路、少正卯、姜太公等历史人物的形象。以上人物图像多装饰在杯、盘、罐、盒上。在装盛舍利的金棺、银椁上，则饰以飞天、迦陵频伽等与佛教有关的图像。

2. **动物类**

又可分为四种。（1）陆上动物。有马、鹿（图一四）、犀、狮（图一五）、熊、狐、猴、龟、兔等，个别银器还有刻饰一整套十二生肖的。西安何家村出土的仿皮囊银壶上所饰颈束绶带、嘴

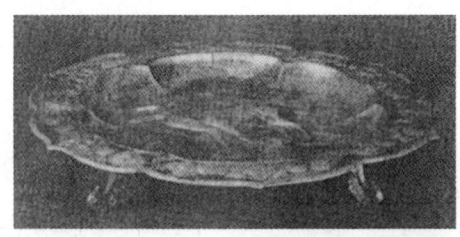

图一四　河北宽城出土的鹿纹银盘
上：侧视　下：俯视

 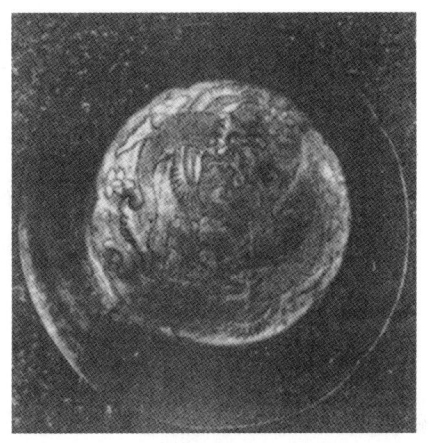

图一五　内蒙古喀喇沁旗
出土的狮子纹银盘

图一六　江苏丹徒出土的
龙鱼纹银盆

衔酒杯的马，是刻画唐明皇时的舞马形象，也正是当时张说《舞马千秋万岁乐府词》中描写的"更有衔杯终宴曲，垂头掉尾醉如泥"的舞马形象。（2）水生动物。主要有鱼和龙鱼。鱼纹多装饰在碗、碟、盘等器皿的内底，往往衬以水波纹，多为并列或对称的双鱼，这大概是继承了汉代双鱼洗的传统。镇江市丁卯桥出土的鎏金菱形银盒，盒盖上饰四条小鱼，则是较为特殊的例子。龙鱼作龙首鱼身，也多是成双出现（图一六）。这种龙鱼纹，有人认为是受印度摩羯纹（摩羯为一种神话中的水兽）的影响，但也有可能是汉晋以来大鱼化龙传说的反映。（3）神话动物。有龙、鸾凤、翼鹿、翼牛等。龙是中国传统的神话动物，也是中华民族的象征。何家村出土的银碗上的龙纹，周围加饰流云纹，表明是正在空中飞舞的飞龙。鸾凤的图像在金银器中出现很多。盛唐时期多为独立的鸾鸟，中唐以后鸾凤多成对出现（图一七、一八），双凤衔花或衔绶带的图像往往成为银盘或银盒的主纹。还有带双翼的鹿和牛，大概和带翼的所谓"天马"一样，都是神化了的动物。（4）禽鸟和蝴蝶。禽鸟有鹤、孔雀、鸳鸯、鹦鹉、鸿雁、黄鹣等。多数作成双飞翔的形象，但也有四只对称排列的。丁卯桥出土的1件涂金残银盒，底部饰以四只飞翔的鹦鹉；另1件则饰四只对称的蝴蝶。西安城内出土的1件银碗，中心为一对翱翔的鸿雁，碗壁则饰4只蝴蝶。至于鸿雁，有时也被用作器物边缘装饰花纹带的题材。

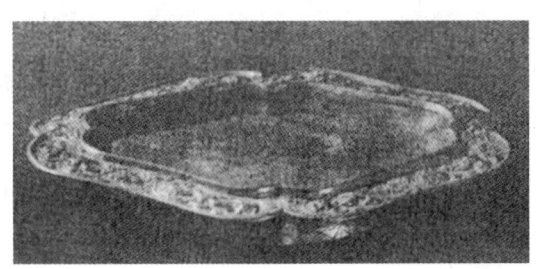

图一七　江苏丹徒出土的鎏金双凤纹银盒

图一八　江苏丹徒出土的双鸾纹银盘

3. **植物类**

主要是植物的花叶和果实的形象。属于花类的有莲花、梅花、海棠花以及图案化的各式忍冬花等，其中莲瓣纹往往被用作器物边缘部位的装饰。属于果类的主要有石榴和葡萄。此外还有蔓草纹，往往用作装饰花纹带。植物类的花纹多数分布在主体花纹的周围，起着陪衬或点缀的作用，以加强纹饰的艺术效果。

三

第三个问题：金银器在唐代社会政治生活中曾起过哪些主要作用？当时金银器的主要产地何在？

唐代是金银器繁荣发达的时期。当时，皇帝以及贵族官僚在日常生活中大量使用金银器皿。同时金银器在下述政治生活中也起着相当重要的作用：朝廷赏赐有功的大臣，官僚向皇帝进奉，统治集团内部互相拉拢以及唐王朝和周围少数民族政权互赠礼物等。现分述如下。

1. **朝廷赏赐**

赏赐金银器的事例，史书记载很多。名将秦叔宝投靠唐高祖李渊后，首战立功，李渊就赐给他金瓶一个。高宗时常赐宴赋诗。女文学家上官婉儿能代皇帝、皇后和两个公主写出华丽的诗篇，因而得到了金爵的赏赐。盛唐以后，赏赐金银器的事例更多了。唐明皇清除太平公主及其党羽后，曾赐给每个有功的大臣"金银器各一床"和其他物品。天宝十载（751）正月初一为安禄山生日，唐明皇和杨贵妃赏给他很多金银器物，其中有金花大银盆、金镀银盖碗、金镀银盒子和银碗等。文宗时，翰林承旨学士王源中喜欢喝酒。有一次他和兄弟踢毬时额部受轻伤，恰好皇帝紧急召见。文宗得知他在家踢毬一事，赞赏他兄弟相处和睦，特赐酒两盘，并把装酒的20个金碗也都赏赐给他。懿宗咸通十年（869）正月，同昌公主嫁给右拾遗韦保衡。由于公主的母亲郭淑妃当时正受到皇帝的宠爱，陪嫁的锅、盆、瓮以及井栏、水槽、橱柜等都是用金银做成的，就连笊篱、簸箕和箩筐也是用金雕镂而成的。

2. **官僚进奉**

朝廷大臣和地方高级官僚为了博得皇帝的宠幸，以达到升官的目的，往往向皇帝进献金银或金银制品。这种风气在盛唐时期就已经相当流行。1956年12月，西安东北郊曾出土带铭文的银铤，从铭文看出，是杨贵妃的哥哥杨国忠进献给唐明皇的。与银铤一起出土的还有1件金花银盘（图一九）。中唐以后，进献金银器的风气更加盛行。进献的器物有盘、碟、碗、盆、壶、瓶、瓮、妆奁和盝子（小匣）妆具等。陕西西安北郊和南郊出土过越州刺史裴肃和洪州刺史李勉所进的金花银盘（图九、图二〇），内蒙古喀喇沁旗出土过宣州刺史刘赞所进的金花银盘（图二一），陕西西安耀县出土过盐铁使敬晦所进的刻花银碟。史书记载，刘赞、裴肃等人是当时以"进奉"求得皇帝宠幸而升官的突出人物。裴肃从常州刺史升为浙东观察使就是进献"有功"的结果。由于他从进献中尝到了甜头，在升任浙东观察使、越州刺史后，又进献金花银盘。

3. 统治集团内部为了笼络和收买而相互馈赠

《旧唐书·尉迟敬德传》记载，唐朝初年，地方割据者刘武周的偏将尉迟恭（敬德）降附李世民不久，诸将怀疑他会叛变。李世民为了笼络他，反

图一九　陕西西安东北郊出土的金花银盘

图二〇　陕西西安南郊出土的李勉所进金花银盘

图二一　内蒙古喀喇沁旗出土的刘赞所进金花银盘

而赐给他"金宝"。以后李世民和兄弟建成、元吉争夺皇位继承权，建成、元吉为了谋害李世民，曾送一车金银器物给尉迟恭，想收买他，被尉迟恭所拒绝。《旧唐书·长孙无忌传》记载，永徽六年（655），高宗想立昭仪武氏（即武则天）为皇后，大臣长孙无忌不赞成，高宗就暗地里派人送给他"金银宝器各一车"，想争取他的同意。由此可见，在统治集团内部斗争中，金银器成为他们互相拉拢、收买的重要工具。

4. 对外交往中的互赠

吐蕃是当时西南较为强大的少数民族政权，与唐王朝又有姻亲关系。《旧唐书·吐蕃传》记载，开元十七年（729），吐蕃赞普曾向唐明皇赠送金胡瓶、金盘、金碗等物，金城公主还另送金鸭盘等。开元二十四年（736）正月，吐蕃又遣使进贡金银器玩等物品数百件。这时期，唐王朝也曾把金银器赏赐给周围的少数民族政权，如开元二十三年（735）封契丹衙官李过折为北平郡王，并赐银器等物。至德二年曾赐给帮助平定安史之乱的回纥首领"锦绣缯䌽金银器皿"。可见唐王朝在对外交往中，作为赏赐物，金银器也占了相当重要的地位。

至于唐代金银的产地，根据《新唐书》《唐六典》等文献记载，当时产金最多的地方是岭南道西部（今广西一带），其次是剑南道、江南西道和山南道（今四川、云南、湖南、江西、陕西等省）的一些州；产银最多的地方也是岭南道和江南西道（今广东、广西、湖北、湖南、江西等省）的一些州。至于金银器的产地，主要是当时的京都长安城。朝廷中设有掌管"百工技巧之政"的少府，少府下面有一个专为皇室制造玉器以及其他器玩、服饰等的中尚署，中尚署下面设金银作坊院，专门制作金银器。少府所属的"百工"，有一套严格的管理、考核制度，规定凡是官营手工业作坊的产品，都要刻上制造工匠的名字。金银器当然也是如此。西安西郊出土的唐懿宗咸通十三年（872）六月二十日造的"宣徽酒坊"银酒注，所刻铭文中有工匠和监督管理官员的名字（"匠臣杨存实等造，监造番头品官臣冯金泰"等），当是"金银作坊院"制造的器物（图三）。

除了长安城外，长江中下游的润州（治所在今江苏镇江市）、越州（治所在今浙江绍兴市）、宣州（治所在今安徽宣城）、洪州（治所在今江西南昌市）、扬州（治所在今江苏扬州市）、苏州（治所在今江苏苏州市）等地，至少在中唐以后，也都制造金银器。镇江市丁卯桥出土的银器，当是润州当地的产品（图一三、图一六、图一七、图一八）。《旧唐书·李德裕传》记载，敬宗时一再要浙西观察使（治润州）李德裕进献银盝子妆具，可见当时润州的金银手工业是相当发达的。前述越州刺史裴肃、宣州刺史刘赞、洪州刺史李勉等进献的银盘（图二〇），大概也是当地生产的。

（本文原载《文物天地》1985年第6期）

法门寺地宫金银器与文思院

陕西扶风法门寺唐代地宫出土了金银器、玻璃器、瓷器、石刻、丝织品等大量珍贵文物①。这些文物是唐代皇帝、后妃、官僚和高级僧尼供奉"佛骨"的器物，制作精美，工艺水平很高。根据地宫所出的《大唐咸通启送岐阳真身志文》和《监送真身使随真身供养道具及恩赐金银衣物帐》（以下简称《物帐》）两方石刻载，咸通十四年（873）三月二十二日诏迎佛骨，四月八日懿宗御安福门迎佛骨入禁中，十二月十九日佛骨被送回法门寺，咸通十五年正月四日安置佛骨及供养物于塔下石室②。文献记载，懿宗三月迎佛骨，七月即病逝，当月皇太子即位，是为僖宗③。由此可知，地宫内埋葬的器物，主要应是懿宗和僖宗供奉的④。《物帐》记载，地宫内的"金银宝器、衫袍及下盖裙衣等计八百九十九副、枚、领、张、口、具等，金器计七十一两一钱，银器计一千五百二十七两一字"。金银器在供养物中占有重要的地位。

---

① 陕西省法门寺考古队：《扶风法门寺塔唐代地宫发掘简报》，《文物》1988年第10期。

② 《大唐咸通启送岐阳真身志文》碑和《监送真身使随真身供养道具及恩赐金银衣物帐》碑的录文，见《科学视野》"法门寺专辑"1989年总第13、14期，第56—57页。

③ 参见《新唐书·懿宗·僖宗本纪》和《旧唐书·懿宗·僖宗本纪》。

④ 陈景富：《法门寺》，三秦出版社1988年版，第147—149页。

地宫内出土的金银器，不仅制作工艺精湛，而且数量和种类也很多。除了日常生活用品外，还有成套的茶具和各式各样的熏香用具，以及许多与佛教有关的金银器。其中属于佛教的法器、供养器物和四套瘗藏舍利的容器，则是十分难得的艺术珍品，也是研究佛教考古和佛教艺术的宝贵资料。

在金银器中有不少器物刻有铭文，有的从所刻铭文可以看出该器物的来源和制作地点。例如，鎏金双狮纹银盒，盒底刻铭文"进奉延庆节金花陆寸方合壹具重贰拾两江南西道都团练观察处置等使臣李进"，这件银盒应该是咸通九年（868）至十一年（870）之间，由江南西道都团练观察处置等使兼洪州刺史李鄠进奉给懿宗的，其制作地点应是江南西道的治所洪州（今江西南昌市）。鎏金镂空飞鸿毬路纹银笼子，底部刻铭文"桂管臣李杆进"6个字，应是在桂管经略使治所桂州（今广西桂林市）制造的。鎏金鸳鸯团花纹银盆，盆底錾刻"浙西"二字，应是浙江西道润州（今江苏镇江市）的产品，可能是朝廷向浙西宣索来的[①]。

更重要的是一些金银器上所刻的铭文，不仅记述器物名称、制作时间、重量和工匠、工官的名字，而且还载明是"文思院"制造的。这类金银器目前已发表者，共有7件，现列表一，予以介绍[②]。

地宫金银器铭文中有关"文思院"的记载，是十分珍贵的材料，它对研究晚唐时期宫廷中的金银作坊具有重要的意义。本文拟根据考古资料，并结合文献记载，对文思院创建的时间、地点及其历史沿革等问题，进行初步的探讨。

---

① 卢兆荫：《关于法门寺地宫金银器的若干问题》，《考古》1990年第7期。
② 王仓西：《从法门寺出土金银器谈"文思院"》，《文博》1989年第6期，该文所引金银器铭文，个别字可能有误，表中加注问号。

法门寺地官金银器与文思院　457

表一　已发表的法门寺地官"文思院"造金银器

器名	制作时间	重量	工匠，工官
蕾纽摩羯纹三足架银盐台	咸通九年	并盖重十二两四钱	判官吴弘悫（？），使能顺
鎏金鸿雁流云纹银茶碾子	咸通十年	二十九两	匠邵元审，作官李师存，判官高品吴弘悫（？），使能顺
鎏金飞天仙鹤纹壶门座银茶罗子	咸通十年	全重三十两	匠邵元审，作官李师存，判官高品吴弘悫（？），使能顺
鎏金卧龟莲花纹五足朵带银熏炉	咸通十年	全重三百八十两	匠陈景夫，判官高品吴弘悫（？），使能顺
素面银如意	咸通十三年	九两四钱	打造作赵智宗，判官刘虔诣，判官高品吴弘悫（？）
金钵盂	咸通十四年三月二十三日	十四两三钱	打造小都知刘继钊，判官赐紫金鱼袋王全护，使左监门供奉官度诣，副使小供奉官度诣，使左监门卫将军弘悫（？）
银金花双轮十二环锡杖	咸通十四年三月二十三日	共重六十两，内金二两，银重五十八两	打造匠安淑负（？），判官赐紫金鱼袋王全护，副使小供（奉）官度诣，使左监门卫将军弘悫（？）

一　望仙台与文思院

有关"文思院"的考古资料，过去发现甚少。除法门寺地宫所出的金银器外，1977年11月西安东郊枣园村唐代金银器窖藏所出的1件银铤，铤上所刻铭文中也有"文思院"字样。铭文内容如下：

乾符六年内库别铸重卅两

文思副使臣刘可濡

文思使臣王彦珪

内库使臣王翱

银铤右侧面还刻铭文"匠臣武敬容"5个字①。

唐代的文思院创建于何时，文献记载不多。唐裴庭裕《东观奏记》载："（唐）武宗好长生久视之术。于大明宫筑望仙台，势侵天汉。上（宣宗）始即位，斥道士赵归真杖杀之，罢望仙台。大中八年复命葺之。右补阙陈嘏已下抗疏论其事，立罢修造，以其院为文思院。"②《唐语林》亦记其事，内容雷同，应系录自《东观奏记》③。《唐会要》的记载，内容也基本相同，如"武宗好

---

①　保全：《西安东郊出土唐代金银器》，《考古与文物》1984年第4期，第27—28页。

②　据《藕香零拾》本。

③　（宋）王谠撰，周勋初校证：《唐语林校证》卷一："武宗于大明筑望仙台，其势中天。宣宗即位，杀道士赵归真，而罢望仙台院。大中八年，复命葺之。右补阙陈嘏已下面论其事，立罢之，以其院为文思院。"《唐宋史料笔记丛刊》本，中华书局1987年版。《资治通鉴》卷二四八载："（会昌六年三月）丁卯，宣宗即位。……（四月）杖杀道士赵归真等数人。"

神仙之事，于大明宫内筑台，号曰望仙"，"（大中）八年八月，敕改望仙台为文思院"等①。关于文思院创建的时间，以《唐会要》所记最为具体。

另外，《旧唐书·武宗本纪》（以下简称《旧纪》）载："（会昌）五年春正月己酉朔，敕造望仙台于南郊坛。""六月丙子……神策奏修望仙楼及廊舍五百三十九间功毕。"《新唐书·武宗本纪》（以下简称《新纪》）则载："（会昌五年正月）作仙台于南郊"，"六月甲申，作望仙楼于神策军"。有的学者根据以上记载，认为文思院是由长安城南郊的望仙台改建而成的②。此说值得商榷。会昌五年（845）正月建于南郊者，《新纪》称"仙台"，《旧纪》称"望仙台"；同年六月修建的，《新纪》和《旧纪》皆作"望仙楼"。二者应非同一建筑，不能混为一谈。武宗"好神仙之事"，在不止一处修建"望仙台""望仙楼"一类的建筑，是完全可能的。"仙台"（或"望仙台"）建于南郊。"望仙楼"建于何处，新、旧《唐书》未具体记载，但从《新纪》"作望仙楼于神策军"一句看，"望仙楼"应建于大明宫内神策军驻地附近。

《东观奏记》和《唐会要》均载，大明宫内筑有"望仙台"。该望仙台的具体位置，据《云麓漫钞》云，在宣政殿东北③。《唐两京城坊考》据《永乐大典·阁本大明宫图》，注明望仙台在清思殿西④。清思殿遗址已经过考古发掘，其位置在大明宫左银

---

① 王溥：《唐会要》卷五十《杂记》。

② 王仓西：《从法门寺出土金银器谈"文思院"》，《文博》1989年第6期。

③ 赵彦卫：《云麓漫钞》（卷八）："武宗于宣政殿东北筑台曰望仙，今人误以为蓬莱山。"《丛书集成初编》本。

④ 徐松：《唐两京城坊考》卷一，《中国古代都城资料选刊》本，中华书局1985年版，第23页。

台门内西北二百八十米处，北临太液池①。根据上述资料，望仙台在大明宫内中部偏东处。以上文献所载大明宫的"望仙台"，应即新、旧《唐书·武宗本纪》所记的"望仙楼"。望仙楼有"廊舍五百三十九间"，院落之大，可想而知。宣宗大中八年（854）八月，改为文思院的"望仙台"，当即此望仙楼及其廊舍所在的院落。

综上所述，文思院应在大明宫内，位于清思殿之西、宣政殿之东北，有廊舍五百余间。文思院建立之后，何时成为宫廷内打造金银器的作坊院，史书未载。《事物纪原》云："唐有文思院，盖天子内殿之比也，其事见《画断》，然非工作之所。而宋朝太平兴国三年，始置文思院，掌工巧之事，非唐制矣。"② 看来该书的上述论断，和《画断》的记述有关。《画断》即《唐画断》，唐朱景玄撰③。《唐画断》一名《唐朝名画录》（以下简称《画录》）④。《画录》记载，唐文宗大和中"（程修己）又尝画竹障于文思殿。文宗有歌云：'良工运精思，巧极似有神；临窗时乍睹，繁阴合再时。'当时在朝学士等，皆奉诏继和"⑤。可见画有竹障的是"文思殿"，而不是"文思院"。唐代在西京太极宫内和东都宫城内皆有"文思殿"⑥，文宗时画有竹障的文思殿应在西京太极

---

① 马得志：《唐长安城发掘新收获》，《考古》1987年第4期。

② 高承：《事物纪原》库务职局部文思院条，《惜阴轩丛书》本。

③ 《新唐书·艺文志三》载："朱景玄《唐画断》三卷，会昌人。"按朱景玄曾于元和初应举（见《唐朝名画录·吴道玄》）。

④ 陈振孙：《直斋书录解题》卷十四载："唐朝画断，一卷，唐翰林学士朱景元（清人避讳改'玄'为元）撰，一名唐朝名画录。"《文献通考·经籍考》所载相同。《通志·艺文略》作："唐画断三卷，宋景元撰。"按"宋"字应系"朱"字之误。

⑤ 文渊阁《四库全书·子部·艺术类》，台湾商务印书馆1983—1986年版。

⑥ 徐松：《唐两京城坊考》，《中国古代都城资料选刊》本，中华书局1985年版，卷一，第7页；卷五，第134页。

宫内，当时文思院尚未创建。《事物纪原》将"文思殿"和"文思院"混为一谈，因而误认为唐之文思院属于"天子内殿"，而"掌工巧之事"的文思院是北宋太平兴国三年（978）始置的。此外，《宋会要辑稿》《文献通考》等书也认为，"掌金银犀玉工巧之物"的文思院是太平兴国三年所置[①]。近代辞书亦多沿袭此说。瞿蜕园《历代职官简释》称："唐代宫廷中之工艺制造作场，除少府监所属之中尚、左尚、右尚各署，另有文思院，以宦官为文思使。"[②] 至于文思院何时成为"工艺制造作场"，《简释》中亦付诸阙如。法门寺地宫所出金银器上錾刻的铭文，不仅有"文思院"字样，而且还有制作时间和各级工官姓名等，从而补充了文献记载的不足。它说明至迟在唐懿宗咸通九年（868），文思院已成为宫廷内打造金银器的作坊院了。

从金银器的铭文看出，文思院的工官有文思使、文思副使、判官和作官；工匠称打造匠，应是实际制作金银器的匠人。在上述"乾符六年"银铤铭文中，在"文思使臣王彦珪"之后，还有"内库使臣王翱"。据此推测，文思院应属内库管辖。内库是贮藏"以供天子燕私"的财物的库房，不同于左、右藏库[③]。

二 文思院与金银作坊院

文思院创建于唐宣宗大中八年（854），此后成为专给皇室打造金银器物的作坊院。此外，根据《新唐书·百官志》记载，少

---

① 《宋会要辑稿·职官二九》《文献通考·职官十四》。
② 《历代职官简释》，载《历代职官表》，上海古籍出版社1980年版，第37页。
③ 《新唐书·食货志》。

府监中尚署下有"金银作坊院"，应当是专门制作金银器的官营手工业作坊。

金银作坊院既是隶属于少府的手工业作坊，其位置应在西京皇城内，与左藏外库院毗邻①。它和位于大明宫内的文思院，虽然工作任务基本相同，但不是同一个机构。有的学者认为，金银作坊院是文思院的前身，大中八年（854）后改为文思院②。这显然与史实不符。

在文思院建立之前，金银作坊院早已存在。文思院建立之后，金银作坊院还继续为官府制作金银器。1979年，西安西郊未央区的南二府庄西南出土了1件银酒注，器底刻铭文7行61字③：

> 宣徽酒坊
> 咸通十三年六月廿日别敕造七升
> 地字号酒注壹枚重壹百两匠
> 臣杨存实等造
> 监造番头品官臣冯金泰
> 都知高品臣张景谦
> 使高品臣宋师贞

另外，1980年陕西蓝田杨家沟村出土的凤衔绶带纹五瓣银盒，盒底刻铭文："内园供奉合（盒），咸通七年十一月十五日

---

① 徐松：《唐两京城坊考》卷一，《中国古代都城资料选刊》本，中华书局1985年版，第14页。

② 王仓西：《从法门寺出土金银器谈"文思院"》，《文博》1989年第6期。

③ 朱捷元等：《西安西郊出土唐"宣徽酒坊"银酒注》，《考古与文物》1982年第1期。

造，使臣田嗣莒，重十五两五钱一字。"① 这两件银器分别造于咸通七年（866）和十三年（872）。银酒注是奉敕为宣徽院酒坊而制作的，银盒也是内廷的用物。银盒只刻"使"的姓名。银酒注铭文中则有"匠""监造番头""都知""使"等工匠、工官的姓名。"匠"的姓名为"杨存实"，他应是"打作匠"。1958年西安南郊后村出土1件银铤，上刻"打作匠臣杨存实作下作残银"字样②。银酒注和此银铤铭文中的"杨存实"，应为同一个人。"监造番头"当为监督上番工匠的工官，唐代官营手工业作坊有按番服役的工匠③。这两件银器，与上述法门寺地宫金银器是同一时期的产品，都制作于懿宗咸通年间，而铭文中未刻"文思院"字样。其中银酒注和法门寺地宫所出素面银如意，都打造于咸通十三年，而二者铭文中所列工官的职称和姓名却不同。所以，"宣徽酒坊"银酒注和"内园供奉"银盒，应该是少府中尚署所属的"金银作坊院"制作的。当时新成立的"文思院"，可能主要是为皇室打造金银器；而原来的"金银作坊院"，还继续为朝廷官署制作金银器物。

晚唐时期增设"文思院"的原因，可能是当时皇室贵族日趋奢侈，在日常生活中更广泛地使用金银器皿，因而单由金银作坊院打造，已不能满足他们的需要。自盛唐以后，中央和地方的高级官僚常向朝廷进奉金银器④，但有些皇帝还感不足，甚至下诏

---

① 蓝田县文管会樊维岳：《陕西蓝田发现一批唐代金银器》，《考古与文物》1982年第1期。

② 朱捷元等：《西安南郊发现唐"打作匠臣杨存实作"银铤》，《考古与文物》1982年第1期。

③ 《唐六典》卷六。

④ 卢兆荫：《从考古发现看唐代的金银"进奉"之风》，《考古》1982年第2期。

向地方官僚"宣索"金银制品。例如，唐穆宗、敬宗时，曾一再向浙西、淮南、淮西宣索"银盝子妆具""银妆奁"①。文思院的创建，显然是为了满足皇室对金银器不断增长的需求。

唐代金银作坊院的工官，从银酒注所刻铭文看，"监造番头"为"品官"，"都知"和"使"都是"高品"。"品官"和"高品"皆属宦官②。文思院的工官，从"判官"到"使"都属"高品"，也是以宦官为主。

三 唐代以后的文思院

唐朝以后，五代继承唐制，也设文思院。《五代会要》记载，"梁朝诸司使名"中有"文思院使"③。梁开平元年（907）五月，改"文思院使为乾文院使"，"改文思院为乾文院"。开平三年十一月，"敕改乾文院为文思院"④。

---

① 《旧唐书·李德裕传》："（长庆四年）七月诏浙西造银盝子妆具二十事进内。……去（年）二月中奉宣令进盝子，计用银九千四百余两。其时贮备，都无二三百两，乃诸头收市，方获制造上供。昨又奉宣旨，令进妆具二十件。用银一万三千两、金一百三十两，寻令并合四节进奉金银，造成两具进纳讫。"《旧唐书·敬宗本纪》："（长庆四年七月）丙子，浙西观察使李德裕奏：诏令当道造盝子二十具，计用银一万三千两、金一百三十两。昨已进两具，用银一千三百两……（九月）己巳，浙西、淮南各进宣索银妆奁三具。"中华书局标点本。《册府元龟·帝王部·纳贡献》："（长庆四年）八月，淮南节度使王播进宣索银妆奁二。十月，淮南、淮西又各进宣索银妆奁三。"

② 参见《旧唐书·宦官列传序》《新唐书·百官志二》以及《唐会要》卷六十五。

③ 王溥：《五代会要》卷二十四"诸使杂录"条，上海古籍出版社1978年版。

④ 王溥：《五代会要》；《旧五代史·梁书·太祖纪》，百衲本。《事物纪原·东西使班部·文思》作"三年十月，以乾文院为文思院"，"十月"应为"十一月"之误。

宋代的文思院与唐代的相比，有较大的发展和变化。首先是规模扩大了。唐代的文思院，根据现有资料判断，可能和少府的金银作坊院一样，主要是制作金银器皿。宋代的文思院则不然，根据《宋史·职官志五》记载："文思院，掌造金银、犀玉工巧之物，金采、绘素装钿之饰，以供舆辇、册宝、法物凡器服之用。"[①]可见宋代的文思院，不只是打造金银器，而且还制作多种工艺品和装饰品。其次是隶属关系的不同。唐代的文思院不属于少府，可能归内库管辖；而宋代文思院的隶属关系，前后有所变化。北宋初年，文思院后苑造作所不属于少府；元丰定制后，文思院改隶少府。南宋时期，废少府，文思院隶属于工部[②]。第三是主管官员的不同。唐代文思院的使和副使等工官，是以宦官为主，宋代则逐渐以朝官代替宦官。元丰元年（1078），"文思监官除内侍外，令工部、少府监同议选差"。崇宁三年（1104），"文思院两界监官，立定文臣一员、武臣二员，并朝廷选差，其内侍干当官并罢"[③]。文思院隶工部后，设提辖官一员、监官三员（内置一员，文臣京朝官充）、监门官一员[④]。可见到了宋代，文思院已发展成为由朝廷命官管理的综合性官府手工业作坊了。

　　金代改文思院为文思署[⑤]，明代又称文思院，仍归工部管辖[⑥]。

　　总之，文思院始建于唐宣宗大中年间，经五代到宋，规模逐

---

① 又据《宋史·职官志三》："监门官一员。掌金银、犀玉工巧及采绘、装钿之饰。凡仪物、器仗、权量、舆服所以供上方、给百司者，于是出焉。"

② 《历代职官表》卷三十八，光绪二十二年，广雅书局校刊本。

③ 《宋史·职官志五》，中华书局标点本。

④ 《宋史·职官志三》，中华书局标点本。

⑤ 《历代职官表》卷十四"工部表"，光绪二十二年，广雅书局校刊本。

⑥ 《明史·职官志四》，中华书局标点本。

渐扩大。晚至明代，还有文思院的设置。法门寺地宫所出的文思院造金银器，是已发现的最早的文思院产品，也是研究文思院创建历史的重要实物资料。

（本文原载《首届国际法门寺历史文化学术研讨会论文选集》，陕西人民教育出版社1992年版）

关于法门寺地宫金银器的若干问题

陕西扶风法门寺唐代地宫，出土了金银器、玻璃器、瓷器、石刻、丝织品等大量珍贵文物①。这些文物是唐代皇帝、后妃、官僚和高级僧尼供奉"佛骨"的器物，制作精美，工艺水平很高。根据地宫所出的《大唐咸通启送岐阳真身志文》和《监送真身使随真身供养道具及恩赐金银衣物帐》（以下简称《物帐》）两方石刻载，咸通十四年（873）三月廿二日诏迎佛骨，四月八日懿宗御安福门迎佛骨入禁中，十二月十九日佛骨被送回法门寺，咸通十五年正月四日安置佛骨及供养物于塔下之石室②。文献记载，懿宗三月迎佛骨，七月即病逝，当月皇太子即位，是为僖宗③。由此可知，地宫内埋藏的器物，主要应是懿宗和僖宗供奉的④。《物帐》记载，地宫内的"金银宝器、衫袍及下盖裙衣等计八百九十九副、枚、领、张、口、具等，金器计七十一两一钱，银器计一千五百二十七两一字"。金银器在供养物中占有重

---

① 陕西省法门寺考古队：《扶风法门寺塔唐代地宫发掘简报》，《文物》1988年第10期。

② 《大唐咸通启送岐阳真身志文》碑和《监送真身使随真身供养道具及恩赐金银衣物帐》碑的录文，见《科学视野》"法门寺专辑"，1989年总第13、14期，第56—57页。

③ 参见《新唐书·懿宗·僖宗本纪》和《旧唐书·懿宗·僖宗本纪》。

④ 陈景富：《法门寺》，三秦出版社1988年版，第147—149页。

要的地位。本文拟就金银器的制作机构和产地等问题，根据已发表的资料，进行初步的探讨。

一 望仙台与文思院

地宫所出的金银器，其中有不少刻有铭文，记载制作的时间、机构、工官以及器物的名称、重量等。铭文中说明为"文思院"制作的金银器，目前已发表者，共有7件（表一）①。

除法门寺地宫所出的金银器外，1977年11月西安东郊枣园村唐代金银器窖藏所出的1件银铤，铤上所刻铭文中也有"文思院"字样。铭文内容如下（图一）：

> 乾符六年内库别铸重卌两
> 文思副使臣刘可濡
> 文思使臣王彦珪
> 内库使臣王翱

银铤右侧面还刻铭文"匠臣武敬容"5个字②。

铭刻"文思院"的金银器，在考古发掘中出土，对研究唐代宫廷中的金银器制作具有重要的意义。唐代的文思院创建于何时，文献记载不多。唐裴庭裕《东观奏记》载："（唐）武宗好长生久视之术，于大明宫筑望仙台，势侵天汉。上（宣宗）始即位，斥道士赵归真杖杀之，罢望仙台。大中八年复命葺之。右补

---

① 王仓西：《从法门寺出土金银器谈"文思院"》，《文博》1989年第6期。该文所引金银器铭文，个别字可能有误，表中加注问号。

② 保全：《西安东郊出土唐代金银器》，《考古与文物》1984年第4期，第27—28页。

关于法门寺地宫金银器的若干问题　469

表一　已发表的法门寺地宫"文思院"造金银器

器名	制作时间	重量	工匠、工官
蕾纽摩羯纹三足架银盐台	咸通九年	并盖重十二两四钱	判官吴弘悫（?），使能顺
鎏金鸿雁流云纹银茶碾子	咸通十年	二十九两	匠邵元审，作官李师存，判官高品吴弘悫（?），使能顺
鎏金飞天仙鹤纹壶门座银笼罗子	咸通十年	全重三十两	匠邵元审，作官李师存，判官高品吴弘悫（?），使能顺
鎏金卧龟莲花纹五足带柄银薰炉	咸通十年	全重三百八十两	匠陈景夫，判官高品吴弘悫（?），使能顺
素面银如意	咸通十三年	九两四钱	打造作官赵智宗，判官高品刘虔诣，副使高品高思厚，使弘悫（?）
金钵盂	咸通十四年三月二十三日	十四两三钱	打造小都知刘维钊，判官赐紫金鱼袋王全护，副判官赐紫金鱼袋臣庆诣，使左监门卫将军弘悫（?）
银金花双轮十二环锡杖	咸通十四年三月二十三日	共重六十两，内金二两，银重五十八两	打造匠安淑负（?），判官赐紫金鱼袋王全护，副使小供奉官庆诣，使左监门卫将军弘悫（?）

阙陈嘏已下抗疏论其事，立罢修造，以其院为文思院。"①《唐语林》亦记其事，内容雷同，应系录自《东观奏记》②。《唐会要》的记载，内容也基本相同，如"武宗好神仙之事，于大明宫内筑台，号曰望仙"，"（大中）八年八月，敕改望仙台为文思院"等③。关于文思院创建的时间，以《唐会要》所记最为具体。

另外，《旧唐书·武宗本纪》（以下简称《旧纪》）载："（会昌）五年春正月己酉朔，敕造望仙台于南郊坛。""六月丙子……神策奏修望仙楼及廊舍五百三十九间功毕。"《新唐书·武宗本纪》（以下简称《新纪》）则载："（会昌五年正月）作仙台于南郊。""六月甲申，作望仙楼于神策军。"有的学者根据以上记载，认为文思院是由长安城南郊的望仙台改建

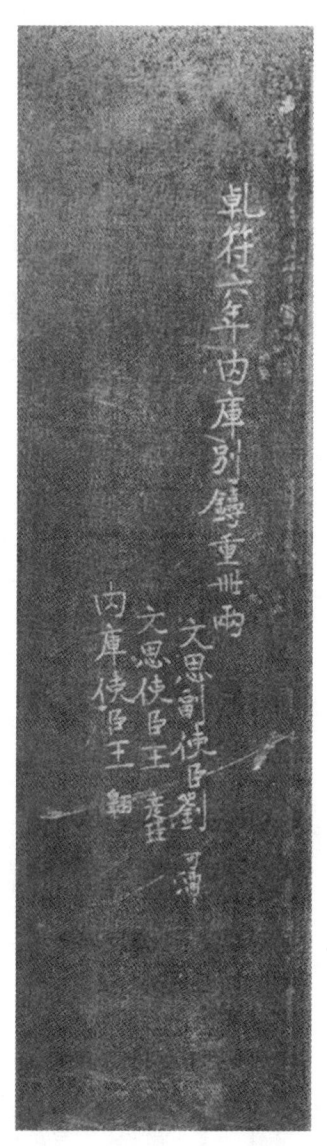

图一　"乾符六年"银铤

① 《藕香零拾》本。
② （宋）王谠撰，周勋初校证：《唐语林校证》卷一："武宗于大明筑望仙台，其势中天。宣宗即位，杀道士赵归真，而罢望仙台院。大中八年，复命葺之。右补阙陈嘏已下面论其事，立罢之，以其院为文思院。"《唐宋史料笔记丛刊》本，中华书局1987年版。《资治通鉴》（卷二四八）载："（会昌六年三月）丁卯，宣宗即位。……（四月）杖杀道士赵归真等数人。"
③ 王溥：《唐会要》卷五十《杂记》。

而成的①。此说值得商榷。会昌五年正月建于南郊者,《新纪》称"仙台",《旧纪》称"望仙台";同年六月修建的,《新纪》和《旧纪》皆作"望仙楼"。二者应非同一建筑,不能混为一谈。武宗"好神仙之事",在不止一处修建"望仙台""望仙楼"一类的建筑,是完全可能的。"仙台"(或"望仙台")建于南郊。"望仙楼"建于何处,新、旧《唐书》未具体记载,但从《新纪》"作望仙楼于神策军"一句看,"望仙楼"应建于大明宫内神策军驻地附近。

《东观奏记》和《唐会要》均载,大明宫内筑有"望仙台"。该望仙台的具体位置,据《云麓漫钞》云,在宣政殿东北②。《唐两京城坊考》据《永乐大典·阁本大明宫图》,注明望仙台在清思殿西③。清思殿遗址已经过考古发掘,其位置在大明宫左银台门内西北280余米处,北临太液池④。根据上述资料,望仙台当在大明宫内中部偏东处。以上诸文献所载大明宫内的"望仙台",应即新、旧《唐书·武宗本纪》所记的"望仙楼"。望仙楼有"廊舍五百三十九间",院落之大,可想而知。宣宗大中八年(854)八月,改为文思院的"望仙台",当即此望仙楼及其廊舍所在的院落。

综上所述,文思院应在大明宫内,位于清思殿之西、宣政殿之东北,有廊舍五百余间。文思院建立之后,何时成为宫廷内打

---

① 王仓西:《从法门寺出土金银器谈"文思院"》,《文博》1989年第6期。

② 赵彦卫:《云麓漫钞》(卷八):"武宗于宣政殿东北筑台曰望仙,今人误以为蓬莱山。"《丛书集成初编》本。

③ 徐松:《唐两京城坊考》卷一,《中国古代都城资料选刊》本,中华书局1985年版,第23页。

④ 马得志:《唐长安城发掘新收获》,《考古》1987年第4期。

造金银器的作坊院，史书未载。《事物纪原》云："唐有文思院，盖天子内殿之比也，其事见《画断》，然非工作之所。而宋朝太平兴国三年，始置文思院，掌工巧之事，非唐制矣。"① 看来该书的上述论断，与《画断》的记述有关。《画断》即《唐画断》，唐朱景玄撰②。《唐画断》一名《唐朝名画录》（以下简称《画录》）③。《画录》记载，唐文宗大和中"（程修己）又尝画竹障于文思殿。文宗有歌云：'良工运精思，巧极似有神；临窗时乍睹，繁阴合再时。'当时在朝学士等，皆奉诏继和。"④ 可见画有竹障的是"文思殿"，而不是"文思院"。唐代在西京太极宫内和东都宫城内皆有"文思殿"⑤，文宗时画有竹障的文思殿应在西京太极宫内，当时文思院尚未创建。《事物纪原》将"文思殿"和"文思院"混为一谈，因而误认为唐之文思院属于"天子内殿"，而"掌工巧之事"的文思院是北宋太平兴国三年（978）始置的。此外，《宋会要辑稿》《文献通考》等书也认为，"掌金银犀玉工巧之物"的文思院是太平兴国三年所置⑥。近代辞书亦多沿袭此说。瞿蜕园《历代职官简释》称："唐代宫廷中之工艺制造作场，除少府监所属之中尚、左尚、右尚各署，另有文思院，以宦官为文

---

① 高承：《事物纪原》库务职局部文思院条，《惜阴轩丛书》本。

② 《新唐书·艺文志三》载："朱景玄《唐画断》三卷，会昌人。"按朱景玄曾于元和初应举（见《唐朝名画录·吴道玄》）。

③ 陈振孙：《直斋书录解题》卷十四载："唐朝画断，一卷，唐翰林学士朱景元（清人避讳改'玄'为'元'）撰，一名唐朝名画录。"《文献通考·经籍考》所载相同。《通志·艺文略》作"唐画断三卷，宋景元撰。"按"宋"字应系"朱"字之误。

④ 文渊阁《四库全书·子部·艺术类》，台湾商务印书馆1983—1986年版。

⑤ 徐松：《唐两京城坊考》，《中国古代都城资料选刊》本，中华书局1985年版，卷一，第7页；卷五，第134页。

⑥ 《宋会要辑稿·职官二九》《文献通考·职官十四》。

思使。"① 至于文思院何时成为"工艺制造作场",《简释》中亦付诸阙如。法门寺地宫所出金银器上錾刻的铭文,不仅有"文思院"字样,而且还有制作的时间和各级工官姓名等,从而补充了文献记载的不足。它说明至迟在唐懿宗咸通九年(868),文思院已成为宫廷内打造金银器的作坊院了。

从金银器的铭文看出,文思院的工官有文思使、文思副使、判官和作官;工匠称打造匠,应是实际制作金银器的匠人。在上述"乾符六年"银铤铭文中,在"文思使臣王彦珪"之后,还有"内库使臣王翱"。据此推测,文思院应属内库管辖。内库是贮藏"以供天子燕私"的财物的库房,不同于左、右藏库②。

二 文思院与金银作坊院

文思院创建于唐宣宗大中八年(854),此后成为专给皇室打造金银器物的作坊院。此外,根据《新唐书·百官志》记载,少府监中尚署下有"金银作坊院",当是专门制作金银器的官营手工业作坊。金银作坊院既是隶属于少府的手工业作坊,其位置应在西京皇城内,与左藏外库院毗邻③。它和位于大明宫内的文思院,虽然工作任务基本相同,但不是同一个机构。有的学者认为,金银作坊院是文思院的前身,大中八年后改名为文思院④。这显然和史实不符。

---

① 《历代职官简释》,载《历代职官表》,上海古籍出版社1980年版,第37页。
② 《新唐书·食货志》。
③ 徐松:《唐两京城坊考》,《中国古代都城资料选刊》本,中华书局1985年版,卷一,第14页。
④ 王仓西:《从法门寺出土金银器谈"文思院"》,《文博》1989年第6期。

在文思院建立之前，金银作坊院早已存在。文思院建立之后，金银作坊院还继续为官府制作金银器。1979 年，西安西郊未央区南二府庄西南出土了 1 件银酒注，器底刻铭文 7 行 61 字①（图二）：

图二　"宣徽酒坊"银酒注器底铭文

宣徽酒坊

咸通十三年六月廿日别敕造七升

地字号酒注壹枚重壹百两匠

臣杨存实等造

监造番头品官臣冯金泰

都知高品臣张景谦

使高品臣宋师贞

---

① 朱捷元等：《西安西郊出土唐"宣徽酒坊"银酒注》，《考古与文物》1982 年第 1 期。

另外，1980年陕西蓝田杨家沟村出土的凤衔绶带纹五瓣银盒，盒底刻铭文："内园供奉合（盒），咸通七年十一月十五日造，使臣田嗣莒，重一十五两五钱一字"[①]。这两件银器分别造于咸通七年（866）和十三年（872）。银酒注是奉敕为宣徽院酒坊而制作的，银盒也是内廷的用物。银盒只刻"使"的姓名。银酒注铭文中则有"匠""监造番头""都知""使"等工匠、工官的姓名。"匠"的姓名为"杨存实"，他应是"打作匠"。1958年西安南郊后村出土1件银铤，上刻"打作匠臣杨存实作下作残银"字样[②]。银酒注和此银铤铭文中的"杨存实"，应为同一个人。"监造番头"当为监督上番工匠的工官，唐代官营手工业作坊有按番服役的工匠[③]。这两件银器，和上述法门寺地宫金银器是同一时期的产品，都制作于懿宗咸通年间，而铭文中未刻"文思院"字样。其中银酒注和法门寺地宫所出素面银如意，都打造于咸通十三年，而二者铭文中所列工官的职称和姓名却不同。所以"宣徽酒坊"银酒注和"内园供奉"银盒，应该是少府中尚署所属的"金银作坊院"制作的。当时新成立的"文思院"，可能主要是为皇室打造金银器；而原来的"金银作坊院"，还继续为朝廷官署制作金银器物。

晚唐时期增设"文思院"的原因，可能是当时皇室贵族日趋奢侈，在日常生活中更广泛地使用金银器皿，因而单由金银作坊院打造，已不能满足他们的需要。自盛唐以后，中

[①] 蓝田县文管会樊维岳：《陕西蓝田发现一批唐代金银器》，《考古与文物》1982年第1期。

[②] 朱捷元等：《西安南郊发现唐"打作匠臣杨存实作"银铤》，《考古与文物》1982年第1期。

[③] 《唐六典》卷六。

央和地方的高级官僚常向朝廷进奉金银器[1]，但有些皇帝还感不足，甚至下诏向地方官僚"宣索"金银制品。例如，唐穆宗、敬宗时曾一再向浙西、淮南、淮西宣索"银盝子妆具""银妆奁"[2]。文思院的创建，显然是为了满足皇室对金银器不断增长的需求。

唐代金银作坊院的工官，从银酒注所刻铭文看，"监造番头"为"品官"，"都知"和"使"都是"高品"。"品官"和"高品"皆属宦官[3]。文思院的工官，从"判官"到"使"都属"高品"，也是以宦官为主。宋代的文思院，情况有所不同。它不仅规模扩大了，而且管理文思院的官员也逐渐以朝官代替宦官[4]。可以说到了宋代，文思院已发展成为综合性的官府手工业工场了。

---

[1] 卢兆荫：《从考古发现看唐代的金银"进奉"之风》，《考古》1983年第2期。

[2] 《旧唐书·李德裕传》："（长庆四年）七月诏浙西造银盝子妆具二十事进内。……去（年）二月中奉宣令进盝子。计用银九千四百余两。其时贮备，都无二三百两，乃诸头收市，方获制造上供。昨又奉宣旨，令进妆具二十件，用银一万三千两、金一百三十两，寻令并合四节进奉金银，造成两具进纳讫。"《旧唐书·敬宗本纪》："（长庆四年七月）丙子，浙西观察使李德裕奏：诏令当道造盝子二十具，计用银一万三千两、金一百三十两。昨已进两具，用银一千三百两……（九月）己巳，浙西、淮南各进宣索银妆奁三具。"中华书局标点本。《册府元龟·帝王部·纳贡献》："（长庆四年）八月，淮南节度使王播进宣索银妆奁二。十月，淮南、淮西又各进宣索银妆奁三。"

[3] 参见《旧唐书·宦官列传序》和《新唐书·百官志二》以及《唐会要》卷六十五。

[4] 《宋史·职官志》记载："文思院，掌造金银、犀玉工巧之物，金采、绘素装钿之饰，以供舆辇、册宝、法物凡253服之用。"又载："又诏：'文思监官除内侍外，令工部、少府监同议选差。'崇宁三年诏：'文思院两界监官，立定文臣一员、武臣二员，并朝廷选差，其内侍干当官并罢。'"

三 关于金银器的产地问题

地宫内的金银器，根据上述论证，主要是懿宗和僖宗先后赐给的，还有一些是高级僧尼、宦官施舍供奉的。皇帝所赐的金银器，多数应是附属于内库的文思院和少府所属的金银作坊院打造的。但从器物上錾刻的铭文看，皇帝所赐的金银器中，有一些是高级官僚进奉的，还有个别可能是皇帝向地方官僚"宣索"来的。这些金银器往往是南方一些都市的金银行或金银铺制作的。例如鎏金双狮纹菱弧形圈足银盒、鎏金镂空飞鸿毬路纹银笼子和鎏金鸳鸯团花纹双耳圈足银盆等①。

鎏金双狮纹银盒，盒底刻铭文："进奉延庆节金花陆寸方合壹具重贰拾两江南西道都团练观察处置等使臣李进"。"李"字和"进"字之间疑有缺字。《全唐文》卷七二四载李骘《题惠山寺诗序》一文，文末署："咸通十年二月一日，江南西道都团练观察处置等使中散大夫检校左散骑常侍使持节都督洪州诸军事兼洪州刺史御史中丞上柱国赐紫金鱼袋李骘题记。"可见此银盒应系李骘进奉给懿宗的。李骘任"江南西道都团练观察处置等使"的时间，在咸通九年（868）至十一年（870）之间②。他进奉此银盒当亦在此期间。江南西道治洪州（今江西南昌市）。此外，1975年西安南郊曾出土洪州刺史、江南西道观察处置都团练守捉及莫

---

① 陕西省法门寺考古队：《扶风法门寺塔唐代地宫发掘简报》，《文物》1988年第10期。

② 吴廷燮：《唐方镇年表》卷五，《唐方镇年表考证》卷下，《二十四史研究资料丛刊》本，中华书局1980年版。

摇等使李勉进奉的银盘①。李勉进奉此银盘系在代宗广德二年（764）九月至大历二年（767）四月之间②。该银盘应该是洪州当地的产品。这说明至迟在中唐以后，江南西道的洪州已经有了金银器制造业。李鄂所进的银盒，也应是在洪州当地打造的。

鎏金镂空飞鸿毬路纹银笼子，底部錾刻铭文"桂管臣李杆进"6字。1980年12月陕西蓝田杨家沟村出土的1件鸳鸯绶带纹银盘，盘底也錾刻"桂管臣李杆进"6字③。这两件银器应为同一人所进。桂管经略使治桂州（今广西桂林），属岭南道。岭南盛产金银。李杆进奉的银盘和银笼子，应该都是桂州当地打造的。

鎏金鸳鸯团花纹银盆，盆底錾刻"浙西"二字。《唐方镇年表》载："浙西亦曰镇海军节度、浙西观察处置等使，兼润州刺史。"④ 此银盆应是浙江西道润州（今江苏镇江市）的产品。在考古发掘中，镇江地区出过不少唐代的金银器。例如镇江甘露寺塔基所出的金棺、银椁⑤，丹徒丁卯桥出土的成批银器⑥。前者是穆宗长庆五年（825）和文宗大和三年（829）埋藏的，后者是晚

---

① 保全：《西安出土唐代李勉奉进银器》，《考古与文物》1984年第4期。
② 卢兆荫：《试论唐代的金花银盘》，载《中国考古学研究》，文物出版社1986年版。
③ 蓝田县文管会樊维岳：《陕西蓝田发现一批唐代金银器》，《考古与文物》1982年第1期。
④ 吴廷燮：《唐方镇年表》，《唐方镇年表考证》卷下，《二十四史研究资料丛刊》本，中华书局1980年版，卷五，"浙西"条。
⑤ 江苏省文物管理委员会等：《江苏镇江甘露寺铁塔塔基发掘记》，《考古》1961年第6期。
⑥ 丹徒县文教局等：《江苏丹徒丁卯桥出土唐代银器窖藏》，《文物》1982年第11期。

唐时期的器物①。这些金银器应是当时润州本地制作的②。长庆四年（824）七月，即位不久的敬宗向浙西索取"银盝子妆具"，据当时浙西观察使李德裕的奏章说，用于打造银器的银是派人从淮南买来的，"旋到旋造，星夜不辍"③。这说明"银盝子妆具"确是当地工匠打造的。可见至迟在中唐以后，浙西润州的金银器制造业已经相当发达了。法门寺地宫所出的这件银盆，很可能是懿宗或僖宗向浙西宣索来的。

总之，法门寺地宫所出的金银器，既有文思院——宫廷手工业作坊院的制品，也有南方民间手工业作坊的优秀产品，种类繁多，风格多样，工艺精湛，是研究我国晚唐时期金银器制造业的一批珍贵资料。

（本文原载《考古》1990年第7期）

---

① 详见《中国历史博物馆馆刊》1986年总第9期，第25—26页；镇江市博物馆、陕西省博物馆编：《唐代金银器》，文物出版社1985年版，第3页。
② 陆九皋等：《丹徒丁卯桥出土唐代银器试析》，《文物》1982年第11期。
③ 《旧唐书·李德裕传》。

略谈洛阳地区出土的唐代金银器

洛阳历史悠久，是我国的七大古都之一。在唐代，洛阳地区是东都的所在地。长安（西安）和洛阳是当时全国政治、经济、文化最为发达的所谓两京地区。洛阳地区的唐墓数以千计，所出的唐代文物仅次于唐代都城所在的西安地区。就出土的金银器来说，虽然没有西安地区那么多，但也有较为重要的发现。特别是一些金银器出土于纪年唐墓中，其意义更为重大。它们对唐代金银器的断代研究具有重要的价值。本文拟对洛阳地区所出的唐代金银器，进行分型分式和分期断代的初步研究。

本文所说的洛阳地区，系包括现在的洛阳及其临近的偃师、伊川、陕县及登封等地。

一

洛阳地区唐墓所出的金银器，根据目前所知计有：

（1）1984年偃师杏园村李景由墓所出的金银器，有银盒、银碗、银筷、银勺、金钗饰件等[1]。

---

[1] 中国社会科学院考古研究所河南第二工作队：《河南偃师杏园村的六座纪年唐墓》，《考古》1986年第5期；徐殿魁：《洛阳地区隋唐墓的分期》，《考古学报》1989年第3期。

(2) 1972年洛阳涧西谷水唐墓出土金盘、银杯、银勺①。

(3) 1955年洛阳16工区76号唐墓出土银勺、银筷、银簪②。

(4) 1957年陕县姚孝先墓（M1914）出土银碗、银筷和银勺③。

(5) 1984年偃师杏园村郑绍方墓出土银盒④。

(6) 1981年伊川水寨出土银杯⑤。

(7) 1984年偃师杏园村李存墓出土银筷和银勺⑥。

(8) 1985年洛阳水源指挥部安乐工地出土金镯⑦。

(9) 1985年偃师杏园村李守一墓出土银钗⑧。

(10) 1970年洛阳隋唐宫城西北角出土银铤和银饼⑨。

(11) 1975年洛阳郑开明二年墓出土金饼⑩。

---

① 洛阳市文物工作队：《河南洛阳涧西谷水唐墓清理简报》，《考古》1983年第5期。

② 河南省文化局文物工作队第二队：《洛阳16工区76号唐墓清理简报》，《文物参考资料》1956年第5期。

③ 黄河水库考古工作队：《1957年河南陕县发掘简报》，《考古通讯》1958年第11期。

④ 中国社会科学院考古研究所河南第二工作队：《河南偃师杏园村的六座纪年唐墓》，《考古》1986年第5期。

⑤ 洛阳文物工作队：《洛阳出土文物集粹》，朝华出版社1990年版，第107页，图101。

⑥ 中国社会科学院考古研究所河南第二工作队：《河南偃师杏园村的两座唐墓》，《考古》1984年第10期。

⑦ 洛阳文物工作队：《洛阳出土文物集粹》，朝华出版社1990年版，第107页，图100。

⑧ 中国社会科学院考古研究所河南第二工作队：《河南偃师杏园村的六座纪年唐墓》，《考古》1986年第5期。

⑨ 洛阳博物馆苏健：《洛阳隋唐宫城遗址中出土的银铤和银饼》，《文物》1981年第4期。

⑩ 曾亿丹：《洛阳发现郑开明二年墓》，《考古》1978年第3期。

（12）登封嵩山峻极峰发现武则天金简①。

此外，英国不列颠博物馆收藏的 15 件唐代金银器，有杯、盘、碗、瓶、盒、注子等。20 世纪 20 年代，英国学者霍伯森曾著文介绍这些金银器，并说传云这批器物是陕西西安府附近北邙山的一座墓中出土的②。对于这批金银器的出土地点问题，学者们有不同的看法。有的说相传为陕西西安出土③，有的对出自西安持怀疑态度④，也有倾向于为洛阳北邙山所出者⑤。看来这批器物是被盗掘后流散在国外的唐代金银器，未必是一座墓所出，其中可能既有西安地区出土的，也有洛阳北邙山唐墓所出的。霍伯森所云，可能是将两处不同的出土地点误合为一了。至于哪些是西安所出，哪些是洛阳所出，已无法分清。所以，研究洛阳地区出土的金银器，这批器物只能作为参考资料。

二

上述洛阳地区所出的金银器，可以分型分式者有以下几种器物。

1. 银盒 共 5 件，根据器形不同，可分为四型。

---

① 河南省文物局：《河南省文物工作四十年》，《中原文物》1989 年第 4 期。
② R. L. Hobson, "A Tang Silver Hoard", *The British Museum Quarterly*, Vol. I, No. I, 1926.
③ 东京国立博物馆等：《大英博物馆所藏日本、中国美术名品展》，第 151 页。
④ ［日］桑山正进：《一九五六年来出土唐代金银器编年》，《史林》第 60 卷第 6 号。
⑤ 陈英英等：《国外学者研究唐代金银器情况介绍》，《考古与文物》1985 年第 2 期。

A型　2件（M2603：41、42），皆出于偃师李景由墓。为圆形银盒，表面抛光，无纹饰。

B型　1件（M2603：39），李景由墓所出。为六角菱花形银盒，饰团花及缠枝花卉图案，花纹优美，工艺精湛，纹饰皆鎏金。

C型　1件（M2544：38），偃师郑绍方墓出土。为圆角长方形银盒，盒盖为鱼子纹地，饰一对鸳鸯嬉戏于花叶间，器形小巧玲珑。

D型　1件（M2603：40），李景由墓所出。为蛤壳形银盒，盒身由两瓣组成，一侧有活轴连接，两瓣可自由开合。器表为鱼子纹地，饰鎏金团花、花卉及禽鸟图案，纹饰秀丽，造型别致。

2. 银碗　共4件，其中陕县姚孝先墓所出1件，因未发表照片或线图，无法分型分式。另3件皆为偃师李景由墓所出，可分为2型。

A型　2件，可分为2式。

Ⅰ式　1件（M2603：25）。侈口，腹较深，底微圜。

Ⅱ式　1件（M2603：45）。侈口，浅腹，圜底。

B型　1件（M2603：9）。口微敞，浅腹，平底，口沿一侧附花叶状柄。

3. 银杯　共2件，可分为2型。

A型　1件（M6：36），涧西谷水唐墓所出。侈口，杯腹中部内收，下部外鼓内折，圜底附圈足，一侧有耳。

B型　1件，伊川水寨出土。侈口，深腹，喇叭形矮足。表面为鱼子纹地，饰缠枝花叶纹。

4. 银勺　共6件，其中陕县姚孝先墓所出1件未详细报道，难于分型。另外5件可分为2型。

A型　1件（M2603∶7），偃师李景由墓出土。勺呈九曲花瓣状。外表鱼子纹地，錾刻雀绕花枝图案，纹饰鎏金，细致而流畅。内壁抛光，明亮照人。勺柄扁方修长，呈弧曲状，柄端作凫头形。

B型　4件，勺部扁平，造型简朴。可分为三式。

Ⅰ式　2件，李景由墓所出1件（M2603∶28），勺略呈桃形，勺柄修长弯曲。涧西谷水唐墓所出1件（M6∶34），形状基本相同。

Ⅱ式　1件，洛阳16工区76号唐墓所出。勺部略呈椭圆形，勺柄上细下粗。

Ⅲ式　1件（M54∶17），偃师李存墓出土。勺部形似槐叶，勺柄上翘，横断面呈扁长方形，中有銎，安装木柄，木柄朽木尚存。

5. 银筷　共4双，其中陕县姚孝先墓所出1双未发表照片或线图，无法分型分式。另3双可分为2型。

A型　2双。李景由墓所出1双（M2603∶29），断面圆形，中部稍粗。16工区76号唐墓所出1双，形状相同。

B型　1双（M54∶16），李存墓所出。断面圆形，一端较粗有銎，銎内残存朽木。这说明，此银筷的上段原为木质。

此外还有涧西谷水唐墓所出的银盘（M6∶35），洛阳安乐工地出土的银镯，以及洛阳、偃师、陕县等地唐墓所出的银钗、银簪和金钗饰件。

三

洛阳地区的金银器，多数出于纪年墓中，因而给金银器的分期断代提供了可靠的依据。根据纪年墓志和器物形制的不同，洛阳地区所出的金银器，可分为盛唐、中唐、晚唐三期。

1. 盛唐时期（七世纪后期至八世纪中叶）

这时期的金银器主要出于涧西谷水唐墓和偃师李景由墓。后者葬于开元二十六年（738），器物包括 A 型、B 型和 D 型银盒，A 型、B 型银碗，A 型银杯，A 型、B 型 I 式银勺，A 型银筷，银盘等。其中 B 型银盒具有典型的盛唐金银器风格，其造型可能受到盛唐时期流行的菱花形铜镜的影响，在制作工艺和造型艺术方面比早已流行的 A 型银盒更为精美。流散在国外的唐代金银器中，也有类似的银盒。美国弗利尔美术馆收藏的 1 件菱花形银盒，其造型与此银盒几乎完全相同，只在纹饰方面稍有差异[①]。D 型银盒是仿天然蚌壳而制作的。在隋唐墓中常出土天然蚌壳，有的壳内尚存脂粉痕迹，显系当时妇女装盛脂粉用的[②]。仿天然蚌壳的银盒，流散在国外的为数不少，造型基本相同，纹饰大同小异[③]。B 型银碗，在国外收藏家手中也能见到极为相似的器物[④]。此外，与 A 型银勺造型风格相近的器物在国外博物馆也有收藏[⑤]。那些流散在国外的唐代金银器，没有明确的出土时间和地点，难于分期断代。李景由墓出土的这些珍贵银器，给传世金银器的分

[①] 韩伟：《海内外唐代金银器萃编》，三秦出版社 1989 年版，第 108 页，图 218（上）；第 213 页。

[②] 中国科学院考古研究所：《西安郊区隋唐墓》，科学出版社 1966 年版，第 83 页。

[③] 韩伟：《海内外唐代金银器萃编》，三秦出版社 1989 年版，第 132—135 页，图 257—265；第 220—221 页。

[④] Bo Gyllensvard, "Tang Gold and Silver", P. 57, Fig. 19: h, *The Museum of Far Eastern Antiquities*, No. 29, 1957.

[⑤] Ibid., P. 88, Fig. 48: a, b.

期断代提供了可靠的依据。

还有洛阳隋唐宫城遗址出土的两件银铤，其中1件刻有铭文，正面铭文为"专知采市银使右相兼文部尚书臣杨国忠进"，背面下部第三行为"天宝十二载十二月日"。根据《旧唐书》的《玄宗本纪》及《杨国忠传》记载，杨国忠于天宝十一载十一月任右相兼文部（史部）尚书，凡领四十余使，十三载二月进位司空。铭文中的"采市银使"，当系他所领"四十余使"之一。杨国忠进奉此银铤，当在天宝十二载（753）十二月至十三载二月之间①。

2. 中唐时期（八世纪中叶至九世纪初期）

这时期的金银器主要出于陕县姚孝先墓（至德元年，756）、洛阳16工区76号墓、偃师杏园郑绍方墓（元和九年，814）。器物包括C型银盒、B型Ⅱ式银勺、A型银筷等。伊川水寨所出的B型银杯，从器形和纹饰考察，当亦属于中唐时期的器物。

3. 晚唐时期（九世纪中叶至十世纪初期）

这时期发掘出土的金银器不多，主要出于偃师李存墓（会昌五年，845）。器物包括B型Ⅲ式银勺和B型银筷等。英国不列颠博物馆收藏的15件唐代金银器，其中有的可能为洛阳唐墓所出，已如上述。这批器物中有1件银杯，在高圈足的外侧刻铭文"乾符四年王大夫置造镇司公廨重二两半分"十八字②。其他器物如高足四曲银杯、海棠形银盘、网目纹银碗和银注子等③，从器物

---

① 卢兆荫：《从考古发现看唐代的金银"进奉"之风》，《考古》1983年第2期。

② R. L. Hobson, "A Tang Silver Hoard", *The British Museum Quarterly*, Vol. Ⅰ, No. Ⅰ, 1926, p. 19.

③ ［日］后腾守一：《大英博物馆所藏唐代金、银器》，《考古学杂志》第二十卷第三号。

的造型、纹饰等考察，显然也是晚唐时期的金银器。

总之，洛阳地区的唐墓，在新中国成立以前被盗掘者甚多，金银器更是盗窃的主要对象。现已流散在国外的唐代金银器，估计不少是洛阳地区出土的，可惜已难以查考。新中国成立后出土的金银器虽然为数不多，但多为纪年唐墓所出，便于分期断代；而且也有一些器物属于金银器中的珍品。所以洛阳地区所出的金银器，是研究唐代金银器不可忽视的资料。

补记：三门峡市唐墓也出土银盒、银杯及银镯，见《华夏考古》1989年第3期。

(本文原载《河洛文明论文集》，
中州古籍出版社1993年版)

略论唐代仿金银器的玉石器皿

中国制作和使用玉器的历史十分悠久。随着社会的不断发展，玉器的种类及其社会功能也相应地不断演变。至迟从新石器时代晚期开始，玉就被神秘化、神圣化，出现了象征身份、地位的玉武器，以及与原始宗教有密切关系的雏形玉礼器。东周时期儒家赋予玉许多美德，玉被道德化了，流行"君子必佩玉"的习俗。到了汉代，人们迷信玉能保护尸体不朽，葬玉有了很大发展。以礼仪用玉和丧葬用玉为主体的中国古典玉器，一直延续到东汉末年。魏晋南北朝的玉器发展处于低潮，风格体现出过渡时期的特点。隋唐以后，人们对玉的观念有了显著的变化。玉的神秘感、神圣感已逐渐消失，玉德观念也趋于淡薄；而玉的实用性、现实性明显增强，逐步走向世俗化、生活化。中国玉器从而进入新的发展时期。

唐代玉器走向世俗化、生活化的主要表现是，日常生活用玉在玉器中占有重要的地位，玉器皿和玉装饰品不仅种类多，而且造型和纹饰也较多样化。在玉器中还出现仿金银器的玉石制品。这给唐代玉器的发展开辟了一条新的途径，是玉器制作艺术的一种创新，也是唐代玉器研究中不可忽视的新课题。本文拟就唐代仿金银器的玉石器皿的种类、年代以及产地等问题，结合实物资料和文献记载进行初步的探讨。

一

唐代仿金银器的玉石器皿，种类颇多，主要有杯、碗、盘、盒等类。

1. 杯

多数为玉质，少数为滑石制品。器形较为多样化，有八曲椭圆形、四曲椭圆形、带耳四曲椭圆形、椭圆形以及带耳椭圆形等数种。

（1）忍冬纹八曲玉长杯

陕西西安何家村窖藏出土[①]。杯呈八曲椭圆形，深腹，底附椭圆形圈足。杯内壁两侧有弧形凸棱，居中的两条凸棱从口沿直至腹底。外壁碾琢尖叶忍冬卷草纹。杯口长径10.2、短径5.5、高3.8、壁厚0.15厘米（图一：1、图二）。有的学者认为："此杯形制与波斯萨珊银器完全相同，其装饰纹样是对南北朝时期已经流行的忍冬纹的直接继承，因此，它是中西文化结合的产物。"

（2）八曲水晶长杯

陕西西安何家村窖藏出土[②]。器形与忍冬纹八曲玉长杯相同，但光素无纹饰。杯口长径9.6、短径6、高2.5厘米（图三）。有的学者认为："该杯可能是中国工匠以波斯萨珊银器为蓝本而制作的仿制品。"

---

① 刘云辉：《北周隋唐京畿玉器》，重庆出版社2000年版，图版T167—T170。
② 刘云辉：《北周隋唐京畿玉器》，重庆出版社2000年版，图版T171。

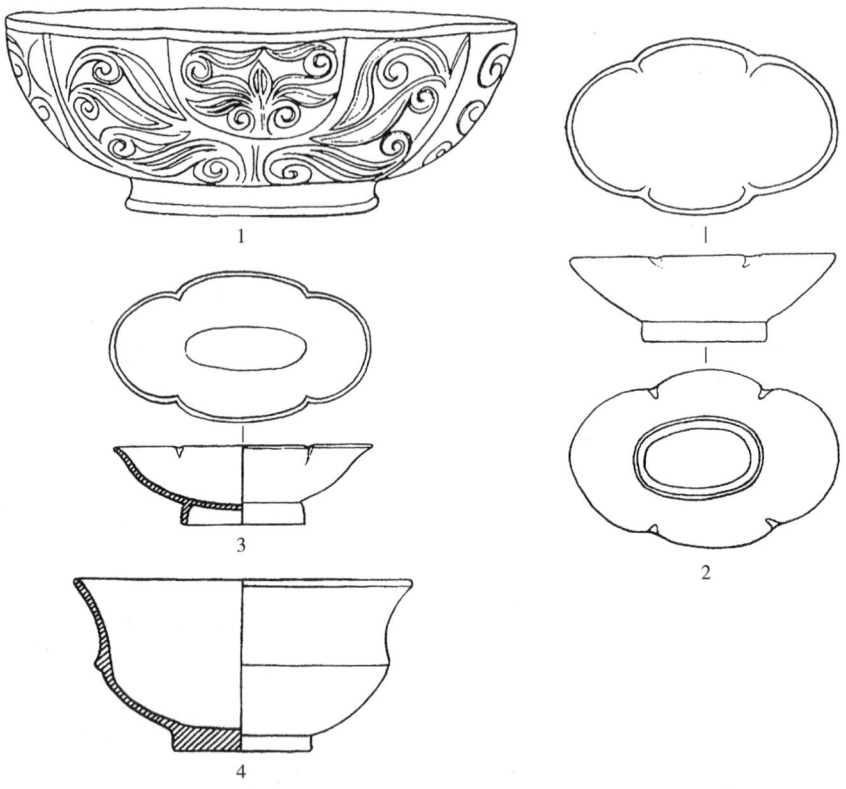

图一

1. 何家村窖藏出土忍冬纹八曲玉长杯 2. 杏园李存墓出土四曲滑石长杯 3. 杏园唐墓出土四曲滑石长杯 4. 杏园李珣墓出土折腹石碗

图二 何家村窖藏出土忍冬纹八曲玉长杯

图三 何家村窖藏出土八曲水晶长杯

（3）八曲玉长杯

香港霍顿收藏[①]。玉白色，有灰、褐斑。杯口为八曲椭圆形，底部有矮圈足。通体抛光，素无纹饰。长17.1、高6.2厘米（图四）。

（4）四曲滑石长杯

河南偃师杏园李存墓出土（M2954∶6）[②]。杯口呈四曲花瓣椭圆形，腹斜收，底附椭圆形圈足。长13.5、宽8.3、高3.7厘米（图一∶2）。

（5）四曲滑石长杯

河南偃师杏园唐墓出土（M1921∶20）[③]。器形与上述四曲长杯基本相同，腹部稍弧曲，大小也相类。长13.2、宽7.4、高3.8厘米（图一∶3）。

（6）素面玛瑙长杯

陕西西安何家村窖藏出土[④]。呈橙黄色夹褐色。杯口为长椭圆形，中部下凹，两端翘起，圜底，通体抛光。长径11.5、短径7.2、高4.6厘米（图五）。有的学者认为："它有可能是中亚的舶来品，或是对中亚粟特长杯造型的模仿品。"

[①] Jessica Rawson, *Chinese Jade from the Neolithic to the Qing*, Published for the Trustees of the British Museum Press, Part Ⅳ, 29∶1 Lobed Cup, p.391. 另外，作者在《玉器与金器——古代中国玉器造型的起源》一文中，称之为"玉碗"，见《中国古代的艺术与文化》，北京大学出版社2002年版，第228页，图22。

[②] 中国社会科学院考古研究所：《偃师杏园唐墓》，科学出版社2001年版，第224页，图207—2，图版38—2，彩版14—4。

[③] 中国社会科学院考古研究所：《偃师杏园唐墓》，科学出版社2001年版，第224页，图217—5，图版41—5。

[④] 刘云辉：《北周隋唐京畿玉器》，重庆出版社2000年版，第15页，图版T172。

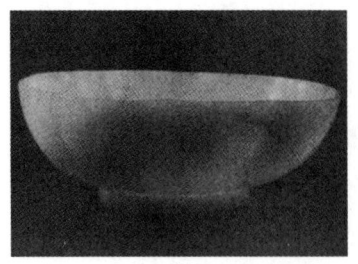 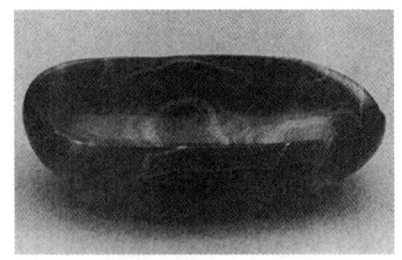

图四　霍顿藏八曲玉长杯　　　图五　何家村窖藏出土素面玛瑙长杯

(7) 人物图像玉长杯

故宫博物院藏①。玉青白色，局部有浅黄色斑浸。杯体椭圆形，外壁以阴线刻出6个手持器物的人物，似在进行器乐表演。底部刻朵云纹及细线纹。长14.9、宽8.5、高4.8厘米。

(8) 单耳四曲花形玉杯

故宫博物院藏②。青玉质，有瑕斑及褐色。杯口呈海棠四曲椭圆形，扁腹，口沿一侧有扁片形柄，柄的中部有一孔。长17.6、宽12.2、高4.3厘米。

(9) 云纹单耳椭圆形玉杯

故宫博物院藏③。玉青白色，局部有黄褐色斑浸。杯体椭圆形，平底，有单耳。外壁饰浅浮雕云纹，杯耳透雕朵云状纹饰。宽19.9、高5.7厘米（图六）。

(10) 环耳椭圆形玉杯

故宫博物院藏④。玉白色，微带褐斑。杯体椭圆，腹下有椭圆形圈足，通体光素无纹饰。杯耳作环形，上部饰花瓣纹。长

---

① 杨伯达：《中国玉器全集·5》，河北美术出版社1993年版，图版三零。
② 杨伯达：《中国玉器全集·5》，河北美术出版社1993年版，图版三二。
③ 杨伯达：《中国玉器全集·5》，河北美术出版社1993年版，图版三一。
④ 杨伯达：《中国玉器全集·5》，河北美术出版社1993年版，图版三三。

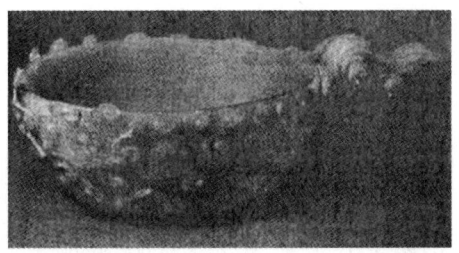

图六 故宫博物院藏云纹单耳椭圆形玉杯

6.9、宽5、高3.1厘米。

2. 碗

有玉碗和石碗两种。

（1）折腹石碗

河南偃师杏园李珣墓出土（M1710∶16）①。石料灰褐色。敞口，折腹，下附假圈足。通体平素无纹饰。口径8.5、底径3.5、高4.1厘米（图一∶4）。

（2）六曲玉碗

美国纽约西园雅集收藏②。玉青白色，有褐斑。碗口呈六瓣葵花形，外壁浮雕六组莲瓣花卉纹，在莲瓣纹内饰莲花、宝相花各三组，二者相间排列。在莲瓣纹上端两侧加饰对称的五瓣花朵图案。腹下有六瓣花形圈足。口径16.4、足径9.5、高10.1厘米（图七、八）。

3. 滑石盘

河南偃师杏园李存墓出土（M2954∶2）③。盘口呈委角长方形，浅腹，下附长方形矮圈足。长18、宽11、高2.7厘米（图九∶1）。

---

① 中国社会科学院考古研究所：《偃师杏园唐墓》，科学出版社2001年版，第79页，图71—12，图版43—3。

② 该器图片承龚继遂先生提供。

③ 中国社会科学院考古研究所：《偃师杏园唐墓》，科学出版社2001年版，第224页，图216—2，图版38—2。

4. 盒

多数用滑石制成，少数为玉质或石质。器形多种多样，有圆形、椭圆形、四曲椭圆形、委角方形、三瓣花形、叶形等。

（1）圆形玉石盒

陕西富平唐房陵大长公主墓出土 1 件圆形玉盒，详细资料尚未发表[1]。河南偃师杏园唐墓出土 3 件。其中卢氏墓所出的 1 件（M1137∶38）[2] 为灰褐色石料制成，打磨光滑，扁圆形，分盒身、盒盖两部分，作子母口扣合。直径 6.8、通高 2.6 厘米（图九∶2）。另两件为滑石盒，器形基本相同。其中 1 件（M1921∶19）[3] 器形较大，直径 16.2、通高 7.2 厘米（图九∶3）。

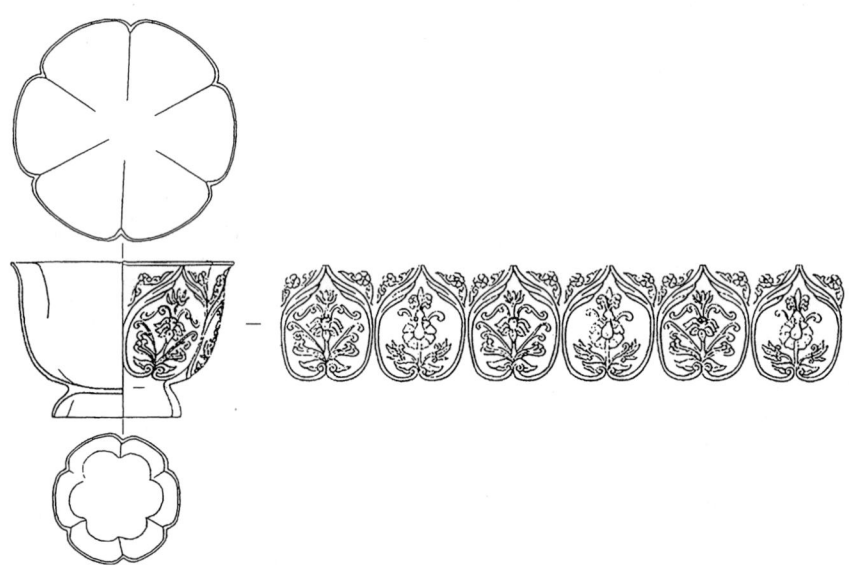

图七　美国纽约西园雅集藏六曲玉碗

---

[1] 安峥地：《唐房陵大长公主墓清理简报》，《文博》1990 年第 1 期。

[2] 中国社会科学院考古研究所：《偃师杏园唐墓》，科学出版社 2001 年版，第 79 页，图 71—14。发掘者称之为"石粉盒"。

[3] 详见《偃师杏园唐墓》，第 224 页，图 217—6。

图八　美国纽约西园雅集藏六曲玉碗

（2）椭圆形斑玉盒

陕西凤翔县城南郊唐墓出土（M28∶4）[①]玉青灰色带有黑色带状斑纹。盒呈椭圆形，盒身和盒盖为子母口，盖面、盒底均微鼓，通体抛光无纹饰。长径3.7、短径3、通高1.2厘米。

（3）四曲椭圆形滑石盒

陕西西安东郊韩森寨出土1件[②]，盒身和盒盖均微鼓，子母口，盖面刻纹饰，在阴线网纹地上刻出层层叠压的花叶纹。长径5.8、短径4、通高1.8厘米。河南偃师杏园李存墓出土1件（M2954∶3）[③]，器形基本相同，盖面剔地阳刻牡丹花纹，四周加饰花瓣纹。长8.7、宽6.5、通高4厘米（图九∶4）。

（4）鸳鸯花卉纹玉盒

陕西西安曲江池遗址出土[④]。玉呈灰褐色。盒委角方形，作

[①]　尚志儒等：《陕西凤翔县城南郊唐墓群发掘简报》，《考古与文物》1989年第5期；刘云辉：《北周隋唐京畿玉器》，重庆出版社2000年版，图版T60。

[②]　刘云辉：《北周隋唐京畿玉器》，重庆出版社2000年版，图版T189。

[③]　中国社会科学院考古研究所：《偃师杏园唐墓》，科学出版社2001年版，第224页，图217—1，图版38—3，彩版14—4。

[④]　西安市文物管理委员会：《玉器》，陕西旅游出版社1992年版；刘云辉：《北周隋唐京畿玉器》，重庆出版社2000年版，图版T57—T59。

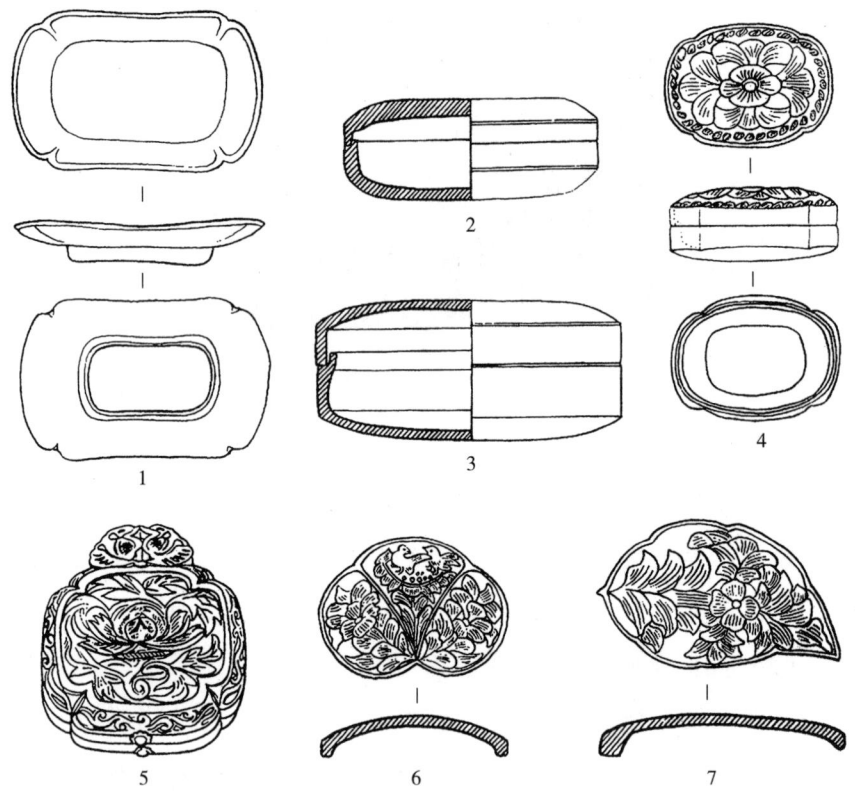

图九 唐代墓葬、遗址出土的滑石盒
1. 杏园李存墓出土滑石盘 2. 杏园卢氏墓出土圆形石盒 3. 杏园唐墓出土圆形滑石盒 4. 杏园李存墓出土四曲椭圆形滑石盒 5. 曲江池遗址出土鸳鸯花卉纹玉盒 6. 杏园李廿五娘墓出土三瓣花形滑石盒 7. 杏园李廿五娘墓出土叶形滑石盒

子母口扣合。盒盖和盒身的外壁剔地雕出相同的纹饰，主体纹样为花卉枝叶，四周侧面为蔓草纹。盒身和盒盖的顶端有一对透雕的鸳鸯作为盒的把手，对称的下端各钻一圆孔，嵌入金环纽，用于玉盒的启闭。此盒采用细线阴刻、剔地浮雕和透雕线刻相结合等多种雕琢技法，工艺水平较高。长4.5、宽3.5、通高1.4厘米（图九：5）。

(5) 三瓣花形滑石盒

河南偃师杏园唐李廿五娘墓出土1件（M2901∶2）[①]。仅存盒盖，作三瓣花朵形（发掘者称作"云头形"）。每瓣都剔地阳刻花枝纹，当中一瓣花枝上刻饰一对嬉戏的鸳鸯纹。长10、宽7.4、高1厘米（图九∶6）。

(6) 叶形滑石盒

河南偃师杏园唐李廿五娘墓出土1件（M2901∶18）[②]。仅存盒盖，呈六曲花叶形。盖面剔地阳刻一株枝繁叶茂的花枝纹饰。长13、宽7.9、高1厘米（图九∶7）。

二

上述仿金银器的玉石器皿中，杯的数量最多，造型也较为多样化，其制作年代显然有早晚之别。三件八曲长杯的器形基本相同，其造型具有浓厚的萨珊风格。美国旧金山美术博物馆收藏的"卷草八瓣银长杯"（图一〇∶1）和日本白鹤美术馆收藏的"瑞鸟萱草纹八曲银长杯"（图一〇∶2），器形都与上述八曲玉长杯基本相同[③]。所以八曲玉长杯显系仿金银器的制品。有的学者认为，卷草八瓣银长杯和瑞鸟萱草纹八曲银长杯的"纹样表明系中国制造的器物无疑，由于器形上还带有浓厚的萨珊风格，其年代

[①] 中国社会科学院考古研究所：《偃师杏园唐墓》，科学出版社2001年版，第224页，图217—4，图版39—4。

[②] 中国社会科学院考古研究所：《偃师杏园唐墓》，科学出版社2001年版，第224页，图217—3，图版39—4。

[③] 韩伟：《海内外唐代金银器萃编》，三秦出版社1989年版，器物线图83、84。

应在 7 世纪后半叶"①。忍冬纹八曲玉长杯和八曲水晶长杯出土于何家村窖藏。该窖藏埋藏的时间，学术界有不同的意见，有的认为在盛唐晚期②，有的认为器物的年代不晚于天宝十五年（756）③，有的认为在德宗时期④。最近有学者经过考证，进一步认为"何家村遗宝埋藏地点是刘震宅，埋藏时间为德宗建中四年（783）泾原兵变爆发之时"⑤。尽管何家村窖藏埋藏于八世纪后期，但窖藏中的文物并非同一时期的器物，这应是考古界的共识。这两件仿银器的八曲长杯，从其器形考察，应属盛唐时期的作品。另 1 件八曲长杯为传世品，造型风格相同，年代应亦相近。

四曲长杯两件，都是偃师杏园晚唐墓出土的文物，其中 1 件出于武宗会昌五年（845）李存墓。二杯形制相近，都属晚唐时期的器物。这两件滑石杯的器形与文宗开成五年（840）崔防墓出土的银四曲长杯（M5013：38）⑥ 基本相同（图一〇：3）。前者显系后者的仿制品。四曲长杯的造型与八曲长杯相比，外来文化的因素明显减弱。前者系后者的简化形式，其时代也比较晚。在唐代金银器中，四曲长杯屡有发现。例如陕西西安市郊出土的鸿雁黄鹂纹银杯（图一〇：4）⑦、西安太乙路出土的摩羯纹金杯

---

① 齐东方：《唐代金银器研究》，中国社会科学出版社 1999 年版，第 51 页。
② 陕西省博物馆等：《西安南郊何家村发现唐代窖藏文物》，《文物》1972 年第 1 期。
③ 陕西省博物馆等：《唐代金银器》，文物出版社 1985 年版。
④ 段鹏琦：《西安南郊何家村唐代金银器小议》，《考古》1980 年第 6 期。
⑤ 齐东方：《何家村遗宝的埋藏地点和年代》，《考古与文物》2003 年第 2 期。
⑥ 中国社会科学院考古研究所：《偃师杏园唐墓》，科学出版社 2001 年版，第 201 页，图 194—1，图版 24—5。
⑦ 保全：《西安市文管会收藏的几件唐代金银器》，《考古与文物》1982 年第 1 期；韩伟：《海内外唐代金银器萃编》，三秦出版社 1989 年版，器物线图 86。

图一〇　银长杯

1. 美国旧金山美术博物馆藏卷草八瓣银长杯　2. 日本白鹤美术馆藏瑞鸟萱草纹八曲银长杯
3. 杏园崔防墓出土银四曲长杯　4. 西安出土鸿雁黄鹂纹银杯

(图一一)[①]、耀县背阴村出土的双鱼纹银杯和双鸾纹银杯[②]、河南伊川唐齐国太夫人墓出土的双鱼纹金杯（图一二：1）[③] 等。

---

① 贺林等：《西安发现唐代金杯》，《文物》1983 年第 9 期；韩伟：《海内外唐代金银器萃编》，三秦出版社 1989 年版，器物线图 85。

② 刘向群等：《陕西省耀县柳林背阴村出土一批唐代金银器》，《文物》1966 年 1 期。

③ 洛阳市第二文物工作队：《伊川鸦岭唐齐国太夫人墓》，《文物》1995 年第 11 期。

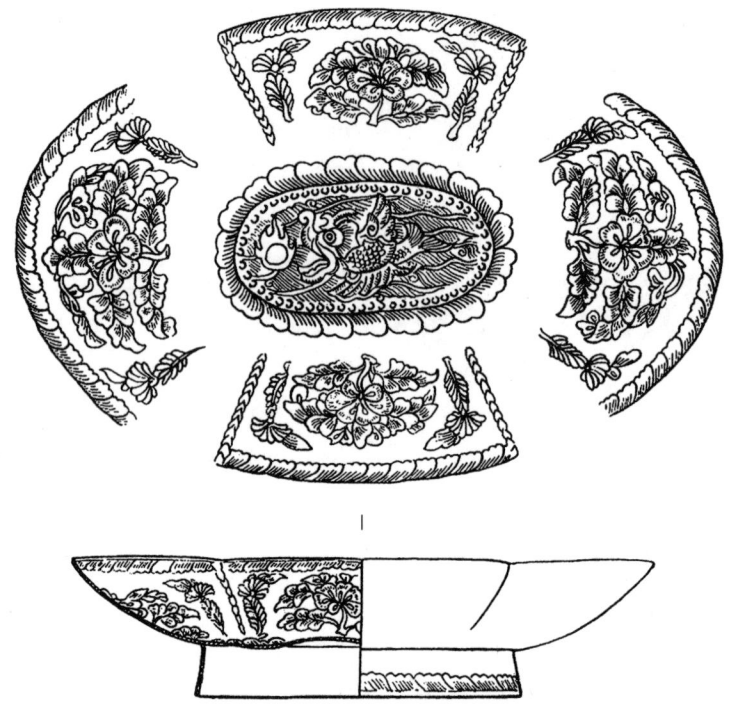

图一一　西安出土摩羯纹金杯

这些四曲长杯的器形大同小异，其年代都属中晚唐时期。

素面玛瑙长杯和人物图像玉长杯的造型也具有中亚和西亚银器的风格。内蒙古敖汉旗李家营子早期辽墓出土的1件银长杯①，器形与上述两件长杯基本相同。有的学者认为，"李家营子银长杯的产地也应是粟特地区"②。人物图像玉长杯刻饰的奏乐人物，从其服饰、姿态考察，属唐人风格，该杯应是唐代玉工仿银器的作品，其年代可能晚于八曲长杯。

单耳四曲花形玉杯的杯身为四曲长杯，也属八曲长杯的简化

---

① 敖汉旗文化馆：《敖汉旗李家营子出土的金银器》，《考古》1978年第2期。
② 齐东方：《唐代金银器研究》，中国社会科学出版社1999年版，第309页。

形式，但省去椭圆形圈足，而增加一扁片形柄，其年代应与四曲长杯相近，属晚唐时期。

折腹石碗出土于偃师杏园李珣墓，该墓营建于开元六年（718）。西安何家村窖藏出土的折腹银碗（图一二：2），器形与这件石碗基本相同，有的学者认为，银碗的年代属于8世纪前半叶[①]。因此，银碗与石碗的年代相当。

六曲玉碗是传世品。在出土的唐代金银器中，多曲银碗一般为四曲或五曲，而银盘则以六曲居多。例如，何家村窖藏出土的熊纹银盘（图一二：3）和凤鸟纹银盘（图一二：5）的盘口皆呈六瓣葵花形，与六曲玉碗的碗口形状相同。前者的造型可能对后者有一定的影响。六曲玉碗的每个莲瓣都是由两个忍冬叶片对合构成，这是唐代金银器上常见的纹样。何家村窖藏所出金碗外壁的莲瓣也是这样构成的（图一二：4）[②]。何家村出土的上述金银器，其时代应在8世纪中叶以前，而六曲玉碗的年代可能稍晚。

滑石盘出土于偃师杏园李存墓，该墓营建于武宗会昌五年（845），其时代属晚唐时期。

圆形玉盒出土于唐房陵大长公主墓（咸亨元年，670），时代属初唐时期。圆形石盒出于偃师杏园卢氏墓（开元十年，722），属盛唐时期。两件圆形滑石盒都出土于晚唐时期的墓葬中。可见圆形玉石盒流行的时间很长，从初唐至晚唐都存在。在唐代金银器中，盒是数量最多的器类，其中圆形盒主要流行于盛唐以前，盛唐以后盒的器形趋于多样化。这种趋势在玉石盒中同样存在。

---

① 齐东方：《唐代金银器研究》，中国社会科学出版社1999年版，第65页。
② 齐东方：《唐代金银器研究》，中国社会科学出版社1999年版，第131页，图1—361。

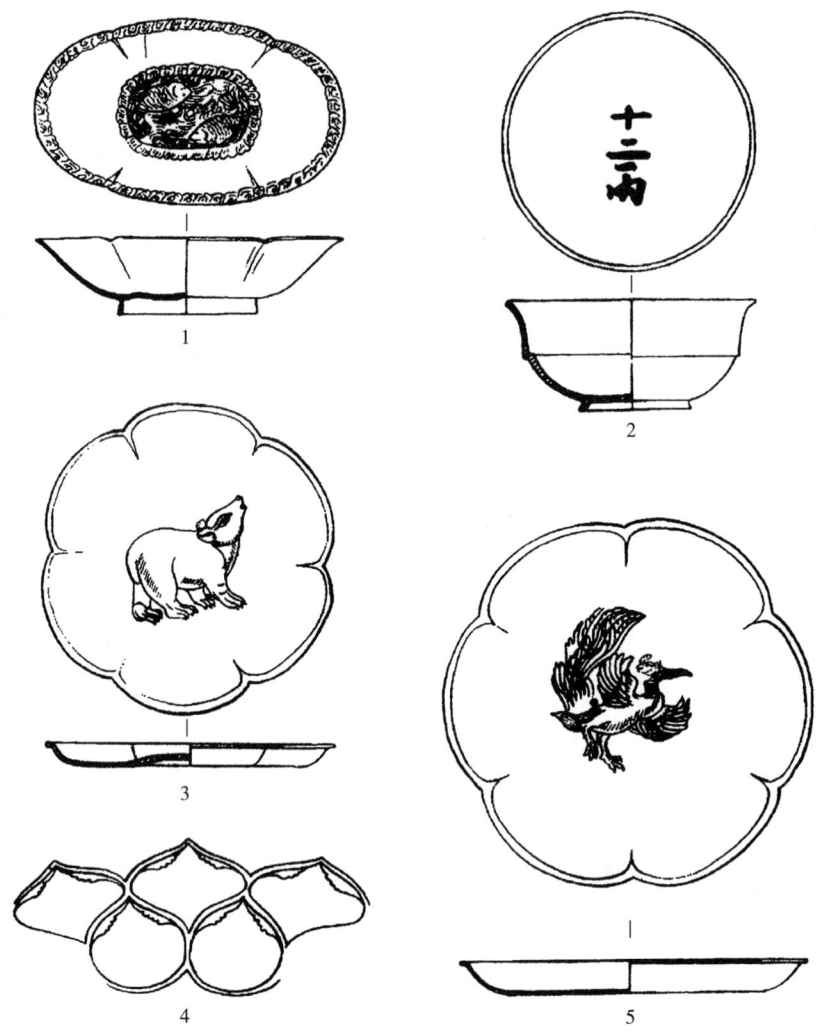

图一二 金银器
1. 伊川唐墓出土双鱼纹金杯 2. 何家村窖藏出土折腹银碗 3. 何家村窖藏出土熊纹银盘
4. 何家村莲瓣纹金碗外腹纹样 5. 何家村窖藏出土凤鸟纹银盘

  四曲椭圆形盒是用滑石制成的。其中1件出土于偃师杏园李存墓,属晚唐时期。另1件为西安韩森寨出土的花叶纹四曲椭圆形盒,器形相同,年代也相近。在金银器中,这种形状的银盒也是流行于9世纪。例如,偃师杏园唐穆悰墓(大中元年,847)

出土的四曲椭圆形银盒（M1025∶6）①，器形与上述两盒基本相同。西安市文管会收藏的黄鹂折枝纹椭方银盒（仅存盒盖）②，也呈四曲椭圆形，其年代亦应属9世纪。

鸳鸯花卉纹玉盒呈委角方形，在考古发掘中也曾出土器形类似的银盒。偃师杏园李归厚墓出土的双凤衔花纹银盒（M1819∶13）③，器形与这件玉盒相类似。玉盒的造型可能仿自银盒，只是在开口的一端增加一对透雕的鸳鸯，对称的一端加设一金环纽，结构较为复杂而已。李归厚墓营建于文宗大和八年（834），所出银盒属中晚唐时期的制品。鸳鸯花卉纹玉盒的年代可能稍晚，但也应是9世纪的作品。

三瓣花形滑石盒和叶形滑石盒都出土于偃师杏园李廿五娘墓（会昌五年，845），应属晚唐时期的器物。该墓地的另一座纪年唐墓——崔氏墓（会昌三年，843），出土1件绶带纹云头形银盒（M1921∶29）④，其造型风格与三瓣花形滑石盒有类似之处，制作年代也相近。后者的器形似是前者的简化形式。

三

唐代仿金银器的玉石器皿集中发现于唐两京地区。玉器（包括水晶、玛瑙制品）主要出土在西安地区，滑石器则主要发现于

---

① 中国社会科学院考古研究所：《偃师杏园唐墓》，科学出版社2001年版，第202页，图195—5，图版26—2，彩版6—4。

② 韩伟：《海内外唐代金银器萃编》，三秦出版社1989年版，器物线图245下。

③ 中国社会科学院考古研究所：《偃师杏园唐墓》，科学出版社2001年版，第202页，图195—4，图版26—4，彩版7—1。

④ 详见《偃师杏园唐墓》，第201页，图195—2，图版26—1，彩版6—2。

洛阳地区。西安是唐代都城长安城的所在地，为皇室和高级贵族的聚居地。洛阳是唐帝国的东都，也是贵族官僚较为集中的地方。当时玉器和金器一样，只有皇室贵族和高级官僚才有权使用。《唐律疏议·杂律》舍宅车服器物违令条规定："器物者，'一品以下，食器不得用纯金、纯玉。'……此等之类，具在令文。若有违者，各杖一百。"可见，只有一品以上的高官（包括皇室贵族）才能使用纯金和纯玉制成的饮食器皿，违背这个法令者，要受到"杖一百"的处罚。

上述仿金银器的玉器中，忍冬纹八曲玉长杯、八曲水晶长杯、素面玛瑙长杯等都出土于何家村窖藏。前文已述及，有学者认为何家村窖藏是租庸使刘震在泾原兵变时埋藏的；同时还认为刘震的职责是管理官府财物，窖藏中的器物"不是他个人的财产，而是收缴上来的庸调及官府的财宝"[1]。刘震为"尚书租庸使"，属一品以下职官，按律令他个人是不能使用纯金、纯玉器皿的。何家村窖藏的器物属于官府财宝，上述可能性是存在的。关于何家村窖藏，也有文章认为是"一个与道教有关的遗存"[2]，或可备一说。

滑石器皿主要出土于中小型唐墓，墓主多为下级官吏或其亲属。例如，出土盘、四曲长杯和四曲椭圆形盒的李存墓[3]，墓主仅为庐州参军。出土三瓣花形盒和叶形盒的李廿五娘墓[4]，墓主

---

[1] 齐东方：《何家村遗宝的埋藏地点和年代》，《考古与文物》2003年第2期。

[2] 沈睿文：《一个与道教有关的遗存——何家村窖藏再认识》，《中国文物报》2003年6月13日第7版。

[3] 中国社会科学院考古研究所：《偃师杏园唐墓》，科学出版社2001年版，第343页。

[4] 参见《偃师杏园唐墓》，第345页。

为饶州乐平县尉李郁之女。可见在当时，社会地位不高的官僚地主阶层，不可能使用真正的玉器，往往以滑石器作为玉器的代用品。

关于唐代玉器的制作地点问题，缺乏明确的文字记载。考虑到玉料的难得和价格的昂贵，玉器的主要制作地点应是都城长安，而且是由皇室和中央政府所属的官府手工业作坊负责制作。《新唐书·百官志》记载的掌冶署，"掌范熔金银铜铁及涂饰琉璃玉作。……凡诸冶成器，上数于少府监，然后给之"。可见"玉作"系隶属于少府掌冶署管辖的官府手工业作坊，主要为皇室和高级贵族碾琢各种玉器。

长安城中另外一处制作玉器的机构，应该是兴盛于晚唐时期的文思院。文思院属"供天子燕私"的内库管辖，从考古资料得知，文思院至迟从唐懿宗时就已成为宫廷内打造金银器的作坊院[1]。唐代的文思院，除打造金银器外，是否还制作其他器物，文献失载。据《宋史·职官志五》记载："文思院，掌造金银、犀玉工巧之物，金采、绘素装钿之饰，以供舆辇、册宝、法物凡器服之用。"[2] 由此推想，唐代的文思院可能也是综合性的官府手工业作坊，除金银器外，也制作玉器等其他珍贵器物。

唐长安城内，除了专为皇室贵族服务的官府玉工外，还存在民间玉器手工业工人，在市场上也能买到玉器。新、旧《唐书·柳浑传》记载，德宗时，玉工为皇帝制作玉带，摔坏了一块玉带銙，便私自到市场去买一块玉銙补上，结果被德宗识别出来，玉

---

[1] 卢兆荫：《关于法门寺地宫金银器的若干问题》，《考古》1990年第7期。
[2] 《宋史·职官志三》则作："掌金银、犀玉工巧及采绘、装钿之饰。凡仪物、器仗、权量、舆服所以供上方、给百司者，于是出焉。"

工差一点被处死①。这说明，官府玉工制作的玉器明显优于民间玉工的作品，因而易于识别。何家村窖藏中的忍冬纹八曲玉长杯、八曲水晶长杯、玛瑙长杯以及传世的八曲玉长杯、六曲玉碗等，工艺技术精湛，应属中央官府玉工的杰作。至于用滑石或其他石料制作的杯、碗、盘、盒等，多数应是地方官营手工业作坊或民间工匠制作的。

（本文系与古方合著，原载《文物》2004年第2期）

---

① 《旧唐书·柳浑传》："时上命玉工为带，坠坏一銙，乃私市以补；及献，上指曰：'此何不相类？'工人伏罪，上命决死。诏至中书，浑执曰：'陛下若便杀则已，若下有司，即须议谳。且方春行刑，容臣条奏定罪。'以误伤乘舆器服，杖六十，余工释放，诏从之。"新传所载略同。

何文哲墓志考释
——兼谈隋唐时期在中国的中亚何国人

何文哲（墓志作"恝"，"哲"，古作"恝"）墓志是1966年在西安西郊发现的①。墓志长93、宽87厘米。盖题篆书"大唐故右领军卫上将军赠泰子少保何公墓志铭"。志文正书，共60行，每行57字（图一、二）。

志文记载，何文哲，字子洪，其先为中亚何国人，唐文宗大和四年（830）四月一日死于长安县义宁里私第，享年67岁。他先后在德宗、顺宗、宪宗、穆宗、敬宗、文宗六朝任职，并参预了一些重要的政治事件。何文哲一家是已发现的唯一有明确记载的何国质子的后裔。该志的出土，给研究唐朝和何国关系增添了一份可靠的资料。

一 何文哲为何国国王的后代

志称："葱岭崛秀于西陲，归邪耀芒于北极。"《汉书·西域传》："西域……西则限以葱岭。"《史记·天官书》："归邪出，必有归国者。"志文开头就指出，墓主系西域来归者。志又云：

---

① 魏光：《何文哲墓志考略》，《西北史地》1984年第3期。

图一　何文哲墓志志文拓片

图二 何文哲墓志盖拓片

"洎根彼长源,穷其发地,则又辉于我门矣。公本何国王丕之五代孙。"何国为古代中亚昭武诸国之一。《隋书·西域传》记载:"何国,都那密水南数里,旧是康居之地也。其王姓昭武,亦康国王之族类,字敦。都城方二里。胜兵千人。其王坐金羊座。"[①]《新唐书·西域传》载:"何,或曰屈霜你迦,曰贵霜匿,即康居小王附墨城故地。城左有重楼,北绘中华古帝,东突厥、婆罗门、西波斯、拂菻等诸王,其君旦诣拜则退。"《大唐西域记》(卷一)

---

① 《册府元龟·外臣部·种族》所载略同,"那密水"或误作"郍密木"。

载："屈霜你迦国（何国），周千四五百里，东西狭，南北长。土宜风俗，同飒秣建国（康国）。""屈霜你迦"和"贵霜匿"为梵语化词Kusanika、中世波斯语Kusanik的译音，阿拉伯语为苦桑尼耶（Kusaniyya），近代波斯语为苦桑匿（Kusani）①。何国的地理位置，根据前人考证，在今中亚撒马尔罕西或西北六十英里②。

志称："前祖以永徽初，款塞来质，附于王庭。簪缨因盛于本朝，爵赏由光于中土。"唐玄宗开元十年（722）闰五月戊寅《放还诸蕃宿卫子弟诏》云："今外蕃侍子，久在京国。……宜命所司勘会诸蕃充质宿卫子弟等，量放归国。"③ 可见在唐代国力强盛的时候，周围小国"纳子为质"者为数不少。何文哲的前祖，显系唐高宗永徽初年为质于唐朝的何国王子，并在当时朝廷中任职。所谓"附于王庭"，可能是指担任宿卫之类的武职。根据文献记载，何国在隋大业和唐贞观年间，曾多次遣使朝贡④。《新唐书·西域传》载："永徽时（何国）上言：'闻唐出师西讨，愿输粮于军。'俄以其地为贵霜州，授其君昭武婆达地刺史，遣使者钵底失入谢。"从何文哲为"何国王丕之五代孙"推算，其前祖

---

① 《大唐西域记校注》，第92—93页注释（一），中外交通史籍丛刊本；[日]白鸟库吉：《唐居栗特考》，第47页，"Kusaniyya"作"Kusanika"，史地小丛书本；张星烺：《中西交通史料汇编》，第四册，第96页何国注（一），"Kusaniyya"作"Kusanija"，中华书局1978年版。

② 张星烺：《中西交通史料汇编》，第四册，中华书局1978年版，第96页。

③ 《旧唐书·玄宗本纪》："（开元十年闰五月）戊寅，敕诸番充质宿卫子弟，并放还国。"《册府元龟·外臣部·纳质》录此诏，作"是年闰五月戊寅诏曰……。""是年"应为"开元十年"。《全唐文》卷二十六亦录此诏。

④ 《北史·西域传》："何国……大业中，遣使贡方物。"《隋书·西域传》所载相同。《新唐书·西域传》："贞观十五年，（何国）遣使者入朝。"《册府元龟·外臣部·朝贡》："（大业）十一年正月……何国……等国并遣使朝贡。""（贞观元年）五月，何国……并遣使朝贡。"

应即何国王丕。何丕可能是昭武婆达地之子，入质后改用汉名，志称"国王"，实为王子。何丕的入质，或即永徽年间授其父为刺史后，随何国使者钵底失来到唐朝的。

志文接着列举了何文哲的曾祖、祖父、父亲的名字及官职。

曾祖怀昌，仕唐为"中大夫守殿中少监，赐紫金鱼袋。权兼六局，职备大朝"。唐制，职事官的品级高于散官者称"守"，反之者称"行"①。中大夫为文散官，贞观以后改为从四品下阶；殿中少监为职事官，属从四品上阶，故称"守"。所谓"权兼六局"的"六局"，即殿中省总领的尚食、尚药、尚衣、尚乘、尚舍、尚辇六局。

祖父彦诠，为"正议大夫行丹州别驾"。正议大夫为正四品上阶文散官。丹州为下州（《唐会要》卷七十记载，丹州于大历六年五月升上州，何彦诠任别驾当在此之前），下州别驾为从五品上阶，品级低于正议大夫，故称"行"。

父游仙，为"宝应元从功臣，开府仪同三司行灵州大都督府长史上柱国，赠尚书右仆射"。"开府仪同三司"为从一品文散官，"大都督府长史"为从三品，故称"行"。《旧唐书·代宗本纪》载："（宝应元年五月）丁酉，御丹凤楼，大赦。子仪、光弼、李光进诸道节度使并加实封，四月十七日立功人并号宝应功臣。"所谓"宝应功臣"（或"宝应元从功臣"）系包括郭子仪、李光弼等平定安史之乱的功臣和宝应元年四月十七日参预宦官李辅国等收捕越王系、拥立代宗李豫的立功人②。从志文有"禄山

---

① 《旧唐书·职官志》："贞观令，以职事高者为守，职事卑者为行，仍各带散位。"

② 《新唐书·肃宗本纪》："（宝应元年四月）丙寅，闲厩使李辅国、飞龙厩副使程元振迁皇后于别殿，杀越王系、兖王僴，是夜，皇帝（肃宗）崩于长生殿，年五十二。"按"丙寅"为十七日。

潜盗，肃宗幸边"句考察，何游仙应属参预平定安史之乱的有功人员。

志称："公即仆射之第三子也。……贞元初，德宗追惟旧勋，悉求其后，乃下诏两广，即令搜扬。时开府护军中尉窦文场以公名闻，旋补左军马军副将。"文献记载，窦文场为护军中尉乃贞元十二年（796）六月事①，故何文哲补左军马军副将当在此后。窦文场是德宗宠幸的宦官，掌管禁军之后，权力更大，求他引荐的人很多，因而索贿数万缗②。何文哲由窦文场提名而得官，可能是由于他为"宝应元从功臣"之子，但也不排除系向窦行贿的结果。

志载，何文哲在德宗、宪宗、穆宗诸朝，官职不断升迁。元和五年（810），封庐江县开国子，食邑五百户。长庆二年（822）三月，迁云麾将军守左神策大将军兼御史中丞。敬宗时，何文哲曾两次参加平定宫廷变乱，因而其政治地位进一步提高。

第一次是在长庆四年（824）。志载："敬宗嗣位，（长庆四年）夏四月，贼臣张韶乘间窃发。敬宗失御，越在左军。公领敢死七千人，或擐甲重门，严其环卫；或荷戈讨乱，诛剪群凶。……获丑执俘，八十余数。其夜敬宗召见与语，公歃血誓志，期于扫除。且云：'今日投卿，安危斯在，还宫之后，必议甄酬。'公愿拯横流，受命呜咽。翌日，车驾刻复，再恢皇纲。帝感其忠贞，嘉乃勋绩，约赐金银器及锦彩等五百余事。寻迁御史大夫。"新、旧

---

① 《旧唐书·窦文场传》："贞元十二年六月，特立护军中尉两员、中护军两员，以帅禁军。乃以文场为左神策护军中尉。"

② 《旧唐书·窦文场传》："是时窦（文场）霍（仙鸣）权震朝廷，诸方节度大将多出其军，台省要官走门下，丐援影者足相蹑，卫士朱华以按摩得幸文场，参虑补置，索赇数万缗。"

《唐书·敬宗本纪》及《资治通鉴》(卷二百四十三)记载,长庆四年四月丙申(十七日),染坊工匠张韶等百余人暴动,从右银台门入宫,进至清思殿,敬宗在紧急中,逃避于左神策军,左军中尉马存亮遣大将康艺全将骑卒入宫镇压,当晚张韶等被杀,丁酉(十八日)敬宗还宫,壬寅(二十三日)"厚赏两军立功将士"。所载与志文基本相符,而未记何文哲的事迹。《新唐书·马存亮传》记载张韶等暴动事颇详,并云"存亮遣左神策大将军康艺全,将军何文哲、宋叔夜、孟文亮,右神策大将军康志睦,将军李泳、尚国忠,率骑兵讨贼"。虽提及何文哲之名,但未详记其事迹,而且误列何文哲为"将军"。根据志文记载,何文哲于"壬寅(长庆二年)三月迁云麾将军守左神策大将军兼御史中丞",张韶事发于长庆四年四月,当时何文哲为"左神策大将军"无疑。关于何文哲的事迹,从志文所载可以看出,当时敬宗"越在左军",身为左神策大将军的何文哲,率领敢死队七千人,参加镇压张韶等暴动的工匠,捕获八十余人,因功得到敬宗的召见和"金银器及锦彩等五百余事"的赏赐,并由御史中丞晋升为御史大夫。志文所载,可补文献之不足。

第二次是在敬宗宝历二年(826)。志称:"乙巳之岁……改元宝历。甲辰三月,复降新恩,特加左散骑常侍,依前神策大将军事。其年月建丁丑,宦者刘克明构衅萧墙,贼乱宗社,毒肆渠逆,祸及敬宗。……公领神策勇士万余人,与故开府中尉魏公弘简,创议协心,犄角相应,誓清逆党,伫开天衢。又选骁勇数百人入内搜斩,自辰及酉,氛浸悉平。……然后与开府右军中尉梁公守谦,同谋义始,选练精兵,册建我皇。"按敬宗宝历元年(825)岁次乙巳,次年应为丙午年,志文"甲辰三月"应系"丙午三月"之误。甲辰年十二月为"丁丑",丙午年十二月为"辛丑",志文"其年月建丁丑","丁丑"应为"辛丑"之误。文献记载,宝历二年十二月辛丑(八日)敬宗夜猎还宫,被宦官刘克明等杀害,枢密使王守澄、杨承和和护军中尉魏从简、梁守谦率神策六军、飞龙兵消灭刘克明等,迎立江王李涵,是为文宗①。文献所载与志文大致相符。志文所载,何文哲率领神策军勇士与中尉魏弘简协同作战,并与中尉梁守谦共谋拥立文宗等事迹,为文献所未载。志文"魏弘简",文献记载作"魏从简",未知孰是。

志称:"今上(文宗)统极之明年,改号大和。春三月,幸升阳殿,独召公入语曰:'卿有莫大之功,社稷今存即卿之力,即令宰臣与卿土地。'其年月建庚戌,迁鄜州刺史,充鄜、坊、丹、延等州节度观察处置等使。"按大和元年(827)九月建庚戌。《旧唐书·文宗本纪》载:"(大和元年)九月庚申朔。癸亥以左神策军将军知军事何文哲为鄜、坊、丹、延节度使。"文献记载与志文在时间上相符,但"左神策军将军知军事"应为"左神策军大将军"之误。志载,何文哲于元和十五年(820)"兼左神策军将军知军事",长庆二年(822)三月已迁"左神策军大将军"。

志载,何文哲"杖节三年……明年己酉正月,策勋进封庐江郡开国公,食邑二千户。庚戌春正月诏追还京,二月授右领军卫上将军"。按大和四年岁次庚戌,可知何文哲任鄜、坊、丹、延等州节度使的时间,系从大和元年(827)九月至四年(830)正月,前后约三年时间②。《旧唐书·文宗本纪》载:"(大和四年

---

① 参见新、旧《唐书》的敬宗、文宗本纪;《新唐书·刘克明传》和《资治通鉴》卷二百四十三。

② 参见吴廷燮《唐方镇年表》,《二十五史补编》第6册。

正月）丙戌，以左神策军大将军丘直方为鄜坊节度使。"接替何文哲节度使职务的丘直方也出自禁军。

何文哲和丘直方皆由左神策军大将军出任节度使，似非偶然。《资治通鉴》卷二百四十三记载："自大历以来，节度使多出禁军。其禁军大将资高者，皆以倍称之息，贷钱于富室，以赂中尉，动踰亿万，然后得之，未尝由执政。"所以何文哲得节度使之职，除因参预拥立文宗有功外，也可能是重贿中尉梁守谦之流的结果。

二　隋唐时期在中国的何国人

上文述及自隋大业后，何国常遣使朝贡，何国人来中国者当亦不少。关于隋唐时期在中国的何国人，日本学者桑原隲藏氏和我国学者冯承钧、向达等都曾著文论证。

桑原隲藏氏疑为何国人者，有何妥、何稠、何潘仁、僧伽和何戡等人①。《隋书·何妥传》载："何妥，字栖凤，西城人也。父细胡，通商入蜀。……号为西州大贾。"《通志》卷一七四《何妥传》"西城"作"西域"，"细胡"作"细脚胡"。《北史·何妥传》亦作"细脚胡"。何稠，为何妥之侄。稠父通，善斫玉。稠能仿造波斯所献金绵锦袍（《北史》和《通志》本传作"金线锦袍"），并能制作琉璃器②。何潘仁为"西域商胡"，隋末"入司

---

① ［日］桑原隲藏：《隋唐时代に支那に来住した西域人に就いて》，《内藤博士还历祝贺支那学论丛》，第639—640页。

② 《隋书·何稠传》："何稠，字桂林，国子祭酒妥之兄子也。父通，善斫玉。稠性绝巧，有智思，用意精微。……波斯尝献金绵锦袍，组织殊丽。上命稠为之。稠锦既成，踰所献者，上甚悦。时中国久绝琉璃之作，匠人无敢厝意。稠以绿瓷为之，与真不异。"

竹园为盗"，后投靠李渊父子，在李世民麾下立过一些战功①。何潘仁和何妥一家为西域商胡或其后裔，又姓何氏，认为他们应是何国人的判断是可信的。至于僧伽此人，桑原氏据《太平广记》卷第九十六《僧伽大师》所载，疑其与何国有关。后来向达先生根据《高僧传》三集卷十八《唐泗州普光王寺僧伽传》和《全唐文》卷二六三李邕《大唐泗州临淮县普光王寺碑》，进一步论证了僧伽确为何国人，约于高宗显庆初入唐，中宗景龙四年（710）死于长安荐福寺②。至于何戡，为唐代中期的歌者，桑原氏未敢断言是汉人或是胡人。冯承钧先生认为，何戡应为何国人无疑。段安节《乐府杂录》歌条载："元和、长庆以来，（歌者）有李贞信、米嘉荣、何戡、陈意奴"（《古今说海》本）。冯氏认为，"唐代有名歌者乐工而经《乐府杂录》记录者，泰半多是九姓胡"，故何戡可断为何国人③。

冯承钧先生在所撰《唐代华化蕃胡考》一文中，疑为何国人者有二：一为何处罗拔，一为何黑奴④。何处罗拔在贞观中任果毅，曾出使西域罽宾，并抚慰天竺⑤。何黑奴于开元九年（721）

---

① 参见《资治通鉴》卷一百八十四。
② 向达：《唐代长安与西域文明》，第23—24页，"荐福寺"误作"荐佛寺"，三联书店1957年版。《唐泗州普光王寺僧伽传》："释僧伽者，葱岭北何国人也。自言俗姓何氏……（景龙四年）三月二日俨然坐亡……俗龄八十三，法腊罔知。在本国三十年，化唐土五十三载"（1930年5月出版的张星烺《中西交通史料汇编》第五册已摘引此传）。《大唐泗州临淮县普光王寺碑》："普光王寺者，僧伽和尚之所经始焉。和尚之姓何，何国人。"
③ 冯承钧：《何满子》，载《西域南海史地考证论著汇辑》，第176—183页。该文原载天津《益世报》"史地周刊"第十四、十五期。
④ 冯承钧：《唐代华化蕃胡考》，载《西域南海史地考证论著汇辑》第129—157页。该文原载《东方杂志》第二十七卷，第十七号，1930年。
⑤ 参见《新唐书·西域传·罽宾》。

四月与兰池州叛胡首领康待宾等据长泉县，攻陷六胡州①。此二人为西域胡人无疑，姓何氏，可能是何国人或其后裔。冯氏在《何满子》一文中，除确认何戡为何国人外，还详细论证"何满子"既是曲名又是人名，认为唐代十部乐中的康国乐和安国乐，应包括昭武九姓音乐在内，当时的乐工来自西域诸国者颇多，因而推想何满子应为何国人②。

向达先生除确证僧伽为何国人外，还根据宋姚宽《西溪丛语》和米萨宝墓志所载，论证贞观时传祆教的何禄为西域何国人。他还提及何知猛、何摩诃二人。前者的墓志有"望重起于西河"句，后者的墓志所载祖孙父子之名皆带"外国风味"，故疑其为西域人③。但根据现有资料，尚难确定此二人是否为何国人。

至于《中西交通史料汇编》（校订本）所举隋唐时期在中国的何国人及其后裔，除僧伽外，还有何潘仁、何妥、何稠、何禄四人④。前三人在桑原骘藏文章中早已论及，后一人系据向达先生上述考证的结果。

除上述资料外，1973年河北大名县出土唐魏博节度使何弘敬墓志⑤，从志文内容可以看出，何弘敬一家也应是何国人的后裔。志称："公讳弘敬，字子肃，庐江人也，周唐叔虞之后。十代孙

---

① 参见《旧唐书·玄宗本纪上》，中华书局标点本；《册府元龟》卷九八六。
② 冯承钧：《何满子》，载《西域南海史地考证论著汇辑》，第176—183页。该文原载天津《益世报》"史地周刊"第十四、十五期。
③ 向达：《唐代长安与西域文明》，三联书店1957年版；河南省文物研究所、河南省洛阳地区文管处：《千唐志斋藏志》上册，第325页，《唐故何君（摩诃）墓志铭并序》。
④ 张星烺：《中西交通史料汇编》，第四册，中华书局1978年版，第193—194页。
⑤ 邯郸市文管所：《河北大名县发现何弘敬墓志》，《考古》1984年第8期。

万，食菜（通采）于韩，封为韩氏，至韩王安为秦所灭，子孙流散，吴音轻浅，呼韩为何，因以为氏。……至公九代祖妥，仕隋为国子祭酒襄城公。……曾祖俊，赠左散骑常侍，生太保讳默。太保生太师讳进滔。公，太师之嗣也。"据此，何弘敬乃隋国子祭酒何妥之九世孙、唐魏博节度使何进滔之子。新、旧《唐书·何进滔传》皆云："何进滔，灵武人"。《元和郡县图志》灵州灵武县条载："灵武县，本汉富平县之地，后魏破赫连昌，收胡户徙之，因号胡地（"地"字衍）城。"所谓"胡户"，应系包括昭武九姓在内，灵州灵武县在唐代之前可能就是昭武九姓移民的聚居地之一。昭武九姓的后裔，因而多称灵州（或灵武）人。例如，何文哲墓志作"世为灵武人"；康日知为康国人的后裔，《新唐书》本传作"灵州人"；何弘敬的祖籍，根据新、旧《唐书·何进滔传》，也作"灵武人"。志文所谓"庐江人也，周唐叔虞之后"等语，显系出于伪托，不足为据。何妥一家为何国人，前人早已论及，那么，何进滔、何弘敬为何国人的后裔，当无疑义。

此外，唐乾陵"蕃臣"石像衔名中有"播仙城□河伏帝延"，据陈国灿先生研究，"城"字下阙文为"主"字，"河"字当正为"何"[①]。播仙城，文献记载中或作"播仙镇"，即今新疆且末。张广达先生认为，唐代前期且末地区有一个重要的昭武九姓移民聚落[②]。何伏帝延应是当时任播仙城主的何国人。

---

① 陈国灿：《唐乾陵石人像及其衔名的研究》，《文物集刊》（2），文物出版社1980年版。
② 张广达：《唐代六胡州等地的昭武九姓》，《北京大学学报》（哲学社会科学版）1986年第2期。

三 昭武九姓的后裔多相互联姻

志称："夫人康氏，皇奉天定难功臣试光禄卿普金之女，有子两人，以贞元十三年六月十九日终于延寿里之私第。公追惟前好，犹乞嘉姻。爰以其年复就亲迎，即前夫人之第三妹也。"《旧唐书·德宗本纪》载："兴元元年春正月癸酉朔，上在奉天行宫受朝贺，诏曰：……可大赦天下，改建中五年为兴元元年。……应赴奉天并收京城将士，并赐名奉天定难功臣。"康普金当系建中四年（783）泾原兵变德宗逃往奉天、次年返回长安的随从将士之一。中亚昭武诸国人多以国为姓，康国人来中国后往往以康为姓。从姓氏考察，康普金应为康国人。何文哲先后娶康氏姐妹为妻，看来并非偶然。

魏博节度使何弘敬一家为何国人，已如上述。根据何弘敬墓志记载，其母（即何进滔妻）为"卫国太夫人康氏"，其妻为"武威安氏，累封燕国、魏国、楚国夫人"。康氏，当系康国人的后裔。武威郡，即凉州。《元和姓纂》安氏条载："姑臧凉州，出自安国，汉代遣子朝国，居凉土。后魏安难陀，至孙盘娑罗（按唐世系表作盘婆罗），代居凉州，为萨宝。"[①] 可见安氏为凉州望族，由来已久。何弘敬之妻武威安氏，为安国人的后裔，殆无疑义。

1981年4月洛阳龙门出土唐定远将军安菩墓志[②]。志题"唐

---

① （唐）林宝：《元和姓纂》卷四，金陵书局，光绪六年。另外，岑仲勉《元和姓纂四校记》卷四载："余按唐表七五下祗云婆罗，说之集十六安忠敬碑，曾祖罗方大。"

② 洛阳市文物工作队：《洛阳龙门唐安菩夫妇墓》，《中原文物》1982年第3期。

故陆胡州大首领安君墓志"。志载:"君讳菩,字萨,其先安国大首领。……夫人何氏,先何大将军之长女。"安菩为安国大首领之后,所娶何氏,当为何国人无疑。

从上述资料考察,何文哲娶康氏,何进滔亦娶康氏,何弘敬娶安氏,安菩娶何氏等史实,说明仕唐的昭武九姓后裔,虽然在许多方面已经华化,但在婚姻问题上,仍然保留相互联姻的习俗。

本文蒙陕西省考古研究所徐锡台同志同意使用并发表何文哲墓志拓片,谨表谢意。

附录　何文哲墓志铭录文

唐故银青光禄大夫检校工部尚书守右领军卫上将军兼御史大夫上柱国庐江郡开国公食邑二千户赠太子少保何公墓志铭并序

故吏前鄜坊节度判官朝议郎殿中侍御史内供奉上柱国卢谏卿撰」故吏前鄜坊节度巡官通直郎试大理评事李铢书

葱岭崛秀于西陲,归邪耀芒于北极。应图而梯航委质,诞粹而英髦特生。其非社稷长龄,家声兆庆,则雄才骁帅,焉契于圣期;妙算臧谋,讵」生于厄运。征其否泰之际,求夫危急之秋,鹰扬挺匡复之勋,龙战有克宁之捷者,其唯我公之胄欤!公讳文哲,字子洪,世为灵武人焉。泪根彼」长源,穷其发地,则又辉于我门矣。公本何国王丕之五代孙。前祖以永徽初。歃塞来质,附于王庭。簪缨因盛于本朝,爵赏由光于中土。曾」祖怀昌,皇中大夫守殿中少监赐紫金鱼袋,权兼六局,职备大朝。肴膳无废于供储,劳绩共多于修举。祖彦诠,皇正议大夫行丹州别驾上柱国」。王祥屈居别乘，诸葛攸展良材。稽功尚袭于遗芳，积善果征于余庆。列考游仙，皇宝应元从功臣开府仪同三司行灵州大都督府长史上柱国赠尚」书右仆射。禄山潜盗，肃宗幸边。毒志方肆于狼心，义勇共歼于枭师。功均正始，褒典自颁于夏书；光被承家，追级寻高于汉历。公即仆」射之第三子也。孩笑尚扫除之志，弱冠通战伐之经。雄图未展于戎场，侠气寻高于附党。贞元初，德宗追惟旧勋，悉求其后，乃下诏两广，即」令搜扬。时开府护军中尉窦公文场，以公名闻，旋补左军马军副将。又四年，加忠武将军，仍试授光禄。楚王惧子文无后，韩厥惜宣孟之忠。年」代寂寥，畴庸间起。功既铭于剪伐，恩遂及于兴亡。十五年，皇帝献岁会朝，执珪御殿。公魁岸长鬣，颖脱军前。德宗目而伟之，」退朝敕左右图形录进。既而咏叹无斁，锡赉甚繁。寻许转主兵正将。王商鸿大，威棱实慴于北庭；田奉言容，褒异遂隆于南面。宪宗篡」位，制加云麾将军试鸿胪卿兼上柱国。二年，充马军厢虞候知将事，累授散兵马使。五年，制封庐江县开国子，仍食邑五百户。十年乙未，进阶银」青，俄改宾客兼监察御史。丙申，又转厢使兼押衙。丁酉夏，改正兵马使，旧职如故。庚子建戊寅，宪宗厌代，神驭不留。明月闰三日，穆」宗立，公有册勋焉。不日观稼升阳殿，有顷召公与语。宸眷褒美，独奉恩霈。即于行在，赐物有差。或名传洼水，或价重齐纨。恩自九天，荣于」一代。越月授云麾将军兼左神策军将军知军事充步军都虞候。明年长庆建号。二月，加殿中。其日诣银台奏谢，敕令前殿对来，就列之时，顾遇」尤异。帝谓公曰："卿翊卫心膂，为朕爪牙。"即令宰臣别议超奖。是月特加御史中丞。易称三接，史赞九迁。求之我公，尽得于此。壬寅三月，迁云麾」将军守左神策大将军兼御史中丞。公仪范磊落，气概孤迈。兵符参于六甲，戎政美于两军。若非河图降祥、岳灵钟秀，则伟度奇质、神骨天姿，焉能」标准寰区、仪形上国哉！公控制十万，祇奉六朝。勋绩屡彰，渥泽弥笃。洎皇帝坐朝百越，祈福六宗，或登坛礼天，或端扆纳贡。公出入通」籍，申宫外藩，交戟百重，军卫千列。指挥而风云变色，顾眄而夷狄丧精。及綵仗还宫，虹旌彻警，深恩厚赏，唯公加焉。汉主重于解衣，尝颁御」府；曹皇多于绨带，必降王人。嘉柔罗列于八珍，篚筥交辉于五色。虽光武之多于马援，晋朝之遇于羊祜，以此而言，何足方也。公幼闲武艺，生知」将谋。自效试此军，更践繁剧，干用无比，馨香不凋。制变洞星图火阵之机，攻取得乘危击虚之便。属军号强悍，人称雄豪，临之以法惧不安，待之以宽」辄难理。唯公水火兼济，恩威并驱，步伍车徒，无不畏服。绝甘分少之德，高视于宽饶；长孤问疾之勤，齐芳于勾践矣。明年正月，穆宗升遐。」神器有归，敬宗嗣位。夏四月，贼臣张韶乘间窃发。敬宗失御，越在左军。公领敢死七千人，或擐甲重门，严其环卫；或荷戈讨乱，诛剪」群凶。社稷之庆素长，反正之功旋著。凡曰昏狡，无不枭夷；获丑执俘，八十余数。其夜敬宗召见与语，公歃血誓志，期于扫除；且云："今日投」卿，安危斯在，还宫之后，必议甄酬"。公愿拯横流，受命呜咽。翌日，车驾刻复，再恢皇纲。帝感其忠贞，嘉乃勋绩，约赐金银器及锦彩等五」百余事，寻迁御史大夫。乙巳之岁，帝始南郊。皇极惟新，改元宝历。甲辰三月，复降新恩，特加左散骑常侍，依前神策大将军事。其年月建丁」丑，宦者刘克明构衅萧墙，贼乱宗社，毒肆渠逆，祸及敬宗。其时寇害暴兴，王业幽辱，臣妾波荡，人鬼风号。虽有嗣立之名，未是适从之」主。公领神策勇士万余人，与故开府中尉魏公弘简，创议协心，掎角相应，誓清逆党，仵开天衢。又选骁勇数百人入内搜斩，自辰及酉，氛浸悉平。扫」豺狼于谈笑之间，前无强敌；剪鲸鲵于波澜之上，靡有孑遗。然后与开府右军中尉梁公守谦，同谋义始，选练精兵，册建我皇，匡合文物。公以忠」骨扶四大，以义脉贯百骸，研朱比心，砺石为节，故能立功鹊起之际，植志枭据之时，昔二虢享于周封，勋高史笔；且爽荣于燕鲁，业铭景钟。公之绩」用，庶并于此。其月诏加检校工部尚书。旌其劳也。」今上统极之明年，改号大和。春三月，幸升阳殿，独召公入语曰："卿有莫大之功，社稷今存是卿之力，即令宰臣与卿土地。"其年月建庚戌，迁鄜州」刺史，充鄜、坊、丹、延等州节度观察处置等使。公素有吏才，又闲军政。至止之后，务勤茸绥。一之日，决冤滞，议刑狱。二之日，问人疾苦，辟田劝农。三之」日，谨关防，训兵习马。四之日，进善黜恶，犒有德，录有功。五之日，访粮储，阅戈甲，暨初临而三军毕喜。一月而百姓获安。二月而刑狱平，冤滞释。三月而」田畴垦辟，疾苦不作。四月而兵士□实，器甲完备。五月而关防静谧，烽燧不惊。公杖节三年，终始一致，而人乐其善，军不懈严，其为官理戎之绩，得」悉数焉？明年己酉正月，策勋进封庐江郡开国公，食邑二千户。庚戌春正月，诏追还京。二月，授右领军卫上将军。方期领袖天庭，准绳风俗。更膺」廉问之寄，历践旄钺之荣。不幸寝疾，享年六十七，以其年四月一日薨于长安县义宁里之私第。寮吏流涕，士林改色。皇情震悼，特加褒崇，诏」赠太子少保，辍正朝一日。哀荣之典既备，窀穸之魂有光。其非德及生人，恩深轸恸，曾何以加焉？惟公天质爽俊，风韵萧洒，凝睇而暮壑蹲虎，」顾盼而秋空击鹗，天下之人谓公为堂堂男子、落落丈夫矣。惟公武艺绝伦，妙略神假。制敌而墨子縶带，临难而终军请缨。义敦在三，功最第一。」天下之人谓公为忠矣。惟公堂有孀姐，坐有孤甥。慈惠及于六亲，仁义钟于九族。燔炮之贵，廪给自丰。啜菽之欢，退食斯在。天下之人谓公为」孝矣。惟公入典禁戎，出建旗鼓；身曳紫绶，腰横黄金；怒可以困人于沉垫，喜可以拔士于云霄；而公益尚谦冲，卑以自□。天下之人谓公为能」守位矣。惟公富而有疆土，雅总兵权；被服可以穷轻纤，饮食可以殚滋味，燕赵可以溺心意，娱宴可以列歌钟，驰骋可以纵佃猎；而公端居自检，」非礼不动。天下之人谓公为贤矣。惟公清为廉问，寄重塞垣。苟一垄不耕，必劝之。一田不稔，必复之。一兵不励，必秩之。一矢不中，必罚之。天下之」人谓公能理人统军矣。噫！天爵有五，公能得之中寿。满百公宜履之，何垂天之逸翮，忽厚地而曝鬐？呜呼呜呼！已而已而。夫人康氏，皇奉天定」难功臣试光禄卿普金之女，有子两人，以贞元十三年六月十九日终于延寿里之私第。公追惟前好，犹乞嘉姻。爰以其年复就亲迎，即前夫人之第」三妹也，有子四人、女四人。夫人从公之爵，封于会稽郡，为郡夫人焉。长庆四年十二月，享年卅六，疾恙不世，终于左神策之公馆。长子公贲，皇琼王府」参军庐江郡开国公，食邑二千户。次子公质，朔方节度押衙兼节院兵马使兼监察御史。家承义勇，世袭畴劳。尝在五原，捍御蕃寇。决机料敌，势比风驱」。论公举劳，近若天启。次子公贞，前行和王府参军。气禀清明，学参邹鲁。忠信是宝，迹已造于孔门；篇咏自娱，志寻栖于文苑。次子公赏，左神策军押」衙知将事银青光禄大夫检校太子宾客兼监察御史。瑰姿奇状，得凤凰之一毛；妙算军机，噬孙吴之七略。雄情始侔于鸿渐，徽列攸冀于鹏图。次」子试太常寺协律郎公实，秀而不稔，已兴叹于宣尼；逝者如斯，奄征文于鲁语。次子公赞，行安王府参军。年方嗜学，卓尔生刍；志尚云霄，伫为贞干。并」执丧残毁，泣血增哀。顾日月而有时，考休贞而是卜。以其年十月八日，启二夫人而祔葬于长安县布政乡大郭村龙首原，从权也。呜呼！晓霜皑皑兮」旭日流光，辒辌穗带兮奠别高堂。挽绋悲歌兮将辞帝乡，寒风切切兮宾御浪浪。山河牢落兮松柏莽苍。笳箫呜咽兮嘶马蹴躅；车乘俨列兮」旌旗飘扬。黄泉闭兮青灯热，素辄反兮玄夜长。铭曰：岳渎流精，河图诞灵。持颠而谁，惟良挺生。贵相标拔，义概峥嵘。容止不群，帝命图形。沉沉禁署，硌硌环列。匡卫是重，陛戟攸设。惟公统之，惟」帝赖之。明宵有程，警跸无疑。帝运中否，阴谋窃发。勾陈失守，乘舆播越。环卫振旅，搀抢扑灭。惟公勋力，铭于有截。寇害猖狂，篡毒」乱常。血污行殿，房中御床。王师既列，我矢亦张。惟公芟剪，社稷用康。伪孽已平，论公策名。登坛授钺，有土专征。六师既理，双旌启行。虏」不南顾，人安北扃。雄图方壮，朝露旋晞。良木既坏，蕙兰亦萎。皇情震悼，褒崇异之。车徒惨澹以无色，宾从涕集而交颐。青乌已筮，素车在门。辞」帝里而西度，望汉陵之近村。荣华熏灼兮光仪永闷，功名辉赫兮竹帛空存。松槚认将军之树，文字旌忠烈之魂。

（本文原载《考古》1986 年第 9 期）

唐代洛阳与西域昭武诸国

洛阳居"天下之中",西周初年,武王就命周公在此地营建雒邑。秦汉以后,丝绸之路畅通,中西交通和中外文化交流日益发达,长安、洛阳逐渐发展成为国际性城市。西域诸国来到这两个地方的人很多。他们有的还长期留居,逐渐华化,同时也带来西域文明,丰富了当地居民的文化生活。关于唐代长安与西域诸国的关系,向达先生已有详细而精辟的论述,所论虽以都城长安为主,但也兼及洛阳的一些情况①。本文拟根据近年发表的墓志等资料,并结合文献记载,专就唐代洛阳与西域昭武诸国的关系作些补充论述。不当之处,敬请指正。

一

西域人入居洛阳,可以上溯到东汉时期。东汉明帝时,国力强盛,"海内乂安,四夷宾服"。《后汉书·明帝纪》记载,永平十七年(74)"西域诸国,遣子入侍"。《后汉书·西域传》载,永平中"遂通西域,于寘诸国皆遣子入侍"。当时派遣王子到洛阳为侍子的西域诸国,除葱岭以东的于寘等国外,是否还有葱岭

---

① 向达:《唐代长安与西域文明》,三联书店1957年版。

以西的昭武诸国，汉代史籍未载。《梁书·康绚传》记载，康绚的祖先"出自康居。初，汉置都护，尽臣西域。康居亦遣侍子，待诏于河西，因留为黔首，其后即以康为姓"。所云"初汉置都护"，应指东汉明帝永平十七年"初置西域都护、戊己校尉"事。可见在永平年间，"遣子入侍"的西域诸国中，还有葱岭以西的康居。不过入侍的王子只"待诏于河西"，而成为当地的老百姓。至于当时的都城洛阳，是否有康居人留居，值得探讨。

洛阳出土的康达墓志载："君讳达，自（应读作"字"）文则，河南伊阙人也。十六代祖西华国君，东汉永平中遣子仰入侍，求为属国；乃以□为并州刺史，因家河南焉。"① 康达是否为东汉时入侍的西域王子之后，向达先生曾表示怀疑，认为"此当系缘饰之辞"②。但值得进一步考虑的是，在洛阳出土的另一方墓志中，也有与上述内容基本相同的记载。

安师墓志载："君讳师，字文则，河南洛阳人也。十六代祖西华国君，东汉永平中遣子仰入侍，求为属国，乃以仰为并州刺史，因家洛阳焉。"③

---

① 毛汉光撰：《唐代墓志铭汇编附考》（以下简称《唐志》）第七册，"中央"研究院历史语言研究所1984年版，第325—327页；《北京图书馆藏中国历代石刻拓本汇编》（以下简称《北图拓本》）第一五册，中州古籍出版社1989年版，第94页；《洛阳出土历代墓志辑绳》（以下简称《洛志》），中国社会科学出版社1991年版，图三〇九；《芒洛冢墓遗文》（以下简称《芒洛文》）四编，卷三；《隋唐五代墓志汇编》洛阳卷（以下简称《隋唐志》）第五册，天津古籍出版社1991年版，第75页。

② 向达：《唐代长安与西域文明》，三联书店1957年版，第31页，注〔三四〕。墓主康达为单名，作者误作"康达□"，此后有些论著沿袭其误。

③ 《唐志》第六册，第37—38页；《北图拓本》第一四册，第80页；《芒洛文》四编，卷三；《隋唐志》第四册，第142页。

安师葬于唐高宗龙朔三年（663），康达葬于总章二年（669），前后相距6年，而两人的墓志对远祖的记述却如此雷同，恐非偶然，说明他们对其祖先有共同的传说或记载。再结合上述文献记载考虑，东汉时期遣子入侍的西域诸国中，应有康居国，其侍子仕于汉室，因而定居洛阳，成为洛阳或伊阙人。

安师和康达都是康居人的后裔。汉代的康居就是唐代的康国①。根据《新唐书·康国传》记载，康国"枝庶分王，曰安，曰曹，曰石，曰米，曰何，曰火寻，曰戊地，曰史。世谓九姓，皆氏昭武"。安国为康国的"枝庶"，皆以昭武为姓氏，所以安师和康达的墓志有出于同一祖先的记载。

从东汉经魏晋到南北朝，中原地区与西域的交往继续发展。《三国志·魏书·东夷传》云："魏兴，西域虽不能尽至，其大国龟兹、于阗、康居、乌孙、疏勒、月氏、鄯善、车师之属，无岁不奉朝贡，略如汉氏故事。"可见经过汉末战乱后，曹魏时经常来朝贡的西域诸国中仍有康居、乌孙等大国。到了北魏时期，入居洛阳的西域移民，在人数上有了空前的发展。《洛阳伽蓝记》记载，北魏洛阳城宣阳门外，"永桥以南，圜丘以北，伊、洛之间，夹御道有四夷馆。道东有四馆：一名金陵，二名燕然，三名扶桑，四名崦嵫。道西有四馆（里）：一曰归正，二曰归德，三曰慕化，四曰慕义。……西夷来附者处崦嵫馆，赐宅慕义里。自葱岭以西，至于大秦，百国千城，莫不欢附，商胡贩客，日奔塞下，所谓尽天地之区已。乐中国土风，因而宅者，不可胜数。是

---

① 《旧唐书·康国传》："康国，即汉康居之国也。……枝庶皆以昭武为姓氏，不忘本也。"

以附化之民，万有余家"①。所云"万有余家"的"附化之民"，大概是包括所谓"北夷""东夷"和"西夷"，其中来自"葱岭以西"的西域昭武诸国人可能占相当大的比例。这一点从洛阳出土的唐代墓志资料可以得到印证。

二

从洛阳地区出土的唐代墓志考察，墓主为西域昭武诸国后裔者为数不少。其中以康国人的后裔为最多，其次是安国，还有何国、史国、曹国等。属于康国后裔者有康婆②、康达③、康敬本④、康武通⑤、康元敬⑥、康续⑦、康枕⑧、康磨伽⑨、康留买⑩、

---

① 范祥雍校注：《洛阳伽蓝记校注》卷三，古典文学出版社1958年版，第159—161页。

② 《洛志》一二六。

③ 毛汉光撰：《唐代墓志铭汇编附考》（以下简称《唐志》）第七册，"中央"研究院历史语言研究所1984年版，第325—327页。

④ 《千唐志斋藏志》（以下简称《千唐志》），文物出版社1984年版，第265页；《唐志》第八册，第77—82页；《隋唐志》第五册，第109页。

⑤ 《千唐志》第273页；《北图拓片》第一五册，第162页；《唐志》第八册，第157—160页；《隋唐志》第五册，第125页。

⑥ 《北图拓本》第一五册，第193页；《洛志》三三〇；《唐志》第八册，第323—325页；《隋唐志》第五册，第155页。

⑦ 《北图拓本》第一六册，第108页；《唐志》第九册，第387—389页；《隋唐志》第六册，第43页。

⑧ 《北图拓本》第一六册，第157页；《唐志》第一〇册，第65—69页；《芒洛文》四编，卷三；《隋唐志》第六册，第64页。

⑨ 《唐志》第十册，第151—156页；《芒洛文》续编，卷中；《隋唐志》第六册，第79页。

⑩ 《洛志》三七〇；《唐志》第十册，第161—166页；《芒洛文》续编，卷中；《隋唐志》第六册，第78页。

康威①、康庭兰②等，属于安国者有安延③、安度④、安师⑤、安菩⑥、安神俨⑦、安怀⑧、安思节⑨、安孝臣⑩、安元寿⑪等，属于何国者有何盛⑫、何摩诃⑬，属于史国者有史陁⑭、史氏⑮，属于曹国者有曹氏及其祖曹樊提、父曹毗沙⑯。根据文献记载，东都

---

① 《北图拓本》第二二册，第 23 页；《隋唐志》第九册，第 98 页。
② 《北图拓本》第二四册，第 127 页；《隋唐志》第十册，第 188 页。
③ 《北图拓本》第一二册，第 87 页；《唐志》第三册，第 81—83 页；《芒洛文》四编，卷二；《隋唐志》第三册，第 68 页。
④ 《千唐志》第 143 页；《北图拓本》第一三册，第 131 页；《唐志》第四册，第 367—369 页。
⑤ 《唐志》第六册，第 37—38 页；《北图拓本》第一四册，第 80 页；《芒洛文》四编，卷三；《隋唐志》第四册，第 142 页。
⑥ 洛阳市文物工作队：《洛阳龙门唐安菩夫妇墓》；赵振华、朱亮：《安菩墓志初探》，《中原文物》1982 年第 3 期；《洛志》四四四。
⑦ 《北图拓本》第一六册，第 121 页；《唐志》第十册，第 1—3 页；《洛志》三六四；《芒洛文》三编；《隋唐志》第六册，第 51 页。
⑧ 《千唐志》第 410 页；《隋唐志》第七册，第 21 页。
⑨ 《千唐志》第 585 页；《隋唐志》第八册，第 209 页。
⑩ 《千唐志》第 739 页；《北图拓本》第二三册，第 128 页；《隋唐志》第十册，第 91 页。
⑪ 昭陵博物馆：《唐安元寿夫妇墓发掘简报》，《文物》1988 年第 12 期。墓志记载，安元寿为"凉州姑臧人"，于永淳二年（683）八月四日"薨于东都河南里之私第"，"特令陪葬昭陵"。元寿为安国人之后裔，其族先移居河西，后来定居洛阳。
⑫ 《唐志》第三册，第 127—129 页；《洛志》一六九。
⑬ 《千唐志》第 325 页；《唐志》第十册，第 5—7 页；《北图拓本》第一六册，第 122 页；《隋唐志》第六册，第 52 页。
⑭ 《北图拓本》第一三册，第 121 页；《唐志》第四册，第 329—331 页；《隋唐志》第四册，第 17 页。
⑮ 《千唐志》第 166 页；《北图拓本》第一三册，第 193 页；《唐志》第五册，第 159—161 页。
⑯ 《千唐志》第 305 页；《唐志》第九册，第 219—221 页。

惠和坊有安修仁宅①。安修仁为李抱真之高祖，抱真"世为凉州盛族"，其先出自安国②。安修仁为移居洛阳的安国人，曾佐唐太宗征伐。此外，龙门石窟题记中有康国后裔康法藏、安国后裔安思泰的石刻资料，在造像题记中还有"康胡七人"、康玄智、康惠橙、安碎叶、安僧达、安多富、安金、何善德、何万安、史诚、史玄荣、史玄景、曹行基、石行果等名字，他们可能也是昭武九姓的后裔③。

关于唐代居住洛阳的西域人的资料，近年也有学者进行收集、研究，并著文发表④。阅读之后，受益匪浅。

上述昭武诸国人，从其墓志考察，其祖先移居洛阳的时间有先有后。康达和安师的祖先可能是在东汉时期移居洛阳的，已如上述。然而多数应是北魏以后迁来的。

康威墓志载："君讳威，字宾，卫人也。……魏道武历通五运，爪牙同凑，迁兴大豫，今河南人也。曾祖讳远，后魏左龙相将军、寿阳县开国公。"

安神俨墓志载："君讳神俨，河南新安人也。原夫吹律命系，肇迹姑臧；因土分枝，建旗强魏。"

---

① 徐松：《唐两京城坊考》，卷五，中华书局1985年版，第157页。
② 《文苑英华》卷九三七，《相国义阳郡王李抱真墓志》；[日]桑原隲藏：《隋唐时代に支那に来住した西域人に就いて》，内藤博士还历祝贺《支那学论丛》，弘文堂刊行，大正十五年。
③ 温玉成：《龙门所见中外交通史料初探》，《西北史地》1983年第1期。
④ 李健超：《汉唐时期长安、洛阳的西域人》，《西北历史研究》1988年号，附表二"康达□"应为"康达"；张剑：《唐代东都里坊的几个问题》一文，也谈及居住在洛阳的西域人，其中"安全"应是"安金"，"康枚"应为"康枕"，"康达□"应为"康达"；史信、史乔（应为史乔如）、史庭、史云、史待宾、史行简、康郎、曹琳等是否为昭武诸国人，似需进一步研究。见《河洛文化论丛（二）》，河南大学出版社1991年版。

康婆墓志载："君讳婆，字季大，博陵人也，本康国王之裔也。高祖罗，以魏孝文世，举国内附，朝于洛阳，因而家焉，故为洛阳人也。"

康元敬墓志载："君讳元敬，字留师，相州安阳人也。原夫吹律命氏，其先肇自康居毕万之后，因从孝文遂居于邺……君光应朝命，徙居河洛。"

康杺墓志载："君讳杺，字仁德，河南鞏县人也。原夫吹律命系，肇迹东周；因土分枝，建旟西魏。"

从上述五方墓志的志文可以看出，墓主的祖先都是北魏和西魏时内迁的。康威的祖先在北魏初年即已内附；安神俨的祖先内属北魏后，先移居河西，然后再徙居河南；康婆和康元敬的祖先都是在魏孝文帝时内迁，最后定居于洛阳；康杺的祖先则是在西魏时内附的。还有一些墓志，虽然没有明确记述何时内附，但从志文有关世系的记载判断，应是北周、北齐时移居中国的。也有一些墓主应是隋唐时期才入居中原的。

安怀墓志载："君讳怀，字道，河西张掖人也。祖隋朝因宦洛阳，遂即家焉。……祖智，隋任洛川府左果毅。"可见安怀的祖先先移居河西，后因其祖仕于隋朝而定居洛阳。

昭武九姓的祖辈多仕于北魏、北齐、北周或隋代，说明他们入居中原系在唐代之前。他们久居中国，虽然在许多方面已经华化，但在婚姻上多数仍然是九姓相互联姻。例如，康杺妻为曹氏，安师妻为康氏，安怀妻为史氏，安神俨妻亦为史氏，还有安长史妻康氏①，康君妻史氏②，康君妻曹氏③，曹君妻康氏④，曹君妻何氏⑤等。

昭武九姓虽多互为婚配，但娶汉族女子为妻者也不是个别现象，如安延之妻刘氏，康国大首领康公妻翟氏⑥，康威妻韩氏等。刘氏、翟氏、韩氏应为汉族妇女。《唐会要》卷一百载："贞观二年六月十六日敕，诸蕃使人所娶得汉妇女为妾者，并不得将还蕃。"可见唐代并不禁止汉族妇女嫁给外族，只是不许带往"蕃国"。上述娶汉女为妻者，应为定居在洛阳的昭武九姓后裔。

从有些墓志的内容还可看出墓主之间存在着亲属关系。例如，史陁墓志载："公讳陁，字景……诏授呼论县开国公，仍守新林府果毅，迁居洛阳之县。"

康君妻史氏墓志载："夫人姓史，洛州洛阳人也。……祖讳陁，呼论县开国公、新林府果毅。"

史氏应为史陁的孙女，从史陁起迁居洛阳，成为洛州洛阳县人。

康武通墓志载："君讳武通，字宏远。……祖默，周任上开府仪同大将军。父仁，隋任左卫三川府鹰扬郎将。"

康敬本墓志载："君讳敬本，字延宗，康居人也，曾祖默，周

---

① 《隋唐志》第七册，第97页；宫大中：《邙洛唐志研究》，《中原文物》1983年特刊。

② 《千唐志》第166页；《北图拓本》第一三册，第193页；《唐志》第五册，第159—161页；《隋唐志》第四册，第72页。

③ 《千唐志》第305页；《北图拓本》第一六册，第65页；《唐志》第九册，第219—221页；《隋唐志》第六册，第10页。

④ 《洛志》五七二；《隋唐志》第十二册，第19页。

⑤ 《唐志》第八册，第399—400页。

⑥ 《北图拓本》第二六册，第7页；《隋唐志》第十一册，第121页。

□州大中正。祖仁，隋上柱国、左骁卫三川府鹰扬郎将。……父凤，隋起家右亲卫、朝散大夫。"

可以看出康敬本之父康凤，和康武通为兄弟辈，敬本为武通之子侄辈。

又如游击将军守左清道率频阳府长上果毅康留买墓志载："公讳留买，本即西州之茂族，后因锡命，遂为河南人焉。曾祖感，凉州刺史。祖延德，安西都护府果毅。父洛，皇朝上柱国。……（永淳元年）十月十四日归窆于河南平乐之原。"游击将军康磨伽墓志所载曾祖、祖、父的名字、官职和康留买墓志完全相同，并云："（磨伽）以永淳元年四月三日疾薨于京之私第。游击将军守左清道率同返葬于洛州河南县平乐之原。唯兄若弟，光荣国家。"可见康留买和康磨伽为兄弟关系，他们定居洛阳，成为河南人。但因仕于唐朝，所以在京都也有私第，虽然死在长安城，仍然要返葬洛阳。这说明，汉化的九姓后裔也有归葬祖籍的习俗。

此外，安菩死于长安城，40年后其妻何氏死于东都惠和坊私第，五年后其子安金藏迁安菩于洛阳合葬。平州平夷戍主康续，"终于平夷之官第"，而"归葬于洛阳城北七里晏村西平乐乡界"。下管令康威，"终于郑州荥阳第"，与其妻"合葬附于先祖父茔定鼎门正北廿五里河南北山"。看来夫妻合葬、归附祖茔，应是昭武诸国后裔华化的表现。

三

唐代居住洛阳的昭武诸国人，有的是入侍汉朝的质子的后裔，如安师、康达；有的是昭武九姓的国王、贵族、首领的后代，如康婆、康留买、康磨伽、康枕、安菩等，这些人多数在唐室朝廷担任官职。同时还有不少从事商业活动的所谓胡商，经营中国与西域之间的贸易。

唐代的洛阳与长安城一样，是向外国商人开放的国际商业城市，有不少来自中亚的胡商，包括来自昭武诸国的商人。《新唐书·西域传》记载，康国人"善商贾，好利，丈夫年二十，去傍国，利所在，无不至"。《唐会要》卷九十九亦载，康国人"习善商贾，争分铢之利。男子二十即送之他国，来过中夏。利之所在，无所不至"。《通典》卷一九三引《西蕃记》云："康国人并善贾。男年五岁，则令学书，少解，则遣学贾，以得利多为善。"龙门古阳洞北小龛内刻有"北市香行社"社官安僧道（或作"达"），录事史立策（或作"玄荣"）、康惠澄（或作"橙"）等。香行社是经营香料的商业行会组织，香料是唐代重要的输入品，安僧道、史立策、康惠澄可能是来自昭武九姓的安国、史国、康国的西域胡商。在"北市丝行琢（或作"像"）龛"北壁，铭记"行社录事"中有"康玄智"之名。"北市綵帛行净土堂"西壁所刻铭记中，有"何□"、"何善德"题名。丝帛是唐代重要的输出品，康玄智、何□、何善德可能是经营丝帛的康国、何国人[①]。

《新唐书·西域传下》记载，昭武九姓"尚浮图法，祠祆神"。祆教俗称拜火教，为波斯萨珊王朝的国教。西域康、安、石、曹、史、米诸国都信奉祆教，管理祆教的官职为萨宝。康元敬之父康忤相，为北齐□州摩诃大萨宝；康婆之父康和，为隋定

---

① 宿白：《隋唐长安城和洛阳城》，《考古》1978 年第 6 期；温玉成：《龙门所见中外交通史料初探》，《西北史地》1983 年第 1 期。

州萨宝。唐代居住在洛阳的昭武九姓也信奉祆教。当时修善坊有"波斯胡寺"①，会节坊有"祆祠"②，立德坊、南市西坊有"胡祆神庙"③。这些建有祆教祠庙的里坊，都在南市和北市附近。

唐代洛阳城内外族人的住地，虽然不像北魏都城那样，北夷、东夷、西夷各有自己的居住地，但从墓志所记墓主私第所在里坊看，昭武诸国人在洛阳的住地似乎也有相对集中的现象。例如，居住在嘉善坊（里）的有安师、安神俨、何摩诃、康史氏、史氏、曹康氏；居住在思顺坊（里）的有安怀、康达；居住在章善坊（里）的有康武通、曹何氏；居住在惠和坊（里）的有安修仁、安菩妻何氏；居住在敦厚坊（里）的有安度、安孝臣；居住在福善坊的有康翟氏；居住在温柔里的有康庭兰；居住在陶化里的有康元敬。以上各里坊，除敦厚坊（里）在北市之北外，其余各里坊都集中在南市附近。由此可见，当时昭武九姓的移民多数居住在南市周围，也有少数住在北市附近。上述祆教祠庙集中在南市、北市附近，同样也反映出这个问题。这种现象可能和昭武九姓中有不少人从事商业活动有关系。

（本文原载《河洛春秋》1993 年第 3 期）

---

① 徐松：《唐两京城坊考》，卷五，中华书局 1985 年版，第 156 页。
② 《元河南志》卷一。
③ 《太平广记》卷二八五，河南妖（祆）主条（出《朝野佥载》）。

唐宋时期台湾与祖国大陆关系的探索

台湾是我国不可分割的神圣领土，自古以来和大陆有着密切的关系。台湾的土著高山族的先民，就是古代分布于长江中、下游以南地区的古越人的一支①。进入历史时期以后，大陆和台湾之间的交往关系仍然继续不断，但是有关这方面的文献资料不多，有的记载又十分简略，许多专家学者对有些史料还有不同的理解和看法，甚至争论多年，未能得出结果。这些都给研究工作的进一步深入带来许多困难。本文拟对有关唐宋时期大陆和台湾交往关系的一些问题，进行初步的探讨和研究。

一　唐宋时期台湾的名称问题

唐宋时期台湾的名称．见于当时各种文字记载者，计有流求、琉球、留仇、流虬、毗舍耶等。

"流求"之名，始见于《隋书·东夷传》，《北史》亦有《流求国传》。至于"流求国"究竟是指什么地方的问题，从19世纪末期以来，在中外学者中历来有"台湾论者"和"琉球论者"之

---

①　林惠祥：《台湾石器时代遗物的研究》，《厦门大学学报》1955年第4期；翦伯赞：《台湾番族考》，《开明书店二十周年纪念文集》，中华书局1985年版。

争。前者认为"流求国"就是台湾，持这种意见的有法国、荷兰、德国、日本和我国的许多学者；后者认为"流求国"就是今日的琉球群岛，主张这种意见的有一些日本学者以及梁嘉彬先生等。

在杜佑《通典》中，"流求"作"琉球"。张鷟《朝野佥载》作"留仇"，刘恂《岭表录异》作"流虬"。《宋史》、郑樵《通志》、赵汝适《诸蕃志》仍称"流求"。元代汪大渊《岛夷志略》作"琉球"，《元史》称为"瑠求"。自隋代到元代，"流求"一名，虽有同音异字的转变，但所指当为一地。

梁嘉彬先生从20世纪40年代以后，发表了多篇文章，论证隋唐文献中的"流求"不是台湾，而是今日的琉球；《宋史》、《元史》所载的"流求"（瑠求）才是今日的台湾①。梁先生的意见，可作为一家之言，但未能否定多年来在学术界占主导地位的"台湾论者"。他曾列表比较《隋书·流求国传》《宋史·流求国传》《元史·瑠求传》的内容，意欲证明《隋书》的"流求"与《宋史》《元史》之"流求"（瑠求）绝非一物②。但仔细考察，三个传的内容只有详略之差，而无绝对矛盾之处，而且仍然有一脉相承的痕迹可寻。所以我认为，既然梁先生主张《宋史》《元史》中的"流求（瑠求）"为今日之台湾，那么隋唐史书及唐人笔记中的"流求""琉球""留仇""流虬"等，也应该是台湾及

---

① 参见梁嘉彬所著《流求史论正谬》《流求辨》《从纯学术立场论隋书流求答台湾论者》《论"隋书流求为台湾说"的虚构过程及其影响》《论隋书"流求"与琉球台湾菲律宾诸岛之发现》等文，皆见《琉球及东南诸海岛与中国》一书，东海大学1965年版。

② 梁嘉彬：《琉球及东南诸海岛与中国》，东海大学1965年版，第149—157页。

其附近之岛屿，但也可能包括现在的琉球群岛在内。

毗舍耶国，首见于南宋赵汝适《诸蕃志》。梁嘉彬先生曾著文，提出"毗舍耶国"系在台湾的看法。他列表比较《诸蕃志》毗舍耶条和明张燮《东西洋考》鸡笼淡水条的内容，从而断定宋人所称的毗舍耶，系在台湾北港一带[1]，这个判断应该是正确的。清人的著作也大都认为，毗舍耶（或称"毗舍那"）系在台湾岛上。例如，龚柴《台湾小志》云："宋史载，澎湖东有毗舍那国，即台湾岛也。"[2] 近人冯承钧先生校注《诸蕃志》，在流求国条的译注中也曾说："毗舍耶指今台湾南部"[3]。Laufer 在《中国菲律滨之交通》一书中则认为，毗舍耶人既常至泉州寇掠，又与晋江县密迩，"殆为徙居台湾西南海岸之菲律滨人"[4]。由此可见，宋人所称的"流求"，可能是泛指台湾或台湾北部地区，而台湾西南部靠近澎湖群岛的北港一带，则称之为"毗舍耶"，其土著或与菲律滨人有关。

二 施肩吾《岛夷行》及有关问题

施肩吾，字希圣，睦州人，唐宪宗元和十五年（820）进士[5]。《全唐诗》（卷四百九十四）载施肩吾《岛夷行》诗云：

腥臊海边多鬼市，岛夷居处无乡里；

---

[1] 梁嘉彬：《宋代"毗舍耶国"确在台湾非在菲律宾考》，《琉球及东南诸海岛与中国》，东海大学1965年版，第323—336页。

[2] 《小方壶斋舆地丛钞》第九帙。

[3] 冯承钧：《诸蕃志校注》，中华书局1956年版，第84页。

[4] 转引自冯承钧《诸蕃志校注》，第85页，译注（一）。

[5] 徐松：《登科记考》卷十八。《全唐诗》卷四百九十四附施肩吾小传作"元和十年登第"，盖依据《摭言》所载，《登科记考》已纠其误。

黑皮年少学采珠，手把生犀照咸水。

康熙三十五年（1696）高拱乾等修《台湾府志》卷十艺文志著录此诗，改题为《澎湖》。乾隆范咸等《重修台湾府志》、嘉庆《台湾县志》、光绪《澎湖厅志》等著录此诗时，又改题为《题澎湖屿》。连横《台湾通史》中进一步说："及唐中叶，施肩吾始率其族，迁居澎湖。……其题澎湖一诗，鬼市盐水，足写当时景象。"从此形成了我国移民澎湖始于唐代施肩吾的说法。

梁嘉彬先生曾著文，从施肩吾的身世论证施未曾去过澎湖，并推测《岛夷行》所咏不是澎湖群岛，而是江西鄱阳湖中岛民的生活情景①。施肩吾及第后，挈家隐于洪州西仙，未曾去过澎湖，应该是可信的；至于《岛夷行》所咏是鄱阳湖岛民生活的说法，却值得商榷。梁先生在考释《岛夷行》诗时，把诗中的"海边"解释为"湖边"，把"咸水"解释为"浊水"，把"生犀"说成是代表"水牛"等，有的学者认为过于牵强②。

唐代的海外贸易已十分发达，靠近泉州的澎湖群岛可能已被当时往来于南海的商人所发现，沿海的人民听到过关于澎湖的传闻也是可能的。施肩吾虽然没有到过澎湖，但《岛夷行》中的"海边""岛夷""采珠""咸水"等，显然是对海岛居民生活的描写。这也反映了晚唐时期大陆人民对海外情况的了解。

根据文献记载，至迟在南宋时期，澎湖群岛已为人们所习知。《诸蕃志》毗舍耶国条载："泉有海岛曰澎湖，隶晋江县。"又宋楼钥《敷文阁学士宣奉大夫致仕赠特进汪（大猷）公行状》

---

① 梁嘉彬：《唐施肩吾事迹及其〈岛夷行〉诗考证》，《大陆杂志》第十九卷，第九期。

② 苏同炳：《施肩吾及其〈岛夷行诗〉新考》，《大陆杂志》第三十一卷，第十一期。

记载:"(乾道)七年(1171)正月,(汪大猷)除敷文阁待制提举江州太平兴国宫侍从,馆阁诸公赋诗留题以饯行色,今石刻存焉。还乡四月,知泉州。到郡遇事风生,不劳而办。郡实濒海,中有沙州数万亩,号平湖。忽为岛夷号毗舍邪者奄至,尽刈所种。他日又登海岸,杀略禽四百余人,歼其渠魁,余分配诸郡。初则每遇南风,遣戍为备,更迭劳扰。公即其地造屋二百间,遣将分屯,军民皆以为便,不敢犯境。"① 按"平湖",应即"澎湖"。"毗舍邪"即"毗舍耶",前文已考定为居住在台湾西南部的土著居民。汪大猷知泉州后,由"遣戍为备"改为在澎湖群岛上"造屋二百间,遣将分屯",以防备台湾土著的侵扰。从以上记载可以看出,澎湖在宋代已隶属于泉州晋江县,成为我国行政区域的一部分。南宋孝宗乾道年间,岛上就已驻兵戍守。

《古今图书集成》台湾府部杂录条还记载:"台湾之北(按"北"应为"西南"之误)曰澎湖,二岛相连,互为唇齿,在宋时编户甚蕃"②。可见到了宋代,在澎湖不仅有永久性驻军,而且正式编入户籍管理制度的民户为数甚多,这说明,当时澎湖与大陆关系密切。

三 从唐人周遇漂流到台湾谈起

唐刘恂《岭表录异》卷上记载,唐陵州刺史周遇,"自青社之海归闽,遭恶风,漂五日夜,不知行几千里也。凡历六国,第

---

① 楼钥:《攻愧集》卷八十八,《四部丛刊初编·集部》。《宋史·汪大猷传》作:"作屋二百区。遣将留屯。"
② 《古今图书集成·方舆汇编·职方典》第一千一百十卷《台湾府部杂录》。

一狗国……经毛人国……又到野叉国，船抵暗石而损，遂搬人物上岸，伺潮落，阁船而修之。初不知在此国，有数人同入深林采野蔬，忽为野叉所逐，一人被擒，余人惊走回顾，见数辈野叉同食所得之人。同舟者惊怖无计。顷刻有百余野叉，皆赤发裸形，呀口怒目而至。有执木枪者，有雌而挟子者。篙工贾客五十余人，遂齐将弓弩枪剑以敌之，果射倒二野叉，即异拽朋啸而遁。既去，遂伐木下寨，以防再来。野叉畏弩，亦不复至。……又经大人国……又经流虬国，其国人幺么，一概皆服麻布而有礼，竞将食物求易钉铁。新罗客亦半译其语，遣客速过，言此国遇华人飘泛至者，虑有灾祸。既而又行经小人国……"[①] 周遇所经的第五个"国"是"流虬国"。"流虬"，应为"流求"的异写。从其国人"竞将食物求易钉铁"的记载看，"流虬国"人是很喜欢铁器的。喜欢铁器是当时台湾土著的一个重要特点。《诸蕃志》毗舍耶条也载："喜铁器及匙筋，人闭户则免，但刓其门圈而去。掷以匙筋则俯拾之，可缓数步。见铁骑则竞刓其甲，骈首就戮而不知悔。临敌用标枪，系绳十余丈为操纵，盖爱其铁不忍弃也。"唐之流虬人和宋之毗舍耶人一样，都是因缺铁而贵铁，这是和唐宋时期台湾土著的实际情况相符合的。所以，周遇所经的"流虬国"，应该就是台湾。

但是梁嘉彬先生认为，"流虬国"不是台湾，而是现在的琉球。他认为其人"幺么"（矮小），"服麻布"，"求易钉铁"（造船所需）等，都和琉球人相符合。他在否定"流虬国"是台湾的同时，却论证了周遇所到的"野叉国"应在台湾岛上。他认为《岭表录异》所写"野叉国"人，生吃人肉，赤发裸形，手执木

[①] 《丛书集成初编》，商务印书馆1936年版。

枪等，都与台湾原始族的情况相合，所以"野叉国"应是台湾鸡笼山后的原始族所在地①。

从上述两种意见看，不论是认为"流虬国"是台湾，还是认为"野叉国"是台湾，而周遇在泛海遭风中到过台湾这件事，则是不成问题的。

周遇是晚唐宣宗时人。《全唐文》卷七百九十一载："（周）遇（宣宗）大中时守彭王府谘议参军"。《岭表录异》记载，周遇"自青社之海归闽"。从"归闽"二字，可以看出周遇当为福建人。唐代福建人去过台湾的一定不止周遇一人，从上引"流虬国"人"遇华人飘泛至者，虑有灾祸"的记载看，在周遇之前已经有大陆人飘流到台湾的，其中可能有不少是福建人，只是没有留下记载而已。《海东札记》载："台湾人称内地曰唐山，内地人曰唐人，犹西北塞外称中土人曰汉人。盖塞外通于汉，海外通于唐，名称相沿，其来久矣。"② 这也说明到了唐代，台湾土著对内地已有所了解，大陆和台湾之间已经有了交往关系。

唐柳宗元《岭南节度飨军堂记》载："唐制，岭南为五府，府部州以十数。其大小之戎，号令之用，则听于节度使焉。其外大海多蛮夷，由流求、诃陵，西抵大夏、康居，环水而国以百数，则统于押蕃舶使焉。内之幅员万里，以执秩拱稽，时听教命。外之羁属数万里，以译言赍宝，岁帅贡职。合二使之重，以治于广州"③。所谓"合二使之重"，即指岭南节度使兼押蕃舶使，二使合而为一。台湾（可能还包括琉球）当时已成为唐王朝

---

① 梁嘉彬：《论隋书"流求"与琉球台湾菲律宾诸岛之发现》，《琉球及东南诸海岛与中国》，东海大学1965年版，第265—292页。
② 朱景英：《海东札记》卷四，第五页，乾隆间刊本。
③ 《柳河东集》卷第二十六，上海人民出版社1974年版。

的"羁属",由岭南节度使兼押蕃舶使统辖。

南宋时,由于战乱的缘故,大陆人往往渡海迁逃到台湾。《裨海纪游》载:"自南宋时元人灭金,金人有浮海避元者,为飓风飘至(台湾),各择所居,耕凿自赡,远者或不相往来。数世之后,忘其所自,而语则未尝改。"①《台湾府志》引沈文开杂记云:"台湾土番,种类各异,有土产者,有自海舶飘来,及宋时零丁洋之败,遁亡至此者,聚众以居,男女分配,故番语处处不同。"②《海东札记》也有与上述类似的记载③。《台湾通史》也载:"蒙古崛起,侵灭女真,金人泛海避乱,漂入台湾。宋末零丁洋之败,残兵义士亦有至者,故各为部落,自耕自赡,同族相扶,以资捍卫。"④零丁洋在广东珠江口外,南宋残军在此失败后,从海上飘流到台湾的可能性是存在的。还有人认为,"七世纪的隋炀帝时代开始,大陆沿海的渔民就断断续续来台澎捕鱼,宋元以后人数较多,原先只是把台澎做为捕鱼站,或来此与原住民行商换物,后来不少人在此定居下来"⑤。可见宋元时期,从大陆迁居台湾的人,既有逃避战乱的,也有从事捕鱼和行商的。这些飘流而至的大陆人,通过通婚而逐渐和原住居民相混合了。

---

① 郁永河:《裨海纪游》,《小方壶斋舆地丛钞》第九帙。
② 余文仪续修《台湾府志》卷十九,《杂记·丛谈》。《番社采风图考》称:"台湾社番,不知所自昉。考四明沈文开笔记,言自海舶飘来,及宋零丁洋师败遁此,其种类甚多。"见《小方壶斋舆地丛钞》第九帙。
③ 朱景英:《海东札记》载:"熟番社或处平原,或倚山麓,或近海滨,亦有山居者。其俗尚语音,互有异同。相传种种各别,有土产者,有自海舶飘来者,有宋时丁零洋(按应为"零丁洋")之败,遁亡至此者。又传元人灭金,金人有浮海避之,遭风飘至,各择所居。数世之后,忘其自,而语不尽改,故多作都卢啁哳声。"(卷四,第十至十一页)乾隆间刊本。
④ 连横:《台湾通史》卷一,《开辟纪》,商务印书馆1983年版。
⑤ 刘文三:《台湾早期民艺》,雄狮图书股份有限公司1986年版。

四 从考古发现得到的启示

唐宋时期大陆和台湾的关系，不仅有关的文献记载寥寥可数，而且已发现的考古资料也为数不多。根据目前所知，仅有调查、发掘所得的陶瓷、钱币等可资借鉴。

从20世纪70年代以来，澎湖各岛屿不断发现了宋元时期的陶瓷器。据报道，1985年澎湖县立文化中心出版了《澎湖宋元陶瓷》一书，该书作者陈信雄先生1979年曾参加台湾大学人类学系师生组成的"澎湖宋元陶瓷考古队"，对澎湖各岛的陶瓷遗址进行了调查，以后又进行多次调查、发掘，所得宋元陶瓷标本达一万件以上，其中以福建、浙江窑口的陶瓷为最多，也包括宋元时期晋江磁灶窑的产品。陈先生在该书中认为，澎湖位于台湾海峡的东南部，是中国东南沿海各地窑口陶瓷外销的一个转运站，外销陶瓷经由此地转运到菲律宾、印度尼西亚、马来西亚诸国[①]。

澎湖除出土大量的宋元陶瓷外，还发现宋代的钱币。《台湾省通志·土地志·地理篇》载："澎湖火山群岛中有许多考古时代之贝冢，其中有产绳纹陶器之旧期贝冢与含有磁器（涂釉）、铁器与古钱（宋神宗所铸之熙宁元宝）之新期贝冢。"[②]

除澎湖外，台湾本岛也出土过许多宋代的钱币。《海东札记》记载："台地多用宋钱，如太平、元祐、天禧、至道等年号，钱质小薄，千钱贯之，长不盈尺，重不逾二斤。相传初辟时，土中

[①] 叶文程、苏垂昌、黄世春：《晋江磁灶窑的发展及其外销》，《中国古代陶瓷的外销》，1987年福建晋江年会论文集。

[②] 李汝和主修：《台湾省通志》卷一，台湾省文献委员会编印，1970年。

有掘出古钱千百瓮者,或云来自东粤海舶。余往北路,家僮于笨港口海泥中得钱数百,内好深翠,古色可玩。乃知从前互市,未必不取道此间。"[1] 文中所说"太平、元祐、天禧、至道等年号"的宋钱,应为宋太宗时所铸的"太平通宝""至道元宝"、真宗时所铸的"天禧通宝"、哲宗时所铸的"元祐通宝",这些都是北宋时期的钱币。"笨港",即今"北港",位于与澎湖群岛相对的台湾西海岸,宋时为海舶通商之口,后因港口淤塞,今已远离海岸。

上述文献记载,澎湖在宋代隶属泉州晋江县,南宋时岛上已有驻军,澎湖和台湾在宋代"编户甚蕃"。澎湖诸岛出土大量的宋元陶瓷,台湾和澎湖都发现宋代钱币,考古发现证实了以上文献记载的可靠性。这些都说明,到了宋代,台澎地区和祖国大陆之间在政治、经济方面的关系已十分密切了。

五　结语

唐宋时期是我国封建经济繁荣发达的时代,海外交通有了很大的发展,但是对近在咫尺的台湾,彼此在政治、经济上交往的记载并不多,这可能与台湾地理位置上的孤立和经济、文化方面长期停滞在原始社会阶段有关系。唐宋时由于海外贸易的发达和航海技术的进步,东南沿海(尤其是福建、广东两地)的居民对台澎地区的了解比以前多了,大陆和台澎之间民间的交往也一定相当频繁,但是在封建社会里,这些交往常常被忽视,史书也略而不载。

---

[1] 朱景英:《海东札记》卷四,第四至五页,乾隆间刊本。

在海峡两岸的交往接触中，澎湖群岛占有十分重要的地位。到了宋代，澎湖已成为台湾海峡上渔业和商业活动的基地。当时福建的泉州，已发展成为我国东南地区海上贸易的中心。澎湖是从泉州到南海诸国的航路上重要的一环。大陆和台湾的贸易往来，也必然是以澎湖群岛为桥梁。位于澎湖对面的台湾西部地区，尤其是北港一带，可能是大陆渔民和商船较早到达的地方，也是台湾开发较早的地区之一。台澎发现大量的宋代钱币，充分说明了上述问题。

探索唐宋时期大陆和台澎地区的交往关系，除了依据各种文献记载外，还要依靠发掘出土的考古资料。目前这个时期的文物出土得还不多，将来随着海峡两岸考古工作的进一步开展，考古工作者们一定能够发掘出更多、更有价值的历史文物，这对研究唐宋时期大陆和台湾的关系，特别是闽台关系，将会起到十分积极的作用。

（本文原载《福建文博》1990年增刊）

"梅妃"其人辨

荟萃"唐三百年诗人之菁华"的《全唐诗》，收录了江妃《谢赐珍珠》诗，诗曰："桂叶双眉久不描，残妆和泪污红绡；长门尽日无梳洗，何必珍珠慰寂寥。"这首诗一直是脍炙人口的。诗前有小序，略云："妃名采苹，莆田人，开元初，高力士选归，侍明皇，大见宠幸。"（《全唐诗》卷五）同上书卷三还录唐玄宗《题梅妃画真》一诗，诗云："忆昔娇妃在紫宸，铅华不御得天真；霜绡虽似当时态，争奈娇波不顾人。"[1]《全唐诗》编于清康熙四十六年（1707），成书时间比它晚约百年的《全唐文》，也收进所谓玄宗江妃《楼东赋》一文（卷九十八）。近世出版的一些辞书、索引（包括新出版的《辞源》《辞海》《唐五代人物传记资料综合索引》等），也往往收入有关"梅妃"的条目。

上述江妃《谢赐珍珠》诗和《楼东赋》，以及明皇《题梅妃画真》诗，都见于唐宋传奇《梅妃传》。如果梅妃（江采苹）确系唐明皇的宠妃，而又善于吟诗作赋，那么除《梅妃传》外，在正史中也应该有所记载。但使人疑惑的是，在新、旧《唐书》及

---

[1] 此诗已见于明铜活字本《唐五十家诗集》第二册，上海古籍出版社1981年版。

《资治通鉴》等史书中，未见有关梅妃的片言只字。因此，江采苹是否确有其人，值得怀疑。

一

关于"梅妃"传说出现的时代，根据现有资料可以上溯到宋代。成书于南宋嘉定年间的《莆阳比事》（以下简称《比事》）梅妃入侍条载：

> 梅妃姓江氏，莆田人，九岁能诵二南诗，语父仲逊曰："我女子，期以此为志。"父奇之，名曰采苹。开元中，高力士使闽，以选入侍，大见宠幸。妃能属文，自比谢女，常淡妆雅服，姿态明秀，性喜梅，所居栏槛悉植之，榜曰梅亭。梅开赋赏，夜分尚顾花下不能去，上戏名曰梅妃。有兰、箫、梨园、梅花、凤笛、玻璃杯、剪刀、绮窗等赋。上尝与妃斗茶，顾诸王戏曰："此梅精，吹玉笛，作惊鸿，一一光辉，今斗茶又胜我矣。"妃应声曰："草木之戏，误胜陛下，设使调和四海，烹饪鼎鼐，万乘自有宪度，贱妾何能较胜负耶？"上悦。会杨妃有宠，迁于上阳东宫，作《东楼赋》以自寓。一日，上在花萼楼，命封真珠赐妃，妃不受，以诗谢曰："桂叶双眉久不描，残妆和泪污红绡，长门自是无梳洗，何必真珠慰寂寥。"上得诗怅然，令乐府度为新声，名曰《一斛珠》。后安禄山犯阙，妃死于乱。乘舆东还，得其尸于温泉池侧梅树下，葬以妃礼，上自制文诔之。后题妃画像云："忆昔娇妃在紫宸，铅华不御得天真；霜绡虽似当时态，争奈娇波不顾人。"今世图画美人把梅者曰梅妃，泛言明皇

时人，即此也。

该书各条记载一般都注明出处，而此条只在文后附注："此传叶石林得之朱遵度家，乃唐大中二年七月所著云。"[1] 既未题篇名，也未注明著者。

元末明初陶宗仪《南村辍耕录》所载"院本名目"，在"诸杂砌"类中有《梅妃》一目。明钞本原本《说郛》（以下简称"郛钞本"）和明顾元庆刊本《文房小说》（以下简称"顾本"），都收录《梅妃传》，其内容较《比事》梅妃入侍条详细。传后有寓意劝惩的《赞》，《赞》后附《跋》，叙述该传之所从来。略谓："此传得自万卷朱遵度家，大中二年七月所书……惜乎史逸其说。略加修润而曲循旧语，惧没其实也。惟叶少蕴与余得之，后世之传，或在此本。"传未题著者，跋亦未署名。

《比事》梅妃入侍条的内容和《梅妃传》雷同，只是较为简略，应系摘抄自《梅妃传》（当然也有二者同出一源的可能）。至于《梅妃传》的来源，跋中说是叶少蕴（名梦得，号石林居士）和作跋者得自朱遵度家。按朱遵度为五代时人，《宋史·文苑传》关于他的记载很简略。叶石林是北宋南宋间人，在其著作中也未见有关"梅妃"或《梅妃传》的记述。况且叶梦得生活的年代，上距朱遵度近二百年，又何从于其家得此传。所以此二人可能都是作跋者所伪托[2]。传与跋应系出于一人之手。跋中既提及叶少蕴，推测《梅妃传》问世的时间当在南宋绍兴之后，而不晚于

---

[1] 李俊甫：《莆阳比事》，卷二，宛委别藏本。
[2] 参见鲁迅《唐宋传奇集》卷末的《稗边小缀》，文学古籍刊行社1956年版。

《比事》成书的嘉定年间①。

《梅妃传》究竟为何人所撰，似已无法查考。如前所述，不仅《比事》梅妃入侍条未载撰者，而且"郭钞本"和"顾本"也不云何人所作。《唐人说荟》录《梅妃传》，题唐曹邺著，此后许多丛书多沿袭之；可见署名曹邺，是时代很晚的事②。《梅妃传》为南宋人的作品，与唐曹邺毫无关系。

二

明清以来，除了许多丛书收录《梅妃传》外，"梅妃"之名还常见于一些文学作品之中。明初高棅编选的《唐诗品彙》有《谢赐珍珠》诗。清人林宾王有《江梅妃》诗一首③。郑王臣有《过江妃村》诗五首，诗前录唐江采苹《一斛珠》（按即《谢赐珍珠》）诗，题唐玄宗妃，并摘引《梅妃传》的内容，还附所著《兰陔诗话》云："梅妃幽闲之德，清绮之才，见妒太真，悲思愁闷。楼东一赋，可拟长门，竟不能回主眷。……妃故居在莆江东村，予尝赋诗凭吊。"诗后引林佳玑《木兰竹枝词》："闻道江妃虚有墓，梅花灰尽鹭鸶飞。"其自注曰："相传江妃父请妃骨归葬，以妃好梅，墓上种梅数十株，鹭鸶宿焉，今墓在田中。"④

除诗篇外，明清时期还有人根据《梅妃传》的内容编成剧本。明人吴世美曾据此传作《惊鸿记》杂剧。清初孙郁编《天宝曲史》（《古本戏曲丛刊》第三集），也以此传为主要依据。乾隆

---

① 鲁迅认为，《梅妃传》是宋室南渡前后的作品，见《中国小说史略》。
② 鲁迅认为，题"唐曹邺撰"是明人妄加的，见《中国小说史略》。
③ 郑王臣：《莆风清籁集》，卷三十八。
④ 郑王臣：《莆风清籁集》，卷五十一《闺秀》。

时程时斋将此传谱作传奇，取名《一斛珠》，其友凌廷堪为之作序，序中说："杜少陵《丽人行》'杨花雪落覆白苹'，盖为太真忮梅妃而发。杨则太真之姓，苹则梅妃之名也。此诗故多感慨，若虢、秦，若丞相，及此句皆明指时事，说杜者往往穿凿，于此独未之及，何也？"① 又有石韫玉撰《梅妃作赋》杂剧一卷，谓梅妃"广南人也，自幼被选入宫，侍奉开元天子，仰荷圣恩，十分宠幸，封为贵妃"②。

乾隆《兴化府莆田县志·人物志·列女传》载，"江梅妃，东华人（以下摘引《梅妃传》）"。同书《舆地志·古迹》云："江梅妃故宅在东华，沟中有田如鹅胘，田中有石一片，至今相传为江梅妃祖坟。"

此外，《全闽诗话》（卷十）、同治《重纂福建通志·闺秀》（卷二百五十二）也有关于"梅妃"的记载，其内容皆与《梅妃传》雷同。

以上关于"梅妃"的资料，显然都来自《梅妃传》，但又增加了一些传说的内容。关于"梅妃"的故乡，较之《梅妃传》，又加了具体的村名。《兰陔诗话》说："莆田江东村"，《兴化府莆田县志》作："莆田东华村"。"江东村"应即"港东村"，"江"与"港"莆田方言读音相近，港东村与东华村相邻，在清代同属连江里③。上述二书皆出于莆田学人之手，村名大概是根据当地传说加上的；而《梅妃作赋》所说"广南人也"，更是毫无根据的妄说。至于"梅妃"归葬莆田，在东华村相传有梅妃祖坟等说

---

① 凌廷堪：《一斛珠传奇序》，《校礼堂文集》卷二十八，《安徽丛书》本。
② 《清人杂剧初集》本，西谛所刊杂剧传奇第一种。
③ 乾隆《兴化府莆田县志·舆地志·里图》。

法，大约也是出于传说或附会的结果。

值得讨论的倒是，杜甫《丽人行》中的"杨花雪落覆白苹"一句，究竟涵义如何。凌廷堪认为"杨花"指的是杨贵妃，"白苹"指的是江采苹，即"梅妃"，意为此句是杨贵妃忮害梅妃的真实写照。此说值得商榷。《丽人行》写的是"三月三日天气新"的暮春时节，杜甫描写春末夏初的景色时，使用"杨花""白苹"的例子屡见不鲜。例如："桃花细逐杨花落"（《曲江对酒》）、"糁径杨花铺白毡"（《绝句漫兴九首》之七）、"况足采白苹"（《寄薛三郎中》）、"江潭隐白苹"（《奉送严公入朝十韵》）、"处处青江带白苹，故园犹得见残春"（《将赴成都草堂途中有作先寄严郑公五首》之二）、"春去春来洞庭阔，白苹愁杀白头翁"（《清明二首》之二）等。可见杜甫《丽人行》中的"杨花""白苹"，也应是用于描写春夏之交的自然景象，并非"明指时事"，凌廷堪的解释难免有穿凿附会之嫌。

另外，还有人发表过题为《唐代福建女诗人——江妃》的文章，其内容基本上是《梅妃传》的白话文译本，而却未注资料来源，对《梅妃传》讳莫如深①。

三

作为"梅妃"传说唯一资料来源的《梅妃传》，其内容情节与历史事实多相抵牾，试举其要者如下：

《梅妃传》载，江采苹是开元中高力士使闽粤时，选归侍明

---

① 郑益士：《唐代福建女诗人——江妃》，《福建文化》第三卷第十七期，1935年1月出版。

皇的。稽之史书，未见开元中高力士使闽的记载。《旧唐书》载，唐明皇为皇太子时，高力士就"日侍左右"；开元初，高力士知内侍省事，此后经常住在宫中，很少外出。明皇常说："力士当上，我寝则隐。"① 可见当时唐明皇几乎离不开高力士，所谓"高力士使闽粤"，看来不是历史事实。

《梅妃传》载，梅妃失宠，是由于杨太真入侍，"竟为杨氏迁于上阳东宫"。考之史籍，唐明皇时虽然后宫妃嫔以下多达数千人，但是先后得宠的为数并不多。明皇即位之前，"赵丽妃、皇甫德仪、刘才人皆有宠"②。即位之后，武惠妃"渐承恩宠"，赵丽妃等"藩邸之旧"皆失宠，而"专宠"惠妃③。开元二十五年（737）十二月惠妃死④，明皇"悼惜久之，后庭数千，无可意者"⑤。于是诏高力士潜搜外宫，得寿王妃杨氏而悦之，先号太真，后进册贵妃，从此"后宫佳丽三千人，三千宠爱在一身"。由此可见，杨太真入侍是在惠妃死后，明皇"顾左右前后，粉色如土"的时候⑥，而不在梅妃有宠之时，因而根本不存在杨太真与梅妃争宠的历史事实。

《梅妃传》载，杨太真入侍后，梅妃迁于上阳东宫，明皇曾

---

① 《旧唐书·高力士传》。《新唐书》本传载："（力士）虽洗沐未尝出，眠息殿帷中，傲幸者愿一见如天人然。帝曰：'力士当上，我寝乃安。'"

② 《资治通鉴》卷二百十四。

③ 《旧唐书·玄宗贞顺皇后武氏传》和《新唐书·贞顺武皇后传》。

④ 参见新、旧《唐书·玄宗本纪》。另外，新、旧《唐书·杨贵妃传》作"开元二十四年"，今从本纪。

⑤ 《旧唐书·杨贵妃传》《新唐书·杨贵妃传》，《资治通鉴》卷二百十五所载略同。

⑥ 新、旧《唐书·杨贵妃传》。另参见陈鸿《长恨歌传》，《文苑英华》卷七九四。

以戏马召妃至翠华西阁叙旧爱,被太真发觉,小黄门送梅妃步归东宫。上阳宫在东都。史载,唐明皇即位二十余年后,由于关中"蓄积稍丰",厌于"东幸",自开元二十四年(736)十月从东都返回西京后,一直住在长安,再也不去洛阳了①。如上所述,杨太真入侍,系在开元二十五年十二月之后,她入宫后,也从未去过东都②。所谓明皇与梅妃在翠华西阁叙旧爱被太真发觉的情节,看来纯属虚构。

综上所述,关于"梅妃"的传说只有一个来源,就是《梅妃传》。该传出现于南宋时期,可能由于当时有图画美人把梅者曰"梅妃",泛言明皇时人,因而好事者编撰其事迹。既然《梅妃传》为后人所杜撰,其所载情节多与史实不符,便是可以理解的了。唐明皇时期,"后宫佳丽"以千数,杨贵妃专宠以后,六宫有美色者,往往被潜配上阳宫。白居易《上阳白发人》诗云:

> 上阳人,红颜暗老白发新;绿衣监使守宫门,一闭上阳多少春。玄宗末岁初选入,入时十六今六十。同时采择百余人,零落年深残此身。忆昔吞悲别亲族,扶入车中不教哭。皆云入内便承恩,脸似芙蓉胸似玉。未容君王得见面,已被

---

① 《资治通鉴》卷二百十五:"初,上自东都还,李林甫知上厌巡幸,乃与牛仙客谋增近道粟赋,及和籴以实关中;数年,蓄积稍丰。上从容谓高力士曰:朕不出长安近十年。"胡注:"开元二十四年上自东都还,自是不复东幸。"郭湜《高力士外传》:"(开元)二十三年后,上忽言曰:朕亲主六合二十余年,两都往来,甚觉劳弊,欲久住关内,其可致焉?……后李林甫用紫曜之谋,爱兴变造;牛仙客取彭果之计,首建和籴。数年之中,甚觉宽贷。"(明刊《顾氏文房小说》本)

② 陈鸿《长恨歌传》有"骊山雪夜,上阳春朝"句,系文学语言,不能作为杨贵妃去过东都的证据。

杨妃遥侧目。妒令潜配上阳宫……①

可见当时见妒于杨妃而被贬入上阳宫者不在少数，其中或有身世遭遇类似江采苹者，亦未可知；至于梅妃，或出于后人传奇小说，不一定实有其人。

（本文原载《学林漫录》九集，中华书局1984年版）

---

① 《全唐诗》卷四百二十六。

后　记

本书的问世缘起于中国社会科学出版社编审郑彤的一次来访。她建议，将我从事考古工作以来所写的文章汇集成书出版，从而启动了本文集的编辑、出版工作，预计2018年面世。

2018年对我来说，有着特殊的意义。我于1958年开始从事田野考古发掘工作，先后发掘唐长安城大明宫、兴庆宫和西市遗址，至今恰好是60周年；1968年发掘满城汉墓，至今也已整整50周年。所以，2018年出版此文集，实具有双重的纪念意义。岁月不居，光阴荏苒，转瞬之间我已年逾九旬，垂垂老矣。回思往事，不胜感慨！

郑彤编审既是本书的策划者，也是本书的责任编辑，工作严谨认真，不辞辛劳，除文字加工、统一体例外，还对书中的引文一一查核原始出处，充分体现了资深编审的素养和功力，为此深表谢忱！同时，也感谢中国社会科学院离退休干部工作局对本书出版给予的资助。

卢兆荫

2018年5月2日